U0857667

人口老龄化社会法制建设

老年人权益保障立法研究

肖金明 主编

山东大学出版社

图书在版编目(CIP)数据

老年人权益保障立法研究/肖金明主编.—济南:山东大学出版社,2015.10

(人口老龄化社会法制建设)

ISBN 978-7-5607-5390-4

Ⅰ.①老… Ⅱ.①肖… Ⅲ.①老年人权益保障法—研究—中国 Ⅳ.①D923.84

中国版本图书馆 CIP 数据核字(2015)第 263405 号

责任策划 尹凤桐
责任编辑 尹凤桐
封面设计 牛 钧

出版发行:山东大学出版社
社 址 山东省济南市山大南路 20 号
邮 编 250100
电 话 市场部(0531)88364466
经 销:山东省新华书店
印 刷:山东新华印务有限责任公司
规 格:720 毫米×1000 毫米 1/16
20.75 印张 360 千字
版 次:2015 年 10 月第 1 版
印 次:2015 年 10 月第 1 次印刷
定 价:29.00 元

目　录

导 论

一、老年人权益保障立法的基本问题

（一）老年人权益保障法的属性与特征

在已经形成的中国特色社会主义法律体系中，社会法是一个越来越重要的法律部门。尽管老年人权益保障法包括家庭保护、政府规制等传统上属于民法、行政法的内容，但从总体上讲，老年人权益保障法与妇女权益保障法、残疾人保障法等同属于社会法范畴。老年人权益保障法的社会法属性决定了它不同于传统法律部门，决定了它的基本特征。从老年人权益保障法的功能上看，老年人权益保障法是社会—权益与福利法。从本质偏向上看，它主要是权益法；从老年人权益保障法的基本内涵上看，老年人权益保障法是权利—责任与义务法。从内涵侧重上看，它主要是责任法；从老年人权益保障法采用的规制模式看，老年人权益保障法是政策—促进和保障法。从实现途径看，它主要是政策法。老年人权益保障法是一部以权益法为根本、以责任法为基础、以政策法为手段的综合性法律。将老年人权益保障法定位为社会法，学界和立法界并没有太多的分歧，问题是将老年人权益保障法定位为社会法的意义何在。不同的法律部门有其共同的法学原理，所有部门法的建设和发展都会有共性规律，但是不同部门法所调整的对象不同,必然会有不同的具体原理和规律需要认真对待。将老年人权益保障法定位为社会法,就是要强调老年人权益保障立法必须遵循社会法原理和社会法建设与发展的规律。研究和阐释社会法原理在老年人权益保障立法中的应用,分析和概括社会法建设和发展的规律对老年人权益保障立法的作用,是老年人权益保障法制建设的基础性工作。

在老年人权益保障法中,权益与福利相得益彰,政策与法律一脉相承,义务与责任相辅相成。老年人权益保障法应力求三个方面的有效结合。一是社会福利与权益保障的结合。老年人权益具有双重意义,既可以表现为福利权益,也可以表现为合法权益。《中国老龄事业的发展》白皮书包括前言、老龄事业国家机制、养老保险体系、老年医疗保健、为老社会服务、老年文化教育、老年人参与社会发展、老年人合法权益保障等七个部分。白皮书中出现的老年人合法权益保障是狭义上的老年人权益,相当于受法律保护的人身自由、财产权等法律权益。老年人的权益应当包含两个方面:一方面是共享发展成果意义上的权益,基于敬老养老传统、人道精神和每个人成为老年人之前对社会的贡献等,老年人天经地义地享有福利权;另一方面是像人身权、财产权等法律规定的权益,一旦侵犯老年人的法定权益将引起法律后果,侵权者将承担法律责任。二是责任与义务的结合。对老年人权益保障和实现来讲,家庭及其成员的义务和政府与社会的责任均不可或缺。比较而言,老年人福利需要相应的责任予以支持,而老年人合法权益需要义务性规定与之对应,以实现家庭、政府和社会责任与义务的合理布局并体现分担原则。三是法律与政策的结合。一方面,老年人权益保障需要法律和政策分工合作,两者作用的层面和机制有所不同,从一定意义上讲,它们可以相辅相成甚至相得益彰;另一方面,老年人权益保障法中有大量政策性规定,这是法律充满活力和现实感的保障,在一定意义上使其具有了明显的政策法的特征。

(二)关于老年人权益保障法名称与框架体系

与国外立法模式不同,《中华人民共和国老年人权益保障法》是一部面向人口老龄化和老年人权益保障的牵头法,它向上联系着宪法的相关权利条款和政策条款,包括经济社会文化权利条款和有关国家职能、政府责任的政策条款的规定[①]；左右关联着其他法律法规中与老年人权益相关的条款和内容，像婚姻法、社会保险法中有关家庭赡养、养老保险和医疗保险等规定；向下则既关联着配套立法，如社会养老机构管理条例、社会养老从业人员管理办法等，也关联着地方立法——全国31个省级行政区域有自己的专门立法。不仅如此，它同时又开放性地与经济社会发展规划、政府专项规划以及老年人福利等社会政策高度关联。世界各国面对的人口老龄化问题有共性也有所不同，面对人口老龄化可以运用的文化、制度及经济资源存在巨大差异，在立法模式上会有不同的选择。面向特殊群体的利益需求和权益实现的需要，中国已经形成了比较稳定的立法模式，如妇女权益保障法、残疾人保障法、未成年人保护法等。修改老年人权益保障法不宜改变法律名称。如果将“老年人权益保障法”更名为“老年人福利法”，就不单单是一个法律名称的更换问题，就要涉及法律框架体系的变化和内容的随之变化，就不再是一个法律修改问题，而是另行立法。废弃“老年人权益保障法”这一法律名称，就等于另起炉灶制定“老年人福利法”。这种做法不仅会导致已经体系化的中国特色的老年法制随之解体，还会偏离老年人权益实现的既成逻辑体系。

关于老年人权益保障法的框架体系，学界和立法实务界争论比较大。一种“颠覆性”的意见主张放弃现行老年人权益保障法的框架体系，根据“老年人权益—权益保护和实现—促进和保障措施”这样的逻辑重构老年人权益保障法的框架和结构。根据这样的主张，老年人权益保障法除总则和附则外主要包括三个方面的内容：一是关于老年人的各类权益，有一个全面的汇总性规定；二是老年人权益的实现和保护，包括与权益对应的义务、责任及相关机制；三是来自于政府和社会的保障与促进措施，包括政策措施和法律责任等。[②] 另一种“破坏性”的意见主张删去现行法律“家庭赡养与扶养”

---

① 长期以来，人们将关于权力、权利及其关系的规定视为宪法的基本内容，较少有人特别重视宪法政策条款。但实际上，立法上“根据宪法，制定本法”的宪法根据大都与宪法政策条款有关。从一定意义上讲，宪法政策与国家权力、公民权利的关系高度关联，政策条款表达了国家职能，由此产生政府职责，并对公民权利提供支撑。

② 山东大学老年人权益保障立法研究课题组在项目研究展开时曾拟定了两个修改方案：一个方案是尊重和沿用现行法律框架并加以扩展；另一个方案就是先规定和重申老年人权利，再确立老年人权益基本制度，然后设计包括政府责任、公共政策等在内的实现老年人权益的促进和保障措施，根据这样的逻辑更新法律框架体系。

一章的规定，主要原因是该章内容与婚姻法的有关规定容易重复，有关赡养与扶养、老年人监护等内容属于传统民法的领地，理应遵从民法的现成规定。[①] 老年人与非老年人平等享有婚姻自由、人身和财产权益，老年人的这些权益受法律的平等保护，不宜再在老年人权益保障法中规定。除去这一章后，老年人权益保障法更像是一部社会法。上述意见和建议不乏合理性，但这种做法将打破现行法律框架体系，不符合修法常规。修法的一个重要原则是尊重原有法律框架和逻辑。老年人权益保障法修改尽管修改幅度很大，实际上已经接近于对该法律的修订，但总体倾向于遵从现行法律的逻辑与框架，可以根据社会情势的变化补充完善并进一步体系化。比如，扩展现行法律框架体系，对老年人"宜居环境""福利设施""社会优待""社会救助"等内容作出专章规定。

（三）老年人权益保障法基本原则

在任何一部法律中，法律原则都具有特别重要的地位，它是特定法律理念的物化。老年人权益保障法应当充分反映人权保障、公平正义、科学发展与责任义务理念，并将它们物化为老年人权益保障法的基本原则，比如特殊群体权益保障原则、社会公平正义原则、全面协调和可持续原则以及义务—责任共担原则等。尊重和保障人权已经成为国家的基本价值观和立法工作的价值诉求，弱势权益保障是国家尊重和保障人权的题中之义和现实课题，是人权保障理念的具体反映。社会公平正义是中国特色社会主义制度的基本价值准则，平衡老年人与其他社会群体之间的利益关系是公平正义原则的基本要求，社会是公平正义理念的具体体现。老年人权益与家庭、政府能力和社会经济发展水平紧密相关，保持各方面的协调和衔接，是科学发展理念的实践要求。在一个强调个人价值和权利过度增长的时代，应当相应地突出责任和义务的意义，这需要明确和强化国家（地方）、社会（社区）、家庭等对老年人权益保障的义务和责任。

中国特色社会主义法律体系与中国特色社会主义人权体系相交融，它包括经济社会文化权利、公民和政治权利以及特殊群体权利三个部分。《国

---

① 有学者建议制定老年监护法典或者老年家事法典，对家庭赡养与扶养、照料与监护作出完整、明确的规定。现行老年人权益保障法的其他内容加上需要补充的社会优待、社会救助、社会福利等方面的内容构成老年福利法。老年人权益保障法律制度可以由老年家事法和老年福利法两部分构成。

家人权行动计划(2009～2010 年)》比较系统地表述了具有中国特色的人权框架体系。《国家人权行动计划》最具有实质性内容的三个部分列举了不同权利的保障:一是经济、社会和文化权利保障,二是公民权利与政治权利保障,三是少数民族、妇女、儿童、老年人和残疾人的权利保障。在整个人权体系中,老年人权益占有重要地位,而且随着老龄社会的到来越发显示出重要性。特殊群体权利保障原则要求将老年人权益保障摆在人权保障的突出位置,既强调老年人法律权益的保障,又重视老年人福利权益的保障。老年人是特殊的社会成员,他们构成一个特殊的社会群体,并表征着一个社会的结构状态,是影响社会稳定和谐、文明进步的基本要素。老年人权益保障既是中华民族传统美德的要求,也是人道主义的体现,更重要的是,保障老年人的权益体现了公平正义的社会诉求。老年人权益保障尤其是发展老年人社会福利取决于政府是否拥有足够的能力,最终取决于经济能否持续发展,老年人权益保障水平归根结底取决于经济社会发展水平。全面协调和可持续原则要求老年人权益保障、政府和社会的责任能力、经济社会发展水平保持协调。国家建立与经济社会发展水平相协调的社会保障制度,老年人权益保障的法律要求和政策安排必须实事求是,既要立足眼前又要着眼长远。老年人权益保障是一项社会事业,既关涉到当前的老年人,也关涉到未来的老年人,是一项全民事业。社会的每一个单元,包括政府、社会组织、家庭都有不可推卸的责任,甚至承担着相应的法律义务。对保障老年人合法权益、促进老年人社会福利作出合理的义务—责任安排,必须贯彻家庭、政府和社会义务—责任共担原则。

(四)关于老年人权益保障法的可操作性

老年人权益保障法不少条款的可操作性问题一直是争论的焦点问题,对一些政策性、道德性较强的相对软性的规定能否写进这部法律,学界和立法实务界众说纷纭。人们普遍认为,老年人权益保障法的许多条款像是政策性要求或者道德性宣示,如带有鼓励、支持、倡导等术语的条款不像"法言法语",这样的条款不具有法律的刚性,在援引它们解决具体问题时可操作性不强。实际上,这恰恰是社会法的一个不可忽视的特征。老年人权益保障法属于社会法范畴,社会法是在公法与私法之外或者说是公法与私法交集形成的第三法域。一方面,社会法与社会道德、社会政策紧密相关,具有权利法、政策法、责任法等特征,不同于传统公法和私法,它应体现政策、道德与法律的有效结合；另一方面，社会法与刑法、民法、行政法等部门法不同，对其可操作性应作特别理解。如果不考虑政府财力、权利成本将条款写得过于理想就会降低其可操作性，充分征求部门意见就是为了使这部法律具有可操作性。另外，老年人权益保障法作为一部牵头法，需要配套立法，也需要地方立法，这部法律的可操作性需要相应的地方立法和配套立法加以体现和保障。

法律的可操作性和可诉性是两个不同概念，与可制裁性也不同，可诉性和可制裁性仅仅是可操作性的两个侧面。比如，包括社会公众和专业人员在内的不少人认为，像"常回家看看"这样的规定没有可操作性。这里涉及对法律可操作性的理解问题。就社会公众而言，他们对法律的第一理解就是法律的制裁性。既然违反了"常回家看看"难以制裁，也就失去了可操作性，或者说可操作性极低；而对于法学或法律界来讲，法律的可操作性主要被指为司法适用性，实际上是说"常回家看看"这样的条款不具有可诉性，家庭成员不遵守这样的规定，法院不能据此判决家庭成员履行精神慰藉的义务或者接受制裁。"常回家看看"条款涉及精神赡养问题，老年人提出精神赡养诉求的案子很多，而且法院支持老年人精神赡养诉求的判例已经不是个别的。比如，2004 年 1 月至 10 月，天津津南区法院共受理了 140 件老年人对子女与自己缺乏沟通表示不满的案件，有 80 位老人正式提出要求子女经常看望等非物质诉讼请求。再如，2007 年 12 月，江苏省海安县法院对于 86 岁老年人提出的精神赡养诉讼请求，判决儿子每月不少于两次探望母亲，每次陪护时间不少于一小时，在母亲因病不能自理时，被告应予以陪护。[①]将可操作性等同于可制裁性或者可诉性显然限缩了可操作性的意义。从社会法的角度看，老年人权益保障法的可操作性的一个重要方面体现为它的基本条款能够促使政府采取行动，出台政策措施和提供资金保障，在积极的

---

① 参见傅殿贵：《老人频上法庭讨要精神赡养，要儿女常回家看看》，载 2005 年 8 月 26 日《新华每日电讯》；田春勇：《精神赡养：道德义务还是法律义务》，载 2007 年 3 月 24 日《法制日报》。类似的案件还有：2003 年 3 月，上海 84 岁的老人沈某向法院提起诉讼，要求女儿每月定期看望并给予她精神上的抚慰，宝山区法院支持了老人的诉讼请求，判决被告每月双周的星期日看望原告一次（参见宝山：《精神赡养是不是义务》，载 2003 年 1 月 9 日《人民法院报》）。2007 年 8 月，天津和平区法院在审理 79 岁的老年人吕某的赡养纠纷时，在判决中除要求 5 名子女每月给付原告赡养费、医药费外，还在判决主文第二条中要求由 5 名被告轮流到原告处对原告进行照顾护理，由老大开始，依次排列，每人 7 天（参见张晓敏：《精神赡养写进了判决》，载 2007 年 11 月 22 日《人民法院报》）。

意义上明确政府的责任，而不是必须能够拿到法院去适用。修改老年人权益保障法应当重视增强这部法律可操作性的两个着力点：一个是完善“法律责任”一章，这类消极性的责任维护着对老年人权益保障的底线要求；另一个是明确“政府责任”方面的规定，将政府的积极性责任写得更加明确和具体。当然，老年人权益保障法虽然道德、政策性较强，但还是需要正确把握和处理法律可操作性与政策性、道德性规定之间的关系，使政策性、道德性规范通过“入法”增强其社会效力。

二、老年人权益保障立法的主要内容

（一）关于老年人权益保障法目的条款和立法根据

老年人权益保障法目的条款与立法根据实际上就是老年人权益保障法“第一条”的问题。多数立法的“第一条”通常解决两个问题：一是立法目的，二是立法根据。立法目的条款是立法者意图的集中体现，也是法律的精神所在，它与立法原则统领其他法律条款，其他条款可以说是立法目的条款的具体展开。由此可见，立法目的条款在一部法律中拥有极其重要的地位。关于老年人权益保障法的目的条款有两个问题值得讨论：一是是否需要突出“尊严”问题。老年人的生活应当安定、健康和有尊严，安定是底线，健康是质量，尊严才是本质所在。老年人权益保障法目的条款的基调是保障老年人权益，包括生活安定、身心健康，核心价值追求是保障老年人的尊严。二是应否将“弘扬养老美德”写进目的条款。有人认为，老年人权益实现既需要制度保障，也需要社会风气的影响和促进，但立法只解决制度保障问题，老年人权益保障法的目的条款应当写实，不应出现“弘扬中华民族敬老、养老的美德”这样的表述，我国台湾地区的老年福利立法可以借鉴。台湾地区老人福利法的目的条款经历了从 1980 年“弘扬敬老美德，安定老人生活，维护老人健康，增进老人福利”，到 1997 年“弘扬敬老美德，维护老人健康，安定老人生活，保障老人权益，增进老人福利”，再到 2007 年“维护老人尊严与健康，安定老人生活，保障老人权益，增进老人福利”的变化过程，说明老人福利法的立法目的顺应时代发展不断作出调整。

在我国法律体系中，宪法具有统帅地位。作为法律体系统帅的宪法，一是具有根本法的性质，二是具有母法的地位，“根据宪法，制定本法”就因此成为大部分法律“第一条”必不可少的表述。在物权法制定过程中，曾发生过第一条写不写“根据宪法，制定本法”的争论。物权法草案一、二、三、四次审议稿并无“根据宪法”的规定，后来的草案增加了“根据宪法，制定本法”的规定，最终成为物权法第一条除立法目的外的另一不可或缺的内容。民法学界有学者不赞成在物权法中写上“根据宪法，制定本法”，认为这样的表述实际上混淆了我国的人民代表大会制度与西方的三权分立制度。但宪法学者大都主张写入这样的规定，以体现宪法的根本法地位及其在法律体系中的统帅作用，甚至有学者认为在重要法律的第一条写入“根据宪法，制定本法”是不言而喻的。从我国立法的情况来看，并不是所有法律都规定了“根据宪法，制定本法”，像合同法、担保法、婚姻法、收养法、专利法、商标法、信托法、海商法、保险法、证券法等法律均没有这样的规定。在我国法律体系中，不同法律部门规定“根据宪法，制定本法”的数量和比例有所不同，通常宪法相关法、行政法、诉讼法、刑法等公法作这样规定的比例比较高，社会法的比例也较高，民商法和经济法的比例相对较低。① 一定意义上讲，凡是涉及限制公民自由和权利的立法，必须有直接的宪法根据，赋予公民权利和利益的立法，可以没有直接宪法根据。实际上，宪法在界定权利、权力及其相互关系的同时，规定了大量的政策条款，大凡重要立法均能找到宪法依据。另外，将一部法律与宪法紧密关联起来，无疑有助于整个法律体系的逻辑化，也有助于增强法律的正当性和权威性。因此，老年人权益保障法应当在第一条明示“根据宪法，制定本法”。至于老年人权益保障法的宪法根据，显然不仅仅是现行《宪法》第 45 条关于公民年老时有从国家和社会获得物质帮助的权利的规定，第 37 条、38 条、49 条等有关公民权利的规定，以及第 14 条关于国家建立和健全社会保障制度的规定和第 19～24 条有关国家政策的规定，均可视为老年人权益保障立法的宪法根据。

（二）关于老年人概念与分类保障

2010 年第六次全国人口普查主要数据公报显示，中国 60 岁及以上人口

---

① 我们曾对截至 2009 年 12 月的有效法律进行过统计分析。截至 2009 年 12 月，全国人大及其常委会制定或批准的现行有效法律为 238 件，分属于不同的法律部门。在 40 部宪法相关法中规定“根据宪法，制定本法”的法律有 20 部，占 50.00%；83 部行政法中有 29 部作了这样的规定，占 34.94%；8 部诉讼与非诉讼程序法有 37.50% 的法律在第一条作了这样的表述；17 部社会法中的有 7 部作了此规定，比例为 41.18%；33 部民商法只有 7 部有这样的规定，占比为 21%；而经济法比例更低，56 部经济法中只有 4 部有此规定，仅占7.14%。

为177648705人，占总人口的13.26%，其中65岁及以上人口为118831709人，占总人口的8.87%，并且在未来二十多年里人口老龄化还将不断加快。我国老年人在法律上的定义是60岁以上的人，人们通常将老年人的最低年龄与退休联系起来，这实际上是一个脱离实际的认识，或者说是一种不能完全反映现实的想当然的看法。因为农村老年人与退休年龄无关，企业职工退休年龄通常为男性55岁、女性50岁。即使排除了农民和企业职工不讲，女性55岁退休与60岁这一老年人的底线年龄也无法一致起来。可否考虑将退休年龄与老年人年龄节点分离，并非退休即进入老年期。1996年《老年人权益保障法》确定的老年人定义应当考虑修改，根据国情适当提高老年人的年龄标准。世界上很多国家和地区都将老年人定义为65岁以上的人。由于人类寿命延长，加之人的体力和心态在60岁以后持续保持良好状态，完全可以将老年人的最低年龄调至65岁。这样可以相对减轻政府的财政压力，将有限的资源集中用在老年人的福利上，使面向老年人的福利水平更高且老年福利政策更具持久性。

老年人权益保障应当贯彻区别对待和分类保障原则。中国不仅老年人规模大，高龄老人、空巢老人、失能老人比例也高，"未富先老"及高龄、空巢、失能老人规模大，是中国人口老龄化中最突出的问题，如何面对这些突出问题是应对人口老龄化的重大课题。目前，中国是世界上唯一一个老年人人口超过1亿、接近2亿的国家，近十年来，80岁以上高龄老人增加了近1倍，已经超过2000万；父母与子女异地居住的现象越来越普遍。2010年，空巢家庭已经达到50%；老年人健康状况令人堪忧，失能、半失能老人已超过3300万。对老年人的福利保障应当根据不同的标准区别对待、分类保障，适度向老年人中的弱势群体倾斜。就年龄方面而言，可以将80岁以上的人定义为"高龄老年人"，国家应当建立全国统一的面向高龄老年人的福利补贴或护理保险制度，并鼓励有条件的地方适当放低年龄。在社会优待领域可以对不同年龄段的老年人区别对待，有些优待措施需要较大的社会成本，在暂时不能普及的情况下应当适用于达到一定年龄的老年人或者高龄老年人。比如博物馆、科技馆、文化馆、体育场馆等公共文化体育设施应当向70岁或者75岁以上老年人免费开放；再比如公园、园林、旅游景点应当对70岁或者75岁以上老年人免收门票费；等等。

（三）关于积极应对人口老龄化基本国策

计划生育、环境保护、节约资源、保护耕地等基本国策对过去三十多年经济社会发展发挥了重大作用。依据宪法由法律或其他权威文件确立的基本国策对国家规划、公共政策和立法等具有重大意义。随着人口老龄化的不断加快，将积极应对人口老龄化确立为基本国策，是一项国家重大战略选择。因此，不少人主张利用老年人权益保障法修改的时机，将积极应对人口老龄化写入老年人权益保障法并直接表述为基本国策。当然，国家基本政策的确立应当特别慎重，应当保持基本国策的协调性。老龄社会问题繁多且与其他社会问题交叉重叠，其中有些方面与其他社会问题存在一定的紧张关系。如何协调、缓和这些冲突和紧张关系，是公共政策与立法必须面对的综合课题。计划生育与积极应对人口老龄化不在同一个政策方向上，积极应对人口老龄化的一个重要方面就是适时调整计划生育政策，可见，积极应对人口老龄化与计划生育在基本国策层面上的关系需要予以通盘考虑。学界和立法实务界存在争议的是基本国策能否由法律确立。有人认为，将积极应对人口老龄化确立为基本国策必须经由法定程序写进宪法。如果应对人口老龄化的战略意义已经超过计划生育，那么最好经由周密的程序确立并写入宪法以显示其效力，以与计划生育、环境保护等基本国策相提并论。

我国现行宪法有若干政策性条款，包括纯粹的政策条款和“权利—政策”条款。现行宪法总纲部分规定了大量的政策条款，有些条款属于纯粹的政策条款，比如，《宪法》第 19 条规定，国家发展社会主义的教育事业，提高全国人民的科学文化水平；第 20 条规定，国家发展自然科学和社会科学事业，普及科学和技术知识，奖励科学研究成果和技术发明创造；第 25 条规定，国家推行计划生育，使人口的增长同经济和社会发展相适应；第 26 条规定，国家保护和改善生活环境和生态环境，防止污染和公害；等等。有些条款则将公民经济社会文化权利与国家职能结合起来，构成了“权利—政策”条款，比如《宪法》第 42 条规定劳动权利，同时规定“国家通过各种途径，创造劳动就业条件，加强劳动保护，改善劳动条件，并在发展生产的基础上，提高劳动报酬和福利待遇”。第 45 条规定，公民在年老、疾病或者丧失劳动能力的情况下，有从国家和社会活动物质帮助的权利，同时规定“国家发展为公民享受这些权利所需要的社会保险、社会救济和医疗卫生事业。第 47 条规定，公民开展科学研究、文学艺术创作和其他文化活动的自由，同时规定“国家对于从事教育、科学、技术、文学、艺术和其他文化事业的公民的有益于人民的创造性活动，给以鼓励和帮助”等等。但宪法并不明确规定基本国策，基本国策实际上也并非宪法概念。按照多数人的理解，基本国策是在宪法规定的国家政策的基础上，通过法律或权威文件宣布为基本国策。比如，计划生育、环境保护、合理利用土地、节约资源为基本国策，其宪法依据是1982年《宪法》第25条、26条、10条和9条，其法律或权威文件依据分别为：《人口和计划生育法》第2条规定，我国是人口众多的国家，实行计划生育是国家的基本国策；1986年中共中央、国务院《关于加强土地管理、制止乱占耕地的通知》指出，十分珍惜和合理利用每一寸土地，切实保护耕地，是我国必须长期坚持的一项基本国策；1990年《国务院关于进一步加强环境保护工作的决定》规定，保护和改善生产环境和生态环境、防治污染和其他公害，是我国的一项基本国策；2007年中共十七大报告指出，坚持节约资源和保护环境的基本国策，关系人民群众切身利益和中华民族生存发展；2012年中共十八大报告指出，男女平等是我国的基本国策。宪法规定的国家政策经由立法或政策文件宣布而成为基本国策，仿佛已经成为一种惯例，仿佛国家政策即使宪法作出规定也需要经过这样的程式才能成为基本国策。实际上，宪法总则中规定的国家政策均具有基本性，无论是政治政策、经济政策，还是社会政策、文化政策、生态政策，均与公认的基本国策同等重要。由宪法规定的国家政策到基本国策并无严格的政治或者法律程序，也谈不上是一种政治惯例，而且进入宪法的国家政策由一般法律或权威性的党政文件宣布为基本国策也不符合宪法政治的逻辑。所以，有学者将依法治国、思想道德建设、发展教育事业、发展科学技术事业、发展文化事业、保护私有财产权、建立健全社会保障制度等均列入基本国策范围。[①] 尽管如此，以《宪法》第14条但不限于本条的规定为依据，基于《宪法》第14条关于建立健全社会保障制度的规定或者更多的相关规定，通过《老年人权益保障法》将“积极应对人口老龄化”明确宣布为基本国策，也不失为一项可行的选择。

（四）关于老年人权利与权益保障

在当代各国，权利构成立法和制度的逻辑起点。随着人权观念的普及，

---

① 参见俞德鹏：《宪法学》，法律出版社2009年版，第215～229页。

围绕权利展开立法和制度构建，已经成为世界各国普遍的立法现象。以经济、社会、文化权利为主线加强社会法制建设，是社会立法的基本规律。在老年人权益保障法修改论证过程中，有人主张打破现行老年人权益保障法的框架体系，另起炉灶设计以老年人权益为核心的法律框架，这一主张强调了当代社会立法的逻辑。尽管法律修改没有采用这一做法，但关注老年人权益体系化已经成为各方面关注的问题。不少地方的老年人权益保障立法以专门条款明确规定了老年人的合法权益。比如，《四川省老年人合法权益保护条例》第3条规定："本条例所称的老年人的合法权益，是指宪法和法律规定老年人应享有的政治权利、人身自由权、受赡养扶助权、婚姻自由权、财产权、继承权、居住权和从国家、社会获得物质帮助权等权利。"《新疆维吾尔自治区保护老年人合法权益条例》第2条规定："本条例所称老年人的合法权益，是指各民族老年人依法享有的政治权利、民主权利、人格尊严和人身自由权、劳动和休息权、财产和房屋居住权、继承权、婚姻自由权、从国家和社会获得物质帮助权，以及宪法和法律规定的其他权利。"《云南省老年人权益保障条例》第3条规定："老年人依法享有人格尊严和人身自由权、婚姻自由权、财产权、受赡养扶助权、受教育权、获得国家和社会物质帮助权、参与社会发展权，享受社会发展成果权以及宪法和法律、法规规定的其他权利。"新疆维吾尔自治区的立法对老年人权利的规定比较全面，一方面，在总则中比较系统地规定老年人的各项权利，另一方面，专章规定了老年人的合法权益。《新疆维吾尔自治区保护老年人合法权益条例》共分5章，包括总则、老年人基本权益与义务、老年人合法权益保护、法律责任和附则。其中第二章"老年人基本权益和义务"共10条，包括政治参与权、社会参与权、人格尊严、人身自由、财产权、受赡养权、婚姻自由、居住权等。

"老年人权利"和"老年人权益"不是同一概念，但在老年人权益保障制度体系中，两者又难以区分。可以说，权利偏重于与相应义务或责任的对应，突出老年人的主体地位；权益包含了权利的价值，并且更侧重于老年人的实际利益，它要求相关主体尊重老年人的主体地位、人格尊严，对老年人的合法利益甚至合理利益给予保障。相关主体范围很广，其中包括家庭和政府。在老年人权益受到侵害时，家庭其他成员有保护老年人的责任，这是血亲价值的体现。老年人的权利非常广泛，既有一般性，也有特殊性。老年人享有人人皆有的权益，像人身权、财产权、婚姻自由权、继承权和遗产分配权等，还享有享受赡养的权利、享受养老金的权利、老年优待权利等通常只有老人才享有的权利。老年人的前述权利尽管为法律所明确，但由于有些权利难以实现，如老年人的离婚、再婚比一般人的障碍要多；有些权利的侵害主体是老年人的子女或者其他家庭成员，排除权利侵害的难度也大。另外，老年人的自主能力不足也影响到权利实现的程度。正因为如此，所以需要通过修改老年人权益保障法，并促动相关立法，完善老年人家庭保护制度，实现对老年人权益的有效保护。

（五）关于政府责任及其定位

老年人权益保障法属于社会法范畴，具有权利法、政策法和责任法等特征。老年人权益保障法具有责任法的特征说明，政府和社会责任在保障老年人权益保障方面不可或缺甚至举足轻重。当然，相比较社会责任而言，政府的责任是首要的，关于政府责任的规定分布在总则到附则的各个部分。政府在老年人权益保障方面的责任主要包括政策引导、资金支持、市场培育、监督管理和制度供给等。① 老年人权益保障法应当明确政府的财政责任，将老年人权益保障所需经费纳入政府预算，设立老年人权益保障的相关预算科目，并强调与政府财政收入同步增长；政府应当依法出台政策措施为

---

① 在2012年主办的老年法制中美对话会议上，山东大学老年人权益保障立法研究课题组召集人肖金明教授代表中方学者发言，认为政府在应对人口老龄化、促进老龄事业发展和完善社会养老制度、构建社会养老服务体系方面处于主导地位，并且要保证政府部门之间的协调一致。具体而言，政府应主要承担如下若干方面的责任：(1)政府应当出台政策、提供资金支持家庭承担养老责任，而不是直接接手老年人养老的责任；(2)政府应当通过经费和政策推动社区养老服务网络建设，将宜居环境建设与社区养老环境和条件建设相结合，建立有效的社会养老依托平台；(3)政府应当有统一的社会养老设施建设规划，像重视幼儿园、中小学的规划布局一样，将社会养老设施纳入城乡经济社会发展规划；(4)政府应当统筹资金用以资助、补贴社会养老设施建设，鼓励和支持社会养老机构发展，建立公办公营、公办民营、民办私营的多元养老机构体系，并在一定程度上保证社会养老机构的公共福利性和社会伦理性；(5)政府应当出台政策措施畅通养老机构向社区、家庭输送养老服务的渠道，建立和完善社会养老机构与社区、家庭合力养老的机制，以及建立必要的社会养老服务政府购买机制；(6)政府应当制定社会养老服务从业标准，加强社会养老服务职业培训和职业教育，提高社会养老专业水平；(7)政府应当加强调查研究，逐步建立社会养老服务职业类别，建立和完善社会养老服务职业保障，提高社会养老服务职业化水平；(8)政府应当加强对社会养老服务行业的规范管理，包括福利设施、从业人员以及服务标准与收费等监管；(9)加快志愿服务立法，政府应当鼓励和支持志愿者、志愿服务组织面向老年人提供养老志愿服务，使志愿服务成为社会养老服务体系不可或缺的组成部分；(10)政府部门之间的合作至为重要，各部门协调一致才能更好地服务于老年人权益，包括民政部门、老龄部门、卫生行政部门、计划生育部门、规划部门、城建部门、土地部门、教育部门、人力资源与社会保障部门、财政部门等，应当在老年人权益保障问题上分工负责、通力合作，以确保老年人权益获得有效保障。

实现老年人权益提供保障，比如税收优惠、土地无偿划拨等[①]；政府还应当加强相关规划和管理，包括对社会照料机构、福利设施的许可、登记和监管责任，城乡规划应当将老年人住宅、养老设施建设纳入其中，像规划幼儿园、中小学那样规划社会养老设施；政府还应当建立和完善最低生活保障制度、五保户集中供养制度、高龄补贴制度、养老服务补贴制度、服务储蓄制度、助老公休制度、社工登记激励制度，以及统一助老评估标准和评估机制等。另外，社会责任亦非常重要，社会责任不仅表现在该法总则的条款上，实际上，政府的很多政策措施需要社会各方面配合落实，基层自治组织承担着保障老年人权益的重要职责，社区为此需要具备和完善养老功能，对老年人的社会优待需要社会组织履行相应责任，志愿服务在社会养老服务方面具有重要地位和作用。

应对人口老龄化和保障老年人权益中的政府责任和社会责任不能泛化，应当关注政府在老年人权益保障方面的履责能力，尤其需要明确政府责任实现的制度化形式。在养老问题上，应当区分养老责任和养老能力两个不同的概念，随着人口老龄化的不断加快，家庭结构发生变化，家庭养老能力弱化，这是一个客观现实，但家庭养老责任不能弱化。在家庭养老能力不足的情形下，政府和社会应当支持家庭养老，而不是替代家庭养老的责任。在绝大多数社会问题上，政府的责任都不是无限的，养老领域也是如此。过度强调政府责任，还会产生政府财政负担转嫁社会的弊端，因社会代际公正问题引发社会紧张关系甚至社会冲突。美国著名智库“战略与国际研究中心”在2008年发表《大国的银发》研究报告；2009年又再次发布名为《中国养老制度改革的长征》的研究报告。报告指出，中国将在2020年前后达到老年抚养比的峰值，由此产生的财政负担会让年轻一代承受日益沉重的压力，并构成社会的不稳定力量。[②] 老龄社会的养老模式仍然是以家庭为基础的社会养老模式。家庭养老不仅是一个模式问题，还是一个文化问题。社会转型时期，家庭的很多功能都在减弱，不仅是养老功能，还有教育功能。加

---

① 财政部、国家税务总局根据中共中央、国务院《关于加强老龄工作的决定》，对福利性、非营利性老年服务机构暂免征企业所得税，以及老年服务机构自用房产、土地、车船的房产税、城镇土地使用税、车船使用税等。对企事业单位、社会团体和个人等社会力量，通过非营利性社会团体和政府部门向福利性、非营利性老年服务机构的捐赠，在交纳企业所得税和个人所得税前予以全额扣除。

② 参见彭希哲、胡湛：《公共政策视角下的中国人口老龄化》，载《中国社会科学》2011年第3期。

强家庭建设，就是要恢复和进一步强化家庭观念和家庭功能。从这样的意义上讲，应当特别重视国家支持家庭养老的政策，地方政府应当完善支持家庭养老的政策措施，强调地方政府支持家庭养老政策措施对提升家庭履行养老责任能力的意义。

（六）关于家庭保护与社会保障的关系

面对中国人口老龄化态势，尤其是老年人基数与规模大和高龄老人、空巢老人、失能老人比例高以及家庭养老功能减弱等社会现实，正确界定和平衡家庭保护和社会保障的关系，对有效应对人口老龄化和缓解我国养老难题具有重要意义。在老年人权益保障法修改论证过程中，有人主张将“家庭赡养与扶养”一章删除，理由是家庭赡养与扶养问题已经由婚姻法、继承法等作出规定，没有必要作重复性规定。更多的专家和学者认为，家庭养老是养老的逻辑起点和基础，尽管老年人权益保障法与婚姻法、继承法等有类似规定，但去掉“家庭赡养与扶养”会使得老年人权益保障法失去完整性，不仅如此，养老的起点和基础也可能被颠覆。当然，“家庭赡养与扶养”一章更名为“家庭保护”可能更恰当，这一章主要规定赡养人的义务，但家庭成员也负有由老年人权益保障法规定的保护老年人的义务，包括协助赡养人履行对老年人的赡养义务（或者规定家庭成员不得阻碍赡养人履行赡养义务），尤其是不得干涉老年人婚姻自由、不得实施家庭暴力、不得侵犯老年人财产权益和其他人身权益等。[①] 老年人享有与其他人一样的权益，包括财产权、人身权和其他权益，老年人权益保障法规定保障这些权益显然主要不是针对社会，而是有针对性地面向家庭，针对家庭成员。明确规定法律介入家庭关系，针对“啃老”与老年人财产安全、虐待与老年人人身权利、干涉婚姻与老年人婚姻自由等问题专门作出规定，对于保障老年人权益具有现实意义。

其实主张删除“家庭赡养与扶养”一章的更根本的理由是淡化家庭养老、强化社会养老的观念。香港城市大学应用社会科学系关锐煊教授组织的《老中青三代在北京、上海、南京、广州、厦门、西安、香港的孝道实践研究》

① 以老年人人身权利为例，世界卫生组织于 2002 年 10 月 3 日在日内瓦发表的《世界暴力和健康报告》中指出，从世界范围内来看，60 岁以上的老年人中有 5%在家庭遭到暴力虐待。联合国文件（e/cn.5/2002/pc/2）显示，在美国，1986～1996 年期间，各州国家承认的保护服务机构报告的虐待时间增加了 150%；疏于照料是最常见的虐待形式；施虐者中家庭成员占 60%以上，其中成年子女占 37%，配偶占 13%，其他家庭成员占 11%。

调查报告显示，北京人的孝心最强，上海人的孝心最弱。大多数年轻人觉得老年父母应当由政府养起来，“期望政府支援长者”的认同度最高，达到95%；认为“社会人士应照顾父母的”占87%；认为“照顾父母是理所应当的”占85%；只有2%的人认为“应当照顾父母的心理健康”。① 随着人口老龄化不断加快，我国传统家庭养老模式正在逐渐解体，家庭养老功能逐渐减弱，需要政府和社会予以辅助和支持，养老社会化是一个重要趋势。但是，家庭是社会的基本单元，它承担着教育、养老和稳定社会等若干功能。转型社会家庭功能式微带来了一些社会问题。西方福利国家由政府提供完善的社会保障，家庭养老功能弱化殆尽，导致代际冲突和财政危机，“把家庭找回来”已经成为欧洲大部分国家社会政策调整和社会福利制度重构的重要理念。② 如前所述，家庭养老责任与家庭养老功能不是一个概念，家庭养老功能减弱是一个客观现实，但家庭养老责任不能在主观上和制度上淡化。政府和社会补充家庭养老功能之不足，并非替代家庭养老。或者说，社会养老的主旨应当定位在政府和社会提供养老支持和协助以提升家庭履行养老责任的能力，而不是替代家庭履行养老责任。中国的家庭关系与西方的家庭关系有很大不同，尽管当代中国社会各个方面都发生了深刻变革，但个人与家庭之间的关系不会发生断裂性变化，因为这一关系不仅具有血缘性，同时它还具有文化性。在家庭保护和社会保障的关系上，立法必须从中国的国情出发，充分考虑我国的文化传统，以家庭保护作为养老的起点和基础，不断完善家庭、政府、社会共同担责的养老体制。

三、老年人权益保障法的重要制度

（一）关于“常回家看看”与精神赡养制度

老年人权益保障法规定家庭成员应当履行对老年人经济供养、生活照料、精神慰藉等义务，于是产生了“常回家看看”条款：家庭成员不得在精神上忽视、孤立老年人。与老年人分开居住的赡养人，应当经常看望或者问候老年人。鼓励给老年人的子女和赡养人提供探亲看望的假日。关于“常回

---

① 参见《七城市问孝心：多数年轻人认为老人应由政府照顾》，载2004年12月3日《新闻晨报》；李超：《老年人维权之剑——老年人法律保障制度研究》，上海人民出版社2007年版，第183～184页。

② 参见彭希哲、胡湛：《公共政策视角下的中国人口老龄化》，载《中国社会科学》2011年第3期。

家看看”，近年来社会各方面比较关注，网上讨论也很热烈，是老年人权益保障法修改的主要热点问题之一。尽管“常回家看看”被不少人视为一个道德层面上的问题，提出法律要求在实践上不具有可操作性，应当避免道德入法。[①] 另外，要求不具备条件的子女看望老年人，对子女构成沉重的负担，反而不利于大家庭和睦。但总体看来，重视情感和心理支持关乎老年人健康和生活质量，与老年人分开居住的赡养人，应当经常看望或者问候老年人，这样的规定具有促进子女定期探望老人、实现对老年人精神慰藉的作用。毫无疑问，这对于和睦家庭关系，融洽代际感情具有重要的意义。

道德义务能否入法，一直存在争论。社会领域的立法不同于传统法律，家庭和社会是最讲道德的领域，相关立法避不开法律与道德的关系。将道德要求写进法律无碍于法律的法律性，不会淡化法律的法律特征。社会立法应当促进道德与法律密切牵手，共同面对社会道德滑坡的严峻现实，合力维护社会风尚。在社会法立法中，很难做到“法律的归法律，道德的归道德”。社会法立法有一个倾向，就是要将一些必要的道德要求赋予一定的法律意义。为了消除对“常回家看看”条款的可操作性的质疑，有些学者主张将“常回家看看”作出具体化规定，就像德国、瑞典、丹麦等国一样，反对养老中的唯物质主义，将精神慰藉义务法律化，上升到精神赡养的层面，在立法和司法中重视满足老年人的精神需求。比如，德国在精神赡养方面以列举方式，明确规定子女必须利用国家法定假期 1/3 的时间到父母居所陪同。再比如，瑞典、芬兰在法律中以列举的方式量化规定了子女与父母的居住距离，每年、每月、每周甚至每日应当与父母接触的时间和次数。这样的规定也避免道德能否入法以及道德入法是否有“去法律化”危险的争论。另外，“常回家看看”只是社会上的一个通俗说法，也是一个简略的说法，它应当包括“赡养人、扶养人应当定期看望养老机构的老年人”这样的意义；或者确有必要增列专门规定，明确赡养人、扶养人和其他家庭成员应当定期看望在社会养老机构中养老的老年人，但像看望父母的时间要求等更具体的规定不

---

① 老年人权益保障法可以并且应当规定家庭成员不得干涉老年人婚姻自由，不得对老年人实施家庭暴力，不得侵犯其财产权益，因为这些规定法律性很强。但不宜规定“不得在精神上忽视、孤立老年人”，因为精神慰藉的规定道德性很强而法律性较弱，无法或者说难以客观界定，如果这样规定确实有可操作性问题。但从正面规定家庭成员应当关心老年人的精神需求，比如要求子女“常回家看看”，并不影响法律的可操作性。

宜写进老年人权益保障法,似乎留出空间由地方立法加以规定更为合适。

(二)关于老年人监护与老年人照料制度

通过修改老年人权益保障法确立老年人监护制度,对老年人权益保障具有重要意义。对老年人的照料与对老年人的监护是两个完全不同的领域,也就是说,监护制度与照料制度是两种不同的制度。与社会照料制度注重老年人的生活、健康和精神照料不同,老年人监护制度侧重于通过不同形式设立监护人,对身体功能衰竭或者精神衰退而不能全部或者部分处理自己事务(丧失意识认知或者支配能力)的老年人的人身、财产及其他合法权益进行管理和保护,强调对无行为能力和限制行为能力的老年人合法权益的监管。按照这样的区分,老年人照料属于社会法范畴,而老年人监护则属于传统民法范畴。因为我国没有专门的老年人监护制度,成年监护制度也不完善。因此,老年人权益保障法修改应当在生活照料、安康护理、精神慰藉等之外突破民法上的现行监护制度,明确规定老年人监护制度。

与中国现行监护制度不同,与一般成年监护制度也不相同,老年人监护制度的运作并不是由监护人接管老年人的财产、代替老年人作出决定,而是由其协助老年人作出决定,充分尊重老年人尚存的意思能力。因此,有必要补充"对自我决定权的尊重"的理念,明确"任意监护制度"优先原则,形成意定、法定、指定监护次序和体系,以有效保障老年人尤其是高龄老年人的合法权益。老年人权益保障法确立的老年人监护制度不完全是私法性的,监护制度通常属于私法范畴,一般实行私法自治,实行家庭监护优先,但由于基层群众性自治组织和社会组织在其中发挥作用,老年人监护制度在一定意义上还具有社会法性质。在目前民事立法无法形成完整的成年监护制度的情形下,老年人权益保障法通过"家庭保护"一章明确规定老年人监护制度,可以看作是一种制度上的突破。当然,也可以选取另外一条途径达到对老年人的监护作用,即以法定代理制度为主、社会扶养协议制度为辅构建老年人"监护制度",这种替代方案也值得研究。

(三)关于国家支持家庭养老制度

随着人口老龄化的不断加快,社会结构和家庭结构发生了历史性变化,这在很大程度上制约了家庭养老功能的发挥。家庭结构的变化在客观上使得家庭养老能力难以适应养老需求,这必然带来养老模式的重构,国家和社会在养老问题上的责任和义务日显突出。国家在积极应对人口老龄化、完善家庭、社会、国家合力养老格局上应当有所作为，各级政府在城乡规划、老年工作专项规划、财政安排及政策措施方面对养老问题应当综合考虑，包括社会保险、社会救助、社会优待、社会参与甚至宜居环境方面确保必要的财政投入。当然，人口老龄化形势下，尽管越来越强调国家和社会在养老问题上的责任和义务，但国家的责任也不是无限的，国家责任实现的方式不是通过替代家庭养老，而是通过一定的政策措施支持家庭养老。这一方面需要建立和完善国家支持家庭养老制度和社会扶助家庭养老制度，以提升家庭养老能力；另一方面需要加强家庭道德建设，促使家庭养老变被动为主动，形成家庭、社会、国家在养老方面的衔接和协调。通过修改老年人权益保障法，建立国家支持家庭养老制度，主要目的就是要提升家庭的养老能力，最大限度地发挥家庭养老的功能。这实际上也是许多国家和地区的做法。比如，伴随人口老龄化的社会变迁，我国台湾地区核心家庭剧增，造成了家庭照顾老人的能力与意愿降低，老人家庭支持系统也受到影响，在推动老人福利方面，必须有更多的方案来支持或补充家庭的不足之处。① 新加坡的人口老龄化程度在亚洲仅次于日本，但新加坡老人总体生活很幸福，他们有个很好听的名字——“乐龄人士”。新加坡老人的这种幸福感，很大程度归功于政府的一项决策：与父母同住者有津贴。

在老年人权益保障法修改论证过程中，不少人主张国家建立健全家庭养老支持政策，鼓励家庭成员与老年人共同生活或者就近居住，为老年人随配偶或者赡养人迁徙提供条件，为家庭成员照料老年人提供帮助。实际上，国家支持家庭养老制度的内容非常广泛，比如，国家建立和完善计划生育家庭老年人扶助制度，对于计划生育家庭的养老要给予扶持，政府应出台政策措施鼓励子女与老年人就近居住，政府应当对居家养老的家庭给予适当补贴，等等。国家还必须面对一些特殊老人和特殊老年家庭给予特别支持。近年来，随着我国老龄化程度越来越高，“失独”家庭越来越多，“失独”家庭养老问题也日益严峻。人口学专家易富贤根据人口普查数据推断：中国现有的 2.18 亿独生子女，随着时间的推移，将形成 1000 万个失独家庭。据 2012 年 12 月 27 日《新京报》报道，中国从 1975 年到 2010 年共形成了 2.18 亿个独生子女家庭；另据 2000 年人口普查数据显示，每出生 1 万人，就有

---

① 参见戴漳洲、吴正华：《老人福利》，心理出版社股份有限公司 2009 年版，第 342 页。

360 人在 10 岁之前夭折，有 463 人在 25 岁之前死亡，760 人在 44 岁之前死亡。结合这两组数字不难算出，现有的 2.18 亿独生子女中有 1009 万人会在 25 岁之前死亡。鉴于上述社会形势，从立法层面明确计划生育家庭老年人的待遇制度，对“失独”家庭的养老要由政府购买社会养老服务，如享受定期奖励等，既是以人为本的体现，也是社会形势的客观需求。

（四）关于老年人长期护理保险制度

老年保险制度是社会保障的基石，除了养老保险、医疗保险外，建立老年人长期护理保险制度已经成为保障老年健康生活的重要选项。联合国提倡健康寿命，我国的平均寿命是 73.5 岁，平均健康寿命是 62.3 岁，在全球排名 81 名，老年人的健康状况令人堪忧。根据最新调查，2010 年，韩国男性平均寿命增长到了 77 岁，女性为 83 岁。但如果以“平均健康寿命”——寿命中拥有健康身体即身体机能大体正常的年限论，据 2007 年世界卫生组织统计，日本以健康寿命 76 岁占据榜首，韩国人健康寿命为 71 岁，位居全球第 28 位。2011 年，韩国政府发布了《第三次国民健康增进综合计划》，拟通过此项计划在十年内将健康寿命延长到 75 岁。另根据兰德公司的最新调查，在 50～64 岁之间的美国人中，40％以上的人不能全部实现日常生活自理，这个比率比十年前有了大幅增长。即使在美国，老年人的生活照料和护理问题也一样突出。不健康老人多需要家庭和社会养老机构的照料，在照料的过程中建立长期护理保险制度具有现实意义。当今日渐显现的“421”家庭结构和空巢老人骤增已经成为我国突出的社会问题，家庭结构的变化导致家庭养老功能的弱化甚至丧失，医疗保险和长期护理保险是将家庭过度负担分散给社会的有效手段。在修改老年人权益保障法时应当考虑设定“国家建立长期护理保险制度”这样的法律条款，将医疗保险与护理保险加以区分，对于老年人权益保障具有重大意义。相对于其他福利制度，长期照料保险制度建立时间较晚，但对于解决人口老龄化和高龄化所带来的健康照料问题具有不可替代的作用。[①] 建立老年人长期护理保险制度还可以相对避免对有限的医疗资源的浪费和滥用，也有助于拓展社会护理领域，促进老年社会照料服务的发展。按照世界卫生组织（WHO）的说法，以保险制度

---

① 参见姜向群、丁志宏：《我国建立长期照料社会保险制度的意义及基本构想》，载《中州学刊》2011 年第 6 期。

支持长期护理的目的在于“保证那些不具备完全自我照料能力的人能继续得到其个人喜欢的以及较高的生活质量，获得最大可能的独立程度、自主、参与、个人满足及人格尊严”。

关心老年人的生存(物质保障)、关心老年人的健康(医疗保障)、关心老年人的常态生活(生活照料)、关心老年人的精神世界(精神慰藉)具有同等重要的意义。建立老年人长期护理保险制度是一些发达国家的经验做法。荷兰于1968年颁布《长期护理保险法》，美国在20世纪70年代就出现老年人护理商业保险，以色列政府在1986年推出法定护理保险制度，随后，德国于1995年、卢森堡于1998年、日本于2000年、韩国于2008年相继颁布实施长期护理社会保险制度。英国、奥地利、澳大利亚、瑞典等国家则推行以公共财政为主要责任的长期护理津贴计划。① 建立何种类型的护理保险制度目前还存在争议。有人主张建立主要由政府买单的社会保险制度，由政府强制实施，政府保证老年人享受综合性的照料服务，而不论老年人是否具有经济上的承受能力；也有人主张应当引入商业保险制度，保险费用主要由个人和家庭承担，政府只在个人无力承担时起辅助作用。在制度设计上，比较可行的做法是：国家应当逐步建立长期护理保险制度，鼓励、引导商业保险公司开展长期护理保险业务。

(五)关于老年人社会救助制度

从广义上讲，社会保险、社会救助、社会优待甚至社会养老等都属于社会保障的范畴，现行老年人权益保障法将它们统一到“社会保障”一章中予以规定。由于老年人权益越来越广泛，保障老年人权益的制度日益完善，建立既相互联系又相对分离的老年人社会保险制度、社会救助制度、社会养老制度、社会优待制度等，是完善和发展老年人权益保障制度的基本趋势。在老年人权益保障法修改过程中，人们对社会养老、社会优待独立成章已形成共识，对社会救助作专章规定存有异议。随着人口老龄化的加快，一方面越来越多的失去生活能力的老年人需要社会养老服务体系的支持，另一方面越来越多的老年人生存能力降低需要社会救助以维护基本的生活状态。老年人社会救助是指生活水平低于国家规定的最低生活保障水准的老年人，有权获得国家按照法定标准提供的物质(不限于物质)救助，它是社会福利

① 参见戴卫东：《长期护理保险制度理论与模式构建》，载《人民论坛》2011年第29期。

保障制度中的“兜底”制度和“安全”防线。世界上多数国家都设立了与最低生活水平相联系的“生存红线”，以防止社会弱势群体生活过度贫困。老年人社会救助是宪法规定的物质帮助权的体现和保障，主要对应着国家的责任和政府的义务。我国老年社会救助水平很低，主要表现为老年人社会救助覆盖范围比较窄、救助内容不全面、救助方式比较单一化等。形成目前老年人社会救助水平过低状况的原因是多方面的，主要原因在于人口老龄化观念、弱势群体权益保护观念等不到位，古老的“救济”甚至“施舍”观念没有根除；政府财政能力和政策能力不足，传统的政府财政支出走向极少顾及社会问题尤其是老年人问题，但关键还是一个制度问题。老年人社会救助制度水平低，救助范围、标准、条件、形式等缺乏统一和明确的规定，作为一个不够完善的社会保障领域没有必要的管理和秩序。完善和健全老年人社会救助的范围与类型、老年人社会救助条件和标准、老年人社会救助方式与机制、老年人社会救助管理体系与方法，以及明确政府的社会救助责任，是老年人社会救助制度建设的重点。

国外老年人社会救助制度建设的经验值得借鉴。法国对老年社会救助的条件和标准均作了详细、统一的规定。北欧一些国家，如比利时，也在效仿法国社会救助的经验，严格老年社会救助的条件，如将申请救助对象的子女财产情况纳入审查范围等。社会救助项目多样化是老年社会救助取得实效的重要措施。英国针对不同的救助对象进行不同标准和程度的救助，救助的内容涉及了面向各类群体的不同需求，有针对老年残疾人的，也有面向高龄老年人的，还有针对低收入群体的，等等。我国老年社会救助制度面临的基本问题相对于其他国家来说更为严峻，建立和完善老年人社会救助制度的需要也更为迫切。一方面，老年社会救助制度在救助对象审查、救助标准划定和救助方式选择、救助管理设置等方面都有待进一步补充和完善；另一方面，老年社会救助的资金来源的保障、社会救助发展规划的完善等都是老年社会救助制度健全和完善不可或缺的部分。我国老年社会救助还应符合未来经济社会发展新趋势，尤其是当前和未来我国城乡经济格局的调整、人口老龄化速度的加快提出的新要求，以及经济发展方式转变等诸多客观现实带来的新挑战。社会救助制度化需要观念变革、方式多元、效果综合等。比如，在思想观念上应破除“施舍”观念，关注和尊重临近和低于“生存红线”的老年人的尊严。再比如，在救助方式上应注重创新，向符合条件的老年人提供就业机会，以恢复和维持自我生存的能力。还比如，社会救助应当注重管理，以实现公平与效率的统一，不能让一个老年人生活在“生存红线”以下，也要避免像西方福利国家出现的国家“养懒”现象。由于公共财政能力是有限的，有限的资源在配置上一定要看主要效果，讲求救助效率和综合效果。

（六）关于社会养老服务机构的规制制度

社会养老服务是一个新兴的领域，既具有社会福利事业性，又具有产业性，需要政府负起整体规划、政策倾斜、资金支持、确定标准、加强监管等责任。毫无疑问，社会养老趋势不断增强，需要社会养老事业和产业的规模发展，这就要求政府在土地使用、财政补贴、税收减免等方面出台政策措施予以鼓励和扶持，同时适当放松该领域的管制。从另一方面讲，社会照料服务涉及服务设施、机构、人员等基本要素，应当严格社会照料服务准入标准和程序，严格福利设施的建设标准和要求，严格从业人员的资格标准和条件。为保证老年人社会照料服务水平，必须加强对这一领域的监管。监管涉及养老设施建设规划和标准的执行和监督、社会养老机构的许可和登记、机构人员从业标准和培训等若干方面的内容。加强老年社会照料服务规制尤其要加强审批、登记工作，以许可或者登记为起点，加强后续过程监管，包括加强监管标准建设和严格执法，以维护社会养老服务领域的秩序和质量。加强对福利设施建设的监管，设立不同于医疗护理的社会护理职别，从人才培养、人员培训入手，打造一支适应老龄社会需求的专业化、职业化的社会照料服务队伍。

处理好促进养老机构的发展和监管养老机构规范运作的关系非常重要。养老机构需要规范标准和严格监管，养老行业的发展也需要政府的支持和促进。社会照料服务领域需要适度监管，社会养老服务机构应当符合国家规定的标准和条件，获得养老服务许可后，依法进行登记，才能从事社会照料服务。但一刀切地规定“养老机构应当符合国家规定的条件，获得养老服务许可后，依法进行登记”，势必会禁锢小型养老机构的生存和发展。韩国以及我国台湾地区对于一些小型养老机构免去了财团法人的登记以促进其发展。应当借鉴这种做法，对一些不对外招募、不要求税负减免、不要求政府补贴的小型社会照料服务机构，应当适当放低准入门槛，简化审批程序甚至无须许可，采用灵活多样的登记形式，促进小型养老服务机构的发展，以适应不同老年人的养老需要。

(七)关于社会养老服务职业化

社会养老服务是一个逐步形成和发展的行业，社会养老服务行业的发展与人口老龄化相伴随，并有不断规范化的需要。这里的规范化不仅指社会养老服务需要加强法律规制和制度约束，还表现为社会养老服务质量所要求的专门化和职业化水平。社会养老服务的专门化和职业化，一方面要求对社会养老服务类型化。比如日本2000年实施的《老年介护保险法》，将老年介护分为"居家介护"和"设施介护"，而"居家介护"服务可以细分为十三类，从来访护理、来访医疗、来访康复，到有利于功能康复的住宅改装等。再如我国台湾2007年修订颁布的《老人福利法》，将老人照顾服务分为居家式、社区式和机构式服务，而居家服务主要包括医护服务、复健服务、身体照顾、家务服务、关怀访视服务、电话问安服务、餐饮服务、紧急救援服务、住家环境改善服务和其他相关之居家式服务。另一方面要求从业人员应当接受专门教育，甚至需要通过从业考试，并因此获得职业保障。日本《老年介护保险法》还规定了比较完善的老年介护人员的资质与培训制度，将从事老年介护保险服务的人员大致分为福利介护员和访问介护员两类，不同种类的介护人员有不同的资格标准和培训要求。①

在我国，社会养老服务尤其是对于智障、失能、高龄老年人的生活护理是一个越来越重要的课题。社会养老服务需要形成比较稳定的从业队伍，养老服务领域将产生成千上万的从业大军，从业标准应当制度化，职业教育应当专门化，养老服务应当职业化。应当像重视医疗护理教育一样重视生活护理教育，除加强养老服务从业人员培训外，还需要充分挖掘和利用现有的教育资源，加强养老护理领域的人才培养，或者统筹医疗护理和生活护理方面的职业教育。社会养老服务职业化既需要加强社会养老职业教育培训，还需要将养老护理独立为一个职业类别，明确从业标准、职业等级、职业

---

① 日本的福利介护员需要两年的正规学习，并通过国家统一考试及格后，才能取得上岗资格。他们一般在介护设施内就职，从事技术性较强的介护服务。访问介护员需要本人亲自报名，然后参加政府出资举办的培训班，接受50～230个小时的专门培训，考试合格后获得执业资格证书，到居住所在地的相关部门登记注册，等待上岗。访问介护员一般分为三级：高级为介护兼管理，负责安排管理辖区内介护员的工作，参与对老龄者的介护；中级的能做所有的介护工作；初级的只能从事简单的家政服务和一般性介护工作。

待遇和保障等，这样既有利于稳定社会养老服务队伍，也便于相应的管理。修改老年人权益保障法应当对社会养老服务职业化作出专条规定，可以在规定社会养老服务职业教育的同时，增加关于国家设立养老护理职业类别的规定。

（八）关于社会优待政策法律化

目前，人们对社会优待制度体系应当包括哪些基本的内容存在一些不同看法。社会优待与社会福利是两个不同的概念，高龄老人经济补贴、免费体检属于社会福利还是社会优待值得讨论。如果出台政策对有高龄老人、失能老人的家庭减免税收或者给予经济补贴，属于不属于社会优待值得研究。2011 年 2 月出台的《刑法修正案（八）》规定的“审判的时候已满七十五周岁的人，不适用死刑，但以特别残忍手段致人死亡的除外”，这样的规定是否属于社会优待更值得商榷。社会优待是一项反映和体现国家和社会道德水平的制度，它是指国家或地方针对特定人（群）所给予的特别关怀和照顾。从实证的角度看，社会优待主要体现在地方层面上，它既可以是某种政策优惠，也可以是公共服务中的优先服务，还可以是经济补贴、出行便利、豁免义务等，表现为养老优待、医疗保健优待、生活服务优待、文体休闲优待、维权服务优待等多种类型，具体体现为免征特定收入税、优先就医、减免票价、免除劳务等社会优待措施。

社会优待已经成为老年人权益保障的一项重要制度，并逐步实现了类型化、体系化和层次化。进一步完善社会优待制度需要关注它的全国性、法律性和平等性。社会优待制度建设应当关注三个问题：一是将部分社会优待制度上升到国家层面，通过修改法律规定进老年人权益保障法，比如高龄老人补贴就可以写进法律；二是将比较成熟的社会优待政策上升到法律层面，一些比较成熟和可持续的优待政策可以经由地方立法实现法规化；三是如何通过立法保障平等对待。相比较而言，社会优待的同等对待问题更受人关注。由于社会优待附有巨大社会成本，对于不同年龄段的老年人可以区别优待，但对于一个行政区域内的城乡老年人不应当区别对待，社会优待不同于一般老年社会福利，应当尽量做到城乡无别，应当超越户籍限制面向所有本行政区划内的老年人开放适用。另外，不同地方基于不同的经济社会发展水平推行社会优待政策，使社会优待具有高度地方性，部分地方社会优待政策应当适度向其他地方的老年人开放；国家不应当仅仅提倡社会优待政策上的同等对待，还应当作出硬性规定；尤其是对公园、博物馆等非排他性共享资源，应当明确规定各地方对常住户口不在本行政区划的老年人应当实行同等对待，这样就使得比较软性的条款具有了硬性的约束。

（九）关于老年人就业与社会参与制度

人们通常认为，老年人社会参与应当更多地面向社会服务，应当鼓励老年人从事社区活动、志愿者活动以及其他社会公益活动，对老年人的回报应当主要是“社会性回报”而不应当是“经济性回报”。老年人参与社会公益服务应当有档案记载和管理系统，应当得到或者优先得到社会照料服务这样的“社会性回报”。20 世纪 80 年代，美国、日本等国家的一些城市兴起了“诚实信用”、义工和志愿服务等活动，借鉴银行运营模式，激励志愿服务，对志愿者付出的劳动进行登记，达到一定数量后可以获得奖励，并能换回别人相应的照顾。2001 年 3 月 5 日，中国志愿者服务时间储蓄制度启动。老年人在自己有能力的情况下照料需要生活照顾、精神慰藉的老年人，参照志愿服务时间储蓄制度，根据老年人提供的志愿服务的时间换取自己可能未来需要的社会照料服务。这也可以视为老年人参与社会的一个方面，这类社会参与将获得“社会性回报”。老年人的生活保障应当依靠家庭经济供养和养老保险制度，而不应当通过老年人就业来维系其经济保障。尤其是社会就业问题是社会的突出问题，年轻人就业竞争压力很大，发展老年人就业与现行的就业政策并不在一个方向上，甚至存在相当的紧张关系。因此，在修改法律时一定要慎重对待现行退休制度和老年人就业问题。事实上，老年人社会参与主要表现为老年人参加公益性、志愿性活动。2000 年，中国城乡老年人状况一次性抽样调查发现，城市老年人参加各项志愿服务活动的比例高达 61.75%。城市老年人退出生产性劳动后，许多老年人积极参与公益性活动，为社会提供力所能及的服务。老年人参与义务劳动的比例占 1/4，治安员活动居老年人参加公益活动的第二位。1/10 的老年人参加过青少年教育活动。

尽管如此，老年人的生产性参与也不能忽视，老年人社会参与不仅包括参与社会公益活动，还包括参与文化精神活动，也应当包括参与社会经济活动，比如参加再教育、接受培训等基于自身文化精神需要的有益活动，以及参加收入性或者非收入性的社会经济活动。《亚太地区老龄问题行动计划（草案）》提出了关于老年人维持就业与收入保障的对策建议，各国政府应注重老年人就业获得收入来源对于经济保障的重要作用。要防止通过强制退休或就业歧视将老年人排斥在就业岗位之外。世界卫生组织《积极老龄化政策框架(2002)》中的老年人参与意味着,当劳务市场、就业、教育、卫生及社会政策和项目,根据个人的基本人权、能力、需要和喜好,支持老年人参与社会经济、文化和精神活动,人们在进入老年人以后还可以通过收入性的和非收入性的活动为社会继续做出生产性的贡献。应当通过老年人权益保障法修改完善老年人社会参与制度,通过修改法律要求政府和社会出台政策和措施,比如制定老年人就业保障条例、老年人再教育条例等,逐步缓解退休制度的强制性,禁止在就业问题上对老年人的歧视,出台促进和保障措施,创造条件促进老年人就业,使老年人通过就业保障和维持一定的经济来源,以满足老年人独立、自尊的高层次需要。

(十)关于设立农历9月9日老年节制度

1990年第45届联合国大会通过决议,确定从1991年起,每年的10月1日为"国际老年人节"。除国际老人节外,世界上多数国家都结合本国传统文化和习俗明确规定老人节日。新加坡的老人节也叫"敬老节",定在每年的2月2日。泰国的老人节也叫"长寿日",定在每年的5月5日。希腊的老人节叫"老龄日",定在每年的7月7日。匈牙利的老人节定在11月11日。我国现行老年人权益保障法没有老人节的规定,但不少地方立法规定了老人节。比如,《上海市老年人权益保障条例》(2010年修正)第8条规定,每年农历九月初九(重阳节)为本市敬老日。《北京市老年人权益保障条例》第9条规定,每年农历九月初九重阳节为本市敬老日。《新疆维吾尔自治区保护老年人合法权益条例》(1999年修正)第7条规定,每年农历九月为自治区敬老宣传月,九月十五日为自治区老人节。

在老年人权益保障法修改过程中,人们对确定老年人节日没有异议,但对节日名称和具体时间看法不一。关于时间,现行老年人权益保障法没有规定老人节,但大多数地方通过立法将传统节日"重阳节"确定为老人节。重阳节也叫"登高节",登高望远,抒发心胸,有益健康长寿。尊重中国的传统习俗,每年农历九月九日"重阳节"适合于作为中国的老人节的日子。通过修改老年人权益保障法将农历九月九日确定为法定假日,并纳入国家假日体系。每逢老年节,全国放假一天,既有助于培育敬老、养老的社会风尚,也有助于子女看望老人,其意义比目前有些法定假日还有现实意义。关于名称，有人主张尊重多数地方规定“敬老节”的做法，但多数人认为宜采用“老人节”名称，像“三八”妇女节、“五四”青年节、“六一”儿童节等一样，规定“九九”老人节以充分体现老年人的独立和尊严。老年人不是与社会分离的人群，而是社会整体的一部分，有相对独立的利益要求、尊严要求和社会地位的要求。随着社会发展和进步，越来越多的老年人不再满足于“被敬”，他们还有自己的追求，有独立自主和人格尊严的强烈愿望。

第一章

老年人权益保障法概述

随着人口老龄化速度不断加快，老龄社会问题日益突出，保护老年人合法权益，促进老年人社会福利权益的实现，保障老年人对社会的参与，完善老年人权益保障法律制度的意义日益凸显。从法律体系的角度以及法律功能、基本内涵和规制模式上看，老年人权益保障法首先是一部老年人“权益一福利与参与法”，属于社会法的范畴，应当将老年人权益保障法定位为“权利一责任与义务法”和“法律一政策与道德法”。老年人权益保障立法应当关注社会参与、社会福利与权益保障的结合、义务与责任的融合以及政策、法律与道德的配合；老年人权益保障立法以“老年人社会参与、福利与法律权益——家庭、政府和社会责任与义务——法律、政策与道德”为逻辑起点和主线，遵循特殊群体权益保障原则、社会公平正义原则、全面协调和可持续原则、义务一责任共担原则，以及法律、政策与道德合力原则，构建以老年人权益保障法为核心的老年人权益保障法律体系、老年人权益保障法框架体系、老年人权益保障制度体系。适应我国老龄社会养老体制变化、家庭养老功能减退、养老社会化程度增强等趋势，以及老年人权益保障的现实需要，加快老年人权益保障法修改工作，健全和完善家庭保护、社会保险、社会照料、社会优待、社会救助、福利设施以及社会参与等老年人权益保障制度，构建完善的老年人权益保障法框架体系，具有重大的现实和战略意义。

第一节　老年人权益保障法的立法定位、基本原则和制度体系

20 世纪末，我国 60 岁以上的老年人占人口的比例超过 10%，按照国际通行标准，我国人口年龄结构开始进入老龄化阶段。进入 21 世纪后，中国人口老龄化速度加快。2005 年底，我国 60 岁以上老年人人口近 1.44 亿，占人口总比例达 11%。① 而进入 21 世纪 10 年后，全国 60 岁及以上人口为 177648705 人，占 13.26%，其中 65 岁及以上人口为 118831709 人，占 8.87%。② “十二五”期间，我国将处于老龄化加速发展阶段。预计到 2015 年，60 岁以上老年人口将达到 2.16 亿，年均增加 800 万老年人口，其中 80 岁以上高龄老年人将达到 2400 万，年均增加 100 万。③ 随着人口老龄化速度不断加快，老龄社会问题日益突出，完善老年人权益保障法律制度的意义日益凸显。1996 年颁行的《老年人权益保障法》已经远远无法适应社会结构的变化，不足以应对老龄社会问题，修改老年人权益保障法需要尽快进入议程。修改老年人权益保障法需要明确其社会法、责任法、政策法等立法定位，确立和遵循特殊群体权益保障、社会公平正义、全面协调和可持续、义务—责任共担以及法律、政策和道德合力原则，构建以老年人权益保障法为核心的老年人权益保障法律体系、老年人权益保障法框架体系、老年人权益保障制度体系。

一、老年人权益保障法属于社会法范畴

关于老年人权益保障法的立法定位，可以从法律体系、法律功能、基本内涵和规制模式等方面来考虑。从老年人权益保障法的功能上看，老年人权益保障法是“权益—福利与参与法”；从法律体系的角度看，它主要属于社

---

① 参见国务院新闻办公室 2006 年 12 月 12 日发布的《中国老龄事业的发展》白皮书。

② 根据全国第六次人口普查的数据，内地 31 个省、自治区、直辖市和现役军人的人口中，0～14 岁人口为 222459737 人，占 16.60%；15～59 岁人口为 939616410 人，占 70.14%；60 岁及以上人口为 177648705 人，占 13.26%，其中 65 岁及以上人口为 118831709 人，占 8.87%。同 2000 年第五次全国人口普查相比，0～14 岁人口的比重下降 6.29 个百分点，15～59 岁人口的比重上升 3.36 个百分点，60 岁及以上人口的比重上升 2.93 个百分点，65 岁及以上人口的比重上升 1.91 个百分点。

③ 参见《中国老龄事业发展“十二五”规划（草案）》，2011 年。

会法范畴；从老年人权益保障法的基本内涵上看，老年人权益保障法是“权利—责任与义务法”；从内涵侧重上看，它主要是责任法[①]；从老年人权益保障法采用的规制模式看，老年人权益保障法是“法律—政策与道德法”；从老年人权益实现机制上看，它主要是政策法。就社会法与责任法、政策法的关系而言，它们之间是一脉相承且相辅相成的关系。当然，社会法、责任法、政策法只能反映老年人权益保障法的不同层面和侧面，即使它们能够有机组合，也无法表现老年人权益保障法的全貌。因为作为社会法，它与行政法有交叠；作为责任法，它还在若干领域规定着权利义务关系；作为政策法，它又具有传统法律和道德规制方式。广义上讲，老年人权益保障法具有综合性，横跨若干法律部门，但总体上应当属于社会法的范畴。1996 年出台《老年人权益保障法》时，我国法律体系还不够完善，社会法建设尚不成气候。目前中国特色社会主义法律体系已经形成，老年人权益保障涉及其中的多个法律部门。老年人权益非常广泛，但主体当属社会权利，特殊群体的社会福利权构成老年人权益保障法的逻辑起点和核心范畴。老年人权益保障法的社会法定位决定了它具有政策法、责任法以及促进法和保障法的特征。

在老年人权益保障法中，法律权益与福利和参与趋于一体，法律与政策和道德融为一体，而面向老年人权利的义务与责任则相得益彰。一是社会福利与社会参与和法律权益保障的结合。[②] 老年人的权益至少包含三个方面：第一个方面是共享发展成果意义上的权益，基于敬老养老传统、人道精神和成为老年人之前对社会的贡献等，老年人天经地义地享有福利权。第二个方面是像人身权、财产权等法律规定的权益，一旦侵犯老年人的法定权益将引起法律后果，侵权者将承担法律责任。第三个方面是老年人在成为老年人之后参与社会的权利，这是关涉老年人地位和作用的重要权利。二是责任与义务的结合。对老年人权益保障和实现来讲，主要由家庭及其成员承担的法律义务和主要由政府与社会承担的责任均不可或缺。比较而

---

① 老年人权益保障法是责任法，这里的责任不是消极责任的法律明定或者说违法责任追究，而是积极责任的法律宣示或者说明确政府、社会政策性责任，主要是指由政府和社会承担的促进和保障老年人社会福利和社会参与的责任。

② 老年人权益具有多重意义，既表现为福利权益，又表现为参与权益，还可以表现为合法权益。《中国老龄事业的发展》白皮书包括前言、老龄事业国家机制、养老保险体系、老年医疗保健、为老年社会服务、老年文化教育、老年人参与社会发展、老年人合法权益保障等七个部分。白皮书中出现的老年人合法权益保障是狭义上的老年人权益，相当于受法律保护的人身自由、财产权等法律权益。

言，老年人社会参与和社会福利需要相应的政府与社会责任予以支持，而老年人的法律权益需要义务性规定相对应。三是法律与政策和道德的结合。一方面，老年人权益保障需要法律、政策和道德的合力；另一方面，老年人权益保障法中有大量政策性规定和道德性要求，其实效尤其需要政策配套，这在相当程度上使其具有了明显的政策法的特征。

首先，从老年人权益保障法在法律体系中的位置及其法律功能看，老年人权益保障法属于“权益—福利与参与法”，归属于社会法范畴。在我国，到2010年底，除1982年《宪法》及其4个修正案外，已制定现行有效法律236件、行政法规690多件、地方性法规8600多件，涵盖社会关系各个方面的法律部门已经齐全，宪法及宪法相关法、民商法、行政法、经济法、社会法、刑法、诉讼及非诉讼程序法等各法律部门中基本的、主要的法律已经制定，相应的行政法规和地方性法规比较完备，中国特色社会主义法律体系已经形成。在我国已经形成的法律体系中，老年人权益保障法与其他特殊群体权益保障法一样属于社会法范畴。尽管对社会法能否成为一个独立的部门还存在学术争议，关于社会法的调整对象和范围至今争论未休，难成共识。但从实证的角度来看，社会法独立成为一个法律部门并加快建设，具有重大的现实意义。一方面，它与经济社会文化权利高度关联并明确了政府的责任；另一方面，它具体包括了工作权、获得公正和良好工作条件的权利、组织工会权、相当的生活水准权、社会保障权、获得社会救济权等，构成了对特殊社会群体尤其是社会弱势的法律保护，既关系着社会成员个体的尊严，也事关不同社会群体利益关系上的公平正义原则。从这样的意义上讲，老年人权益保障法实际上主要就是老年人社会福利法，或者主要是老年人社会福利与社会参与法，老年人权益保障法因此具有鲜明的社会法性质。关于老年人权益保障法的修改，有学者主张借鉴国外的做法，将《中华人民共和国老年人权益保障法》更名为《中华人民共和国老年人福利法》，以与世界其他国家尤其是西方国家的立法模式相一致。实际上，各国面对的社会问题有共性也有所不同，发展中国家与西方国家面对类似社会问题却不具有共时性，因此各国解决社会问题的方式方法、政策法律会有所差别，法律名称未必需要国际通行或者以西方国家立法为模版。社会(福利与参与)权保障的角度与法律权益保护的角度有一定差别，但面向特殊群体的利益需求和权利维护，我国已经形成了比较稳定的“××权益保障法”立法模式，比如，《妇女权益保障法》《残疾人保障法》等。以“老年人社会参与、福利与法律权益——家庭、政府和社会责任与义务——法律、政策与道德”为逻辑起点和主线构建老年人权益保障法律制度，应当成为老年人权益保障法修改的基本方针。将老年人权益保障法定位为社会法，学界和立法界并没有太多的分歧，问题是将老年人权益保障法定位为社会法的意义何在。不同的法律部门有其共同的法学原理，所有部门法的建设和发展都会有共性规律，但是不同部门法所调整的对象不同，必然会有不同的具体原理和规律需要认真对待。将老年人权益保障法定位为社会法，就是要强调老年人权益保障立法必须遵循社会法原理和社会法建设与发展的规律。研究和阐释社会法原理在老年人权益保障立法中的应用，分析和概括社会法建设和发展的规律对老年人权益保障立法的作用，是老年人权益保障立法的基础性工作。

其次，从老年人权益保障法的基本内涵和实现形式上看，老年人权益保障法是“权利—责任与义务法”。任何法律都会涉及权利义务，有学者将老年人权益保障法定位为权利法，我们更希望它成为一部为实现老年人权益的责任法和义务法，是一部权益和责任与义务统一的法。将老年人权保障法制定成为一部权益和责任与义务统一的法，是老年人权益保障立法的主旨所在。对于权益和责任与义务需要从两个方面来注解。如前所述，老年人的权益不仅仅是指老年人的法律权益，还包括老年人应当享有的社会福利权益，以及社会参与权利，这是不同性质的权益，分别需要义务和责任来对应。就老年人的社会福利权益而言，老年人权益保障立法需要遵循由“社会权利—政府责任”逻辑关系构成的社会法基础原理和一般规律，将老年人权益保障法与公民社会权利联系起来，有益于明确老年人权益保障领域的政府责任。老年人融入社会的社会参与权亦是如此。公民社会权利是生存权和发展权的法律表达，政府为此负有道义责任、政治责任和法律责任，政府履责方式是多样的，其中包括促进老龄事业的发展，通过与公民个体或群体合作的方式解决社会问题，尤其是应对老龄化和老龄社会问题，满足老年人作为弱者和弱势群体的基本生存需求。如果说老年人权益保障法属于社会法范畴，那么它主要就是责任法。老年人权益保障法是责任法，这里的责任包括了政府在老年人权益保障领域的责任，当然与老年人社会福利权益相对应的责任也包括社会责任。随着经济社会文化的深刻变化和老龄化社会的到来，老年人权益保障责任合理性、制度化安排成为老年人权益保障法修改的核心问题。老年人权益保障责任不仅要制度化,还需要有合理的安排。比如,社会保障责任主要由政府担当,社会优待责任主要由社会担承,老年人参与社会主要由政府和社会保障,等等。就老年人的法律权益而言,"公民法律权利—法律义务"构成逻辑关系,法律义务而不是责任与老年人权益的相对应,义务是老年人权益保障法不可或缺的内容,家庭成员作为赡养人、扶养人负有相应的养老义务和老年人合法权益家庭保护义务,不履行义务或者构成侵权,将产生相应的法律责任。老年人权益保护法是权利—义务法,这里的义务当然包括政府和社会的相应义务,但主要应当是家庭和家庭成员的义务。建立和完善权利与义务的对应关系,重申和强调其他法律法规已经规定的权利义务关系,是老年人权益保障立法的目标之一。

再次,从老年人权益保障法采用的规制模式看,老年人权益保障法是"法律—政策与道德法"。老年人权益保障法体现了政策、道德与法律的有效配合,尤其表现出政策与法律相辅相成。正是从这样的意义上讲,老年人权益保障法是政策法。政策法介于政策与法律之间,是一种特殊的政策法律现象,较为普遍地存在于社会法领域。[①] 一般而言,社会法本身带有很强的政策性,社会法所应对的是变化的社会风险,法律宜粗不宜细,不同的时期,内容可能差别比较大,需要综合考虑社会的经济、政治背景来调整,具有明显的灵活性特征。所谓政策法是就老年人权益保障法的立法风格与规制模式而言的,不仅老年人权益保障法包含着大量的政策性规定,比如扶持老年产业的税收优惠政策、对高龄老人的社会优待政策等。该法的实施也需要相关政策的推动和辅助,法律与政策一体化成为老年人权益保障法的重要特征。比如,国务院和地方(县级以上)各级人民政府应当将老龄事业纳入国民经济和社会发展规划,制定老龄事业发展专门规划,使老龄事业与经济、社会协调发展。国务院和地方(县级以上)各级人民政府应当将老龄事业经费列入财政预算。国务院和地方各级人民政府应当制定老年人优先、老年人优惠等政策,对老年人实施社会优待。社会救助所需资金,由地方各级人民政府列入财政预算,专项管理,专款专用;类似法律条文因其政策性特征,并没有规定相应的法律责任,仅仅是一种倡导性的内容,同时给各个地方留足了空间。既然老年人权益保障法具有鲜明的政策法特征,政策就

① 参见肖金明:《志愿服务立法若干问题的思考》,载《中国行政管理》2010年第8期。

成为促进和保障老年人权益的基本工具。正是在这样的意义上，可以将老年人权益保障法视为促进法和保障法。与“禁止性义务规定—违法责任”的传统法律运行逻辑不同，“政策性责任—促进和保障”左右着老年人权益保障法的效应。老年人权益保障立法的主要目的之一在于拓展一项正在起步的事业，促进一种新兴事物，保障老龄事业的健康发展，探索和谐社会建设的新途径。老年人权益保障法中的“保障”不仅是指权益保障，更是一项事业顺利发展的保障；不仅是指法律保障，还包括政策措施保障，比如经费支持、政策扶持、条件保障、制度保障等，以此促进老年人权益保障事业的发展。在现行老年人权益保障法和老年人权益保障地方立法中，明确政府责任的条文大都使用了“支持”“引导”“鼓励”“促进”等词语，在一定程度上也反映了老年人权益保障法的促进法和保障法色彩。所谓促进法和保障法是就老年人权益保障的立法目的和实现方式而言的，通过促进我国老龄事业发展，保障老年人权益或者说实现老年人福利，是老年人权益保障法修改应当坚持的指导思想。每一部法律都具有或强或弱的规范作用。相对来说，关于自由权立法的规范性比关于社会权立法的规范性要强一些。促进法和保障法是与规范法相对的概念，它与政策法、责任法高度关联，政策是促进的手段，责任是促进的依托，老年人权益保障法规定的政策性责任而不是法律性义务构成老年人权益保障法的基石。

二、老年人权益保障法的基本原则

修改老年人权益保障法，完善老年人权益保障法律制度体系，促进老年人社会参与、社会福利和法律权益的实现和保障，需要遵循特殊群体权益保障原则、社会公平正义原则、全面协调和可持续原则、义务—责任共担原则，以及法律、政策与道德合力原则。

（一）特殊权利保障原则

尊重和保障人权已经成国家的基本价值观和立法工作的价值诉求。中国特色社会主义法律体系与中国特色社会主义人权体系相交融，它包括经济社会文化权利、公民和政治权利以及特殊群体权利三个部分。《国家人权行动计划（2009～2010年）》比较系统地表述了具有中国特色的人权框架体系。国家人权行动计划最具有实质性内容的三个部分列举了不同权利的保障：一是经济、社会和文化权利保障；二是公民权利与政治权利保障；三是少数民族、妇女、儿童、老年人和残疾人的权利保障。《国家人权行动计划(2009～2010年)》比较全面地列举了权利种类，描述了比较完整的人权基本框架，表述了比较完备的人权体系。人权体系中每个部分都自成体系，比如，经济、社会和文化权利包括了工作权利、基本生活水准权利、社会保障权利、健康权利、受教育权利、文化权利、环境权利等；再如，公民权利与政治权利包括了人身权利、被羁押者的权利、获得公正审判的权利、宗教信仰自由、知情权、参与权、表达权、监督权等；又如，少数民族、妇女、儿童、老年人和残疾人的权利包括了少数民族权利、妇女权利、儿童权利、老年人权利、残疾人权利等，明确了社会特殊群体权利类型的地位。《国家人权行动计划(2009～2010年)》单列少数民族权利保障、妇女权利保障、儿童权利保障、老人权利保障、残疾人权利保障，将上述权利归为社会特殊群体权利予以专门规定和保护，在一定意义上更加接近于人权的本质，反映了中国主流人权观的一个基本倾向，体现了中国政府在人权领域中强烈的现实感和对社会正义的正确理解。[①] 在整个人权体系中，老年人权益占有重要地位，而且随着老龄社会的到来越发显示出重要性。将老年人权益保障摆在人权保障的突出位置，既强调老年人法律权益的保障，又重视老年人福利权益的保障，这是特殊群体权利保障原则的基本要求和具体体现。

(二)社会公平正义原则

公平正义应当成为美好社会制度的价值准则。国际社会在1999年提出了“建立不分年龄人人共享的社会”的口号，强调将老年人同时视为发展的促进者和受益者，主张建设一个包容各方、强调所有人参与、实现自我价值、独立、得到照顾和享有尊严的社会。2002年的《联合国第二届世界老龄大会政治宣言》则进一步确定国际老龄问题行动计划，应对21世纪人口老龄化挑战和机遇，促进不分年龄人人共享的社会发展。美好社会一定是一个道德社会，道德社会的主要标志是社会公平正义。公平正义应当成为中国特色社会主义制度的基本价值准则。公平正义的价值准则不仅嵌入社会

---

① 《国家人权行动计划(2009～2010年)》在“经济、社会和文化权利保障”部分表述的农民权益的保障、四川汶川特大地震灾后重建中的人权保障，似可表述为农民权利(益)、灾民权利(益)并列于少数民族、妇女、儿童、老年人、残疾人权利之后，纳入社会特殊群体权利体系予以规定和保障。这样的结构安排可能更合乎整个人权框架体系的逻辑。(参见肖金明：《中国特色的人权框架与权利保障体系——阅读〈国家人权行动计划(2009～2010年)〉》，载《当代法学》2009年第5期)

制度之中，还应当指导制度变革和进步，不仅应当成为衡量调整当代人利益关系的法律制度善恶的标尺，还应当成为不在同一时空中的当代人与后代人权益关系正当性的衡量尺度。公平正义在时间流淌和空间变幻中依然是最高准则，一个人在成为老年人之前和之后在社会利益关系中受益于社会公平正义原则。在中国特色社会主义制度体系中，有关全体社会成员共享经济社会发展成果的制度、有关社会弱势群体保护的制度、有关消除贫困和抵御灾难的制度，都集中体现了社会公平正义原则。老年人是特殊的社会成员，他们构成一个特殊的社会群体，并表征着一个社会的结构状态，是影响社会稳定和谐、文明进步的基本要素。老年人权益保障既是中华民族传统美德的要求，也是人道主义的体现，更重要的是，保障老年人的权益体现了公平正义的社会诉求。不断完善经济制度和经济体制，保持经济平稳较快地发展，加强社会建设和民生工程，使全体社会成员共享发展成果，实现社会公平正义。社会公平正义原则要求根据国情将老龄问题纳入经济和社会发展计划，使老年人与其他社会成员一起共享人类进步发展的成果；重视并积极推进经济建设和社会的全面进步，将消除贫困，健全医疗社会保障作为优先目标，不断提高老年人的生活水平，改善老年人的健康状况。在老年人权益保障立法和整个老年人权益保障事业中贯彻社会公平正义原则，有助于协调老年人和老年人群体与其他社会成员及其群体的利益关系，有助于促进道德社会、和谐社会和美好社会建设，实现“老有所居，老有所养，老有所医，老有所教，老有所学，老有所为，老有所乐”，确保老年人更加幸福、更有尊严。

（三）全面协调和可持续原则

保障老年人合法权益，促进老龄事业发展，应当坚持实践科学发展观。老年人权益保障及其法治化，促进老年人社会福利和社会参与，是实践以人为本思想的具体体现。用科学发展观指导老年人权益保障及其法治化，需要进一步实践以人为本理念，坚持全面协调和可持续原则。全面协调和可持续原则要求老年人权益保障应当实现参与、福利和法律权益三位一体，尽管可以有所侧重，但总体来讲，三者不可偏废。长期以来，存在着对老年人权益保障法的误解，认为老年人权益保障法就是对其他法律已经规定的老年人的受赡养、财产权、婚姻自由以及人身自由等权利集合在一起，强调对老年人权益的特别保护，所以存在着大篇幅地重复甚至拷贝其他法律规定的现象。实际上还存在着这样一种误解，即将老年人权益保障法仅仅看作是老年人社会福利促进和保障法，尽管在现行老年人权益保障法中专章规定了老年人对社会的参与，但相关规定过于简单，人们普遍地认为老年人权益保护法是关于老年人社会保障、社会照料、社会优待的法，而对国际社会普遍强调的关涉老年人独立、自我充实甚至尊严的权利明显考虑不周。[1] 修改老年人权益保障法，必须贯彻全面协调可持续原则，既要重视老年人法律权益的保护，又要促进老年社会福利权益的实现，还要保障老年人对政治、经济和社会生活的参与。

老年人权益保障尤其是老年人社会福利权益保障和老年人社会参与权利的实现，需要政府和社会承担相应的责任，这需要政府和社会具有相应的能力，尤其需要政府有足够的财政能力，需要经济保持持续发展，为政府持续拥有足够的财政责任能力提供物质基础。老年人权益保障水平归根结底取决于经济社会发展水平。全面协调和可持续原则要求老年人权益保障、政府和社会的责任能力、经济社会发展水平保持协调，要求将老年人权益保障与整个社会的利益安排协调起来，保持城乡统筹、不同特殊群体兼顾，尤其需要将老年人权益保障事业纳入国民经济和社会发展规划，将养老保险、老年医疗保险、老年人社会救助和社会照料等与社会建设和民生工程相结合，确立老龄事业在经济社会发展大局中的战略地位和作用，立足当前和着眼长远相结合的原则，实现老年人权益保障事业的健康持续发展。

（四）义务—责任共担原则

老年人权益保障是一项社会事业，既关涉到当前的老年人，也关涉到未

---

① 国际社会非常重视老年人融入和参与社会的重要性。联合国大会于1991年12月16日通过《联合国老年人原则》（第46/91号决议），鼓励各国政府尽可能地对老年人状况优先注意，强调老年人的独立、参与、照顾、自我充实和尊严。参与原则要求：老年人应始终融合于社会，积极参与制定和执行直接影响其福祉的政策，并将其知识和技能传给子孙后辈；老年人应能寻求和发展为社会服务的机会，并以志愿工作者身份担任与其兴趣和能力相称的职务；老年人应能组织老年人运动或协会。自我充实的原则要求：老年人应能追寻充分发挥自己潜力的机会；老年人应能享用社会的教育、文化、精神和文娱资源。2002年的《联合国第二届世界老龄大会政治宣言》指出："进入老年的人应该享有充实的生活，包括健康、安全和积极参与他们所在社会的经济、社会、文化和政治生活。……对老年人群体的技能、经验和资源的依靠，自然被视为成熟、充分融合和高尚社会发展的宝贵财富。……老年人的潜力是未来发展的强有力的基础。社会依靠老年人的技能、经验和智慧，不但能首先改善他们自己的条件，而且还能积极参与全社会条件的改善。……我们还将促进老年人独立、平易近人和在社会所有各方面的参与，并且承认他们对发展所做出的贡献。"

来的老年人，是一项全民事业，社会的每一个单元，包括政府、社会组织、家庭都有不可推卸的责任，甚至承担着相应的法律义务。对保障老年人合法权益、促进老年人社会福利做出合理的义务—责任安排，必须贯彻家庭、政府和社会义务—责任共担原则。政府主导与社会参与相结合，家庭养老与社会养老相结合。老年人权益保障法应当建立两个逻辑关系，即“法律权益—义务关系”和“福利权益—责任关系”。在保障和实现老年人权益的途径上，老年人福利权益的实现更强调政府和社会的责任，尤其是政府承担着主要责任；老年人法律权益的保障强调家庭、政府和社会的法律义务，尤其是家庭及其成员的义务。在社会照料等领域，义务与责任并重，但相对来说，义务优先于责任。比如，赡养义务人的经济供养义务优先于政府提供的社会保障责任；赡养义务人的生活照料和医疗照护义务优先于社会照料责任；赡养义务人的精神慰藉义务优先于政府和社会创造有利于老年人的社会人文环境的责任；等等。对老年人权益保障来讲，义务和责任不可偏废，但从总体上看，责任的分量明显重于义务。笼统地讲，义务和责任具有同样的性质，义务是广泛意义上的责任，但两者存在不同。义务一定是法律性的，不履行义务将产生具体的、相应的不利性的法律后果；而责任可能是道义性、政治性、法律性的合体，具有明显的政策性，履责不当也会产生一定的法律后果，但通常比较宏观而不够具体。义务性条款一定具有可诉性，而责任性条款一般不具有可诉性。

老年人权益保障法修改的一个重要任务，就是确立合理有效的老年人权益保障体制，形成合理的义务—责任制度体系。我国经济社会文化改革和发展引发了社会结构的多重变革，实际上构成了经济社会文化改革和发展的重要组成部分。社会结构变化的重要标志之一是实现了由“国家—单位—家庭”向“国家—社会—个人”的转变，由此导致我国养老体制的转型。转型社会带来的家庭小型化、空巢化使家庭养老机制相形见绌，社会“去单位化”使单位统筹机制逐步解体，传统的养老体制已严重不足于社会养老需求。在转型中的老年人权益保障体制中，政府处于主导地位，但它不再是单纯的社会养老服务的提供者，而应当定位为社会福利主要供给者＋促进者＋规制者，社会是养老事业的基本参与者，政府应当为老年人提供的公共服务需要通过政府向社会购买，民办老年人事业将成为社会养老事业的重要组成部分。在越发市场化的环境中，公办养老机构和民办养老机构会产生提供公共养老服务的竞争，理顺公办养老机构的经营管理关系对于政府作为规制者公平监管养老服务行业具有重要的意义，而老年人权益保障法有必要回应这一问题，在规定鼓励和引导民间资本参与老年服务的同时，也要规范国家在相应领域的经营管理关系。另外，老年人权益保障法不能忽视慈善事业和志愿服务在老年人权益保障领域的重要作用，志愿服务在社会照料方面将发挥重要作用。因应老年人权益保障事业外部环境的发展变化而进行，是在国家福利供给能力提升、社会供给主体多元、供给方式多样，老年人福利需求增强而且日渐复杂化的条件下对原有福利供给布局的优化调整，是对十几年各地完善老年福利制度、权益保障机制的各种创新经验的综合提炼，更是适应当前中国转型社会面临各种严重的老龄化问题而在立法层面进行的战略布局。基于以上认识，老年人权益保障法的修订不仅要立足于当前，更要着眼于未来，不仅要关注保障老年人权益不被侵犯，更要强调并细化国家、社会、社区、家庭等多方责任，保证老年人福利的积极增长，最终使新型的养老模式得到立法的确立，这应该是老年人权益保障法修订的原则要求与目标追求。

（五）法律、政策与道德合力原则

老年人权益保障法是一部牵头法，与其他相关法律形成一体，相互协作，形成对老年人合法权益完整的法律保障；老年人权益保障需要物质支撑尤其需要财政政策的保障。如前所述，老年人权益保障法具有政策法的特征，其内容包含了若干政策性的规定，其实是需要相应的政策配套。没有相应的政策，老年人权益保障法在很多领域将寸步难行，只有法律与政策形成合力，老年人权益保障法才能产生实效；老年人权益保障道德支持尤其需要尊老、爱老、养老、助老的家庭美德和社会公德的助力。一方面，关于老年人社会福利和社会参与的政府与社会责任写进法律，但其原理之一是责任的道义性和伦理性。比如，对特殊老年人的社会救助，对高龄老年人的社会优待等，均体现了具有一定道义性的政府责任。另一方面，涉及老年人赡养、抚养的义务性规定都渗透着中华民族的传统美德和精神，而类似于“常回家看看”的规定则基本上属于道德要求，尽管老年人面对子女的冷漠可以据此诉诸法律，法院也可以作出适当的判决，但与基于经济供养义务的赡养费纠纷不同，“常回家看看”这样的条款重在倡导一种和睦的生活方式，法律规定的精神慰藉义务需要社会舆论和道德约束才能真正见效。

三、构建老年人权益保障法律制度体系

构建完善的老年人权益保障法律制度体系需要着眼于几个方面：一是修改老年人权益保障法，协调与其他相关法律的关系，加快出台老年人权益保障法的配套法规，进行新一轮的地方性法规修改工作，健全和完善老年人权益保障法律体系。二是通过修改老年人权益保障法，对社会照料、社会优待、社会救助、老年福利设施等作出专门规定，完善老年人权益保障法的框架体系。三是确立和完善老年人权益保障制度，着眼于老年人福利权益和法律权益以及老年人社会参与等不同层面，形成老年人权益保障的制度体系。

（一）健全和完善老年人权益保障法律体系

老年人权益保障法律体系包括广义和狭义两个层面。广义层面上的老年人权益保障法律体系以宪法为龙头，由老年人权益保障法牵头，形成完整的老年人权益保障法律体系。依据宪法制定的与老年人权益保障有关的法律，如婚姻法、社会保险法，还有正在酝酿制定的社会救助法等，相关的法律条款构成老年人权益保障法律体系的重要部分。根据老年人权益保障法制定的专门法律或法规，如社会养老机构、老年人社会优待、老年福利设施方面的立法等，属于老年人权益保障法的配套立法，修改老年人权益保障法的同时需要加快配套法规的出台，这是完善老年人权益保障法律体系的重要措施。地方有关老年人权益保障的立法是老年人权益保障法律体系不可或缺的组成部分。在 1996 年《老年人权益保障法》出台以前，不少地方已经“先行先试”制定了老年人权益保障方面的地方性法规，并为全国性立法提供了经验。全国性立法出台后，各地适时修改或制定地方性法规，形成了比较完整的老年人权益保障法律体系。全国性法律实施 15 年来，各地在老年人福利和权益保障方面制度上有创新，尤其是在社会优待和社会照料等方面积累了很多有益的经验，为老年人权益保障法的修改奠定了坚实的基础。在老年人权益保障法修改后，各地需要相应地修改老年人权益保障制度，使老年人权益保障法律体系更加健全和完善。老年人权益保障法的修订不可回避的问题是，在涉及社会保障、社会优待、社会服务、社会参与等领域时，由于地区经济社会文化发展的不平衡性，各地对于福利供给模式、福利供给标准、供给方式要求等方面会存在特定的差异。国家修订老年人权益保障

法时，哪些事项需要统合，哪些事项由地方自主规定，其中的界限也需要慎重加以划定，比如，社会保障是否全国统一水平，社会优待的范围和标准是否全国一致，社会照料模式是否全国统一，等等。在老年人权益保障法律体系中，地方立法具有重要地位。为地方立法留有余地，是修改老年人权益保障法应当把握的一项重要准则。

（二）完善老年人权益保障法框架体系

狭义的老年人权益保障法律体系仅指老年人权益保障法的框架体系。现行老年人权益保障法内容不够全面，结构不尽合理，框架体系也不够完整。修改老年人权益保障法需要充实内容、调整结构，形成完整的框架体系。建议修改后的《老年人权益保障法》设置总则、家庭保护、社会保障、社会照料、社会优待、社会救助、福利设施、社会参与、法律责任、附则等十章。第一章为总则，主要规定立法宗旨、法律原则、家庭义务、政府职责和社会责任以及监督实施等。第二章为家庭保护，主要规定家庭经济供养、生活照料和精神慰藉的义务，以及人身权利、婚姻自由、财产权利等的家庭保护。第三章为社会保障，主要规定养老保险和老年人医疗保险。第四章为社会照料，主要规定机构服务、居家服务、社区服务、志愿服务等。第五章为社会优待，主要规定政策优待、尊老优待、医疗优待、住房优待、文体优待等。第六章为社会救助，从社会保障中独立出来，主要规定针对特殊老年人群体的生活救助、医疗救助等。第七章为福利设施，从社会照料中独立出来，主要规定社会养老服务机构和设施的设立、建设规划、建设和监管等。第八章为社会参与，主要规定老年人参与社会的条件保障和制度保障等。第九章为法律责任，主要规定违反本法和侵害老年人权益的相应法律责任和追究机制，包括民事责任、行政责任和刑事责任等。第十章为附则，规定设立老年人节，以及法律生效时间。除总则、附则和法律责任三章外，其余七章涉及法律权益保障、社会福利保障和社会参与保障，尽管七章规定的内容不见得完全对应上述三类权益，但从总体上讲，第二章家庭保护更多地规定了老年人合法权益的保障，第八章主要规定了老年人对社会的参与，而第三章到第七章更多地规定了老年人的社会福利权益。

（三）确立和完善老年人权益保障制度体系

以老年人权益保障法为基础，逐步形成和完善老年人权益保障法律制度体系，包括老年人家庭赡养制度、老年人福利制度、社会养老保险制度、老年人医疗保险制度、老年人社会救助制度、老年人社会优待制度、老年人社会照料制度、老年人服务设施制度、老年人权益保障法律责任制度、老年人节日制度等。老年人权益保障制度体系是由法律和政策构筑的。老年人权益保障法应当为政策留出空间,这是老年人权益保障法修改应当把握的重要原则。如前所述,有关老年人权益保障的很多制度措施都是通过政策来体现的,像老年人优待政策、不同年龄段不同福利待遇的规定、中央和地方有关老年人福利的意见和通知等。这反映了社会法领域因为社会的变动不居而更需要政府积极灵活的政策应对,也体现了政策现象在社会保障和社会管理中的重要作用。老年人权益保障领域政策的多变性同时也意味着其稳定性和程序性的缺失,在涉及老年人优待、老年服务产业发展等领域尤其突出。老年人权益保障法的制定或者修订过程在一定意义上将是社会政策法治化的过程,也即成熟的政策通过法律而得到固化。那么这些政策如果要进入法律而具有规范性与稳定性,则原有政策的内容和要求必然被改造和缩减,至于如何改造使其更具备法的要素特征是修订过程必须着重考量的内容;同时新法确立后,为了落实新法也会产生执行法律的法律政策,同样需要立法者对这种法律政策的模式加以考量。目前来看,应当将各地已经运用成熟的老年人优待政策适时、适量地进行法律化,使其更具有可操作性和权威性;对于居家养老、社区养老中出现的新服务形式可以通过老年人权益保障法作鼓励性、倡导性的规定,以扩展其适用性。当然,包括老年人权益保障在内的老年人事业仅靠法律是不足够的,遵循社会法规律,为政策留出足够的空间,是有效保障老年人权益的需要。

四、老年人权益保障法的道德内涵与支撑

如前所述,老年人权益保障不仅是一个法律问题,也是一个道德问题。一方面,老年人权益保障是中华民族传统美德的体现,另一方面又需要敬老、爱老、养老、助老社会风尚。老年人权益保障法凝聚着传统美德,体现着道德要求。为道德提供支持,是老年人权益保障法修改应当把握的重要原则。老年人权益保障法需要处理法律规范的效力与道德要求的倡导之间的矛盾。近来关于“常回家看看”入法的争议等反映了老年人权益保障法和相关地方条例修改过程中应对道德要求入法的复杂性。显然精神慰藉属于家庭伦理的范畴,将其纳入立法充分反映了老年人权益保障法明确的价值导

向和道德皈依，是中国传统的孝文化和敬老传统在法律中的现代体现。类似“对与赡养人分开居住的老年人，赡养人应当经常看望、问候，给予老人精神慰藉”的规定入法不会消减法律的可操作性和权威性。一方面，法律的可操作性不能完全等同于可司法性或者说可诉性，能否依据“常回家看看”这样的条款进行诉讼可以讨论，实际上老年人权益保障法中的很多政策性责任条款都难以成为诉讼的依据，但它们可以成为评判是非、行政问责、调处家庭纠纷的重要依据。另一方面，法律本身在某种程度上是底线的道德宣示，违反法律的行为很多时候也就是违背了道德而可能面临法律的惩罚。在体现鲜明制裁性质的法律中不具有可强制执行性的道德要求不应直接纳入其中，而在类似于老年人权益保障法这类具有鲜明社会法属性的法律中加入伦理道德的要求无关于法律的效力，也无损法律的权威性，而更多体现了法律的指引、教育作用。

第二节　完善我国老年人权益保障法框架体系

中国早在20世纪末就已经进入老龄社会，老龄社会问题日益凸显。进入21世纪后，人口老龄化速度不断加快，应对老龄社会的突出问题已经成为急迫的课题。将积极应对老龄化确定为基本国策，制定老龄事业发展中长期规划，完善老年人权益保障法律体系，是应对人口老龄化和老龄社会问题的重大举措。健全和完善老年人权益保障法律体系，形成老年人权益保障法的核心地位，一方面关联着民法、社会法、行政法等相关法律部门并与之协调一致；另一方面关联着地方立法和配套立法并保持一体，是老龄社会法律应对的必要选择。目前，修改现行老年人权益保障法遇到的首要问题是确定老年人权益保障法的框架体系。构建完善的老年人权益保障法框架体系，是形成老年人权益保障法核心地位、完善老年人权益保障法律体系的基本环节。老年人权益保障法框架体系不仅关系着地方立法在框架结构上的调整和规范内容上的充实，关系着配套法规的制定和修改，以及与相关法律部门的协调，更关系着老年人权益保障法内容的完整性和体系的逻辑性。换言之，完善老年人权益保障法框架体系有利于实现老年人权益保障法在内容上的条理性和法律制度的类型化，科学合理的框架体系是老年人权益保障法内容完整性、体系逻辑性的基本要求和重要保证。

一、构建完善的老年人权益保障法框架体系

《老年人权益保障法》与《妇女权益保障法》《残疾人保障法》《未成年人保护法》属于同一性质的法律，从某种意义上讲，它们共同构成了社会弱势权益保护法律体系。每一部法律都围绕着特定社会群体权益保障设计法律体系和结构，因特殊群体权益性质、实现途径和保障措施不同及其决定的法律内容的差异，各部法律确立了各具特点的框架体系和逻辑结构（见表1-1）。《妇女权益保障法》由九个部分组构其框架体系，包括总则、政治权利、文化教育权益、劳动和社会保障权益、财产权益、人身权益、婚姻家庭权益、法律责任、附则等。《残疾人保障法》的框架体系则由八个部分构成，即总则、康复、教育、劳动就业、文化生活、社会保障、无障碍生活、附则。《未成年人保护法》的框架体系主要包括总则、家庭保护学校保护、社会保护、司法保护、法律责任、附则等七个部分。与《残疾人保障法》《未成年人保护法》《妇女权益保障法》等三部法律相比，《老年人权益保障法》确立了一个比较粗略的框架结构，包括总则、家庭赡养与扶养、社会保障、参与社会发展、法律责任和附则等六个部分（见表 1-1）。

表 1-1 《妇女权益保障法》《残疾人保障法》《未成年人保护法》与《老年人权益保障法》框架比较

法律名称 / 分章结构	《妇女权益保障法》（九章，61 条）	《残疾人保障法》（九章，68 条）	《未成年人保护法》（七章，72 条）	《老年人权益保障法》（六章，50 条）
第一章	总则	总则	总则	总则
第二章	政治权利	康复	家庭保护	家庭赡养与扶养
第三章	文化教育权益	教育	学校保护	社会保障
第四章	劳动和社会保障权益	劳动就业	社会保护	参与社会发展
第五章	财产权益	文化生活	司法保护	法律责任
第六章	人身权利	社会保障	法律责任	附则
第七章	婚姻家庭权益	无障碍环境	附则	
第八章	法律责任	法律责任		
第九章	附则	附则		

我国《残疾人保障法》于1990年12月28日第七届全国人民代表大会常务委员会第十七次会议通过，2008年4月24日第十一届全国人民代表大会常务委员会第二次会议修订；《未成年人保护法》于1991年9月4日第七届全国人民代表大会常务委员会第二十一次会议通过，2006年12月29日第十届全国人民代表大会常务委员会第二十五次会议修订；《妇女权益保障法》于1992年4月3日第七届全国人民代表大会第五次会议通过，根据2005年8月28日第十届全国人民代表大会常务委员会第十七次会议《关于修改〈中华人民共和国妇女权益保障法〉的决定》修正。《残疾人保障法》《未成年人保护法》《妇女权益保障法》在实施15年左右时间后进行了修改，尽管法律内容更加充实，但总体框架没有多大变化。比如，《残疾人保障法》，将“福利”一章改为“社会保障”，将“环境”改为“无障碍环境”，使残疾人的权益表述更为具体和更为现实，更符合残疾人的切身利益，相关规范也更为具体并更有实现的保障。如前所述，随着人口老龄化的不断加快，老龄社会问题日益突出，在实施15年后，老年人权益保障法的修改工作提上议事日程。老年人权益保障法在保障老年人合法权益方面发挥了积极的作用，但其缺陷也日益明显，当时确立的框架体系现在看来已经过于简单。随着老龄社会的到来，老年人权益保障面临着新的形势，老年人权益及其实现存在多元化趋势，原有的养老体制难以承受人口老龄化的重压，加强政府社会职能的一个重要表现就是强化政府在应对人口老龄化中的责任，适应养老社会化的趋势必然要求逐步构建和完善社会养老体制。与残疾人保障、未成年人保护、妇女权益保障相比较，老年人权益保障的经济、社会、文化环境变化更大，尤其是人口老龄化、老人高龄化、家庭空巢化、家庭养老功能弱化、养老社会化等现实和趋强的势头，15年前确立的过于简单的法律框架体系已经无法涵盖养老制度的变化，不能适应老年人权益保障的需要，有必要构建完善的老年人权益保障法框架体系。

在老年人权益保障地方立法中，各地的条例和实施办法确立的老年人权益保障法规框架体系基本相同，略有差异的表现为：在31项省级地方立法中，共有12部地方性法规分章规定形成了明晰的框架体系。总体来说，地方性法规基本上遵循了老年人权益保障法的框架体系，普遍遵循了“总则—家庭赡养与扶养—社会保障—参与社会发展—法律责任—附则”这样的篇章结构，但略有差异（见表1-2）。

表 1-2 省级地方性法规分章结构

立法名称 \ 分章结构	第一章	第二章	第三章	第四章	第五章	第六章	第七章
《北京市老年人权益保障条例》(1995,五章,45 条)	总则	家庭保障	社会保障	法律责任	附则		
《青海省老年人权益保障条例》(2002,五章,39 条)	总则	家庭赡养与抚养	社会保障	法律责任	附则		
《福建省老年人保护条例》(1990,六章,44 条)	总则	家庭保护	社会保护	组织与管理	奖励与处罚	附则	
《黑龙江省实施〈中华人民共和国老年人权益保障法〉条例》(1997,六章,49 条)	总则	家庭赡养与抚养	社会保障	参与社会发展	法律责任	附则	
《河南省老年人保护条例》(2010,六章,53 条)	总则	家庭保护	社会保护	管理和监督	奖励和处罚	附则	
《湖北省实施〈中华人民共和国老年人权益保障法〉办法》(2010,六章,43 条)	总则	赡养与抚养	社会保障	参与社会发展	法律责任	附则	
《上海市老年人权益保障条例》(2010,六章,40 条)	总则	家庭赡养与抚养	社会保障	参与社会发展	法律责任	附则	
《江苏省老年人权益保障条例》(2011,六章,53 条)	总则	家庭保障	社会保障与社会优待	社会服务与社会参与	法律责任	附则	
《陕西省实施〈中华人民共和国老年人权益保障法〉办法》(1998,七章,53 条)	总则	政府和社会职责	家庭赡养和抚养	社会保障	参与社会发展	法律责任	附则
《宁夏回族自治区老年人权益保障条例》(2004,七章,37 条)	总则	赡养与抚养	保障措施	服务设施	优惠待遇	法律责任	附则
《云南省老年人权益保障条例》(2007,七章,40 条)	总则	组织保障	家庭保障	社会保障	参与社会发展	法律责任	附则
《新疆维吾尔自治区保护老年人合法权益条例》(1992,五章,36 条)	总则	老年人的基本权益和义务	老年人合法权益的保护	法律责任	附则		

通过对地方立法进行比较，我们可以看出，尽管地方性法规框架结构大体近似，但一方面，章节表述略有差异，比如："家庭赡养与扶养"一章有些地方性法规表述为"家庭保护"或者"家庭保障"；"社会保障"一章有些地方性法规表述为"社会保护"或者"政府与社会责任""参与社会发展"一章有的地方性法规表述为"社会参与"；"法律责任"一章有的地方性法规表述为"奖励与处罚"；等等。另一方面，有些地方立法对《老年人权益保障法》有所突破，有的地方性法规专章规定了"社会优待"或"优惠待遇""服务设施""保障措施""组织与管理"或"监督和管理"等内容。特别需要指出的是，在地方立法中比较特殊的是新疆的立法，其框架结构除总则、分则外，主要包括"老年人的基本权益和义务""老年人合法权益的保护"和"法律责任"三章。尽管框架结构简单但体系明晰、逻辑性强，尤其能够体现"权益—保护—法律责任"的逻辑关系，如果将"老年人权益保护"部分继续体系化分列几章，或许是一个可取法律版式。按照这样的思路，老年人权益保障法的框架体系也可以这样构造：在总则确立立法目的、基本原则，将老年人权益保障法定位为促进和保障法，以规定老年人的具体权益为前提，明确与老年人权益相对应的义务和责任，然后规定促进和保障措施，并对应禁止性条款和义务性规定明确法律责任，最后是附则。这样的框架体系也许更加"顺理成章"。

当然，修改法律应当在现行法律基础上进行，尊重现行法律的既定框架和合理内容是修改法律需要遵循的重要原则。在老年人权益保障法酝酿修订过程中，基本的共识是应当将家庭赡养和扶养纳入老年人权益保障法当中，继续完善老年人社会保障制度，关注社会照料（服务）、社会优待等老年人权益保障制度的独立性和体系化，进一步完善参与社会发展方面的规定，以及形成更加完整的法律责任体系。但具体构建怎样的老年人权益保障法框架体系，众说纷纭，见仁见智。应当确定一个既具有连续性又具有现实性的框架，包括总则、家庭保护、社会保障、社会救助、社会照料、福利设施、社会优待、社会参与、法律责任、附则（见表 1-3）。

表 1-3 《中华人民共和国老年人权益保障法》修订框架体系

分章结构	章节名称	各章主要内容
第一章	总则	主要规定立法宗旨、法律原则、家庭义务、政府职责和社会责任以及监督实施等
第二章	家庭保护	主要规定家庭经济供养、生活照料和精神慰藉的义务，以及人身权利、婚姻自由、财产权利等的家庭保护
第三章	社会保障	主要规定养老保险和老年人医疗保险
第四章	社会救助	从社会保障中独立出来，主要规定针对特殊老年人群体的生活救助、医疗救助等
第五章	社会照料	主要规定居家服务、社区服务、机构服务志愿服务等
第六章	福利设施	从社会照料中独立出来，主要规定社会养老服务机构和设施的设立、建设规划、建设和监管等
第七章	社会优待	主要规定政策优待、尊老优待、医疗优待、住房优待、文教优待等
第八章	社会参与	主要规定老年人参与社会的条件保障和制度保障等
第九章	法律责任	主要规定违反本法和侵害老年人权益的相应法律责任和追究机制，包括民事责任、行政责任和刑事责任等
第十章	附则	规定设立老年人节、法律生效时间等

老年人权益保障法框架体系不仅讲求整体上的完整性和结构上的逻辑性，其每章也都讲求局部自洽、自成体系。比如，“家庭保护”一章涉及两个方面的内容：一是积极意义上的义务，需要家庭成员积极作为履行经济供养、生活照料和精神慰藉等方面的义务；二是消极意义上的义务，不得干预、侵害老年人的人身自由、婚姻自由、财产权利等。再比如，“社会保障”一章主要涉及两个方面的内容：一是养老保险制度；二是老年人的医疗保险制度，“社会保障”实际上就是指社会保险。又比如，“社会照料”一章主要规定居家照料制度、社区照料制度和机构照料制度，构筑以家庭为基础、社区为依托、机构为辅助的社会照料体系。还比如，“法律责任”一章也自成体系，以侵权主体为分类标准的法律责任涉及三个方面：一为家庭成员的责任；二为社会机构的责任；三为政府部门的责任。法律责任类型化有助于促使家庭、政府、社会三个方面能够各尽其责，维护和保障老年人合法权益。

老年人权益保障法的框架体系既应该保持严谨性，又应当具有一定的开放性。有人主张在上述框架基础上应当增添老年人“宜居环境”方面的内容，专列一章作出规定，具体内容包括安全、便利环境，适合老年人需要的公共设施，老年人无障碍生活环境等。“宜居环境”一章主要包括城乡规划、涉老工程建设、无障碍建设，以及老年友好城市、宜居社区建设示范等内容。比如，国家采取措施，加强老年人宜居环境建设，为老年人居住、出行、就餐、就医、学习、健身、购物、休闲娱乐提供安全、便利的环境。再比如，各级人民政府在制定城乡规划时，应当根据人口老龄化发展趋势和老年人的特点，统筹考虑适合老年人的公共基础设施、生活服务设施、养老服务设施、文化教育体育设施建设。还比如，国家制定和完善涉老工程建设技术标准体系，在规划、设计、施工、监理、验收等环节加强技术标准的实施与监督，引导开发老年宜居住宅和代际亲情住宅。又比如，国家研究制定无障碍建设规范，新建或者改造城镇公共设施、居民区和住宅，应当符合国家无障碍设施工程建设标准，推动和扶持老年人家庭无障碍建设，为老年人创造无障碍生活环境。老年人权益保障法的框架体系不应当是封闭的，它应当具有一定的开放性，凡是与老年人权益保障有关的比较成熟的制度，尤其是经过实践证明切实可行的制度，均可纳入老年人权益保障法的框架体系。

二、关于老年人权益保障法框架体系的说明

如前所述，现行老年人权益保障法框架体系应当有所突破，表现在标题范围上，增添了“社会救助”“社会照料”“福利设施”“社会优待”等章；表现在标题表述上，用“家庭保护”替代“家庭赡养和扶养”，用“社会参与”替代“参与社会发展”。对于焕然一新的老年人权益保障法框架体系需要作出说明。

关于“家庭保护”一章，多数人主张保留现行老年人权益保障法“家庭赡养与扶养”的标题。学界不少人认为该章规定与民法内容重复，像婚姻家庭继承方面的法律对家庭赡养、扶养问题已经作了比较全面的规定，老年人权益保障法再作重复规定并无必要。老年人权益保障法之所以对“家庭保护”作专章规定并将其置于总则后的首要位置，主要是因为家庭养老一直是中国家庭的基本功能，是养老制度的基础。1996 年出台《老年人权益保障法》时，人口老龄化程度不高，家庭在养老方面发挥主要作用。二十多年来，人

口老龄化进程不断加快，家庭养老的功能在衰退，社会养老问题已经提上议事日程。在这种情势下，应当明确两个问题：一是养老体制转轨问题。有人认为随着老龄社会的到来及其程度不断加大，应当逐步实现由家庭养老模式向社会养老模式的转变。这种观点有失偏颇，实际上过去家庭养老单轨制确实应当改变，应当逐步实现由家庭养老单轨制向家庭养老与社会养老并存的双轨制转变。与此相联系的另一个问题是，家庭养老功能与家庭养老责任是两个不同的概念，家庭养老的功能在衰减，但家庭养老的责任不能减弱。在家庭养老与社会养老双轨制下，家庭养老仍然是基础，是老龄社会解决养老问题的逻辑起点，家庭养老功能衰减使得政府和社会养老责任增强，势必形成家庭、政府和社会共担责任的养老体制。

"家庭保护"一章主要规定赡养义务人对老年人的经济供养、生活照料和精神慰藉等方面义务。比如，赡养义务人应当履行对老年人经济供养的义务，保证老年人的基本生活水平不低于赡养义务人家庭成员的平均水平。对无经济收入或者收入低微的独居老年人，赡养义务人应当定期（按月）给付必需的生活资料、生活零用，或者定期（按月）给付赡养费。再比如，赡养义务人应当妥善安排老年人的住房，不得强迫老年人居住或者迁居条件低劣的房屋。赡养义务人不得以履行赡养义务或者其他原因为由私自强占老年人合法拥有的住房。老年人自有的住房，赡养义务人有责任给予维护。又比如，赡养义务人应当履行对老年人的生活照料义务，尊重老年人的生活习惯和特殊需要。对生活不能自理的老年人应当承担护理责任，不能亲自照料护理的，可以按照老年人的意愿，委托他人或者养老机构照护，老年人照护费用由赡养义务人承担。还比如，赡养义务人对患病的老年人应当提供医疗费用和护理。对不能亲自照料护理的老年人，赡养义务人可以雇佣他人照护，老年人照护费用由赡养义务人承担。另外，赡养义务人应当履行对老年人的精神慰藉义务，不得在精神上忽视、孤立老年人。与老年人分开居住的赡养义务人，应当经常看望或者问候老年人。

"家庭保护"一章除对老年人的赡养和扶养作出规定外，根据当下社会的现实问题，尤其强调老年人权益在家庭关系上的保护问题。比如，子女不能干涉老年人再婚自由，家庭成员不得对老年人施加家庭暴力，老年的财产权益及其处置不受干涉，等等。也就是说，"家庭保护"一章规定了两个方面的老年人权益:一种权益是老年人专有权益,子女赡养老人,需要赡养人付出时间、精力、经济、情感等,通过积极作为履行养老义务;另一种权益是人人皆有的权益,像人身权、财产权、婚姻自由等,但老年人的上述权利保障是一个非常现实的问题,需要家庭成员予以充分尊重,需要消极不作为即不得干预和侵犯保障老年人的权益。正是从这样的意义上讲,现行老年人权益保障法"家庭赡养和扶养"的标题不能涵盖该章的所有内容,不如以"家庭保护"或"家庭保障"为标题,更能完整地反映家庭与老年人权益保障的关系,并且可以将下列内容纳入其中:禁止以家庭暴力或其他方式虐待老年人,禁止家庭成员遗弃老年人,禁止干涉老年人的婚姻自由。子女或者其他亲属不得干涉老年人离婚、再婚及婚后的生活。子女或者其他亲属不得干涉老年人依法处分个人的财产,不得骗取或者强行索取老年人的财物。

关于"社会保障"一章,学界和实务界对其包含的内容存在争议。"社会保障"是一个广泛的概念,它包括养老保险、医疗保险、社会救助、社会福利等内容。在有些国家,社会保障主要包括养老保险和医疗保险两个方面的内容,狭义的社会保障制度实际上就是指社会保险制度。有人主张社会保障采用广义概念,使其囊括养老保险、医疗保险、社会救助、社会福利甚至社会优待等内容。英文"social security",与中文"社会保障""社会保险""社会福利"等多个类似概念有对应关系。通常理解的社会保障可以是一个广义的社会保障,包含对特殊社会成员提供基本生活权利保障的各种社会制度。如果采用广义的概念,社会照料、社会优待、社会救助以及社会福利设施等内容都要包括在这一章中,一是造成法律框架失衡,整体结构不尽合理;二是不能突出相关内容,像社会优待、社会照料等。社会保障也可以是一个狭义的概念,社会保障即社会保险,因为社会保障的运作核心是社会保险。从这个意义上说,"社会保障"一章可以称为"社会保险"。美国的《社会保障法》主要有五项内容,即养老保险、医疗保险、失业保险、伤残保险和儿童救助,而儿童救助的主要方式也是通过社会保险实现的;英国的社会保障类法律,主要由《国民健康保险法》《国民保险法》《失业保险法》《养老金法案》等一系列法案组成,主要内容仍然是社会保险;德国的社会保障法律起步较早,主要组成部分是二战前的《社会保险法》和二战后的《老年、伤残、死亡保险法》《农民老年年金保险法》。而我国的《社会保险法》也是我国社会保障法律体系的主要组成部分，也就是说，从国际立法的惯例看，社会保险是社会保障的主要内容，是社会保障的核心。因此，老年人法社会保障一章的核心也应该定位于社会保险。

如果将社会优待、社会救助等独立成章，“社会保障”一章设计的内容就应当主要规定职工基本养老保险制度、城镇居民社会养老保险制度、新型农村社会养老保险制度、职工基本医疗保险制度、新型农村合作医疗保险制度、城镇居民基本医疗保险制度，以及资金保障制度，等等。比如，国家建立基本养老保险制度，完善职工基本养老保险、城镇居民养老保险和农村社会养老保险的养老保险体系。再比如，国家建立和完善职工基本养老保险制度。鼓励具备条件的用人单位建立补充养老保险，提倡个人参加储蓄性养老保险。国家建立和完善城镇居民社会养老保险制度。城镇居民养老保险基金主要由个人缴费和政府补贴构成。国家建立和完善新型农村社会养老保险制度。新型农村社会养老保险基金主要由个人缴费、集体补助和政府补贴构成。又比如，国家建立基本医疗保险制度，发展多种形式的补充医疗保险，保障老年人的基本医疗需要。政府对享受最低生活保障待遇家庭、低收入家庭中的老年人，补贴居民基本医疗保险中的个人缴费部分。还比如，国家建立和完善职工基本医疗保险制度，用人单位和职工共同缴纳基本医疗保险费，实现老年人医疗保障。国家建立和完善城镇基本医疗保险制度，实行个人缴费和政府补贴相结合，实现老年人医疗保障。国家建立和完善新型农村合作医疗制度，试行农民个人缴费、集体扶持和政府资助相结合的筹资机制，实现老年人医疗保障。

关于“社会救助”一章，有人主张将“社会救助”纳入“社会保障”一章，因为其广义上属于社会保障的内容，可以视为社会保障的特殊部分。与一般社会保障相比较，社会救助有其特殊性，一般社会保障通常针对一般老年人，而社会救助大都针对在享受一般社会保障后仍然不能维持一般社会生活状态的特困老人。将社会救助从社会保障中独立出来，使老年人社会保障制度与社会保险法相互关联并协调一致，使老年人社会救助制度与正在酝酿的社会救助法相互关联并协调一致，这样的制度安排更加科学合理。“社会救助”从“社会保障”中独立出来作为一章单独进行制度安排，具体内容应当包括社会救助体系、生活救助制度、住房救助制度、医疗救助制度、费用减免制度等。比如，国家建立对老年人的社会救助制度，对生活确有困难的老年人，通过多种渠道给予生活、医疗、住房和其他社会救助。社会救助所需资金，由地方各级人民政府列入财政预算，专项管理，专款专用；对财政困难的地区和遭受特大自然灾害的地区，中央财政按照规定给予适当补助。再比如，对无劳动能力、无生活来源、无赡养义务人和扶养人，或者其赡养义务人和扶养人确无赡养能力或者扶养能力的老年人，由民政部门给予生活救济。各级政府对生活水平低于当地最低生活保障标准的老年人实行社会救助。又比如，对符合国家专项救助标准的家庭住房困难的老年人，县级人民政府应当按照规定通过提供廉租住房、住房租赁补贴、经济适用住房等方式予以保障，在寒冷地区还应当给予冬季取暖补助。还比如，老年人和赡养义务人、扶养人无力支付医疗费用的，当地人民政府民政部门应当根据实际情况给予适当救助，提倡社会慈善救助。另外，老年人为追索赡养费、扶养费、抚恤金、养老金、最低生活保障金、医疗费等向人民法院起诉，交纳诉讼费用有困难的，人民法院应当按照国家规定免收、减收或者缓收诉讼费用。经济困难的老年人申请法律援助的，法律援助机构应当简化审批程序，优先提供法律援助。经济困难的老年人申请办理公证的，公证机构应当按照规定减免公证费。

关于“社会照料”一章，有人主张用“社会服务”替代“社会照料”，或者使用“社会服务与照料”作为该章标题。老年人社会服务的概念比老年人社会照料的概念要大得多，它既包含着老年人社会照料体系、服务内容和制度、社会服务责任，也包括社会照料机构和设施。“社会照料”一章侧重构建社会照料体系、明确服务内容、规定社会服务责任，而与社会照料密切关联的两个方面的建设：一是老年人社会照料机构和队伍建设；二是老年人社会福利设施建设，可以单列“福利设施”一章作出规定。“社会照料”一章主要规定居家养老服务，配套设施，老年用品，社区养老服务，养老服务机构建设，社会组织培育，从业人员培养，政府监督等。比如，国家兴办公共养老设施和机构，建立健全包括居家照料、社区照料、机构照料等内容的老年人社会照料体系，鼓励和支持社会力量通过投资、经营、志愿服务等形式参与老年人社会照料服务。再比如，国务院和地方各级人民政府及其有关部门应当采取措施，建立和完善居家老年人服务制度，提高老年人生活质量。鼓励社会养老服务机构、社会工作者和志愿者，为居家老年人提供生活照料、家政服务、紧急援助、康复护理和心理咨询等多种形式的照料服务，为老年人的赡养义务人、扶养人普及照料服务常识。又比如，地方各级人民政府和有关部门、城乡基层群众性自治组织，应当积极发展社区服务，健全老年人日间照料机构，完善适应老年人需要的生活服务、文化体育活动、疾病护理与康复等服务设施和网点。鼓励社区居民发扬邻里互助的传统，提倡邻里间关心、帮助有困难的老年人。还比如，公共养老设施运营机构应当坚持公益性质，通过服务收费、慈善捐赠、政府补贴等多种渠道筹集运营费用，面向老年人服务对象提供优质的照料服务。公共养老设施运营机构应当利用自身的资源优势，培训和指导社区养老服务组织和人员，提供居家养老服务、日间照料服务、托老服务等，发挥示范、辐射、带动作用。养老机构提供社会照料可以适当收取费用，社会照料收费标准应当经过民政部门核准。鼓励、支持社区卫生服务机构等基层医疗机构为老年人提供适宜的家庭医疗服务。

另外，需要特别规定社会照料的一项重要原则，要求提供居家照料、社区照料和机构照料的机构、从业人员以及医疗机构等，应当尊重老年人的尊严、信仰、需要和隐私，并尊重他们对自己的照顾和生活品质的抉择权利。同时需要特别强调政府的职责。政府的责任主要包括：地方各级人民政府应当根据老年福利对象的服务需求和养老服务培训、示范的需要，加快公共养老设施建设，可以采取公办民营、合作经营、委托管理、服务外包等运行模式。地方各级人民政府作为公办养老机构的投资主体和国有资产的监管人，负有保障机构正常运行的职责。各级人民政府应当培育和发展为老年人提供照料服务的社会组织。政府和社会采取多种形式，培训和发展专职、兼职和志愿者相结合的照料服务人员。国务院和地方各级人民政府有关部门应当制定社会照料服务标准，社会照料收费标准，社会照料从业人员资格标准等，规范社会照料工作。

关于“福利设施”一章，有人主张老年人社会福利设施没有必要专章规定，可以放在“社会照料”一章中作出规定。因为“社会照料”一章主要任务是确立社会照料体制，重点规定居家照料、社区照料、机构照料等制度，而老年人社会福利设施涉及问题很多，包括老年人福利设施类型、规划建设、政府监管等若干内容。老年人福利设施划分为老年居住福利设施、老年医疗福利设施、老年休闲娱乐设施、老年居家福利设施及老年人保护专门机构等。不同的老年人福利设施有不同的规划和建设的标准和要求，政府在规划、建设和监管中承担着财政、规划、管理等责任。老年人福利设施问题如此复杂，所以应当单独成章作出规定，具体内容包括公共福利设施、养老福利设施、养老服务机构、建设标准、服务标准、人员培训、政府监管等内容。比如，国家和社会采取措施推进适合老年人的公共场所和公共设施建设，为老年人创造居住、出行、获取和交流信息等日常生活的便利条件。再比如，国家和地方各级人民政府应当将老年福利设施建设纳入老龄专项规划，实现社会养老福利机构与设施的合理布局。老年福利设施建设应当与城市和社区建设同期规划、同期建设、同期验收、同期使用。又比如，国家和地方各级人民政府应当根据当地经济发展水平，增加对老年福利事业的投入，兴办老年养老机构和服务设施。国家鼓励、扶持企业事业单位、社会组织或者个人兴办老年福利院、敬老院、老年公寓、老年医疗康复中心和老年文化体育活动场所等社会养老服务机构和服务设施。再比如，养老服务设施应当符合国家或者部门标准，社会养老服务设施标准由国务院有关部门制定。社会养老服务机构应当符合规定的条件，依法进行登记，具体条件由国务院有关部门制定。县级以上地方人民政府民政部门应当加强对社会养老服务机构和设施的监督和管理。

关于“社会优待”一章，这主要是基于老年人社会优待政策和地方的立法实践，“社会优待”一章主要包括政务优待、医疗服务优待、住房优待、文教优待、尊老优待等。比如，国务院和地方各级人民政府应当制定老年人优先、老年人优惠等政策，对老年人实施社会优待。为老年人提供优待服务的单位，应当采取措施落实对老年人的优待服务，明示优待服务内容，工作人员在提供服务时应当向老年人告知相关优待规定。为老年人提供优待服务致使收入减少的，设区的市、县（市、区）人民政府应当给予补助。再比如，政府有关部门及其工作人员办理涉及老年人重大人身财产权益事项，公安机关、人民检察院、人民法院办理涉及老年人权益保护案件，应当根据老年人身体状况、心理特点和辨识能力等因素，予以优先办理，并可以根据需要指定专门机构或者专人优先办理。又比如，医疗机构应当为到医院就诊的老年人提供优待服务，对高龄老年人就医，予以优先。国家鼓励和支持医疗机构开设针对老年性疾病的专科或者门诊，为老年人设立家庭病床，开展巡回医疗等，为老年人提供专项服务。社区卫生服务机构应当建立老年人健康档案，按照国家和省有关规定，定期为老年人免费提供健康检查。县级以上人民政府实施廉租房、公租房等住房保障制度，优先照顾有住房困难的老年人。还比如，鼓励社会教育机构为老年人接受教育提供便利，对老年人的学习费用等实施优待。公共文化体育设施应当对老年人免费或者优惠开放。地方各级人民政府应当根据当地老年人口的数量和分布状况，有计划地设置老年人文体活动设施和场所。另外，地方各级人民政府根据当地条件，可以在参观、游览公园、园林和旅游景点以及乘坐公共交通工具等方面，对老年人给予优待和照顾。火车站、汽车站、港口、机场等客运站点应当为老年人提供优待服务。候车室、候船室、候机室和公共汽车、地铁等不实行对号入座的公共交通工具应当设置老年人席位。县级地方人民政府应当向高龄老年人发放尊老金。地方各级地方人民政府可以根据本地区经济社会发展情况，扩大尊老金发放范围，提高尊老金发放标准。尊老金的具体标准和发放办法，由省级人民政府规定。

关于“社会参与”一章，有学者主张该章标题应当以“社会参与”替代“参与社会发展”。社会参与也是一个广泛的概念，包括参加社会公益事业，也包括参加政治生活，当然也涉及老年的就业问题。老年社会要成为美好社会，就要使老年人既安享晚年又发挥余热，既享受福利又贡献社会，特别关注和强调老年人的独立、尊严的保障。联合国大会于 1991 年 12 月 16 日通过《联合国老年人原则》(第 46/91 号决议)，鼓励各国政府尽可能将这些原则纳入本国国家方案，保证对老年人状况的优先注意，强调老年人的独立、参与、照顾、自我充实和尊严。《联合国第二届世界老龄大会政治宣言》认为：“我们还认识到进入老年的人应该享有充实的生活，包括健康、安全和积极参与他们所在社会的经济、社会、文化和政治生活。……在人们称赞老龄化是一项成就时，对老年人群体的技能、经验和资源的依靠，自然被视为成熟、充分融合和高尚社会发展的宝贵财富。……老年人的潜力是未来发展的强有力的基础。社会依靠老年人的技能、经验和智慧，不但能首先改善他们自己的条件，而且还能积极参与全社会条件的改善。……我们还将促进老年人独立、平易近人和在社会所有各方面的参与，并且承认他们对发展所做出的贡献。”“社会参与”一章规定老年人的社会地位和社会作用，强调老年人的独立性和对社会的参与等，遵循了老年人的生理和心理特征、人生规律以及公认的老年人原则。比如，国家和社会应当重视、珍惜老年人的知识、技能和经验，尊重老年人的优良品德，发挥老年人的专长和作用。国家和社会应当创造条件，保障老年人参与政治、经济、社会和文化生活。再比如，制定法律、法规、规章和公共政策，涉及老年人权益重大问题的，应当听取老年人和相关社会组织的意见。老年人和老年人社会组织有权向各级国家机关提出老年人权益保障、老龄事业发展等方面的意见和建议。又比如，国家应当为老年人参与社会发展创造条件。根据社会需要和可能，鼓励有能力的老年人在自愿和量力的情况下，从事下列活动：(1)对青少年和儿童进行优良传统教育；(2)传授文化和科技知识；(3)参与社会公益事业；(4)参与调解民间纠纷；(5)参与维护社会治安；(6)参与其他社会活动。还比如，老年人可以依法成立自我服务的社会组织，有组织地参与社会活动，开展自我服务。

关于“法律责任”一章规定的内容主要有：家庭成员违反法律义务的法律责任、社会养老机构违法侵权的法律责任、相关政府部门及其工作人员的法律责任等。侵犯老年人合法权益涉及广泛的法律责任，老年人作为一般人的人身财产等权益受到侵害，侵权者应承担相应法律后果，很多法律法规对此有明确规定。设计“法律责任”一章主要基于以下考虑：老年法不是泛泛规定法律责任，主要应针对该法禁止性条款或者义务性规定。凡违反义务性规定或禁止性条款，侵犯老年人合法权益的，均在老年人“法律责任”一章中加以明确，并强调法律责任的明确性和行为与责任的对应性。“法律责任”一章自成体系，可以考虑以侵权主体为法律责任的分类标准，法律责任涉及三个方面：一为家庭成员的责任；二为社会机构的责任；三为政府部门的责任。法律责任的意义主要在于促使这三个方面能够各尽其责，维护老年人合法权益。比如，违反本法规定，有下列行为之一的，由基层群众自治组织、企事业单位、老年人社会组织或者有关部门给予批评教育并责令改正：(1)赡养义务人不给付赡养费、提供生活资料的；(2)赡养义务人不提供医疗费用和护理的；(3)家庭成员故意忽视、孤立老年人的；(4)干涉老年人婚姻自由的；(5)侵吞、抢夺、转移、隐匿或者破坏老年人财产的；(6)歧视、侮辱、虐待、殴打或者遗弃老年人的；(7)有其他侵犯老年人合法权益行为的。

违反本条第一款第一项和第二项规定的，由法院裁定强制执行。违反本条第一款第四、五、六项规定，情节严重的，依照治安管理处罚法的有关规定处罚；造成严重后果构成犯罪的，依法追究刑事责任。再比如，社会养老服务机构及其工作人员违反本法规定，侵害老年人人身财产权益的，依法承担民事责任。虐待、遗弃老年人的，有关主管部门应当给予行政处罚；情节严重构成犯罪的，依法追究刑事责任。又比如，有关部门及其工作人员克扣或者不按时支付老年人依法享有的社会保障待遇，由主管部门责令改正；给老年人造成损失的，应当承担赔偿责任，并对主管人员和直接责任人员给予处分；情节严重构成犯罪的，依法追究刑事责任。不按规定履行老年人社会优待义务的，有关主管部门应当责令改正；拒不改正的，可以通报批评，并可以依法给予行政处罚。另外，有无必要在"法律责任"一章中对救济途径作专门规定存在争议，有人主张作出规定总比不规定好，并建议作出这样的规定：老年人合法权益受到侵害的，被侵害人或者其代理人可以要求基层群众自治组织、企事业单位、老年人社会组织或者有关部门处理，也可以依法向人民法院提起诉讼。基层群众自治组织、企事业单位、老年人社会组织或者有关部门应当依法调解涉老纠纷。对侵犯老年人合法权益的申诉、控告和检举，政府有关部门、人民检察院、人民法院应当依法及时受理，不得推诿、拖延。

三、构建既开放又严谨的框架体系

老年人权益保障法的框架体系既应该保持严谨性，又应当具有一定的开放性。有人主张在以上述框架基础上增添老年人"宜居环境"方面的内容，专列一章作出规定，具体内容包括安全、便利环境，适合老年人需要的公共设施，老年人无障碍生活环境等。"宜居环境"一章主要包括城乡规划、涉老工程建设、无障碍建设，以及老年友好城市、宜居社区建设示范等内容。比如，国家采取措施，加强老年人宜居环境建设，为老年人居住、出行、就餐、就医、学习、健身、购物、休闲娱乐提供安全、便利的环境。再比如，各级人民政府在制定城乡规划时，应当根据人口老龄化发展趋势和老年人的特点，统筹考虑适合老年人的公共基础设施、生活服务设施、养老服务设施、文化教育体育设施建设。还比如，国家制定和完善涉老工程建设技术标准体系，在规划、设计、施工、监理、验收等环节加强技术标准的实施与监督，引导开发老年宜居住宅和代际亲情住宅。又比如，国家研究制定无障碍建设规范，新建或者改造城镇公共设施、居民区和住宅，应当符合国家无障碍设施工程建设标准，推动和扶持老年人家庭无障碍建设，为老年人创造无障碍生活环境。

第三节　创新我国积极老龄化法制理论与实践

积极老龄化源于20世纪90年代在美国兴起的积极老龄化(Positive Aging)运动，与传统的“消极老龄观”和“老龄歧视主义”相对，同时又超越了健康老龄化、成功老龄化、效率老龄化等观念，意指围绕健康、参与、保障等基本价值构建更为完整的老龄化观念体系，目的是为了提高老年生活质量，用完整的价值理念和相应的原则引导老年政策和法律，让人到老年时能够尽可能地获得健康、参与和保障的最佳机会，由此构成了从理念原则到制度规范再到具体实践的积极老龄化过程。对我国而言，自改革开放以来，特别是1999年进入老龄社会以来，人口老龄化的进程不断加快，并体现出了老年人口基数大、老化速率快、“未富先老”等国情特征，积极采取措施应对老龄化已经形成共识。客观地讲，从国家到社会，从政府到家庭，包括老年人群体，有关老龄社会的认识和人口老龄化的很多观念不够到位，应对老龄社会的政策措施制度建构避免不了消极老龄主义等观念的潜在作用。尽管如此，随着对人口老龄化认识的不断深入，老龄化的观念也在不断更新，老年政策法律也在很大程度上体现了健康老龄化、成功老龄化、效率老龄化等进步理念，其中包括了逐步受到积极老龄化越来越受重视。

适应人口快速老龄化的形势，更新老龄社会理念，实现由“以需求为基础”的老龄社会观念向“以权利为基础”的老龄社会观念转变，确立积极老龄化基本国策，实施积极应对老龄化国家长期战略，推进老年政策创新和制度创新，是积极应对老龄化的必然选择。创新应对人口老龄化的思想观念、公共政策、法律制度等，必须创新我国积极老龄化法制理论与实践，确立和巩固以经济社会文化权利为基础、以社会参与权为前提、以人格和尊严权为根本的老年人权观，重构老年社会政策框架和老年法制体系，以及重建社会政策与法律一体化关系。推进积极老龄化法制理论与实践创新,构建以积极老龄化观念为引领、以全面老年人权观为思想基础的老年制度体系,目的在于促进老龄社会建设,根本在于建设以老年人权益保障为核心、以老年人的幸福安康为依归、以社会的和谐进步为追求的老龄社会。

一、积极老龄化法制课题研究的意义

如前所述,积极老龄化源于 20 世纪 90 年代在美国兴起的积极老龄化运动。国外对积极老龄化的研究缘起于巴尔特、帕尔默等人对“老龄歧视主义”的批判,以及著名的社会建构论者格根夫妇对“消极老龄观”的反思。此后,学者们普遍将“积极老龄化”的理念运用到养老文化培育、身心健康维护、就业和教育保障、养老金制度改革、医疗卫生体系建设,以及政府、家庭与社区的责任划分等领域。詹姆斯·H·舒尔茨的《老龄化经济学》系统分析了人口老龄化背景下的各种经济问题,并提出了可行的应对措施;史蒂文·奈在《积极老龄化在欧洲:在路径依赖和路径分离之间》一书中系统介绍和评价了欧洲各国应对老龄化典型做法,提出了积极老龄化的制度和政策框架。可以说,国外对积极老龄化的研究时间较长,成果相当丰富,理论体系也比较完善,提出的应对策略和相关的制度选择也获得了较好的效果,对我国积极老龄化法治理论与实践探索具有借鉴意义。

国外人口老龄化理论和实践对国内学界相关研究和我国老龄社会政策选择和制度构建已经产生了重要影响。在我国人口老龄化相关研究中,不同学科的学者已经取得了若干积极的成果。邬沧萍、杜鹏、高利平、袁志刚等学者分析了我国人口比重的变动、老年人生理和心理的变化、社会养老意识的变迁以及人口老龄化的未来趋势等老龄化的现实状况,论证了人口老龄化对社会的诸领域正反两方面的影响;陈社英、郭爱妹等评价了西方发达国家和东亚地区积极老龄化的理念、原则、制度,在梳理我国既有养老制度资源的基础上,提出了解决老年生活、健康、就业、教育、心理适应等领域有益对策;彭希哲等学者从公共政策的视角对应对人口老龄化的政策选择进行了比较系统的阐释。毫无疑问,在启动老年人权益保障法修改工作之后,不同学科以不同的形式参与其中,关于人口老龄化的政策法律应对性研究达到了一个新的状态,在一定程度上推动了老年人权益保障法修改的进程。

目前，国内集中在公共管理学、社会学、经济学、公共政策学、教育学、心理学等领域的老龄社会问题研究，也包括法学领域的学者对人口老龄化法律对策和法制体系的研究，不仅形成了多学科关注和研究积极老龄化的局面，对老年政策的渐进优化、老年法制的构建完善也产生了相当积极的作用。从总体上看，国内关于老龄社会问题的研究有较强的针对性，着重于解决现实问题，主要侧重于传统老龄化的社会保障领域，包括养老模式和社会养老问题、社会照料和老年监护问题等，对老年参与、老龄教育等积极老龄化的核心问题关注较少。也就是说，对中国老龄社会现实问题的关怀还缺乏足够的深度，以积极老龄化为视角对老龄社会的关注明显不够，也缺乏足够的对老龄社会制度体系的关照，面向老年人尊严、权益保障以及政府责任的规范研究尚未充分展开。

推进积极老龄化法制理论与实践创新，必须坚持以社会管理创新为背景依托，吸收治理、善治等理论的合理内核，借鉴国外积极老龄化的理念、原则和制度，丰富和发展积极老龄化的基本理论；坚持以社会建构理论为基础，探索以老年人权益保障为核心的积极老龄化应对之道，充实和完善弱势群体权利保障理论；以政府职能转变为契机，改善政府与社会在社会治理过程中的关系，优化社会各方面的力量和资源，推动养老服务社会化，促进公民社会的成长，深化公民社会和法治政府建设理论；坚持以法学的方法为主线，综合运用行政学、管理学、社会学、政治学、老年学等多学科的研究方法，对积极老龄化法制理论与实践进行深层次、多侧面的研究，推动交叉学科研究方法的发展，培养新的学科增长点。

加强积极老龄化法制理论与实践创新，必须以社会建设和社会创新为现实背景，充分认识和把握我国老龄化特殊国情，分析和借鉴域外积极老龄化的理念和制度，以及相应的实践经验，探求积极老龄化的一般规律和中国的特殊逻辑。在此基础上，梳理现有的我国老龄化应对政策措施和法律制度，探究积极老龄化的政策法治和法律对策，进而推动老年人权益保障立法进程，优化老龄社会政策措施，完善老龄社会法制体系，以此推进国家积极老龄化长期战略的有效实施。加强积极老龄化理论与实践创新，无疑有助于完善和发展老年法制框架，将快速人口老龄化与社会法治治理结合起来，实现执政党对法治社会建设、老龄社会治理的领导，有效落实政府的积极保障和促进、引领和规范责任，综合运用社会各方面的资源，发挥尊老、爱老、助老的优秀文化传统，在老龄社会背景中，在积极老龄化战略实施中，逐步形成和完善“党委领导、政府负责、社会协同、公众参与、法治保障”的社会治理总格局。

二、推进积极老龄化法制理论与实践创新

加强积极人口老龄化法制理论与实践创新，需要充分阐释以经济社会文化权利为基础、以社会参与权为前提、以人格和尊严权为根本的全面老年人权观，并以此作为老龄社会建设法律对策研究和老年法制构建的价值主线；以全面老年人权观为基础，阐述人口老龄化背景中政府责任与社会义务的内涵及其对积极老龄化的意义，在家庭养老义务和责任的基础上，合理确定政府和社会的责任与义务；重建与积极老龄化相适应的老年社会政策框架和老年法制体系，以及重构社会政策与法律一体化关系，通过积极的老年政策和老年法制促进家庭、政府和社会形成合力，为维护老年人的权利、实现老年人的合法利益提供有效的支撑和保障。从此出发，沿着老年人权利制度化、法制化的主线，推进积极老龄化法制理论与实践创新，广泛涉及若干重要和重大课题，择其要点如下：

一是关于积极老龄化基本理论分析。梳理老龄化理论的发展脉络，阐释积极老龄化的基本内涵与意义，以及全面老年人权观的内容与价值，侧重探究积极老龄化与老年人权益保障法制的关联性，分析积极老龄化多元对策和措施对老年人权益保障的作用，着重分析积极老龄化理念与原则、老年人权益保障政策与法律之间的逻辑性，偏重老龄社会法律对策选择、法制逻辑实践与制度体系构建及其相互关系的研究。

二是关于我国老龄社会的现状分析。分析我国人口老龄化的特殊国情，包括人口老龄化进程及其速度、不同区域尤其是城乡老年问题的差别、人口和计划生育政策对人口结构产生的影响，以及与此对应的老龄社会政策与法律的作用和不足；对老龄社会相关制度规范进行系统分析，描述应对人口老龄化的制度体系，形成对我国人口老龄化制度应对现状的总体认识，探寻我国应对人口老龄化在理念、制度、体制、方式等方面存在的问题，其中包括对积极老龄化的理念与原则的认知状况和实践认同程度。

三是关于域外积极老龄化经验借鉴。分析联合国、世界卫生组织等国际组织和不同国家、地区在积极老龄化方面的政策创新与法制探索，与我国人口老龄化问题对比共性和差异，阐释域外积极老龄化的经验做法和相关制度及其借鉴意义。除欧美外，尤其需要比较与中国具有一定相近性的印、巴等大国在应对人口老龄化特别是推行积极老龄化方面的经验和制度，比较具有文化相近性的日、韩等国积极老龄化实践中的成功做法，还需要对我国港台地区积极老龄化政策法律进行考察和借鉴。

四是关于我国积极老龄化制度框架。以"参与、健康、保障"积极老龄化理念为参照，推进老年法制理论和实践创新，以积极老龄化的制度原理为依托，以全面老年人权观为基础，分析人口老龄化进程中的政府责任与社会义务，分析老年政策和老年法制的关联和协调，探析老龄社会政策框架和老年法制体系，重构老龄社会政策与法律一体化关系，探求和构建积极老龄化法律制度规范体系。

五是关于构建积极老龄化的法制体系。结合我国老龄化的具体国情，遵循人口老龄化基本规律和积极老龄化的制度逻辑，借鉴域外积极老龄化的制度建设经验，协调老年政策措施体系和法律规范体系，健全和完善由家庭保护、社会保障、社会照料、社会救助、社会优待、社会参与等制度单元构成的制度框架，形成以老年人权益保障法为核心，由配套法律制度与关联法律制度相呼应，实现全国性立法与地方性立法相统一的老年法制体系。

概括地讲，推进积极老龄化法制理论和实践创新，重在阐述人口老龄化的背景，梳理中国人口老龄化的特殊国情，这是理论和实践创新的社会环境和条件；转变传统应对人口老龄化的观念，强化积极老龄化的价值理念，这是理论与实践创新的思想观念基础。在我国人口老龄化社会、思想环境条件基础上，借鉴域外积极老龄化的有益经验，吸收治理、善治等理论的合理内核，整合我国应对人口老龄化的制度资源，逐步形成以财产特别保护制度、精神赡养制度、老年监护制度、国家支持家庭养老制度、老年护理保险制度、家庭—社区—机构养老制度等创新点的老年制度体系，完善和发展以老年人权益保障法为牵引、以配套法律法规为主干、以地方立法为补充、与相关法律相协调的老年法制框架体系。

加强积极老龄化法制理论和实践创新，应当在历史分析、文献梳理的基础上，着重运用比较分析、规范分析、实证分析以及学科交叉等多种研究方法。对比世界各国人口老龄化及其对策选择的共性与差异，寻求国外有益经验及其对我国积极老龄化法律对策的启示。积极老龄化法律对策研判需要对我国老龄化相关数据进行实证调研和分析。探寻我国积极老龄化的应对之道，需要对我国既有老龄化法律法规进行规范分析，分析其存在的问题及其求解。创新老年法制理论与实践，涉及法学、老年学、社会学、政策学、管理学等多门学科，需要多学科交叉关注、合作和跨学科研究。

结　语

在世界范围内，人口正在加速老龄化。根据联合国的规定，当一个国家或地区65岁以上老年人人口占社会总人口的7%，60岁以上人口占总人口的10%，即意味着这个国家或地区进入了老龄化。目前，世界范围内所有的发达国家都已经进入老龄化社会，许多发展中国家正在或即将进入老龄化社会。中国在1999年正式进入了老龄化社会，是世界上较早进入老龄化社会的发展中国家之一。同时，中国也是世界上老年人口最多的国家，占全球老年人口总量的1/5。与其他发达国家不同的是，中国进入老龄化社会面临着双重挑战。一方面，发达国家经济发展与老龄化同步，进入老龄社会时人均GDP一般在5000～10000美元以上，而中国是在尚未实现现代化、经济还不发达的情况下提前进入老龄社会，可谓“未富先老”。另一方面，中国老龄化的趋势不可阻挡，但现阶段养老服务的体系却滞后于养老服务的需求，可谓“未备先老”。在“未富先老”与“未备先老”的双重挑战下，如何处理好日益突出的、大规模的老年人群体的权益保障问题，既关系到社会秩序的安定，又关系到国计民生与改革发展稳定的大局。这样的挑战为我们提出了一个值得思考的问题，即如何保护老年人的合法权益，促进老年人社会福利权益的实现，保障老年人对社会的参与，完善老年人权益保障法律制度。

新中国成立后，国家出台了大量有关保护老年人口的法律法规，由全国人大颁布的法律只有一部，即1996年8月29日第八届全国人民代表大会常务委员会第二十一次会议通过的《中华人民共和国老年人权益保障法》，这是我国第一部专门保护老年人合法权益的法律。老年人权益保障法的颁布实施，无疑是我国社会主义法制建设的一大进步，符合当时的实际与国情。但是，老年人权益保障法的许多法律条款基本上属于粗线条勾画，有些语言亦为政策性的宣示，并非规范的法律术语，不具有操作性与实用性，并且随着我国经济社会发生了巨大的变革，老年人权益保障法的内容已经不能适用于现实工作中出现的新问题，无法适应社会结构的变化，不足以应对老龄化社会问题，因此有必要修改老年人权益保障法，完善老年人权益保障法律制度。

在老年人权益保障法的立法定位方面，必须要以老年人的合法权益为核心。老年人权益的内容非常广泛，但其主体当属一种社会权利，特殊群体的社会福利权构成了老年人权益保障法的逻辑起点与核心范畴。老年人权益保障法属于社会法范畴，它与传统公法和私法有着密切关联，但其主体内容具有不同于公法和私法的特征。社会法已经成为一个独立的法律部门，它具有不同于公法和私法的规律。老年人权益保障立法应当着眼于社会法的定位，遵循社会法的基本规律。从社会法定位出发，着眼于老年人权益保障法在法律体系中的位置及其法律功能，可以说，它属于权益—福利—参与法；着眼于老年人权益保障法的基本内涵和实现形式，可以说，它是权利—责任—义务法；着眼于老年人权益保障法采用的规制模式，可以说，它属于法律—政策—道德法。从以上三个方面比较全面地给予老年人权益保障法以准确的立法定位，关涉到老年人权益保障法的本质内涵、形式特征和运行规律，这是老年人权益保障法修改必须弄清楚的理论问题。换言之，这种社会法的定位决定了在老年人权益保障的立法中需要把握以下三个方面：首先，法律权益与社会参与、法律权益保障相结合，这是老年人权益保障立法的基础与出发点。其次，从老年人的权益保障与实现来看，是一部权益和责任与义务统一的法，这也是老年人权益保障立法的主旨所在。责任与义务不仅由政府和社会承担，也由家庭及其成员来承担，二者不可或缺。最后，老年人权益保障还需要法律、政策与道德相辅相成，需要法律、政策与道德的有效配合，法律与政策一体化是老年人权益保障法的重要特征。

修改老年法必须弄清楚的还有老年人权益保障法的原则问题。无论是老年人权益保障法的制度构建还是老年人权益保障的具体实践，包括对1996年《中华人民共和国老年人权益保障法》的修改，都必须遵循特殊群体权益保障原则、社会公平正义原则、全面协调和可持续原则、义务与责任共担原则，以及法律、政策与道德合力原则。关于特殊权利保障原则，尊重与保障人权已成为国家的基本价值观与立法工作的价值诉求，而整个人权体系中，老年人权益占有重要地位，将老年人权益保障摆在人权保障的突出位置，既强调老年人法律权益的保障，又重视老年人福利权益的保障，这是特殊群体权利保障原则的基本要求和具体体现；关于社会公平正义原则，老年人是特殊的社会成员，保障老年人的权益体现了公平正义的社会诉求，贯彻社会公平正义原则要求使老年人与其他社会成员一起共享人类进步发展的成果；关于全面协调和可持续原则，这就要求老年人权益保障法应当以人为本，实现参与、福利和法律权益三位一体，三者不可偏废；关于义务—责任共担原则，对老年人合法权益的保障，必须要贯彻家庭、政府和社会义务—责任共担原则，政府主导与社会参与相结合，家庭养老与社会养老相结合；关于法律、政策与道德合力原则，老年人权益保障法的内容包含了若干政策性的规定，只有法律与政策形成合力，老年人权益保障法才能产生实效。

如何确定老年人权益保障法的框架体系，是完善老年人权益保障法律制度的重大问题，应当在修改老年人权益保障法时予以重点考虑，应当将其视为修改现行老年人权益保障法的首要问题，将其视为形成以老年人权益保障法为核心、完善老年人权益保障法律制度体系的基本环节。构建完善的老年人权益保障法框架体系，主要应当着眼于以下几个方面：一是修改老年人权益保障法，协调与其他相关法律之间的关系，加快出台老年人权益保障法的配套法规，进行新一轮的地方性法规修改工作。二是通过修改老年人权益保障法，对社会照料、社会优待、社会救助、老年福利设施等作出专门规定。三是着眼于老年人福利权益和法律权益以及老年人社会参与等不同层面，形成老年人权益保障的制度体系。修改老年人权益保障法，应当考虑其自身框架，对老年人权益保障法律制度框架体系一并考虑，这就需要以1996年实施的老年人权益保障法和新世纪以来老年人权益保障的制度实践为基础，尤其不能忽视老年人权益保障地方立法对修改老年人权益保障法的作用；以残疾人保障法、未成年人保护法、妇女权益保障法等同类法为观照，尤其不能忽视这些法律在理念原则、制度规范等方面已经呈现出来的不足；与民法通则、婚姻法、继承法、劳动法、社会保障法等相关法律相比照，尤其是与家庭制度、社会保障制度协调和衔接;以成熟运作和获得良好社会效益的老年社会政策为对照,尤其要注意政策与法律的相互关系和连贯作用;以域外老龄社会政策与法律为鉴照,尤其要参考日、韩等国以及我国港台地区的经验做法和制度。

老年人权益保障法修改过程中对于积极老龄化给予了很多关注,比如,大多数人主张,应当像计划生育、环境保护等一样,给予积极老龄化以基本国策地位。山东大学老年人权益保障立法研究课题组对积极人口老龄化进行了比较深入的研究,并在向立法机关提供的专家试拟稿中将积极应对人口老龄化定位为基本国策。① 尽管对老年法修改引入积极老龄化理念存在共识,但如何将积极老龄化理念和国际通行标准等融入法律条款和规范中,却是一件很难的事情。以修改老年人权益保障法为起点,加强积极老龄化相关政策和法律研究,推进老年法制理论与实践创新,确是一项具有深远意义的重大课题。

---

① 山东大学老年人权益保障立法研究课题组拟定的《中华人民共和国老年人权益保障法(修订草案)》(专家试拟稿)第 4 条“国策与目标”第一款规定:“国家制定规划、采取有效措施积极应对人口老龄化。”

第二章

域外老年人权益保障立法借鉴

老年人权益保障立法在域外的实践有很多可资借鉴的地方，无论是立法程序还是立法时机、无论是立法内容取舍还是价值选择，均体现了独特的立法智慧，并且这些优秀的法律都是特定时空背景下的产物，彰显了立法活动要面向本国实践的基本方法。基于法系差异、民族特性与社会特点，选取德国、日本、英国、瑞典以及我国香港与台湾地区作为研究样本，能够全景式地展示域外的立法实践，并通过比较研究找出可供我国立法实践借鉴的做法。其中，德国立法实践所解决的最重要的问题就是养老资金的来源问题，其建立的“内部融资”与“外部融资”等方式相结合的融资方式，对于我国解决养老资金缺口有重要借鉴意义。日本养老保险制度是日本养老法内容的特色之处，日本借由健康保险与护理保险等，使养老风险分散化，养老责任承担多样化。英国的社区照料制度是英国老年人权益保障立法中的重要方面，其将老年人视为社区生活中的重要一员，通过给老年人以积极社会参与的空间来为老年人权益保障开辟新路。瑞典养老保险制度的特色在于其经济激励机制，瑞典鼓励老年人延期退休、控制提前退休的做法既增加了老年人的收入，又缓解了劳动力短缺的压力、减轻了社会负担。我国香港地区立法目的在于力求域外法制与香港本土特点的有效结合，尤其是在学习英国养老经验的基础上，着重考虑华人社会的特点，为香港老人的舒适生活创造法律保证。我国台湾地区的立法特点主要表现在涉及部门法的复杂性上，其主要借助多部相关法律来打造老年人权益保障的法律网，使老年人权益在多个层面都能得到法律的保护。

第一节　德国养老保障制度

德国的养老制度的建立与发展与时代背景密切相关。在二战结束、福利行政勃兴的特定历史背景下，德国将养老制度的改革视为社会福利体系再造的窗口，以相关立法的出台与修改为手段，打造出了具有强烈德国色彩的养老制度。德国老年人权益法律特点在于内容覆盖全面，从老年人健康维护到社会参与都有规定，并且很注重权益分配的公平性，力求使经济条件不佳的老年人都能享受到较高水平的养老保障，当然这一切都是建立在德国养老制度较为成熟的资金来源上，德国建立起了来源多元、管理有效、责任分明的养老资金管理体系，这对我国养老立法应该有重要借鉴意义。

一、德国养老保障制度概述

德国养老保险制度的建立，始于 1889 年的《劳工老年残疾保险法》。它以“最大限度地保障需要帮助的人”为宗旨，成为世界上第一个以社会立法的形式来实施社会保障制度的国家，其社会保障制度的健全体系与运作方式得到世界上大多数国家的肯定与认可。1911 年《劳工疾病保险法》与《劳工灾害保险法》出台后，它们与《劳工老年残疾保险法》合编为《德意志帝国社会保险法》。需要说明的是，这一时期的社会保险体系是将农民排除在外的。[①] 直到 1957 年的《农民老年救济法》和 1964 年的《农民老年救济法》出台，才将农民纳入了整个社保体系，至此老年人社保体系的框架基本形成。值得注意的是，德国农民养老金的运作方式也采用通行的现收现付制，而非传统的资金积累制。[②]

---

① 参见邵芬：《欧盟诸国社会保障制度研究》，云南大学出版社 2003 年版，第 91～97 页。

② 现收现付制是目前各国职工养老金运作方式的通例，一般适用于有固定收入的雇工。但是对于收入相对不固定的农民和自由职业者来说（主要是指每个月没有固定的工资），现收现付制的运作就有一定的难度，因此对于这部分群体往往适用资金积累制，或者两种制度相结合。

从时间上看，德国的养老保障制度可以划分为以下三个重要阶段：

第一阶段为初创阶段，其标志是1889年俾斯麦首相引入养老保障制度。得益于德国的工业化成就与"国家干预主义"传统，德国最早建立了现代意义的社会保险制度。其养老保障覆盖所有蓝领工人和一部分白领工人的养老金制度，其运作方式为资金积累制，由统一比率部分以及与收入水平相关的部分两个方面构成，前者由政府的一般税收收入提供融资，而后者主要通过劳工缴纳进行融资。此后，养老保障的受益范围扩大到所有的白领工人，并且引入家属连带收益。虽然德国早期的养老保障制度采用静态的资金积累制，但其与失业保险、工伤保险相结合形成了现代社会保障体系的雏形，它开启了养老社会保障制度的先河，对后世发展影响深远。

第二阶段为完善阶段，其标志是1957年由资本积累制向现收现付制的改革。随着德国基本法社会福利原则的确立，保护弱者、谋求社会公正对社会保障制度提出了进一步的要求。[①] 原先的资本积累制是一种静态的养老金制度，其最大的缺陷在于无法解决因通货膨胀、货币贬值等原因引起的积累资本流失问题，无法保证日益增多的工薪阶层真正从中受益。[②] 此外，原先积累的资本存量在大萧条和二战时期也被严重侵蚀。德国在1957年实施了养老保障制度的改革，从资本积制向现收现付(PAYG)体制的部分转型，1969年之后，进入了完全的现收现付(PAYG)制度时期。现收现付制的最大优势在于同一时期正在工作的年轻人通过缴费为已经退休的老年人提供养老融资，它能够根据每年养老金的实际需要，从工资中提取相应的比例，当期征收，当期使用，与当期生活水平直接挂钩，不存在资本积累制下货币贬值的风险。从资本积累制向现收现付制的转型，将雇工的养老金收益与其收入水平相联系，以个人的相对收入水平为养老金收益的依据(缴纳社会保障期间，个人所得与平均所得的相对比值。比如雇工收入5000元，平均收入4000元，则比值为1.25。该比值越高，雇工缴纳当期缴纳的费用越

① 参见刘翠霄：《社会保障制度是经济社会发展的法治基础》，载《法学研究》2011年第3期。

② 劳工年轻时积累的资金在退休时往往因为通货膨胀等原因严重贬值，失去了原有意义。以我国为例，如果物价水平不变，20世纪80年代的资金1万元足够支付城市老年人20年的养老金(按照每月50元的收益)。但是30年之后的今天，1万元仅够支付城市老年人8个月左右的养老金(按照每月1200元的收益)。因此资本积累制下，如果一个劳工在20世纪80年代有1万元的养老金(当时看起来非常充足)，由于通货膨胀的原因，在其退休10年左右就面临没有收入的窘境。此外，资本积累制要求雇工工作时需提存较多的工资比例用于特定的养老账户，会对个人构成严重的经济负担。

高，同时退休时获得的养老金收益也愈高。比如，当该雇工退休时社会平均收入增长为6000元，则该雇工养老金的计算基数为6000和1.25，而不是原来的4000，因此不存在资本积累制下货币贬值的风险）。实际上，这就不再是花过去的钱来养老，而是花当下的钱养老，无论是通货膨胀的风险，还是社会保障资金的安全等都获得了相当程度的保障。而且这也使得养老保障实际收益出现了较大程度的增长，对那个时期及以后的养老金受益者而言，都带来了收益水平的提高。

第三阶段是改革阶段，其标志是1992年起德国开始实行养老金收益指数化。从20世纪90年代起，德国政府对社会养老保险机制进行进一步的改革，将个人养老金收益水平与平均所得的增长情况挂钩，充分考虑满足养老金收益支付的融资要求，将人口变化、经济发展、物价水平等一系列因素纳入考量范畴。① 与此同时，基于政府财政压力过大、老龄现象严重等问题，德国政府于本世纪初实施了一系列改革希望将公共养老保障制度安排与私人养老保障制度80∶20的比例结构转变为60∶40。随着社会的发展，尤其是西方社会老龄化社会的加剧，如何有效地应对新形势下的养老问题，是任何政府都不得不面对的难题。从基本层面来讲，养老的社会保障在很大程度上受制于资金问题。而从目前来看，德国政府在压缩公共养老保险、推动私人养老保险发展方面，取得了很多进展。

二、德国养老保障制度体系

目前，德国的养老保障制度共有三个层次，即法定养老保障制度、职业养老金计划和私人养老保险。② 这就使得社会保障制度不会受制于特定的

① 参见邹根宝：《社会保障制度——欧盟国家的经验与改革》，上海财经大学出版社2001年版，第101页。

② 西方发达国家如美、英、德、西等国的养老金体系一般都是由国家（国民年金或劳动年金）、企业（企业年金）、个人（个人账户和商业保险）构成的三层次模式，也称"三支柱模式"。我们选取德国作为介绍范例，概因其最早建立了现代意义的社会保障制度，并有一些特色制度。但是德国的社保制度与美英等发达国家相比，并无质的区别。需要说明的是，法国的养老金制度是以职业为基础，主要分为一般雇员、公务员和自主职业者三类保障制度。其中适用于一般雇员的两层面养老体系，类似于其他发达国家三层次养老体系中的前两个层次；适用于自由职业者的养老体系类似于其他发达国家三层次养老体系中的第三个层次，适用于公务员的养老体系则是比较独特的一类，篇幅所限，此处不作专门介绍。（具体内容可以参见：M. Schludi, "Politics of Pension Reform—The French Case in a Comparative Perspective," *French Politics*, 2003,1, pp. 211-223）

方面，从多角度多层面为社保制度进一步增加了保险。这三个不同的层面发挥了不同的功能，为形成良性的养老社会保障制度构成了全方位的支撑。德国的社会保障制度开支中，有 1/3 的资金用于法定养老保险的开支。因此，尽管私人养老保障制度已经在德国取得了很大发展，法定养老保障制度仍然是养老制度、乃至德国整个社会保障制度的核心组成部分。

（一）法定养老保障制度

法定的养老保障制度是德国养老保障制度中最重要的支柱，自 1889 年创立至今，覆盖了德国 82%的劳动人口。除了公务员、设有特殊行业协会的特殊职业群体（例如律师、艺术家等）以及自主就业者可以选择不参与法定养老保障制度以外，其他所有的雇员（包括公共部门的雇员）都必须强制性参加法定养老保障制度。这使得法定养老保障制度成为整个养老保障制度的骨架。

2009 年，德国的法定养老保障的保险费率为 19.9%，缴费的依据是保险费计算界限以内的工作收入，界限以上的工资部分不征缴保险费，在以后计算养老金时也不予考虑。该界限目前在德国的东、西部尚有差别。2009 年，西部的保险费计算界限为 64800 欧元，而东部为 54600 欧元。个人的养老保险费由其本人和雇主各承担一半。最低的保险时间为 5 年，未达到这一最低投保年限，届时将不能领取养老金。该法定养老金由养老金由雇工和雇主双方平等参与的专门委员会管理，政府一般不会介入委员会的管理事务。当然，这些管理机构的权限是相对有限的，因为收益水平、缴纳率以及其他一些关键性的制度因素都是通过有关法律法规加以明确和界定的。这样的话，养老保险金最基础的资金就有了稳定的来源。而且在法律规范内由专门委员会管理的模式能够有效地避免政府管理可能带来的弊病。

法定养老层面还包含两部分相对特殊的群体：第一部分是公务员，第二部分是专业联合会（专业协会）。对于德国的公务员来说，他们不属于通常意义上的公共养老保障体系。其养老金计划由法定养老金和辅助职业补充养老金共同融资。该计划直接与联邦、州以及方各级政府预算挂钩，通过一般政府税收收入完成，而不需要公务员进行任何缴纳。养老金收益的支付是由雇用该公务员的政府机关的预算完全承担。德国政府规定，除了一些特殊性质的公务员，例如军队和警察之外，一般公务员的退年龄为 67 周岁。养老金收益水平的计算以公务员退休前最后一年的收入水平以及服务年限为基础进行计算，每年支付 13 个月，最多支付 40 年。

收取养老金的根本目的在于为年老的公民提供保障，而如何发放养老金也就显得至为重要，并且它需要综合各方面的需要，协调各方面的利益。单一模式很容易产生各种各样的问题。因此在德国，法定养老保障提供了一系列不同类型的养老金收益。主要包括三种：一是老龄养老金；二是就业能力降低养老金；三是遗属养老金。2012 年以来，标准养老金的发放年限由原来的 65 岁延长至 67 岁，而投保了较长期限(35 年)的残疾人可在满 63 岁之后领取养老金。同时，德国的法定养老保障制度还规定了规定可以提前领取的养老金。这种养老金的发放与标准养老金不同，妇女、残疾人、丧失职业或就业能力者及失业人员在年满 60 岁后即可领取，但由于不符合德国法定退休年龄 67 岁的要求，领取该类养老金者要打一定折扣，每提前一个月，养老金降低 0.3%，每提前一年，降低 3.6%，提早五年则降低 18%。其意义在于鼓励雇员延迟退休，通过延长雇员的职业生涯，降低因人口老龄化带来的养老保险负担压力、延后可能到来的养老保险资金紧缺问题。① 法定养老金的第三种是遗属养老金，其发放对象是退休者死亡后的家庭成员。它又分为配偶养老金和子女养老金。其中，配偶养老金的发放又分为大额补贴和小额补贴。对于在年龄 45 岁及以上的配偶，以及有孩子的家庭而言，如果没有独立的劳动收入或养老金，遗属有权领取其配偶生前养老金保障收益的 55%，即大额补贴。但是如果遗属再嫁，该补贴则会变为小额，约为大额补贴的一半。②

法定养老保障设立的初衷是为了将个人在工作期间所享受到的生活水平延伸至退休之后。但是，经过多年的改革之后，尽管从养老金的缴纳到养老金的发放相比从前已经有了很大的改进，但是德国养老金的收益水平却已经降低许多。个人所能领取的确切的养老金金额是根据个人所缴纳的保险费的总额来确定的。根据 2006 年的统计数据，德国法定养老保障制可以

① 西方发达国家为了减少人口老龄化给社会带来的压力，出台了大量"惩罚"提前退休、鼓励延迟退休的措施。比如美国政府的养老金政策规定，在退休年龄(65 岁)以后，每延迟退休一年，该雇工可获得的养老金收益和其他社会保障收益将同步增长，最多可增至 69 岁。根据 2010 年的数据统计，70 岁退休的人获得的养老金收益高出正常的养老金受益 1/3 左右。

② 遗属领取配偶的养老金收益，通常是指遗孀领取其丈夫的养老金收益，不少国家的养老金规范中均有遗孀再嫁、养老金收益降低的规定。但是没有关于鳏夫领取其妻子生前养老金收益的特别规定，比如鳏夫再娶，如何处理其养老金收益的问题。我们推测是因为现实中该类情况较少，尚无专门规定之必要。(参见全国老龄工作委员会编:《国外涉老政策概览》，华龄出版社 2010 年版，第 31～33 页)

确保一个缴纳45年平均保险费的雇工，退休时拿到相当于退休前收入67%的养老金收益水平。预计到2021年，养老金的收益水平将下降至雇员退休前最终的税前收入的46%。[①]

由医生、律师组成的专业联合会组织自行运作和管理独立养老金体制是德国养老保障体系第一层面的另一特殊部分。专业协会的成员必须参加其协会养老金机构的养老计划，即具有强制性。但专业协会的养老金计划均是以资本积累制作为基础，而非现收现付制。行业协会实行独立运作，自行建立缴纳和收益结构，主要提供养老、伤残以及家庭方面的保障，而不享受其他任何来自政府的补贴，即完全由其会员缴纳。同时，行业协会所积累起来的养老储备基金必须按照私人保险管理法的有关规定进行投资和运营。[②] 这样的特种行业的养老保障制度非常有特色，一方面它能够顺应不同职业的特点，形成有针对性的养老金收支制度；另一方面职业内容的状况很容易反映到养老保障制度中，能够形成对社会变化的快速应对。

（二）职业养老金制度

由于国家干预主义的传统，政府对职业养老金计划的规定历来都比较严格，长期以来职业养老金计划在德国劳动力市场上一直处于不太重要的地位，与其他发达国家相比，德国职业养老金计划的覆盖率相对比较低。[③] 然而，随着改革的推进和不断上升的人口压力，单一的国家干预主义政策根本无法全面应对老龄化的加剧，德国政府开始逐步推出对职业养老金计划的激励措施，通过把企业的力量纳入其中来充实养老的资金来源。职业养老金已经成为解决老年贫困问题的重要方式。2006年底的数据显示，在德

① 70%的替代率（即退休后的养老金收入与未退休时的工资收入之比）相对于其他发达国家是一个相当高的比率，比如美国的替代率仅有40%，法国雇工阶层的替代率约50%。（参见全国老龄工作委员会编：《国外涉老政策概览》，华龄出版社2010年版，第54～60、139～143页）

② 行业协会采用资本积累制有其特殊性。首先，这些特殊的行业协会往往收入较高，个人完全有能力建立个人养老账户（而对一般雇工来说，此类缴纳可能构成严重负担）；其次，行业协会有条件委托专业融资机构进行投资，比个人管理个人储蓄账户时出现的风险要低得多。此外，行业协会还有一系列不同于企业的特征。比如成员流动性较强（不同于一般雇员）、成员收入浮动较大（比如医生、律师的收入与其业务量有关）等因素，故无法从整体上纳入统一的现收现付制模式。（参见全国老龄工作委员会编：《国外涉老政策概览》，华龄出版社2010年版，第54～60、33页）

③ 职业养老金也称“企业年金”，从目前来看发展比较成熟的是美国。美国企业的DB计划（给付确定型）和DC计划（缴费确定型，包括401k、403b、457计划等）都是比较完备的企业年金制度，为不少国家和地区所效仿。（参见全国老龄工作委员会编：《国外涉老政策概览》，华龄出版社2010年版，第146～149页）

国雇员中约有65%被职业养老金有关制度纳入职业养老计划范围，职业养老金计划日趋成熟。

职业养老金是雇主对雇员的承诺，因此，该承诺属于雇佣关系的内容，受到德国劳动法的约束。职业养老金计划是通过个人就业合同、企业对所有员工的承诺协议或者集体就业协议的签订来确立的。对于在公共部门依靠工资薪金收入的工作者来说，补充职业养老金计划通常采用集体协议的形式。标准的职业养老金计划包括雇员在正常退休年龄领取养老金的权利、提早领取养老金的选择权以及遗属和伤残津贴方面的规定。所有的职业养老金计划都必须遵循德国1974年颁布的《职业养老金法》。该法律中明确规定了雇员在未达退休年龄时离职后仍应享有的既定退休收益的最低水平、可转移性等要求，并且涉及一些有关对该计划内成员提供障的其他方面。[①]

德国的职业养老金计划主要取给付确定型的形式，并且由雇主承担融资义务。根据德国的职业养老金计划融资方式的不同，可以将其分为内部融资和外部融资两种方式。内部融资(internal financing)就是所谓的直接承诺(direct commitment)计划，在此方式下，雇主企业对雇员承诺履行有关支付退休收益的承付义务，该承诺具有约束力。企业从其现金流中直接向雇员支付养老金收益，企业是养老金计划的唯一缴纳人。自企业通过设立储备账户将养老保障储备金以负债的方式反映在资产负债表上(从1987年起，德国政府规定从该年度起所有的相关承付义务必须实行完全积累，而且应在企业的资产负债表上加以反映)。因此，该计划又称为"通过储备账户进行融资的养老金计划"(Pension Plan Financed Through Book Reserves)。储备账户的设立，使得企业的应税收入减少，从而增加了企业的营运资金。

直接承诺养老金计划必须经过共同养老金保险联合会(Pension Insurance Association，PSV)的确认。该保障计划包括所有应付的养老金收益，以及仍在工作的雇员在未达退休年龄时离职后应享有的既定退休收益权利。一旦出现该储备金破产的情况，PSV将代表受益者提出索赔要求，各个保

---

① 给付确定型计划(Defined Benefit，简称DB)，也叫"固定受益退休计划"，是指雇主承诺在雇员退休后，按照特定计划向雇员提供年金。在雇员服务年限和退休前工资确定的情况下，无论企业盈亏与否，雇员退休后的福利待遇是确定不变的。因为该风险完全由雇主承担，所以DB计划通常不具备"可携带性"，即当雇员更换工作时，雇主为其缴纳的资金将按比例分入该雇主名下其他雇员或由雇主收回。但是德国的《职业养老金法》作出了特殊的规定，即赋予了DB计划"可携带性"，这种做法并不常见。

险公司的联合体将提出每个单独的年金合同来进行收益支付。需要注意的是，行使破产程序阶段所取得的资金和年金合同成本之间的差额部分，将通过对所有参与企业征税的方式来进行融资。[①] 这样的话，内部融资实际上实现了三方得益，即国家减轻负担，企业增加营运资金以及职工获得养老保障。

在第二次世界大战结束后的重建阶段，账户储备金对于自我融资的德国而言，无疑是一个十分重要的融资手段。尽管自20世纪90年代开始，在德国职业养老金计划的总资产中，账户储备部分所占的份额出现下降。然而直至今日，该项计划也仍然具有一定的吸引力。目前，直接承诺仍然是德国职业养老金计划融资的最重要的方式。据德国职业养老金联合会发布的统计数据显示，德国养老金储备资产中有56%的资产采用的是直接承诺的职业养老金计划（大约为4260亿欧元总额中的2340亿欧元）。尤其是对于一些作为融资方的大企业而言，这种制度安排仍然是他们所采用的最普遍的方式。从总体上来看，在其保障体系所覆盖的参与者利益方面，德国的该项账户下的补充养老保障体制被认为是一个有效的机制。当然，如果不能合理地设计储备计划及实施投资决策的话，对于满足养老保障的承付义务要求来说，还存在着一定的风险。[②]

外部融资（external financing）的方式又称为“间接承诺”（indirect commitment），即是委托第三方管理企业养老金计划的方式，旨在避免企业自行管理的各种弊端。德国外部融资的方式较多，在下文列举的养老基金、养老保险基金、支持基金中都有多家政府支持的机构，而其他发达国家往往没有提供如此多的融资途径。在这种方式下，企业利用一个外部融资工具（第三方）来支付养老金收益。法律规定，间接承诺包含着由融资工具、雇主和雇员三方组成的框架。雇主向融资工具支付保险费，相应地，融资工具直接向

---

① 除了在企业资产上反映出企业缴纳养老金计划的义务外，另一种保障DB计划安全的做法是直接规定企业资产与企业融资的养老金计划分离，企业须向独立的信托基金管理组织进行缴纳。这样即便企业破产，独立的信托公司会继续对退休职工进行养老金支付。（参见全国老龄工作委员会编：《国外涉老政策概览》，华龄出版社2010年版，第35页）

② DB计划的主要风险是：雇主每月（或每年）为雇员承担完全的缴纳义务，这可能为雇主带来过重的负担，影响企业的发展。此外，如果由企业单独管理这部分融资，就很难保证企业不将其用于再生产。即便企业按照规定只利用这部分资金进行特定投资，也可能出现投资失败，企业难以填补养老金亏空的风险，安然公司即是典型的例子。（参见全国老龄工作委员会编：《国外涉老政策概览》，华龄出版社2010年版，第35页）

雇员或其他受益人支付养老金收益。[①] 德国的养老金法允许四种不同的外部融资工具，分别是直接保险、养老基金、养老保险基金和支持基金，这四种方式之间的区别主要在于投资限制和税务处理方面。

在直接保险(direct insurance)的养老保障制度安排下，雇主是政策的制定者，并且为雇员购买个人或者集体的寿险，保费由雇主和雇员共同承担。保险公司支付养老金，雇主为投保人，雇员是受益人。但雇主仍需对保险公司支付养老收益的责任承担附属责任，即如果保险公司不能履行其义务，则由雇主来承担，对于这样的次级债务，雇主无需设立专门储备账户。雇员根据直接保险合同所支付的保险费每月可以享受一定的免税额度。但是，保险公司根据免税的保险费所支付的保险收益在兑现时必须征收个人所得税。雇主根据直接保险合同所支付的保险费可以作为营业费用直接扣减。在直接保险制度下，一方面养老金由雇主和雇员共同负担，雇主的负担减轻；另一方面，雇员则可以通过缴纳保险费而减税，两相得宜。

养老基金(Pension Fund)是一个独立的法人实体，受德国金融监管局的管理，但是在可行性方面拥有极大的自由。养老基金一般采用互保协会或公共机构的形式没立。养老基金可以由独立的雇主、雇主联合会或者保险公司设立。截至2008年9月21日，德国共有27家注册的养老基金。根据养老基金的计划安排，受益人从养老基金获得养老金收益，如果养老基金无法履行给付的义务，那么雇主仍然承担第二责任。德国政府通过一定的税收优惠鼓励雇主从现有的直接承诺计划转向养老基金计划。如果雇主确定从直接承诺计划转为养老基金计划，那么其针对转换之前的权利而向养老基金补交的款项从其应税利润中扣除。如果满足特定的条件，受益人向养老基金支付的转换费用也可以免交个调税，从而鼓励受益人同意将其养老金权益从雇主那里转向养老基金。转换之后，雇员向养老基金支付的保险费也可以享受每月212欧元的免税额度，而雇主则可以将其向养老基金缴纳的保险费作为营业费用直接扣减。但是养老基金根据免税的保险费而支付的养老金收益在兑现时需要征收个调税。

---

① 对于雇主与雇员之间的个人养老金计划安排，并没有任何正式的指定方案。不论其选择何种方式，雇主所作出的提供职业养老金收益的承诺是具有法定约束力的。从运作方式上看，私人企业部门的职业养老金制度主要以资本积累为基础，而公共部门的职业养老金则是基本采取现收现付(PAYG)体制。

养老保险基金(Pension Insurance Funds)也是以互保协会的形式运作的法定独立机构。其融资义务主要由雇主承担,但是雇员也可以进行缴纳。养老保险基金和保险公司提供的计划一样,投资的自由度很低,一般来说,养老保险基金的投资比例不能超过其权益资产账面价值的30%。2008年9月25日,共有153家养老保险基金注册。雇员向养老保险基金缴纳的保费可以享受一定的免税额,雇主所缴纳的费用也可以作为营业费用在税前列支。养老保险基金类似于附属的养老金投保人,受到保险监管机构的监督和管理。在最低资本要求、投资限制条件以及最高折扣率等方面,德国的保险监管法也同样适用于养老保险基金。养老基金与直接保险有相同的效果,但是从安全系数上来说,养老基金显然更胜一筹。

德国支持基金(Support Fund)是一个受到法律保护的独立机构,大部分都是采用注册联合会的形式,仅通过一个或几个雇主来提供融资。对于缴纳支付的时间以及数量,对雇主都有一系列的规定和准则。与账户储备基金同样,该机构的相关承诺义务必须得到PSV的保证。在支持基金计划下,雇主仍然是主要责任人,支持基金仅仅是作为一个支付机构而已。就税收因素而言,对支持基金的缴纳,在一定限度之内是可以进行税收抵扣的,而且这限度非常苛刻,因此支持基金经常出现资金不足的情况。基金本身是免税的,但是如果基资金出现过剩的情况,将被征收公司所得税。由于对支持基金仅适用很低的免税标准,因此,选择这种制度安排的企业通常会借助再保险的方式来对所剩的非积累承付义务进行覆盖。在该体制中,最常见的投资类型是向资金提供企业以市场利率发放贷款或者进行固定资产投资。德国支持基金在投资方面并不受特别限制,但是必须获得PSV的有关认定,并且确保养老金收益的安全。①

(三)私人养老金制度

德国养老保障制度的第三层面是私人养老金计划,该计划主要是由各种各样的寿险合同和私人的资本投资所组成的。为了促使人们加入这些养老金计划,德国政府还采取了一些税收优惠的措施。私人养老金计划中自愿参加的老年储蓄以及资本积累型的老年储蓄有很多种类,其中大部分具

① 参见全国老龄工作委员会编:《国外涉老政策概览》,华龄出版社2010年版,第35页。

有风险共担的特点(例如寿险),另一些则可以享受税收优惠条件。然而实际上,对于究竟哪一种家庭储蓄形式专门用于为今后退休生活提供保障,是很难确定的。即使享受税收优惠条件的寿险收益也可以被用作其他用途。此外,要想获得税收优惠政策,寿险合同必须至少为两年。对于不同类型的自愿储蓄,其税收优惠措施也有所差异。

总的来说,私人养老金制度减轻了国家和企业的负担,但是却把负担主要转移到了私人身上。这样的话,对私人消费就产生了一定的压力。因此,在德国,私人养老金计划的覆盖面是相对较低的数据表明,德国的雇员中大约一半人被纳入私人养老金计划,而且私人养老金计划所提供的收益并不是退休者收入的主要部分,也并没有很多退休者拥有这类私人账户。出现这种情况的主要原因在于德国政府提供与个人收入挂钩的收益水平,该收益水平被认为是足够充分的,而辅助或补充养老保障制度安排则仅在有限的范围内发挥一定的作用。

第二节　日本医疗保障制度

1961年,日本修改了《健康保险法》,制定了《医疗保险法》,开始实行全民医疗障制度。所有国民都必须加入某种形式的医疗保险。[①] 从老年人社会保障的法律规范来说,《国民年金法》《老人保健法》《老人福利法》和《介护保险法》等四部法律构成了老年人社会保障的根基。[②] 日本的医疗保障制度一般分成两类:"健康保险"和"国民健康保险",它们被统称为"公共医疗保险",不仅覆盖了全体国民和符合条件的在日本居住的外国人,而且对特殊人群还有特殊的医疗保险项目,充分体现了强烈的人道主义色彩。

一、健康保险

健康保险主要针对企业或团体的职工,建立于20世纪20年代,适用对

① 西方发达国家的医疗保险模式主要分为两种:一种是以德国、日本为代表的以法定医疗保险为主体的医疗保险体系。此种模式下,全体国民(或符合某种要求的国民,比如收入不足特定数额)必须参加,具有强制性,覆盖范围也较大。另一种是以美国为代表的没有法定的全民医疗保险体系。美国的Medicare和Medicaid计划均不是面向全民的,覆盖范围相对狭窄,且没有强制性。

② 参见杨天博:《日本的老年人权益保障立法》,载《社会福利》2007年第1期。

象主要是工薪阶层。健康保险按照被保险对象的不同，又划分为四种主要的保险，分别为：政府掌管保险、组合掌管保险、船员保险和公务员共济保险。政府掌管保险的保险对象是中小企业的从业人员及其所抚养者，这项保险主要由政府社会保险厅负责组织运营；组合掌管保险的被保险对象是大型企业的从业人员及其所抚养者，这项保险主要由企业和企业集团组成的健康保险组合各自负责组织运营；船员保险的被保险对象是船员（船长、海员、预备船员等）及其所抚养者，也是由政府社会保险厅负责组织运营；共济组合的被保险对象是国家公务员、地方公务员、部分独立行政法人的职员、私立学校的教职员工及其所抚养者，这项保险主要由共济组合负责组织运营，掌管国家公务员和地方公务员的保险机构分别为国家公务员共济组合和地方公务员共济组合，它们具有特殊法人资格，接受中央政府和地方政府的监督，负责私立学校教职员工医疗保险事务的私立学校振兴共济事业团体也具有特殊法人资格，受日本文部省的监督。健康保险方案的资金来自工人和雇主的缴费及政府的补贴。例如，政府掌管保险的保险费分两种：一种是 8.2%，主要针对一般国民；另一种是 9.43%（其中增加了 1.23%的护理保险费），主要是针对 40～64 岁的国民。保险费由被保险者个人及其所在单位各负担 50%，按月向医疗保险机构缴纳。政府另外还提供大约医疗开支 16%左右的补贴。一般情况下，被保险者持保险证在就医过程中发生的医疗费用，70%由医疗保险机构支付，个人承担 30%。健康保险适应了企业与职工的现状，在他们有能力支付的时候充分利用他们自身的能力，而不过多涉入。

二、国民健康保险

国民健康保险主要针对个体经营者、农民、无固定职业者和退职人员，参加这类保险的要是低收入阶层和中老年人，也包括在日本居住或工作的外国人。而且只要户主加入，其全家均可享受医疗保险。

从属于国民健康保险的、由市町村组织运营的还有“退职者医疗制度”和“老人保健制度”。退职者医疗制度的被保险对象，是从公司退职的职员中具有领取老龄养老金资格 20 年以上和 40 岁以后加入上述保险时间达到 10 年以上、还没有资格加入老人保健制度的人群。老人保健制度的被保险对象是参加了上述任何一种医疗保险的 75 岁以上或者年龄 65 岁以上身体有障碍的人群。虽然这部分人原属于各种不同类型的医疗保险组织，但是一旦到75岁，都要转移到“老人保健制度”中，享受更优惠的医疗资费待遇。

国民健康保险的资金来自税收、受保人缴费和政府的补贴。税率和缴费率由地方政府确般由市町政府采用地方税的形式征收。老年保健制度不另收保险费，其医疗服务的资金构成如下：医疗保险方案管理机构70%、政府20%、所在地区5%及所在市5%。国家健康保险的投保者按月缴纳保险金（一般为工资的8%），本人或亲属看病时只需付20%的医疗费，其余部分由政府或企业承担。国民健康保险的投保者一般负担医药费的30%，另外70%由保险基金支付。患者负担的额度设定有很低的上限（约8万日元，合5000元人民币），超出部分即由保险基金承担。国家健康保险是国家充分保障公民的消极权利的表现，它为无法为自己提供健康资金的人群提供基本的保障，而且保障人口显然超出了公民的范畴，带有一点国家主义的色彩，可以说这是高度人道主义的表现。[①]

三、护理保险

日本的老龄化速度很快，而且高龄化趋势明显，痴呆老人越来越多，这已经成为严重的社会问题。同时，日本的人口出生率在下降，劳动人口比重和绝对数量也在下降，社会负担越来越重。另外，日本的妇女受教育程度提高，职业女性增多，老人缺乏照顾。现代社会弊端的显现与传统老人保障措施之间的矛盾提出了新的要求与挑战。为了满足快速增长的养老护理服务需求，日本政府出台了一系列特殊的保险政策，最有特色的就是护理保险。

日本养老护理制度通过几次大的改革调整，经历了一个从无到有、从局部到全面的发展过程。其中1946年的《社会救济法》、1963年的《老人福祉法》和1998年的《介护保险法》分别是各个发展阶段具有里程碑意义的法律。[②] 最初的《社会救济法》过于强调“公共责任”理论，将为生活困难者提供保障完全视作政府责任，整个养老护理服务供给体系由政府主导，而忽视了

---

① 参见全国老龄工作委员会编：《国外涉老政策概览》，华龄出版社2010年版，第174～176页。

② 《介护保险法》，也称《护理保险法》，所有年龄40岁以上者均为保险对象。本法制定于1998年，但2000年才开始实施。护理服务，也称“介护服务”，其服务对象主要是65岁以上的老年人或者40～64岁之间患有早期痴呆、脑血管疾患等需要长期照料的老年人，故国内也称（长期）“护理服务”。因此，本书所称的“护理（介护）服务”“护理（介护）保险”，即为长期护理（介护）服务、长期护理（介护）保险。

社会参与的重要性。[①] 进入到20世纪80年代，面对大量的养老护理需求，政府主导模式难以为继，不得不引入社会养老护理，并对民营机构运作护理制度进行了设计和改革。这一时期，政府致力于对民营养老护理机构建设、运营等方面的资助，极大地促进了民营养老护理机构的发展，为老年护理的社会化奠定了基础。[②]

20世纪90年代以后，随着日本老龄化的进程，养老护理床位严重不足，越来越多的老人因不能自理而住进医院。这严重挤占了医疗资源，激化了医疗资源和需求之间的矛盾。如何在多重社会资源保障下搭建起社会保障的基础，成为时代给出的最重要的课题。在这种社会背景下，日本政府于2000年开始实行介护保险制度，即运用社会保险机制，对失去去生活自理能力的实施社会化护理服务的公共保险制度，在应对由于人口老龄化所带来的社会负担方面作出了有益的探索。

传统老年福利模式完全由政府主导经费投入，介护保险制度却打破了这种单一格局，实现了个人与政府共同承担义务的互惠机制。同时，护理保险制度将老年护理内容从老年人医疗保险制度中剥离出来，减轻了医疗费用造成的财政负担，整合了老年人福利制度和医疗保障制度。[③] 介乎保险制度老年人可以根据自身需求自我选择服务。自由选机制的建立，促进了以契约化的方式来推动养老护理服务的健康发展。养老护理领域出现了非营利与营利组织共同参与的格局，带来了养老护理服务竞争机制，缓解了供给不足。而这也正顺应了公共事务民营化的浪潮，成为十分有益的例证。[④] 目前日本4.3万家福利机构中，政府经营的只有不到4000家，养老服务民营化已成为当下发展的趋势。

《介护保险法》规定，护理保险的对象主要为65岁以上的老人，称为第

---

① 简单地说，公共责任是指随着公共管理的发展，行政责任也随之扩展而产生的新的政府责任。

② 1986～1999年间，民营护理机构90%以上的建设费用由日本政府资助，其全部日常运作费用则也由地方政府提供。

③ 也有的国家实行护理保险与医疗保险一体化的策略，典型的代表为德国。德国的医疗保障制度中包含护理保险。法定医疗保险的覆盖人群自动获得护理保险。参加私人医疗保险的人群以及有资格获得一般医院护理的人，也必须参加相应的私人护理保险。只要法定医疗保险中的自由保险者能够从私人保险公司获得同样的服务，也可以不参加国家长期护理保险。即便如日本这种分离模式的国家，也不是将两者完全分离，护理保险在认证方面对医疗保险仍有一定的从属性。（参见全国老龄工作委员会编：《国外涉老政策概览》，华龄出版社2010年版，第178～180页）

④ 参见章志远：《行政法学视野中的民营化》，载《公法研究》2005年第2期。

一号被保险者。还规定40岁以上的国民必须加入并缴纳护理保险金，但65岁以上人群交纳数目根据家庭人口、是否领取老龄福利年金及家中是否有交纳居民税的人等不同而有不同。按规定，护理保险的服务必须等到65岁以后。但是，对于参加长期护理保险但不满65岁的中老年人，如患有早期痴呆、脑血管疾患、肌肉萎缩性侧索硬化症等15种疾病，可以提前享受护理保险服务。这些人被称为第二号被保险者。① 老人在享受护理服务时，原则上必须缴纳护理费用的10%，余下的90%的费用中由中央财政和地方财政共同承担一半，护理保险基金承担一半。

老年人（被保险人）如果需要护理服务，个人必须先向地方政府（市町村）提出书面申请，市町村在听取主治医生（直接与该老人经常接触的社区医生）意见的基础上，派调查员前往老人家中调查健康状况。将调查结果送交护理服务认定审查委员会，依照国家的标准进行判定。30个工作日以内将判定意见和护理等级以书面形式通过市町村转告申请人。

申请人得到护理保险的认定后，会由专业的、取得国家认定的护理资格的护理师来为申请人制定一份符合认定的护理等级，同时也适合本人健康状况和要求的护理服务计划。此计划必须交给有关医疗机构。医疗机构照此计划上门提供护理服务，或用车接患者到机构接受服务，然后送患者回家。② 护理计划实施半年后，再进行一次健康调查和重新评估，根据健康状况的改善程度（或恶化程度），调整护理等级，制定新的计划。日本从事老年护理服务的人员大致分为两类：第一类称“介护福祉士”，第二类称“社会福祉士”。前者需要3年的正规学习，通过国家统一考试及格后，才能取得上岗资格，他们一般在护理设施内任职，从事技术性较强的护理服务。③

护理保险既能保障老年人生活不便时有人照料、有病能及时得到医疗

---

① 根据《介护保险法》的规定，人为原因造成的疾病，通常不纳入护理保险范畴。

② 日本老年人福利服务按照服务地点不同可分为居家护理服务和设施参护理服务两大类。居家护理服务即访问护理员到被保险者自己的家里进行护理，偶尔去护理设施接受一下检查。设施护理服务即被保险者完全离开家居，住进护理设施，接受各种程度的护理，包括老年人护理福利设施、老年人护理保健设施和老人疗养型医疗设施三类服务。

③ 为了提高护理管理水平，设立护理制度的国家（德、日、韩等）对于护理职业的要求均相当严格。医院一般需要设立专门的护理院长或护理部主任，只有接受过护理高等教育和管理专业训练的人才可担任。护理人员除护理院长（主任）外，分为护士长、高护士、注册护士、助理护士等4个级别。（参见民政部等编：《国外及港澳台地区养老服务情况汇编》，中国社会出版社2010年版，第79～83、140页）

和长期护理，又可以尽可能提高劳动人口伺候老年人的效率，而且通过专业人员的定期上门提供医疗护理和康复指导，延缓衰老进程，促进和维持健康状况，节约了大量的医疗费用。护理保险的另一个重要意义在于将家庭义务护理社会化，为解决社会老龄化问题开辟了新径。应该说，老年人的社会保障不在于为他们提供了多少资金，而在于这些资金究竟能够为他们提供什么样的服务。社会保障通过介护服务的方式发放，社会保障不仅仅是为老年人提供资金而已，而是为他们提供了全方位的服务。而且这样还能够减少老年人因为年老，智力下降等问题出现的在服务市场上的弱势地位。这样的介护保险确实具有相当大的优势(见图 2-1)。

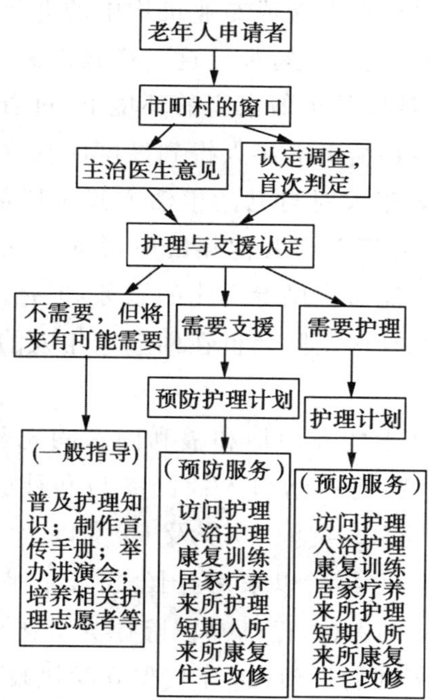

图 2-1　日本老年护理体系图

第三节　英国社区照顾制度

英国养老立法产生的最有特色的制度即社区照顾制度。英国通过《社区照料法》的强制作用，使社区照料制度在英国得到很好的执行。首先，这种社会照顾制度使行政任务的达成脱离了纯粹公权力的范畴，而能调动社会各界的力量，为养老服务添砖加瓦。其次，不再让老年人孤立于社区生活，使其能参与到群体生活中来，这无疑有利于积极养老。再次，有利于让老年人发挥自己的特长，为社区发展做贡献。最后，这种制度对于我国来说具有实际的借鉴意义，尤其是在一些社区发展较为成熟的城市中，老人的社区生活对于各方面有有益。

一、英国社区照顾的产生背景

在二战后，英国出现了“去机构化”的潮流，有关“社区照顾”的概念开始在社会福利政策的讨论中出现。[①] 社区照顾最早是作为机构照顾的一种替代模式出现，即鼓励那些留在医院或专业机构中的老年人回到社区生活，其核心在于强调社区照顾的地域性特征。这一模式的意义在于尽可能地让老年人在自己的家或地方社区的类似家庭的环境下，过着正常的生活；为老年人提供适当的照护和支持，协助老年人得到高度的独立自主性，并由此获得基本的生活技能；赋予老年人对自己的生活方式及所需服务以较大的决定权。[②] 而应该指出的是，老年人与其他年龄阶段的人一样，都具有精神生活的需求，专门化机构尽管能够提供专门化的服务，但是却可能会造成老年人对未来生活的不安，重回社区实际上也在回应老年人的精神需求，他们首先是人，而不仅仅是老人。

当然，作为福利经济学的发源地和福利国家的先驱，英国放弃“从摇篮到坟墓”的社会福利政策，而主动引入社区参与和社会参与的模式亦有政治、经济等方面因素的考虑。英国 65 岁及 65 岁以上老年人口约占全国总人口的 18%，自 20 世纪 70 年代以来，英国经济发展疲软，政府出于对投资效益(cost effectiveness)的考虑，已渐渐摒除原先英国作为福利国家的一些做法，尽量减少政府对福利的干预；80 年代保守党执政期间，更加强调“福利

---

① 20 世纪 20 年代，庇古创立了福利经济学，为英国成为“福利国家”提供了理论基础。20 世纪 30 年代诞生的凯恩斯主义，主张由政府扩大财政开支来增进社会总需求。1941 年，英国坎特伯雷大主教所著《公民与教徒》一书，第一次用“福利国家”代替“权利国家”，认为促进人民权利是政府的责任。贝弗里奇进一步提出，社会福利是英国的精神，国家应实行“从摇篮到坟墓”的社会福利政策。因此，英国是福利国家的发源地。在二战之前，英国“对于每个公民，‘从摇篮到坟墓’即生到死的一切生活与危险，诸如疾病、灾害、老年、生育、死亡及鳏、寡、孤、独、残疾，都给予安全的保障”。(参见邬仓萍：《老年社会学》，中国人民大学出版社 1999 年版，第 57 页)

② 参见贺常梅等：《关于赴英法考察老龄工作和社区养老情况的报告》，2008 年。

市场化、自由化”，主张“多渠道的养老照护”，以减轻中央财政的负担。[①]

在这一背景下，福利多元化(welfare pluralism)或者多重性在英国被提了出来。多元化包括了除政府外的其他非政府的、志愿的和私有的部分的共同与。这意味着社会服务有更多的参与者，强调其分散化和非官办等特质。同时，有人也把多元化称为“福利的混合”(welfare mix)，意味着混合提供福利利益。国家提倡社会服务的多元化是为了解决资金的问题，于是，出现了多元的融合了保险、收费服务、无偿服务等多类型的政策，还更多地体现了志愿者的参与。“福利的多元化”和“竞争的福利国家”的可取之处在于因为国家资源的有限，而把社会服务看成全社会的责任，调动全社会对老年人保障的关注，加速了社会资源投入社会福利事业的过程，无疑对社会福利事业是一个有力的推动。目前，社区养老已成为英国老年人养老的主要模式，也是一些老龄化程度高、福利国家当今采取的主要办法。

二、英国社区照顾的基本内容

英国推出的社会照料体系，以纳税人的资金为基础，由地方政府、慈善机构和志愿组织协同合作提供照料。1990年通过的《社区照料法》规定，由地方政府负责提供社会照料，有偿社会照料必须与个人经济状况挂钩。针对老年人不同的经济状况，地方政府的社会服务部负责帮助老人决定是否在养老院养老，并计算出个人是否能够承担养老院的费用。如果老人无力承担养老院的费用，社会服务部会帮助筹集资金。

从社会照料发展的期间来看，主要分为两个阶段——前期和后期。从服务提供者来看，前期主要是由医院以及大型养老机构为那些需要长期的弱能人士提供照顾与护理，而医院以及大型养老机构则归属于全民健康服务(NHS)的直接管辖，即意味着此一阶段主要是由中央健康单位主要负责对有长期照顾需求的人士提供福利与服务。到后期，为响应“去机构化”的呼声，社区照顾尤其是“在社区照顾”的理念出现并被付诸实践，并随着1974年社会服务局(Social Service Department)的成立，照顾的责任逐渐由中央健康单位转移到各地方社会服务局的直接管辖。

此外，在福利多元化的思想指导下，英国的私立护理机构发展迅速，民

① 参见章志远：《行政法学视野中的民营化》，载《公法研究》2005年第2期。

营化迅速。英国社会照顾服务业中，形成了准市场的方式，即购买方与提供方分离。国家逐渐淡出提供者的身份，变成立法者。社会照顾服务也是一个市场，因为在提供服务中，市场竞争替代了国家垄断提供。但是，它不同于常规的市场，所有这些服务机构不是以最大利润作为最终的追求，并且它们不是必然地为私人所有。在需求方，消费不是直接地表达在金钱的概念，它重视老年保障的根本在于切切实实地服务。准市场竞争不同于纯粹的自由竞争，它更有利于对服务的标准和质量的保障。同时，地方政府监督也保证了这些机构高标准的服务。①

从服务对象上看，虽然社区照顾主要以病弱老人、成年精神病患、智障人士、身体障碍者为服务对象，但随着 20 世纪 70 年代开始的英国人口老龄化，社区照顾几乎成为了老年保障服务的代名词，尤其是指有长期照料需求的老年人。

从服务内容上看，英国的社区照顾主要分为健康照护（health care）与社会照护（social care）两大类，但二者的界限尚不能划分得十分清楚。前者归属于中央健康单位，即全民健康服务（NHS），由其提供免费的医疗与护理照护；后者则为地方政府的社会服务局（SSD）管辖。从整体上看，中央健康单位的介入逐渐减少，政府的社会服务局担任的职责越来越重，而照顾形态也由健康照护越来越多地转变为社会照护。② 具体来说，可以分为以下门类：（1）社交及康乐服务。提供各种发展性、教育性、社交性及康乐性活动，使老年人建立良好的人际关系，提升自我形象，善用余暇，发挥潜能，参与社区活动。例如，组织老年人助人自助；组织各类学习小组、兴趣小组、讲座及参观等；进行各类健康检查、讲座、咨询服务等。（2）生活照料服务。包括上门送饭、做饭、打扫居室、洗衣物、洗澡、理发、购物、陪同上医院等项目。（3）定期保健服务。社区保健医生定期上门为老年人看病，免处方费；保健访问者上门为老年人传授养生之道，帮助老年人预防疾病等，每年约有 60 万老年人接受此类帮助。

英国社区为老服务最突出的特点是“以人为本”。尽管大多为老年人提

---

① 参见全国老龄工作委员会编：《国外涉老政策概览》，华龄出版社 2010 年版，第 212 页。

② 在英国，由国家资助的国民健康服务体系（NHS）是全部免费的，但是接受政府办的社会服务体系要经过家庭财产调查，而且接收人员数目受控制，申请的人员多，要长时间地排队等候。（参见民政部等编：《国外及港澳台地区养老服务情况汇编》，中国社会出版社 2010 年版，第 99～101 页）

供的福利服务设施地方狭小，但是都能做到就近就便，方便实用，功能齐全，周到细致，适用于所有老年人。仅以老年设施为例，它从设计到服务都从老年人的生理、心理和本身需要出发，充分体现了对这一特殊群体的人文关怀。比如：他们为不同年龄、体质的老年人提供不同的设施；所有居住环境都有人性化设计，地板都防滑，大多走廊都有防摔扶手，适合轮椅通过，所有的门都有防止走失的设施。老年人居住的房间，既充分照顾到私密性，又方便照顾和医疗。而且所有为老年人的服务，都充分征求老年人自己的意愿，不强迫老年人接受既定服务和安排。他们还进行详细的老年人生理和心理的检查，建立所有入住老人的健康档案，针对不同情况的老年人设计不同的服务康复计划，如对脑中风的病人，采声、光、电复合刺激的方法帮助老年人恢复记忆。对肢体活动障碍的老年人，有循序渐进的锻炼康复训练计划。[①]通过这样的具有鲜明针对性的健康照顾，老年人各个方面的需求都得到了满足，他们的生活具备了重回社会的前提条件。可以说，这是老年人社会保障的终极目的。

三、英国社会照顾的主要特点

第一，政策引导。英国政府制定社区照顾这一社会福利政策，订立具体的措施，以使社区能切实地承担起这一职能。

第二，政府出资。英国的社区照顾在财政出资上完全体现了以政府为主的特点，很多服务设施都是由政府资助的，社区、家庭和个人的支出不多。[②]

第三，依靠社区。英国的社区照顾主要是立足社区、依靠社区，以社区为依，各种服务设施都建立在社区中，且社区照顾的方式尽量与老年人的生活相融合。

第四，体系完整。各种社区照顾的机构既有政府出资社区举办的非营利性的机构，也有私营的、商业性的服务机构。提供服务的人员既有政府雇员，又有民间的专业工作人员和志愿服务人员，成了多主体、多层次的服务

---

① 参见贺常梅等：《关于赴英法考察老龄工作和社区养老情况的报告》，2008 年。

② 英国服务的支出，实际上绝大部分来自政府的预算。小规模志愿组织活动时是不要报酬的，或者资金来源于义卖和其他途径。但是，当许多志愿服务组织支付工资时，资助的方式就改变了，大多数的资助来源于地方和中央政府，也有许多被政府的免税所代替。

体系,以满足不同情况的老年人的需求。①

这些特点既照顾了老年人不同的需求,又能够充分利用社会上的各种资源,可以说对我们具有相当重要的借鉴意义。而受我国传统文化的影响,通过专门机构来养老的模式似乎很难全面贯彻下去,因此通过社区照顾的方式养老模式与我们的现实情况就具有了相当大的亲和力,值得我们进一步的分析和研究。

第四节　瑞典老年人就业促进政策

面对巨大的老龄化压力,欧盟主张推行积极老龄化政策,推动老年人口就业,以应对老年人口剧增的现状。据 2009 年统计,欧盟 27 个成员国中 55～64 岁年龄段老人的就业率,瑞典以 70% 的就业率居于首位,远高于 46% 的平均就业率。瑞典是典型的"老年人王国"②,面临老龄化的压力,瑞典政府近年来推行了养老金和税收制度改革,通过经济激励措施达到控制提前退休、鼓励延迟退休的目的;推行终身教育和职业培训,提升老年人的就业能力和降低技能差距;加强就业立法,保护老年人的合法权益,禁止年龄歧视;同时实施积极的劳动力市场政策,改善老年人的就业环境,提高老龄工人对雇主的吸引力。

一、瑞典老年人就业促进政策出台的社会背景

随着第二次世界大战后补偿性生育行为"婴儿潮"一代渐入老年,欧洲退休人口数量增加,伴随着老年人寿命延长及低生育率的趋势,劳动力市场承受了巨大的压力,给整个社会带来了沉重的负担。据统计,2000 年欧盟国家是以 73% 的劳动力养活 27% 的 65 岁以上的退休者;但由于 2010 年之后,

---

① 私人和志愿组织的社会服务,实际依旧在政府的计划之内。只不过是政府不再具体操作办理,交给志愿组织和私人机构去操作和执行,政府是主要出资者、政策法规制订者监督者,政府购买服务,在福利服务领域内形成一个准市场。这样政府腾出活动的空间志愿组织和私人,同时也增加了社会服务内容的多样化和个性化。(参见全国老龄工作委员会编:《国外涉老政策概览》,华龄出版社 2010 年版,第 228 页)

② 基于老年人界定标准的差异,本章中的"老年人"并非仅指 60 岁以上者,而是在两个层面使用:一是已达到退休年龄而继续就业的老年人;二是未达到退休年龄但已达到 55 岁继续留在工作岗位上的老年人。

欧盟工作年龄人口(15～64 岁)呈负增长趋势,预计至 2050 年将是以 47%的劳动力养活 53%的退休者。为解决成员国劳动力短缺问题,欧盟先后实施了埃森战略、卢森堡进程、里斯本和新欧盟就业战略,里斯本战略的亮点在于提出欧盟 2005 年时将 57～65 岁的老年工人就业率提高到 50%。这要求各国政府利用“公共权威”进行强力推动。

作为欧盟成员国之一的瑞典,与其他工业化国家一样,不可避免地受到劳动人口下降对经济和社会的冲击。瑞典是仅次于日本的“长寿之国”,劳动人口减少造成的经济压力极为沉重。为提升本国的就业率,瑞典政府采取积极措施提升老年人口就业率。从 20 世纪 90 年代中期,瑞典老年人就业率持续提升。如前所述,瑞典的就业率高达 70%,居欧盟之首。而且,瑞典国内推迟退休的趋势十分明显。从 2001 年至 2010 年,瑞典老年人退休年龄从 62.1 岁增加至 64.3 岁,是欧盟老年人退休年龄最高的国家。瑞典在老年人就业方面取得突出的成就是与其推行养老金制度和税收制度改革、实施终身教育和职业技术培训措施、加强老年人权益保护立法和实行积极的劳动力市场政策等措施是分不开的(见图 2-2)。

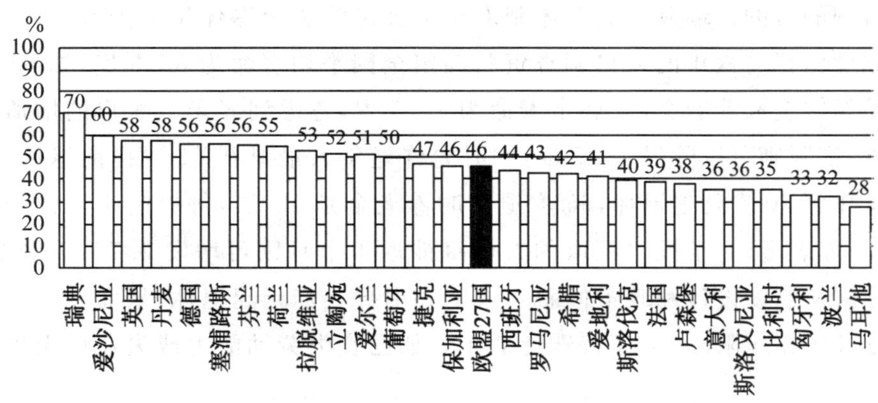

图 2-1　2009 年欧盟 27 个成员国 55～64 岁老年人就业率统计图

二、养老金制度与税收制度改革——增加老年人收入

在瑞典,老年人愿意工作、热爱工作,这与瑞典政府通过老年退休引导机制实施的财税激励措施有着密切的联系。吸取外国改革的教训(直接禁止早退休或者对过早退休进行惩罚的机制容易招致公众的反对而使改革陷

入困境),瑞典通过经济激励措施增加老年人的收入,以达到控制提前退休、鼓励延迟退休、提升老年人就业率的目的,进而缓解劳动力短缺的压力。

(一)养老金制度改革

瑞典养老金制度创建于1913年,具有全民型和福利型的特点,经过20世纪60年代养老金制度的改革逐渐走向稳定,是西方福利制度的典范,有效地解除了老年人口的后顾之忧。但随着劳动人口数量的下降和老年人口的增加,20世纪80年代,传统的待遇确定型(the defined benefit)的养老金制度由于无法体现权利和义务的紧密结合及缺乏个人缴费激励机制,使得瑞典养老金潜在的财务危机越来越突出,而且呈现持续恶化的趋势。在国内形成广泛的政治共识的基础上,1994年瑞典议会达成一致,为维持瑞典福利国家制度和养老金体系的正常运行,在1998年开始对养老金制度改革,并在2003年得到全面推行。[①] 新的强制性的缴费确定型(the defined contribution)养老金制度与个人缴费数量和缴费时长挂钩,强调权利和义务的结合,激励人们增加收入和延长缴费时间。

具体而言,瑞典通过养老金计发标准与平均余命[②]相挂钩来达到调控退休机制的目的。瑞典养老退休制度规定公民的法定退休年龄为65岁。根据制度施行前六年的人口调查资料确定全国平均寿命为83.5岁,如65岁开始领取全额养老金,其剩余寿命为18.5岁,考虑到养老金账户的增值等因素,实际则可以除以15.7岁,同时允许老年人最早在61岁提前退休,也可工作到70岁延迟退休,65岁退休时养老金是100%,每提前1个月扣减0.5%养老金,对于推迟领取的人员每推迟1个月则可增发0.7%养老金。这样就从制度设计和政策倾斜上鼓励和引导人们延迟退休,从而允许老年人延长工作年限。[③] 对于特殊的老年人如已丧失劳动能力或失业后无再就

---

① Dominique Anxo, *European Employment Observatory Review: Sweden—Employment Policies to Promote Active Ageing*, 2012, p. 2. http://www.eu-employment-observatory.net/resources/reviews/Sweden-EPPAA-Feb2012-final.pdf.

② 平均余命(life expectancy)又称"生命期望值"或"平均期望寿命",是对人生命的一种有根据的预测,即预测年龄某岁的人今后尚能生存的平均寿命。平均余命是根据各个年龄死亡率计算出来的一项重要指标,可以综合表达各个年龄的死亡率水平,反映某一地区每一成员未来存活年龄的平均值。通过平均寿命的比较分析,可以衡量出该国家(或地区)人们的健康水平,同时为办理人身保险业务的保险人提供了重要的数据资料。

③ 参见李杨:《评瑞典养老保险制度改革——兼论对中国的启示》,载《西北人口》2007年第5期。

业可能的雇员，仍发给全额退休金。对于一般老年人而言，退休金的金额会根据所延长工作的年限而逐年增加。尽管瑞典法律规定强制退休年龄为67岁，但老年人与雇主商量后还可继续工作。当工作到70岁时，根据瑞典健康与社会事务部的数据，养老金就会增加57%；瑞典是欧洲对60岁后工作的老年人每多工作一年增加养老金最多的国家。

（二）税收制度改革

经济激励机制的另一有效措施是通过税收减免以提高老年人就业率。瑞典是高福利国家，高福利和高税收向来是孪生兄弟。2005年，瑞典税收占GDP比重为51.3%，高于欧盟39.6%的平均水平，是欧盟中税收负担最重的国家。高税负影响了劳动者的积极性，瑞典在2007年开启税收制度改革。为提高65岁以上的老年人就业的积极性，瑞典税收法律采取了减少社会保障税支出和提高税收抵免额度以降低所得税等措施。

社会保障税是社会福利支出的主要来源，主要针对劳动征税，较高的税负会降低劳动者积极性，不利于提高就业率。瑞典社会保障税的纳税主体为雇主、雇员和自由职业者，纳税主体应当缴纳的社会保障税包括养老保险税、丧失劳动能力保险税、工伤保险税、双亲保险税等项目，雇主约承担32%，雇员约承担7%，自营职业者需独自承担30%。瑞典法律规定雇主承担的丧失劳动能力保险税的最高缴费年龄为65岁，工伤保险税等其他费用在65岁时也会停止征收，雇主仅需为65岁以上的老年人缴纳工资薪金额的10.21%的养老保险税，雇主减少的支出可能转化为65岁以上老年人的间接收入补贴。[①] 而65岁以上雇佣人员因属于退休金领取者，其工资所得免征7%的社会保障税。另外，65岁以上的自由经营者仅需缴纳工资薪金额的10.21%的养老保险税，而非30%的社会保障税。这些法律规定无疑都增加了迟延退休人员的收入，提高了退休老年人参与就业的积极性。

2007年，瑞典计划实行“在职税收抵免计划”（In-work Tax Credit），以提高劳动者的就业积极性。该计划允许纳税人从应纳税额中扣除一定的数额缴纳个人所得税。该计划自2007年实施以来已扩展到几类特殊的年龄

---

① Dominique Anxo, *European Employment Observatory Review: Sweden—Employment Policies to Promote Active Ageing*, 2012, p. 7. http://www.eu-employment-observatory.net/resources/reviews/Sweden-EPPAA-Feb2012-final.pdf.

群体,其中针对65岁以上的老年人提供的抵免额度要远远高于其他年龄群体。据统计,在2011年,对于低于65岁的其他年龄群体的每年一次的抵免额最高为21249瑞典克朗,而对于65岁以上的老年人每年一次的抵免额最高为30000瑞典克朗。这无疑减少了65岁以上老年人的个人所得税支出,有助于提高就业积极性。

三、推行终身教育和职业培训——提升老年人能力

《欧洲就业指南》要求各国坚持积极的老龄化政策,采取措施确保老龄工人享有充分的继续教育和培训的机会,维持老龄工人的工作能力和技能。瑞典政府努力增加老年人的就业能力和降低技能差距,对老年人实施终身教育,增加老年人和年轻人公平竞争的机会。

据2010年统计,瑞典55～64岁之间拥有大学及同等学力的老年人的就业率显著高于同龄老年人,达到81.6%;而仅具有义务教育学历或更低教育水平的老年人的就业率仅为60.6%。[①] 学历的高低与老年就业率有着密切的联系。瑞典政府重视成人教育,大力开展终身教育。在正规教育(小学教育、中等教育和高等教育体系)发展的基础上,瑞典政府机构和企业着力推行非正规教育(面向政府职员和企业员工开展的针对性培训项目)和非正式教育(利用打印资料、电脑、网络和图书馆进行学习)。在瑞典,老年教育与正规教育融为一体,所有的大学都对老年人开放。在大学生中,55岁以上的占20%左右,65岁以上的占10%以上。以2006年为例,据瑞典政府统计,50～64岁之间的老年人当年参加正规教育的人数为65%,参加非正规教育的人数为64%,参加在职培训的人数为46%。从1998年至2010年,瑞典50～74岁之间拥有大学及同等学力老年人的数量猛增了52%。

政府和企业面向包括包括老年人在内的20岁以上的成年人开展不同层次的多样化培训项目,主要包括工作场所培训、劳工市场培训等,这对于促进老年员工的技能提升有着重要的价值。工作场所培训是为适应工作组织的持续变革和信息交流技术的发展,由雇主组织或者雇主提供经费委托

---

① Dominique Anxo, *European Employment Observatory Review: Sweden—Employment Policies to Promote Active Ageing*, 2012, p. 4. http://www.eu-employment-observatory.net/resources/reviews/Sweden-EPPAA-Feb2012-final.pdf.

政府部门、大学或私营教育机构所进行的培训，主要在工作期间进行，这有利于老年人能够主动地学习适应社会的发展。

四、加强就业保护立法——保护老年人权益

在劳动力市场，企业有选择劳动者的自由，因此企业招聘时通常规定劳动者的年龄限制。这直接设置了老年人进入的障碍，同时打击了老年劳动者的就业积极性。

美国心理学家卡特尔和霍恩曾把智力分为"液体智力"和"晶体智力"。他认为，液体智力以生理为基础，依赖于个人的先天特征；晶体智力则通过人们对知识的学习和累计获得。尽管"液体智力"会随年龄增长而下降，但"晶体智力"则可能会随年龄增加而增强。基于人权保护和老年人价值的开发，欧盟理事会出台了建立就业和职业平等保护一般框架指令——《欧盟反歧视框架指令》，要求各成员国立法禁止年龄、宗教信仰、残疾等歧视，并要求成员国在 2003 年底完成与该指令的接轨。瑞典自 1995 年加入欧盟后至 2006 年，共颁布了七部禁止歧视的法律，建立了全面的反歧视法律体系。2008 年 5 月，瑞典颁布了统一的《反歧视法》，取代了七部反歧视法律，反对包括基于年龄歧视在内的七种歧视类型，于 2009 年 1 月 1 日实施。该法规定私营部门和公共部门，都不能实施歧视性行为，这种歧视既包括直接歧视，也包括间接歧视，既包括职场生活中的歧视，也包括在社会保险政策方面的歧视。老年人与年轻人的价值并没有本质区别，更多的是时间先后的差别：老年人是完成式，年轻人是进行式。

瑞典还建立了有效的职业歧视争议处理机制，老年人在申请职位时如果认为自己受到了歧视，可以向所属工会投诉，或者向公平专员公署（The Equality Ombudsman）投诉，也可以直接寻求司法途径解决。因雇主歧视造成的精神损害，对雇主可要求最高不超过 120000 克朗（约合 13000 欧元）的索赔。

当然，基于年龄问题给予老年人特殊的对待，如果其目的具有合理性且内容具有合法性，将不作为歧视处理，如下文关于瑞典对老年人定期合同的规定则不被认定为歧视。

五、实行积极的劳动力市场政策——改善老年人就业环境

《欧洲就业指南》提出，各成员国应当引入灵活的用工机制，提高雇主对老龄工人潜力的认识程度。瑞典法律规定符合《欧洲就业指南》的要求，对老年员工的合同进行灵活安排。瑞典劳动合同期限的规定主要依据《就业保护法》，以不定期合同为主，即雇员与雇主一般签订的都是无限期的劳动合同，雇主若没有合适的理由，劳动合同将一直有效，雇员可以得到永久雇用。但其第五节明文规定在五种特殊情形下可订立定期合同，分别是：(1)在特定季节、特定任务、特殊性工作需要的情况下签订定期合同；(2)临时替代性雇佣、培训或节假日雇佣时可订立定期合同；(3)在两年的时间内不超过 6 个月用于做暂时的工作量较大的工作时可以签订定期合同；(4)在等待履行《国家防御法》规定的强制服兵役义务超过 3 个月以上的时间的，可订立定期合同；(5)在雇员已经达到强制退休年龄并已领取养老金或者没有退休但已达到 67 岁年龄的，可订立定期劳动合同。

将老年员工劳动合同设计为定期合同，符合老年员工自身的特殊需要，也是欧盟其他国家常常采用的方式，例如法国就曾为年龄在 57 岁的老年人就业人员涉及了一种合同，合同的固定期限只定为 12 个月，而普通的合同最低的固定工作期限是 18 个月。[①] 这是因为超过一定年龄段的老年人身体条件和劳动能力的不确定因素较大，不适应长期雇用，在劳动力短缺和积极老龄化的背景下，这种设计方式既能促使老年人就业，又是消除雇主的顾虑，也是对雇主雇用老年人的激励措施。

第五节 香港老年人教育制度

人生的各个阶段都需要学习，积极老龄化政策要求各国采取积极的措施推动老年教育的发展。香港面临巨大的老龄化压力，回归后的香港政府采取各种措施推动老年教育的发展，尤其以长者学苑的设立更为引人注目，形成有香港特色的老年教育方式。长者学苑的目的在于推广终身学习、保证身心健康、实现老有所为、有效利用现有资源、推动长幼共融、加强公民教

① 参见朱劲松：《欧盟与日本老年人口就业激励政策》，载《国际劳动》2010 年第 5 期。

育和推动跨界共融。他们为老年人在正式的学校环境下学习和与青少年学生沟通交流提供了一个平台，同时减轻了政府的负担和老年人的学习费用。随着长者学苑的进一步发展，跨领域、跨职业、跨区域合作与代际融合的趋势更为突出。另外，在香港，老年人还可通过内置于正规教育中学习项目模式、第三龄学苑、网络电台和电视台、网络在线等方式进行学习。香港与内地有着相似的传统文化和教育理念，香港的老年教育经验相对于其他国家对内地老年教育更具有借鉴意义。

一、积极老龄化与老年教育

随着物质生活和医疗卫生条件的改善，老年人相比以往寿命大大延长，世界上许多国家和地区逐渐步入老龄化社会。世界卫生组织 2002 年制定的《积极老龄化的政策框架》中指出，所谓“积极老龄化”是指人到老年时，为了提高生活质量，使健康、参与和保障尽可能获得最佳机会的过程。老龄化问题不仅对社会保障、医疗技术等提出变革的要求，对于教育的发展也产生了深远的影响。

并非仅仅学龄儿童和为职业发展需要培训的中年人需要学习。事实上，人生的各个阶段都应当参与学习，学习是人的一种自然本能，人类有学习的倾向，能够推动人的持续发展，产生人类与社会的互动，还可以减少生理疾病和心理失调。不论年龄高低，不论是通过学校学习还是社会学习，不论利用正规学习（小学教育、中等教育和高等教育体系）、非正规学习（面对具体事项参与的针对性培训项目）还是非正式学习（利用打印资料、电脑、网络和图书馆进行学习）。随着老年教育在各国的开展，有学者对老年人积极参与老年教育的原因产生研究的兴趣，奥康纳（O'Connor）提出老年人积极参与老年教育是基于表达性的目的（expressive motivation）和工具性的目的（instrumental motivation）。所谓表达性的目的是指为提升个人满意度和构建社会关系而参与老年教育，所谓工具性的目的是指为个人职业发展和提升个人技能而参与老年教育。[①] 据 20 世纪 90 年代在英国和美国进行的调查以及 2001 年在我国香港地区的调查，发现老年人参与老年教育的目的更

① C. M. O'Connor, "Elders and Higher Education: Instrumental or Expressive Goals?" *Educational Gerontology*, 12, 1987, pp. 511-519.

多的是基于表达性的目的，而非工具性的目的。[①] 明确老年人的学习目的对于正确认识老年教育的价值和合理设计老年教育政策有着积极的意义。

二、香港的老龄化状况和香港老年教育的发展

香港面临着极大的老龄化压力，香港的生育率亚洲最低，然而老龄化的速度却极其迅速。据统计，2013 年，香港 65 岁以上的老人与香港人口比例是 1∶8；到 2033 年，这一比例将达到 1∶4，平均年龄由 42 岁上升至 49 岁（见表 2-1）。香港人口老龄化的压力促使社会的各方面工作推进，对香港的社会政策如老年福利、长期照料、健康保健和退休保护等都有着深远的影响。例如，2012 年 7 月，香港特首梁振英宣布为积极应对日益严重的老龄化问题，香港政府每年将多投入 60 亿港币以增加 65 岁以上老年人的老龄津贴“生果金”(fruit money)，在香港所有 70 岁以上的老年人和通过资产审查(means test)的 65～69 岁的老年人的“生果金”由每月 1090 港元上升至 2200 港元。从 2013 年开始，香港老年人的医疗津贴“医疗券”(health-care voucher)金额由每年 500 港元增加至 1000 港元。

表 2-1　　香港 2013～2033 年平均年龄和老年人口的比例

	2013 年	2023 年	2033 年
平均年龄	42 岁	46 岁	49 岁
65 岁以上老人比例	13%	19%	27%

香港曾处于英国统治下，深受新自由主义的影响，社会文化强调个人主义、竞争意识和市场意识。同时香港与内地又有着相似的传统文化和教育理念，尤其是回归之后，老年教育受到了更加高度的重视，实现了特色发展，因而香港的老年教育经验相对于其他国家更具有借鉴意义。

香港的老年教育起始于 20 世纪 80 年代后期，当时由非政府机构如老年照护中心和社会服务机构开办非学历性质的老年教育。1997 年香港回归后，香港政府在当年专设安老事务委员会，主要职责是向政府提供建议，制

① Angela Leung, Yu-Hon Lui, “Later Life Learning Experience among Chinese Elderly in Hong Kong,” *Gerontology & Geriatrics Education*, 26, 2005, pp. 1-5.

订全面的安老政策。发挥教育的功能是保证香港在世界知识经济大潮中具有持续竞争优势的前提，在此社会背景下，该委员会也认识到教育对于积极老龄化政策的实现有着积极的意义，致力于在老年人中推行持续教育，以提升老年人的晚年生活质量。1998年，香港特区行政长官施政报告中首次提出“终身学习”的理念，并将其视为新教育改革的基石、目标和方向，1999年，在《二十一世纪教育蓝图——教育制度检讨：改革方案》和《教育制度检讨：教育改革建议》中，首次提出建立全面的学历认可机制，建立多元模式的高等教育体制，学习者包括老年人可以在正规大学、进修学院、持续进修院校之间选择恰当的途径修读，为老年人终身学习提供更多的途径和机会。香港是世界卫生组织2002年《积极老龄化政策框架》的签署方，并且深信老年教育是积极老龄化的重要组成部分，能够确保老年人身心健康和提升应对老龄挑战的能力，并且有利于老年人与时代共进、参与社区服务和继续为社会做出贡献。

三、长者学苑计划的设立和目的

安老事务委员会与劳工及福利局合作，在2007年初共同推行一项具有香港特色并以学校作为平台的长者学苑计划，这是一个全港性、以跨代共融及跨界合作模式运作的老年人学习计划。在香港各级学校和非政府组织的支持下，分布在香港各个地区的78家学校参与了长者学苑计划。该计划推行五年以来迅速发展，至现时全港已有超过110所大专院校、中学及小学成立了本校的长者学苑。[①] 该计划成功地融合了政府、教育机构、志愿者组织、社区组织等社会资源，为老年人提供了良好的教育平台。

该计划的目的在于推动长者终身学习，促进长幼共融，使老年人有更丰富的社交活动与学习时机。根据安老委员会2007年发布的《长者学苑项目实施指南——长者学习试验计划》，长者学苑的设立主要基于以下七个目的：

第一，推广终身学习。学习是生命充实的重要方式，长者学苑有利于老年人持续学习和接受教育，有利于老年人充分利用时间，鼓励老年人通过学习掌握新事物和新技能，紧随时代的发展。

---

① 参见劳工及福利局局长张建宗于2012年11月18日在“长者学苑运动会(2012)开幕典礼”的致辞，http://www.info.gov.hk/gia/general/201211/18/P201211160308.htm.

第二,保证身心健康。通过持续学习,老年人能够确立新的人生目标,能够提升成就感和自信心,能够应对老年生活的挑战,从而确保身心健康,生活充实。

第三,实现老有所为。长者学苑可以提供一个良好的平台,使老年人能够与他人分享知识、体现创新、服务社区和继续贡献社会,推动老人树立价值感和使命感。

第四,有效利用现有资源。通过与学校的合作,长者学苑可以很好地利用社会现有的资源,毕竟各级学校已经具备实施计划所必需的学习资源和设施,可以在学校业余时间和周末开展老年学习,这可以有效地降低实施长者学苑计划的行政费用和开支。

第五,推动长幼共融。学校中的青年学生积极参与长者学苑的活动,可以增进与老年人的沟通和交流,从而实现代际融合。这不但有利于拓宽老年人和年轻人的社交范围,也有利于整个香港社会形成长幼同心的社会风气。

第六,加强公民教育。学校的青少年志愿者组织如童军和红十字会等青少年制服团体[①]或其他课外活动团体通过长者学苑计划,可以有机会在校园为老年人提供志愿服务,青少年学生在向老年人提供教学等多种服务的同时培养自身的公民意识及社区参与意识,从而加强对青少年的公民教育。

第七,推动跨界共融。长者学苑计划的开展需要各地区中小学、高等学校和地方老年人社区中心和老年人邻里中心等非政府组织的携手合作,可以加强学校自身的社区联系网络。

根据这七个目标,在政府、学校和非政府组织合作开展实施了长者学苑计划,在香港各区选择各级学校成立长者学苑。这受到了老年人的普遍欢迎,他们除了可以在正式的学校环境下学习,还可以与青少年学生沟通交流,实现了老有所教,老有所学,老有所为,老有所乐。老年人有学习的能力、期望学习和需要学习以实现个人成长和适应社会发展,长者学苑为香港老年人的健康和幸福感产生了积极意义。

---

① 香港青少年制服团体是指拥有严谨架构,阶级分明,着装整齐制服,进行军事化步操训练,培养纪律性、服从性的香港青少年志愿者团体,包括少年领袖团、童军总会、海事青年团、红十字会等。

四、长者学苑计划的实施和评价

安老事务委员会致力于在香港18个区的每个区建立多家长者学苑，以方便各区老年人参与学习计划。为了确保长者学苑计划可持续发展，香港政府在2009年拨款1000万元，成立长者学苑发展基金。根据该计划，委员会向参与长者学苑的学校提供一笔拨款，作为开展长者学苑的种子基金，作为参与学校可以运用这笔拨款购置长者教育器材、书籍，开展宣传活动或者支付计划的有关开支，但须以长远达至自负盈亏为目标。可以向参与课程的老年人收取部分费用，但收取费用一般不高。

根据长者学苑参与者之一的香港公开大学的长者活学计划，其所开设的长者护理入门、理财基本法、香港文化欣赏、应用法律入门等多项课程的修读期为3个月，每门课程修读时数为18个小时（包括两小时讲座），收费600元港币，相当于每课时才30元港币左右。这是因为长者学苑能够善用各区学校的现有资源，学校本身已具备教学的硬件如教室、电脑室、图书馆，在学校课余时间如平日下午四点至六点或周末可以借出教室开展长者学苑课程。另外，课程多由在校老师或学生以义工身份担任老师，因而可以大大降低长者学习计划的费用。

长者学苑不设入学资格要求或考试，60岁以上的老人结合个人兴趣及知识基础，根据参与学校公布的长者学苑课程内容提出申请，经学校批准后入学。长者学苑的课程内容体现多元化，除学术性课程外，也包括艺术、工艺及体育活动等课程。课程包括必修和选修两类，必修课程涉及应切合各区不同能力与不同社会经济背景的老者需要，选修课程可由长者学苑各自按其位处的社区需求、长者的兴趣及个别学校所能提供的设施进行个性化设计。对学习者的考核主要以习作与书面报告为依据，同时考察学习者的出勤率。在完成参与学校规定学习项目的时数后，可获得由安老事务委员会所颁发的进修证书。

长者学苑项目为老年教育的跨领域、跨职业、跨区域合作与代际融合提供了良好的平台。跨领域主要是指实现了学校与老年社区中心等社会福利机构的合作；跨职业主要是实现了教师、学生与义工的合作和身份的转变；跨区域主要是实现了地区的合作，如“新界西长者学苑联网”项目能够统筹和协调屯门、元朗等区内长者学苑的课程及运作，使资源运用的更有效，也促进各学苑之间的互相交流及合作;代际融合主要指老年人与年轻人共同在学校学习,加强了年轻人和老年人的沟通和交流,实施五年来的事实证明,参与学生、教师和老年人建立了密切的联系。

五、香港老年教育模式的多样化

在香港,老年教育模式丰富多彩,老年人可以根据自己的兴趣爱好进行选择。

正规教育主要是在小学、中学或大学开展的体系化的教育,教育方式是正规的学校教育。香港采取了内置于正规教育中学习项目模式,开展老年人教育。2002 年,在政府的推动下,香港岭南学院与当地的非政府组织香港老年人协会针对 50 岁以上的老年人开展了应用老年学的学历教育。该项学历教育不设置特定的学历门槛,允许普通的辍学者在其晚年重新进入大学学习。课程的设置也很有特色,除了普通大学常见的报告和论文的形式外,还会安排老年学员到老年服务机构进行体验式学习,目的在于使其更好地了解老年生活和恰当地安排自身的晚年生活。

第三龄学苑(University for the Third Age,U3A)创始于 1973 年,最初由法国的图卢兹社会科学大学的老年学课程提供,之后逐渐在英国以及我国香港地区推广。法国的理念认为,人生经历儿童、职业、退休和依赖四个年龄段。所谓第三龄,是指已经从工作或家务岗位中退下来踏入人生另一阶段,可以自由追求个人梦想的老年人。2006 年,由香港社会服务联会统筹,在港灯百周年纪念信托基金的资助下成立的第三龄学苑。由基金向社会服务联会下属机构提供种子资金,由其成立"U3A 中心"招聘工作人员组成管理委员会并组织学习课程。第三龄学苑是一种不同于长者学苑的老年教育模式,典型区别在于它通过非社会机构组织建设,并采取老年人自学自教的模式。第三龄学苑中是由老年人士担任导师,并进行课程设计和授课事项,以自发、自教、自学、自管为特征,不受任何考评、学历和学位的限制。

香港政府还利用主管的电台和电视台来传递公共信息和推动公共教育,1999 年,香港唯一的公营广播机构香港电台(RTHK)设立第五频道,专业播出老年教育内容和老年课程,借助和利用信息和通信技术将老年知识融入广播或电视节目,在向老年人提供教育的同时也向社会公众传达终身学习的理念。

网络在线学习为终身学习提供了新的途径。网络远程老年教育具有便捷性、生动性和互动性特征，长者学苑的参与高校都会提供网络远程教育课程。为提高老年人运用计算机技术的能力，香港安老事务委员会和非政府组织利用长者学苑或第三龄学苑等为老年人提供计算机相关的课程。

第六节　台湾地区老年人经济安全保障制度

我国的老龄化形态属于“未富先老”，许多老年人在步入老年阶段之后其之前通过劳动和交换获得的财产不足以支持其丧失劳动能力或者劳动机会之后的基本生活甚至生存。老年人的财产主要来自于退休金、养老保险、社会福利和社会救助，老年人通过市场持续获得财产的可能性极低。而目前家庭养老模式日渐式微，越来越多的老年人只能依靠或主要依靠自己的财产经营老年生活，自给自足。老年人的经济安全问题已经成为老年人权益保障的关键问题，亟待制度规制和立法保障。我国台湾地区的老龄化进程和形态与大陆地区类似，老年人经济安全问题同样是台湾地区老年人权益保护的重要问题，业已得到长期关注并基本建立了比较完整的老年人经济安全保障制度。对台湾地区老年人经济安全保障制度的研究对于推进我国老年人权益保障法制的完善无疑具有镜鉴意义。

一、台湾地区老年人经济安全保障制度的形成背景

1949 年以来，台湾地区一直致力于社会福利事业的发展，老年人权益保护作为社会福利事业的重要组成部分，一并得到加强。台湾地区的社会福利制度大体可以分为两个大的阶段：第一阶段从 20 世纪 50 年代至 70 年代末，此为台湾社会福利制度的起步阶段；第二阶段从 80 年初至今，为社会福利制度的快速发展阶段。[①] 在台湾社会福利制度发展初期，老年人经济安全保障的任务一直由各类社会保险制度承担，并未受到特别关注。这一方面是由于台湾社会福利制度的发展完善需要一定时间的酝酿，社会福利的发展必须同经济发展相适应，在社会福利制度起步之初无法做到面面俱到又重点突出；另一方面，也是关键原因，就是在于 20 世纪 70 年代以前，台湾地区一直

① 参见向运华：《台港澳地区社会福利体系研究》，社会科学文献出版社 2010 年版，第 5～6 页。

保持“年轻型”人口年龄结构，老年人口(65 岁及以上)所占的比重一直维持在3%以下[①]，台湾地区政府老年人权益保护责任并不繁重，制度需求不高。

1950 年，台湾地区 65 岁以上老龄人口比重为 2.5%；1970 年则为 2.3%，老龄人口比重甚至有所下降。但 1970～1980 年，台湾地区 65 岁以上人口比重从 2.3%快速攀升到 4.3%，台湾地区人口年龄结构开始从年轻型向成年型转变；1993 年，台湾地区 65 岁以上人口比重达到 7.09%。国际上通常把 65 岁以上人口占总人口的比重达到 7%作为一个国家或地区进入老龄化社会的标准，也就是说，台湾地区仅用了不到 10 年时间就从成年型社会快速进入老年型社会[②]，而且台湾地区老龄化水平一直在加剧。据台湾地区政府估算，到 2026 年，台湾地区 65 岁以上老年人占总人口比重将达到 20.63%，2040 年将达到 30%。[③] 老龄化的加剧使得以职业社会保险为主体的社会福利制度难以满足老年人的现实需要，无法实现《老人福利法》第 1 条“维护老人尊严与健康，安定老人生活，保障老人权益，增进老人福利”的目的，于是更加专业和系统的老年人福利制度应运而生。在台湾地区老龄化加剧的同时，受到工业化和城市化进程中社会转型的影响，传统的家庭结构发生了很大变化，“1971 年台湾地区平均每户人口数为 5.6 人，到 2004 年下降至每户 3.2 人。加之生育率的持续下降，老年人从子女处获得的费用逐年减少”[④]。加之儒家孝文化的日渐式微，传统的家庭养老功能逐步削弱，社会养老规模逐步扩大，老年人的保健、照护等除了政府免费提供的有限服务之外，皆须老年人自己承担一定费用，老年人的个人财产的多少直接影响到老年生活质量的高低，老年人经济安全问题凸显。因此，在社会福利制度的发展过程中，随着老年人权益保护制度的逐步完善，老年人经济安全保障制度也随之发展、健全。为了应对日益严峻的老龄化趋势，通过三十余年的发展，台湾地区已经形成比较完整的、覆盖范围较大的老年人经济安全保障制度。

---

① 参见郑启五：《试析台湾人口老龄化的发展及其产生的问题》，载《南方人口》1999 年第 3 期。

② 参见郑启五：《试析台湾人口老龄化的发展及其产生的问题》，载《南方人口》1999 年第 3 期。

③ 参见詹火生、林建成：《台湾人口高龄化的困境与政策挑战》，载《社会保障研究》2006 年第 2 期。

④ 尹豪、龚莹：《中国台湾地区人口老龄化与老年人社会保障》，载《人口学刊》2006 年第 3 期。

二、台湾地区老年人经济安全保障制度的发展进程

台湾地区老年人经济安全保障制度并非一蹴而就，而是伴随着社会福利事业的整体推进，迫于老龄化的社会压力，逐步发展而来的。台湾地区社会福利制度起步阶段，受儒家文化、经济水平、制度传统等方面的影响，社会福利体制亦存在依托威权政体、以职业分立社会保险、强调家庭责任等特性。[①] 因此，在年轻型社会阶段，老年人权益保障问题并非社会突出问题，没有引起当局的普遍重视，在制度上也就没有特殊体现，老年人权益保障制度仅作为社会福利制度的一个传统组成而存在。对家庭责任的强调，更使老年人经济安全问题因家庭养老的维系被或多或少地掩盖了，老年人经济安全保障制度完全寓于社会保险制度之中，尚未形成完整的制度体系。20 世纪 50～70 年代，劳工保险、军人保险、公务人员(包括公立学校教职员)保险和农民保险制度相继建立，其中农民保险的保险事故仅包括伤害、疾病、生育、残疾及死亡五种，并不包括年老一项，因此，劳工保险、军人保险、公务人员保险制度中对被保险人年老之后的保险金给付的有关规定，构成老年人经济安全保障的制度主体。

以职业分立社会保险是台湾地区社会福利制度的基本特征，这种社会保险制度无法全面覆盖所有人，除了获得劳工保险、军人保险、公教人员保险提供的退休人口经济安全保障以外，其他自营雇主、学生、农民、家庭主妇与身心障碍者年老之后皆无法获得基本的制度化经济安全保障。为了应对这一问题，1980 年通过的《老人福利法》第 12 条明确规定了中低收入老人津贴制度，但直到 1998 年才制定了具体的《中低收入老人津贴发给办法》。中低收入老人津贴属于社会救助制度范畴，对没有养老保险的老年人经济安全保障功能十分有限。1994 年，民进党在地方选举中提出对所有 65 岁以上老年人每月发放敬老津贴，没有获得国民党支持，因此只能在其获胜的县市实施。敬老津贴虽然没能全面发放，但这一社会津贴制度方案得到了台湾地区政府的重视，并于 1995 年出台《老年农民福利津贴暂行条例》，向全台湾年满 65 岁的农民老人发放津贴。2003 年，又颁布《敬老福利生活津贴暂

① See Ku & Finer, "Development in East Asian Welfare Studies," *Social Policy and Administration*, 2007, 41(2), pp. 115-131.

行条例》,向不享有养老保险、退休金、其他老年人津贴和生活补助以及个人资产较低的65岁以上老人发放敬老福利生活津贴,为老年人提供最低限度的经济安全保障。

这些零星的社会救助和老年津贴制度无法搭建起完整的经济安全保障平台,不能从根本上解决大量老年人的经济安全问题。因此,从1993年起,台湾地区政府开始着手制定"国民年金"政策,以从制度上解决老年人经济安全保障问题。经过十几年的酝酿,于2007年宣布通过,2008年正式实施《国民年金法》,全面推行"国民年金"制度,将上述社会保险制度遗漏的人纳入到"国民年金"体系中,通过社会保险的方式提供老年经济安全保障,《敬老福利生活津贴暂行条例》同时废止。至此,现行的台湾地区老年人经济安全保障制度基本形成。

三、台湾地区老年人经济安全保障制度的基本内容

台湾地区老年人经济安全保障制度总体上提供了三层保障:第一层保障是社会保险和社会救助制度提供的退休给付和老年津贴;第二层保障是劳动基准法及公务人员退休条例提供的老年给付;第三层保障是个人储蓄及商业年金。其中,覆盖范围最广、起效最大的老年人经济安全保障为第一层保障。第一层保障由有关老年人退休给付的社会保险制度和老年津贴制度组成,其中又以社会保险制度为保障基础和核心。在《国民年金法》出台之前,为台湾民众提供老年社会保险的主要是劳工、公教人员和军人社会保险,这也是台湾地区的基本老年社会保险,大约覆盖了台湾地区2/3的人口。前者涵盖了大部分私人企业雇员,后两者涵盖了所有政府部门、公私立学校正式雇员和军人。台湾地区《劳工保险条例》规定,凡15岁以上、60岁以下属于本条例劳工范围的雇员均应强制参加劳工保险,本条例规定劳工范围之外的雇员可自愿参保。参加劳工保险必须缴纳保险费,保费依被保险人投保当月薪资和保险费率相乘得出,保险费率由台湾地区政府在6.5%～11%之间拟定,目前为7.5%。劳工养老保险属于普通事故保险,符合《劳工保险条例》第6条前六款的一般被保险人的保费由被保险人自行负担20%,投保单位负担70%,政府负担剩余10%,该条款之外符合其他条款要求的特殊被保险人保费负担比例有相应不同规定。劳工保险实行老年给付制度,《劳工保险条例》第58条规定:"1.参加

保险之年资合计满一年，年满六十岁或女性被保险人年满五十五岁退职者。2.参加保险之年资合计满十五年，年满五十五岁退职者。3.在同一投保单位参加保险之年资合计满二十五年退职者。4.参加保险之年资合计满二十五年，年满五十岁退职者。5.担任经中央主管机关核定具有危险、坚强体力等特殊性质之工作合计满五年，年满五十五岁退职者。"这些人员可请领一次性老年给付。

台湾地区修订后的《公教人员保险法》，将编制内公务员、公私立学校编制内专任教员纳入保险保障范围之内。公教人员保险也应缴纳保险费，保险费率为被保险人每月保险薪俸4.5%～9%，由政府核实厘定。保险费由公教人员自付35%，政府负担65%，私立学校教员由政府和学校各承担32.5%。公教人员保险同样实行一次养老给付制度，《公教人员保险法》第14条第1款规定："被保险人依法退休、资遣者或缴付保险费满15年并年满55岁而离职退保者，予以一次养老给付。依其保险年资每满一年给付一点二个月，最高以三十六个月为限。"

台湾地区军人保险制度以《军人保险条例》为法律依据，保险对象包括现役的军官、士官、士兵。《军人保险条例》第10条规定："保险费率，以被保险人保险基数金额为计算标准，按月百分之三至三分之八缴纳；军官应缴保险费，由国库补助百分之五十至百分之七十，士官、士兵应缴保险费，由国库全数负担；其由国库补助或负担之保险费，按实际需要，列入年度预算。"目前，军官自付35%，政府负担65%。[①] 该条例第11条同时规定，军官参加保险满30年，其自付保险费免于缴纳，由政府承担。军人保险与老年人经济安全保障相关的保险金给付制度为退伍给付，退伍给付并不必然作为退伍军人的养老之用，但在一定范围内可以起到养老金的作用。《军人保险条例》第16条规定的给付标准为："1.保险满五年者，给付五个基数；2.保险超过五年者，自第六年起至第十年，每超过一年，增给一个基数；3.保险超过十年者，自第十一年起至第十五年，每超过一年，增给两个基数；4.保险超过十五年者，自第十六年起，每超过一年，增给三个基数；5.保险满二十年者，每超过一年增给一个基数，最高以四十五个基数为限。保险给付以保险人事故发生月份之保险基数为标准计算。"从此规定可知，军人保险中的退伍给

① 参见陈绫珊编著：《社会保险》，华立图书股份有限公司2008年版，第217页。

付依然是一次性给付。

为了弥补上述职业社会保险覆盖范围之不足，台湾地区2008年正式实施了《国民年金法》。“国民年金”在老年人经济安全保障领域最主要的作用是将未参加上述社会保险的25岁以上未满65岁的人全部强制纳入“国民年金”保险的保障范围。已经参加公教人员保险和军人保险的民众，不需要参见“国民年金”保险。参加劳工保险的民众，同一时期不需要参加“国民年金”保险，但年满65岁以前，领取老年给付之后，符合法定条件的可以参加“国民年金”保险。此外，有别于上述社会保险制度一次性保险给付，“国民年金”中的老年年金属于长期确定给付制度。“国民年金”保险缴纳保险费率的标准是，国民年金施行第一年为6.5%；第三年调高0.5%，以后每两年调高0.5%，最高不超过12%。若保险基金余额足以支付未来20年保险给付时，不予调高。同时，政府对于低收入户给予100%的保费补助；而对于收入少于最低生活费标准1～1.5倍，以及1.5～2倍的民众，政府分别提供70%与55%的保费补助。《国民年金法》同时规定，该法实施时，已经年满65岁的老人（包括原住民），可领取老年基本保证年金，标准为每人每月3000元，可以说该制度一并整合了敬老津贴制度。

除了社会保险制度以外，社会津贴制度作为老年人经济安全第一层保障的重要组成，在弥补原有社会保险制度的缺漏和保障社会公平等方面亦发挥了重要作用。“社会津贴制度是一种普及式的现金给付，资金来源于财政，事先不需要缴费，也不需要进行财产收入调查，而是以身份或者发生某种程度的社会风险为要件。”[①]台湾地区与老年人经济安全保障有关的社会津贴主要有敬老福利津贴、原住民敬老福利津贴。原有《敬老福利生活津贴暂行条例》是作为“国民年金”的过渡措施存在的，因此在“国民年金”开办时前一日已经废止，而《原住民敬老福利生活津贴暂行条例》依然有效，原住民敬老福利津贴发放对象为无其他经济安全保障的年满55岁未满65岁的中低收入原住民老人，津贴标准为每月3000元新台币。该范围内的原住民在《敬老福利生活津贴暂行条例》废止前，年满65岁后符合标准的仍可领取敬老津贴，而《敬老福利生活津贴暂行条例》废止后，则可以领取《国民年金法》规定的老年基本保证年金。由于《原住民敬老福利生活津贴暂行条例》依然

① 向运华：《台港澳地区社会福利体系研究》，社会科学文献出版社2010年版，第29页。

有效，该条例对领取原住民敬老津贴的人员标准并未明确排除参加“国民年金”保险人员，因此，55～65岁之间的原住民老人，符合《原住民敬老福利生活津贴暂行条例》和《国民年金法》规定的保障对象条件者，可同时享受两种保障，在未满65时可以参与“国民年金”保险，无须待到年满65岁之后领取较低的老年基本保证年金。在原住民之外，2005年修订后的《老年农民福利津贴暂行条例》向符合条件的65岁以上老年农民每月发放5000元新台币的老年农民福利津贴。上述老年津贴虽然对发放对象的经济安全水平有所限定，但限定以获得相关制度保障为基础，对老年人个人经济状况要求较少，尚属于社会福利制度范畴。而为了更好地保障老年经济安全，台湾地区于1980年出台的《老人福利法》第11、12条规定了针对中低收入老年人经济安全保障的中低收入老人津贴和中低收入老年人特别照顾津贴，该两种老年津贴属于社会救助制度范畴。该两项津贴对中低收入的标准一致，都需要符合以下标准：“1.家庭总收入按全家人口平均分配，每人每月未超过‘内政部’或‘直辖市政府’当年公布最低生活费标准之二点五倍，且未超过台湾地区平均每人每月消费支出之一点五倍者。2.全家人口存款本金及有价证券按面额计算之合计金额未超过一定数额者。3.全家人口所有之土地或房屋未预约合理之居住空间者。”从上述标准也可看出，该社会救助性质的老年津贴发放对象并不限于经济极端困难者，还包括经济条件一般的中级收入阶层老年人。

台湾地区老年人经济安全第一层保障是整体保障制度体系的主体和基石，第二、三层保障制度并不完善，作用也不明显，离开第一层保障，第二、三层保障将失去意义。由于公教人员社会保险制度对公教人员年老之后的经济安全保障已经很完善，《公务人员退休条例》中的退休金制度不再赘述。作为涉及人员范围最广的第二层保障，《劳动基准法》对退休金的有关规定有很多缺漏，经济安全保障功能不足。比如，该法规定雇员在同一企业工作15年且年满55岁，或者工作满25年方有资格申请退休，领取退休金，很多中小企业雇员无法在同一企业连续工作如此长的时间。退休金准备金的提拨由雇主负责，但并非全部企业都按照法律要求进行准备金提拨。而且，《劳动基准法》规定的退休金原则上是一次性给付，给付标准为退休前最后一个月的薪资为基准，为雇主故意压低雇员退休前薪资提供了利益激励。[①] 至于处在第三层的商业养老保险，完全属于商业运作模式，受民众个人经济水平和理财能力影响较大，虽然商业养老保险在投保民众年老之后发挥了重要的经济安全保障作用，但仅限于民众个人理财行为，不作本书研究重点。

四、台湾老年人经济安全保障制度的主要特点

通过对台湾地区老年人经济安全保障制度形成背景、发展进程和主要内容的梳理，可以看出，台湾地区老年人经济安全保障制度存在的问题：第一，分别应对，体系混杂。从台湾地区老年人经济安全保障制度发展进程来看，整个制度建构并没有针对老年人经济安全保障做过体系设计。这是由台湾地区社会保障制度发展初期社会尚处于年轻型决定的，社会保障制度政治化色彩浓厚，完全以制度产生之时选民主体为考量对象。当老龄化社会突然到来，老年人群体规模逐步扩大，老年人经济安全保障问题凸显，台湾地区政府方才作出有针对性的政策措施。这些针对老年人经济安全保障问题的若干政策与当时已经形成规模的社会保险制度没有得到很好的协调，从而造成一段时间内老年人经济安全保障制度体系混杂，有些人得到过度保护，有些人却被制度遗漏。第二，职业分类，保障不公。从台湾地区老年人经济安全保障制度的发展状况来看，社会保险势必成为老年人经济安全保障制度的核心和主体。但目前来看，有关老年人经济安全的社会保险制度存在严重的依职业分类和阶层化倾向。军人保险、公教人员保险极为优厚，还由台湾地区政府承担主要保险费用。而最需要获得保障的劳工和不属于职业保险制度保障范围内的人员，则主要依靠个人力量为年老以后的经济安全问题筹划。随着《国民年金法》的出台，这种情况得到一定弥补，但不同职业间老年人经济安全保障不公平的现象依然严重。

虽然存在各种问题，但台湾地区老年人经济安全保障制度的发展前景是好的。台湾地区政府也早已意识到上述问题，并在制度层面已经开始整合各项养老保险制度。而整合养老保险制度又是真正实现老年人经济安全平等保护、公平保障的前提。只有用统一的标准为老年人提供系统的经济安全保障，才符合现代民主法治的基本要求，也才能真正发挥老年人经济安

---

① 参见向运华：《台港澳地区社会福利体系研究》，社会科学文献出版社 2010 年版，第 37 页。

全保障制度收入再分配的作用，使社会发展水平与经济发展水平相适应。更重要的是，这种从多角度对养老制度加以规定的立法策略，有其合理之处，尤其是在我国这个复杂语境下，通过单一的一部法律来解决养老问题，当然不可行，建立一个老年人权益保障法律体系，实现保障对象的全覆盖、保障权益的广保护应该是这个体系的基本目标。

结 语

老龄化已成为一个全球化的现象，而如何保障老年人合法权益也已成为一个世界性的话题。相对而言，发达国家较发展中国家更早地进入老龄化社会，对于老年人权益保障给予了更多的关注与充分的研究，相关的法律制度更为健全。研究发达国家老年人权益保障制度，有利于为我国亟待健全的老年人权益保障立法提供宝贵的经验。

本章考虑到法系差异、民族特性与社会文化等特点，选取了德国、日本、英国、瑞典以及我国香港地区与台湾地区作为研究样本，比较全面地展示了域外老年人权益保障立法的实践，并通过比较研究找出可供中国大陆立法实践加以借鉴的制度。例如，德国将养老制度的改革视为社会福利体系再造的突破口，其立法所解决的最重要的问题就是养老资金的来源，从法定养老保障制度、职业养老金计划和私人养老保险三个层次多角度为老年人的社保制度保驾护航。这种来源多元、管理有效与责任分明的养老金管理体系，对我国解决养老资金缺口具有重要的借鉴意义。日本老年人保障制度的亮点在于医疗保障制度，通过健康保险、国民健康保险与护理保险等制度的相互配合，使养老责任的承担多样化。社区照顾是英国社会福利发展进程中出现的社会化养老服务方式，主要由“社区照顾”和“社区内照顾”两部分构成，其将老年人视为社区生活中的重要一员，通过给老年人以积极社会参与的空间来为老年人权益保障开辟新路径。在经济危机的压力下，瑞典养老保险制度的特色在于推行老年人就业促进政策，鼓励老年人延期退休、控制提前退休，这种制度缓解了劳动力短缺的压力，也减轻了政府与社会的负担。我国香港地区的老年立法以老年人教育制度为中心，推广终身学习与老有所为，在学习英国养老经验的基础上，又充分考虑华人社会的文化传统，这对大陆的老年人权益保障立法更有意义。我国台湾地区则针对老年人的经济安全问题，建立了较为完整的老年人经济安全保障制度，通过多角度对养老制度加以规范，这对于大陆健全老年人权益保障法律体系有重要的启示意义。

除了上述几个国家与地区的研究案例，美国、韩国等发达国家的经验同样也值得我们思考。例如，美国为了应对严重的虐待老年人问题，确立了一种"强制报告制度"，即法律规定的报告主体在遇到应该报告的情形（多数指老年人遭遇虐待）时，除报告的特殊情况外均应向有关部门报告，如果没有针对有关的情况进行报告，就应当承担相应的法律后果。这种"强制报告制度"的实施，对于缓解美国老年人遭受虐待的问题起到了很大的作用，并很好地保障了老年人的权益。韩国则于2007年出台了《老年人长期疗养保险法》，确立了居家疗养优先、灵活性及综合保护等三项疗养原则，明确规定了老年人长期疗养保险的管理机关、费用负担、实施机关等内容。这些规定为那些因身患白内障、糖尿病等慢性疾病而生活不能或难以自理的老年人，在出院、疗养机构或居家康复期间提供了帮助，使患有慢性病的老年人及家属在经济上及精神上的压力均有所缓解。

进入21世纪以来，世界范围内的老年人口迅速增加，"人口老龄化"已经成为世界各国所需要共同面对的一个问题，人口结构上的巨大变化给各个国家与地区的经济都带来重要的影响，各国尤其是发达国家都为更好地积极应对人口老龄化推出了一系列法律与制度。虽然每个国家会有每个国家的具体情况，应秉承具体问题具体分析的原则，但是老龄化已经是一个全球性的重要问题，而各国因人口老龄化不得不面对的问题也均有相似之处。例如，虐待老人、面对慢性老年病经济和精神负担都加剧、子女不赡养老人等问题，这些问题我国同样也存在着。从这一点上看，域外老年人权益保障立法的经验对于我国的老年人权益保障而言，仍具有重要意义与价值。上述几个国家与地区的老年人权益保障立法各有特点。总体来看，发达国家与地区的老年人权益保障立法均重视关于老年人权益的法制化建设，均不同程度上形成了老年人权益保障的立法体系，在老年人福利、社会保险、促进就业、子女赡养、医疗看护等各个方面均有详尽的法律规定，这些法律相互配合、相互补充，从不同角度、不同层面来保障老年人的合法权益，以确保有关老年人保障的各项工作能够有序开展。反观我国，老年人权益保障立法还不成体系，老年人权益保障法存在很多不足，其内容也对社会福利、社会保险等方面有所涉及，但每个方面的规定都是粗线条的，不够细化与详尽。老年人权益保障体系不健全使得我国对老年人的权益保障存在盲点与漏洞，这也是我国老年人的合法权益长期得不到充分保障的重要原因之一。从本章所列国家与地区老年人权益保障立法的经验来看，当前要尽早出台与完善相关匹配的法律，尽快形成完整的老年人权益保障法律体系框架，从而全方位、多角度地保障老年人的合法权益。此外，本章所列国家与地区对于老年人权益保障的一些制度设计强调在政府的主导作用下，调动社会力量来共同完成，由政府与社会共同承担养老的义务和责任，重视发挥社会的力量。这一共性特点也为我国完善健全老年人权益保障法律制度提供了有益的借鉴。与此同时，我们也应当注意到，受不同社会制度、经济发展水平、文化传统与老龄化程度的影响，不同国家的相关法律制度存在着些许差异。养老保障制度的设计要与老龄社会国情相适应，发达国家与地区先富后老，因而应对老龄化的社会经济能力较强。我国则是提前进入了老龄社会，属于“未富先老”与“未备先老”。因此，对发达国家与地区的老年人权益保障制度进行比较研究，借鉴有益经验之时，务必也要结合我国的基本国情，尤其要思考如何应对“未富先老”“未备先老”的双重挑战，探索建立具有中国特色的老年人权益保障法律制度。

第三章

老年人权益保障地方立法比较

我国老年人权益保障立法应当包括中央立法和地方立法两个有机组成部分。一般来说，中央立法为地方立法提供指导，但在很多情况下，地方立法却是中央立法的先导。1996 年《老年人权益保障法》颁布之前，湖北、四川、河南、广西、贵州、福建、新疆、北京等 8 个省、自治区、直辖市，包头、昆明、乌鲁木齐、长春等 4 个较大的市均已颁布了地方性法规，成为中央层面老年人权益保障立法的重要先导。在《老年人权益保障法》颁布后，其余 23 个省、自治区、直辖市以中央立法为基础也相继颁布了地方性法规，一方面确保了中央立法在地方的贯彻实施，另一方面基于本地经济发展水平和老龄化的特殊情况进行了创新性规定。有些地方还对已出台的地方性法规进行了修改或修订。地方老年人权益保障规定的制定或修订为地方取得了老年人权益保障立法的诸多宝贵经验。因此，不论是先导性地方立法还是跟进性地方立法，都应当成为中央层面的老年人权益保障立法的参考。对各地老年人权益保障立法的基本框架、主要内容、共同规律以及差异之处进行综合比较分析对修订《老年人权益保障法》无疑具有重要意义。

第一节 老年人权益保障地方立法概况

对老年人权益保障地方立法进行比较分析应当以梳理概括其立法状况为前提。依据立法法的规定，只有省、自治区、直辖市以及较大市的人大及其常委会依据本地情况，可以依法制定地方性法规。因此，对老年人权益保障地方立法的分析可分为省级和较大的市级两个层面展开。

一、省级老年人权益保障立法概况

截至目前，除港、澳、台外，31个省、自治区、直辖市的地方性老年人法规均已颁布并实施(见表3-1)。

表3-1　　省级老年人权益保障立法

名　称	通过日期	实施/修订日期
《河北省老年人保护条例》	1988-11-24	1989-01-01
《四川省老年人合法权益保障条例》	1989-03-10	1989-03-10
《河南省老年人保护条例》	1990-02-07	2010-07-30
《广西壮族自治区保护老年人合法权益的规定》	1990-03-09	1990-05-01
《贵州省老年人保护条例》	1990-05-12	1990-05-12
《福建省老年人保护条例》	1990-10-26	1990-10-26
《新疆维吾尔自治区老年人权益保障条例》	1992-07-13	1998-05-31
《北京市老年人权益保障条例》	1995-09-22	1996-01-01
《黑龙江省实施〈中华人民共和国老年人权益保障法〉条例》	1997-10-20	1997-12-01
《上海市老年人权益保障条例(2010年修正本)》	1998-08-08	2010-09-17
《吉林省实施〈中华人民共和国老年人权益保障法〉的若干规定》	1998-09-25	1998-09-25
《天津市实施〈中华人民共和国老年人权益保障法〉办法》	1998-11-24	1998-11-24
《陕西省实施〈中华人民共和国老年人权益保障法〉办法》	1998-12-18	1998-12-18
《云南省老年人权益保障条例》	1999-04-02	2007-03-30
《甘肃省实施〈中华人民共和国老年人权益保障法〉办法》	1999-05-29	1999-05-29

续表

名　称	通过日期	实施/修订日期
《湖北省实施〈中华人民共和国老年人权益保障法〉办法》	1999-07-30	2010-07-30
《山东省老年人权益保障条例》	1999-12-16	1999-12-16
《湖南省实施〈中华人民共和国老年人权益保障法〉办法》	2001-01-08	2001-03-01
《浙江省实施〈中华人民共和国老年人权益保障法〉办法》	2001-04-19	2009-11-27
《重庆市实施〈中华人民共和国老年人权益保障法〉办法》	2001-07-20	2001-10-01
《安徽省实施〈中华人民共和国老年人权益保障法〉办法》	2001-07-28	2001-10-01
《青海省老年人权益保障条例》	2002-01-11	2001-04-01
《江西省实施〈中华人民共和国老年人权益保障法〉办法》	2001-09-27	2002-11-01
《山西省实施〈中华人民共和国老年人权益保障法〉办法》	2003-05-22	2003-07-01
《内蒙古自治区实施〈中华人民共和国老年人权益保障法〉办法》	2003-07-25	2003-09-01
《宁夏回族自治区老年人权益保障条例》	2004-09-09	2004-10-10
《广东省老年人权益保障条例》	2005-05-26	2005-08-01
《西藏自治区实施〈中华人民共和国老年人权益保障法〉办法》	2005-09-28	2005-10-01
《海南省实施〈中华人民共和国老年人权益保障法〉若干规定》	2006-12-29	2007-01-01
《辽宁省老年人权益保障条例》	2008-08-01	2008-10-01
《江苏省老年人权益保障条例》	2011-01-21	2011-03-01

由表3-1可知，31部省级老年人权益保障地方立法中，多数在制定通过后没有进行任何修订，仅河南、新疆、上海、云南、湖北、浙江等地在老年人权益保障法颁布实施后就有关内容进行了或多或少的修订。其中，河南、新疆、湖北三省的修订经历了老年人权益保障法从无到有这一宏观背景变迁。

二、较大的市级老年人权益保障立法

除省级地方立法，较大的市的老年人权益保障立法也是老年人权益保障地方立法的重要组成部分。在现有50个较大的市中有9个市制定了老年人权益保障地方性法规（见表3-2）。

表 3-2　　较大的市级老年人权益保障立法

名　称	通过日期	实施/修订日期
《包头市老年人保护条例》	1989-01-10	1989-01-10
《昆明市保护老年人合法权益条例》	1989-10-28	1990-04-27
《乌鲁木齐市保护老年人合法权益的规定》	1990-06-16	1990-09-08
《长春市保护老年人合法权益条例》	1991-08-28	1991-11-19
《厦门经济特区实施〈中华人民共和国老年人权益保障法〉若干规定》	1998-12-17	2010-07-30
《济南市保障老年人合法权益若干规定》	1999-09-17	2010-10-27
《太原市老年人权益保障办法》	2001-06-27	2001-07-29
《青岛市实施〈中华人民共和国老年人权益保障法〉若干规定》	2004-12-24	2005-07-01
《抚顺市老年人权益保障条例》	2006-08-21	2006-10-30

从表 3-2 可知，较大的市老年人权益保障地方立法虽然数量有限，但是囊括了东北、华东、西南、西北、东南等地，具有地域代表性，可以成为地方立法分析的实践样本。

第二节　地方立法名称与立法结构比较

从 1988 年颁布《河北省老年人保护条例》到 2011 年颁布《江苏省老年人权益保障条例》的老年人权益保障地方立法的历程即可看出老年人权益保障地方立法的长期性和非同步性。由于时间和地域的差异，老年人权益保障地方立法在形式上存在较大差别。这种差别，一是体现在立法名称上；二是体现在立法结构上。

一、立法名称

在老年人权益保障法颁布之前，老年人权益保障地方立法的名称主要有“老年人保护条例”(河北、河南、贵州、福建、包头)、“老年人权益保障条例”(新疆、北京)、“老年人合法权益保障条例”(四川)、《保护老年人合法权益的规定》(广西、乌鲁木齐)、“保护老年人合法权益条例”(昆明、长春)五种。上述地方性法规的名称均表现为“动宾(或宾动)短语＋规范定位”的模式,而在名称的组成要素上存在较大区别,这种区别主要体现在以下三个方面:

首先,动词要素——保护与保障的区别。按照《现代汉语词典》的解释,保护指“尽力照顾,使其不受损害”的动作行为,而保障既有保护这一动作行为的含义,也可指称起保障作用的事物。老年人权益保障法最终选用“保障”,意味着这部法不仅规定了对于老年人的保护行为,也涵盖了相关的保障制度。

其次,名词要素——权益与合法权益的区别。“权益”一词源于会计学,是资产的别称;而在法学中,指称权利(力)与利益。合法权益则是在权益的基础上进行了规范性的评价,且限定为符合法律价值观的权益。为保持与《妇女权益保障法》《儿童权益保护法》等弱势群体权益保护法的一致性,在老年人权益保障法修订中仍应采取“权益”的称谓。

最后,规范定位——规定和条例的区别。规定是为贯彻实施有关法律、法令和条例,根据授权,对有关工作或事项作出局部的具体的规定,是法律、政策、方针的具体化形式,是处理问题的具体法则。条例是具有法律性质的文件,是对有关法律、法令作辅助性、阐释性的说明和规定,是对国家或某一地区政治、经济、科技等领域的某些重大事项的管理和处置作出的比较全面、系统的规定。对于规定和条例的本质区别,可以这样认为,规定是实施性规则,条例是创制性规则。

在老年人权益保障法颁布之后,老年人权益保障地方立法名称的核心区别要素仍然体现为上述三个方面,但整体而言,立法名称呈现出统一化的趋势。多数地方根据《老年人权益保障法》相继制定了本地的实施办法、若干规定、实施条例,以确保中央立法在当地的贯彻落实。其中,有 12 个省、市立法名称为《××实施〈中华人民共和国老年人权益保障法〉办法》,有 4 个省、市立法名称为《××实施〈中华人民共和国老年人权益保障法〉若干规定》,有 1 个省立法名称为《××实施〈中华人民共和国老年人权益保障法〉条例》。

二、立法结构

各地老年人权益保障立法结构大致类似,但也存在差异。其差异主要表现在框架结构、章节名称两个方面。

首先,地方立法在框架结构方面有分章与不分章两种类型。在 40 部省级和较大的市级老年人权益保障立法中，有 17 部地方立法划分了章节。其中，31 个省级老年人权益保障地方性法规中，有福建、新疆、北京、黑龙江、陕西、青海、宁夏、云南、河南、湖北、上海、江苏等 12 个省划分了章节，约占总体比例的四成；9 个较大的市的老年人权益保障地方性法规中，有太原、抚顺、乌鲁木齐、昆明、长春等 5 个市划分了章节，约占总体比例的六成。可见，通过章节设计和安排立法结构已经在许多地方有了很好的实践。

其次，在划分章节的 17 部地方性立法中，其在章节安排方面也存在差别。其中，有 5 部五章结构的，9 部六章结构的，3 部七章结构的。现将三种类型的章节安排分析如下：

第一，在 9 部六章结构的地方立法中，有 8 部基本遵循“总则—家庭赡养与抚养—社会保障—参与社会发展—法律责任（奖励和处罚）—附则”的框架逻辑，唯有乌鲁木齐市将“社会保障”一章安排于“家庭保障”之前，并以“自我保护”代替“参与社会发展”。

第二，五章结构相比于六章基准少了“参与社会发展”的规定，在具体安排上 5 个地方各有特色，而新疆的章节设定尤为特殊，其分为“总则—老年人的基本权益和义务—老年人合法权益的保护—法律责任—附则”五章，是唯一一部将“老年人的基本权益和义务”单独成章予以规定的地方性法规。

第三，3 个七章结构中，陕西和云南比六章基准多了“政府保障”或“组织保障”的章节，而宁夏的七章结构则是“总则—赡养与抚养—保障措施—服务设施—优惠待遇—法律责任—负责”。

另外，就法律条文的数目来说，各地方法规的条文数目从 18 条到 53 条不等，其中，条文数目最多的共计 53 条，有三部，分别是《河南省老年人保护条例》《江苏省老年人权益保障条例》《陕西省实施〈中华人民共和国老年人权益保障法〉办法》。条文数目最少的是《包头市老年人保护条例》，共计 18 条。

第三节　地方立法总则与附则比较

老年人权益保障地方立法总则部分是立法宗旨、立法原则、国家和社会责任、老年人权利与义务等基础内容的集中体现，是其他部分得以展开的基础；附则则主要是对实施日期、解释机关以及其他未尽事宜的界定和说明，是任何立法不可或缺的组成部分。

一、总则

一般来说,老年人权益保障地方立法总则部分(分章节的地方性法规)或者可以被视为总则的部分(不分章节的地方性法规)主要包括以下内容:立法目的、立法依据、适用范围、老年人定义、老年人合法权益、责任主体、舆论引导教育、老年人节、主管部门、表彰奖励、权益保障原则、老龄事业规划、老年人义务等。

(一)关于立法目的

老年人权益保障地方立法的目的,从宏观上是为了落实宪法"尊重和保障人权"的理念,将老年人权益保障制度化;从微观上是为了进一步强化《老年人权益保障法》的生命力,保障其法律效力的落实与实现。而从实践的角度来看,老年人权益保障地方立法从根本上是为了保护老年人这一特殊群体的切身利益,通过法律规定发展老龄事业,保障并督促全社会形成敬老、爱老、助老的氛围,弘扬中华民族传统美德,推进社会主义精神文明建设。《陕西省实施〈中华人民共和国老年人权益保障法〉办法》第1条规定:"为了保障老年人合法权益,促进老年事业的发展,弘扬中华民族敬老、养老的传统美德,根据《中华人民共和国老年人权益保障法》和有关法律、法规,结合本省实际,制定本办法。"

(二)关于立法依据

在《老年人权益保障法》出台以前,各地以《中华人民共和国宪法》《中华人民共和国婚姻法》《中华人民共和国继承法》等为规范依据,以当地实际情况为事实依据,制定老年人权益保障地方性法规。例如,《河北省老年人保护条例》第1条规定:"为保护老年人的合法权益,发扬敬老、爱老、养老的传统美德,树立良好的社会风尚,根据《中华人民共和国宪法》和有关法律的规定,制定本条例。"《四川省老年人合法权益保障条例》第1条规定:"为保护老年人的合法权益,发扬尊老、爱老、养老的美德,树立良好的社会风尚,实现老有所养、老有所为、老有所医、老有所学、老有所乐,根据《中华人民共和国宪法》《中华人民共和国婚姻法》《中华人民共和国继承法》等法律规定,结合本省实际情况,制定本条例。"《老年人权益保障法》的出台从宗旨设定、体系安排、内容表述等方面为老年人权益保障地方立法提供了具体的法律依据。例如,《江苏省老年人权益保障条例》第1条规定:"为了保障老年人合法权益，发展老年事业，弘扬中华民族敬老、养老、助老的美德，促进社会和谐，根据《中华人民共和国老年人权益保障法》等法律、行政法规，结合本省实际，制定本条例。”

（三）关于适用范围

在31个省级地方立法中，仅有吉林省、陕西省、宁夏回族自治区、上海市四地就老年人权益保障法规的适用范围作了明文规定。其中，吉林省和陕西省规定“本规定适用于本省行政区域内的一切组织和个人”，而宁夏回族自治区和上海市的表述则为“自治区/市行政区域内的老年人权益保障工作适用于本条例”。两种表述采用的界定标准存在共同点，即地域范围均是“本省/自治区/直辖市行政区域”，但也存在些许差异。前者以适用对象为标准，即“一切组织和个人”，后者以适用事务为标准，即“老年人权益保障工作”。这种差异在确定管辖事项时可能会指向不同的范围。

（四）关于老年人定义

各地方性法规在老年年龄标准上没有区别，均规定“60周岁以上的公民”为老年人。这在目前看来是与我国经济、社会、文化发展相匹配的，也是与普通家庭、社会的承载能力相适应的。各地方立法中，《青海省老年人权益保障条例》对60周岁的老年人作了进一步的划分，规定：“本条例所称老年人，是指60周岁以上的公民；高龄老人，是指70周岁以上的老年人。”而《浙江省实施〈中华人民共和国老年人权益保障法〉办法》在规定年龄标准的同时，还设定了户籍和居住要求，规定：“本办法所称老年人，是指具有本省户籍或者在本省行政区域内居住的60周岁以上的公民。”

（五）关于老年人权益

只有四川、新疆两地的地方立法采用定义方式明确规定了何为老年人的合法权益。《四川省老年人合法权益保护条例》第3条规定：“本条例所称的老年人的合法权益，是指宪法和法律规定老年人应享有的政治权利、人身自由权、受赡养扶助权、婚姻自由权、财产权、继承权、居住权和从国家、社会获得物质帮助权等权利。”《新疆维吾尔自治区保护老年人合法权益条例》第2条规定：“本条例所称老年人的合法权益，是指各民族老年人依法享有的政治权利、民主权利、人格尊严和人身自由权、劳动和休息权、财产和房屋居住权、继承权、婚姻自由权、从国家和社会获得物质帮助权，以及宪法和法律规定的其他权利。”相比于四川的立法，新疆地区的立法增加了人格尊严、劳动和休息权的规定，为老年人更好地参与社会提供了立法保障。其他省、市虽然没有采用明确的定义方式，但也对老年人权益的内容进行了规定。例如，《云南省老年人权益保障条例》第3条规定："老年人依法享有人格尊严和人身自由权、婚姻自由权、财产权、受赡养扶助权、受教育权、获得国家和社会物质帮助权、参与社会发展权，享受社会发展成果权以及宪法和法律、法规规定的其他权利。"

综合来看，老年人权益保障地方立法对老年人权益的范围规定基本相同，主要包括受教育权利、劳动和休息权利、人格尊严、人身自由权、婚姻自由权、继承权、财产和房屋居住权、从国家和社会获得物质帮助权等权利。

（六）关于责任主体

就目前的老年人权益保障地方立法而言，其规定的责任主体主要包括全社会；地方各级人民政府、劳动保障、财政、发展与改革、规划、建设、土地、教育、文化、卫生、司法、交通、旅游等行政主管部门；地方各级国家机关、社会团体、企业事业组织、基层群众性自治组织；工会、共产主义青年团、妇女联合会和老年人协会等有关的组织；家庭和公民等。各地依其实际情况在具体规定上存有差异，如《山东省老年人权益保障条例》第5条规定："保障老年人的合法权益是全社会的共同责任。机关、团体、企业、事业单位应当按照各自职责，做好老年人权益保障工作。村（居）民委员会和基层老年人组织，应当反映老年人的要求，维护老年人合法权益，组织开展有益于老年人身心健康的活动，为老年人服务。报刊、广播、电视等新闻单位应当宣传敬老养老的先进事迹，揭露、谴责侵犯老年人合法权益的行为。工会、妇联、共青团等群众团体以及学校、幼儿园和家庭应当对职工、妇女、青少年和儿童进行敬老养老的道德和法制教育，组织开展多种形式的为老年人服务的活动。"《贵州省老年人保护条例》第3条则规定："保护老年人合法权益是各级国家机关、社会团体、企业事业单位、基层群众性自治组织、家庭和公民的共同责任。"

（七）关于舆论引导教育

有17部地方性法规对此作了明文规定。老年人权益保障事业的开展，需要营造和谐氛围，动员全社会积极参与。在这方面，舆论引导教育能够发挥举足轻重的作用。其中，新闻媒介对于全社会的引导作用被诸多地方立法所强调。青少年和儿童作为重点引导对象，青少年组织、学校等承担了诸多的教育责任。典型如《上海市老年人权益保障条例》第 7 条规定:"报刊、广播、电视等新闻单位应当加强保障老年人合法权益的宣传教育工作,弘扬敬老、养老的传统美德,谴责侵犯老年人合法权益的行为。青少年组织、学校和幼儿园应当对青少年和儿童进行敬老、养老的道德教育和维护老年人合法权益的法制教育。鼓励发展老年慈善事业,提倡义务为老年人服务。"当然,也有地方性立法从全社会舆论引导氛围的营造为出发点作出规定,如《湖北省实施〈中华人民共和国老年人权益保障法〉办法》第 5 条规定:"全社会应广泛开展保障老年人权益法律、法规的普及宣传和敬老、养老、助老的宣传教育活动,加强舆论监督,树立尊重、关心、帮助老年人的社会风尚。提倡义务为老年人服务。"

(八)关于老年人专有节日的设定

老年人专有节日的设定,是继儿童节、妇女节之后,另一专为弱势群体设定的法定节日,这使得老人与妇女、儿童在节假日设定上享有了同等的照顾;同时,也为子女、家庭,乃至社会规定了专门时间来引起对老年人的关注,为"养老、敬老、爱老"风尚的形成提供了保障。在 31 个省级立法中,有 26 个省、自治区、直辖市[①]对此作了明文规定。

各地立法对于老年人专有节日的名称设定和日期选定存在区别。在名称设定方面,贵州、安徽、黑龙江、山西、江西 5 省称为"老年节";北京、云南、辽宁、湖北、上海、江苏、广西、四川等 8 省、市称为"敬老节"或者"敬老日"。另有 13 省将其称为"老人节"。如《山东省老年人权益保障条例》第 8 条规定:"农历九月九日(重阳节)为老人节。"在日期选定方面,各省规定也不尽相同。在 28 个省级立法中,有 23 个省、自治区、直辖市规定农历九月九日,即重阳节为老年节。另有黑龙江省和吉林省规定每年农历九月一日为其行政区内老年节,新疆维吾尔自治区则规定农历九月十五日为自治区老人节。此外,《云南省老年人权益保障条例》独树一帜,将整个农历九月规定为敬老宣传月,并要求"涉及老龄工作的有关部门和组织应当根据老年人的特点,经常开展文化、体育、医疗保健、法律服务、帮贫助困等活动,为提高老年人的生活质量和健康水平服务"。

---

① 这 26 个省、自治区、直辖市分别为河北、四川、广西、福建、新疆、北京、黑龙江、吉林、陕西、甘肃、山东、湖南、安徽、江西、山西、宁夏、广东、西藏、海南、云南、浙江、辽宁、河南、湖北、上海、江苏。

(九)关于主管部门

各地方性法规指称的“主管部门”,一般而言,包括负责组织、领导工作的各级人民政府和具体实施条例的工作机构。各省对于该工作机构的设定各有不同,名称亦有所区别,如“老龄问题委员会”“老年工作机构”“老年工作委员会”“老龄工作议事协调机构”“老龄工作领导小组”等。关于主管部门的规定与责任主体的规定有些许交叉,但是侧重点有所不同。典型如《重庆市实施〈中华人民共和国老年人权益保障法〉办法》第 5 条规定:“各级老龄工作机构负责老年人权益保障工作,并组织实施本条例。老龄工作机构在维护、保障老年人权益工作中履行下列职责:(一)参与研究、制定有关老龄工作的规划、政策、法规和规章,并督促、检查实施情况;(二)调查、反映老年人权益保障方面的情况和问题,协调解决与老龄事业有关的问题;(三)协调、指导有关部门和组织开展维护、保障老年人权益工作;(四)组织开发老年社区服务业和老年福利企业,发展敬老、助老等公益事业;(五)完成上级交办的其他老龄工作。”

(十)关于表彰奖励

23 个省级立法对此均作了规定。表彰奖励的主体多为各级人民政府,个别省、市增加了社会团体、企业事业单位、基层群众性自治组织;奖励对象多为“在维护老年人合法权益,开展尊老、爱老、养老活动中做出显著成绩的单位、家庭、个人”。广西壮族自治区的规定较为特殊,在上述表彰奖励对象的基础上,还规定:“对遵纪守法,正确处理与子女、亲属、邻里关系和参加社会主义建设以及社会公益活动等方面作出显著成绩的老年人,应当给予表彰和奖励。”《江苏省老年人权益保障条例》将老年人权益保障工作列入经济社会发展和精神文明建设年度考核内容,对做出突出贡献者予以表彰奖励。

(十一)关于老龄事业规划

各省、市的立法对此的规定差异不大。其内容主要涉及如下几个方面:(1)各级人民政府将老年事业纳入国民经济和社会发展计划;(2)根据当地实际,逐步增加老年事业经费,个别省、市将其纳入财政预算予以保障;(3)建设老年福利设施,兴办老年服务机构;(4)鼓励社会各方面对老年事业的投资或捐资;(5)广东、西藏、宁夏、辽宁等地还规定,国家发行福利彩票的地方收益,应当提取一定比例用于老年福利事业;(6)老年事业经费专款专用,任何单位和个人不得截留、挪用。将老龄事业纳入规划,在很大程度上有利于老龄事业与经济、社会协调发展。

(十二)关于老年人义务

有10部省级立法对此作了明文规定,其核心内容即老年人应当尊重社会公德,遵纪守法,履行法律规定的义务。典型如《河南省老年人保护条例(2010年修正本)》第6条规定:"老年人应当学习法律,遵守法律,依法保护自己的合法权益。"在此基础上,个别省、市规定老年人有学习法律,依法维护自身合法权益,积极参加各种有益的社会活动,做到老有所学,老有所为;正确处理与子女、亲属、邻里关系的义务。《贵州省老年人保护条例》的规定最为翔实:"老年人应当学习、遵守法律,履行法律规定的义务,运用法律维护自身的合法权益;正确处理与配偶、子女、亲属、邻里的关系;引导家庭成员尊重社会公德,维护家庭的和睦团结;关心下一代和青年人的健康成长。"

此外,部分地区的老年人权益保障地方性法规在总则中还规定了其他很有特色的内容。如《江苏省老年人权益保障条例》第10条规定:"县级以上地方人民政府有关部门应当将老年事业发展状况纳入调查统计项目,定期发布相关信息。"上海市在规定立法依据和立法目的的同时,单设条文就老年人权益保障的具体立法目标作了规定:"各级国家机关和社会应当采取措施,健全对老年人的社会保障制度,逐步改善保障老年人生活、健康以及参与社会发展的条件,实现老有所养、老有所医、老有所为、老有所学、老有所乐。"如此等等。

二、附则

绝大多数地方立法的附则部分仅规定施行日期,少数地方如福建、黑龙江、青海、河南、湖北等还规定了有权解释机关。其中,湖北、黑龙江规定省人民政府老龄工作机构负责解释,河南、青海规定省人民政府负责解释,福建规定省人民代表大会常务委员会负责解释。

需要予以特别说明的是,河南省老年人权益保障立法附则还规定了法规的适用范围,并就"子女"一词指称的对象范围作了补充说明。其附则第50条规定:"本条例所称子女,包括婚生子女、非婚生子女、养子女和受老年人抚养教育的继子女。"

第四节　地方立法家庭保障与社会保障比较

家庭保障与社会保障是老年人权益保障体系中的核心部分。家庭保障着重从家庭成员的保障义务出发，围绕老年人的权益展开，内容较为广泛，包括生活保障、精神慰藉等诸多方面。而本节所称“社会保障”则主要是指社会保险，与家庭保障相辅相成。

一、家庭保障

就目前各地立法而言，家庭保障部分主要涉及赡养者义务、赡养协议、遗赠扶养协议、老年人财产权、老年人人身权等五个方面的内容。

(一)关于赡养者义务

各地方立法对赡养者义务的规定各异，详略不同，但都集中于以下几个方面：

1. 义务主体

四川省、天津市两地的立法以“赡养人”对义务主体进行了概括，而没有进一步规定“赡养人”的具体范围。其他地方立法对义务主体的范围规定得较为明确，概括起来，有狭义和广义之分。狭义的义务主体是指老年人的婚生子女、非婚生子女、养子女、形成抚养关系的继子女以及父母死亡的有负担能力的孙子女、外孙子女。河南、云南等地采用狭义说。例如，《河南省老年人保护条例(2010 年修正本)》第 8 条规定：“依法负有赡养义务的子女、孙子女和外孙子女，为赡养义务人。子女对父母，有负担能力的孙子女、外孙子女对子女已经死亡的祖父母、外祖父母，必须履行赡养义务。”又如，《云南省老年人权益保障条例(2007 年修正本)》第 11 条规定：“老年人的婚生子女、非婚生子女、养子女、形成抚养关系的继子女以及其他依法负有赡养扶助义务的公民，应当履行赡养扶助义务；老年人子女已经死亡的，其有负担能力的孙子女、外孙子女应当履行赡养义务。”广义的义务主体除包括狭义的义务主体外，还包括配偶、兄弟姐妹等。例如《上海市老年人权益保障条例》第 9 条规定：“老年人的婚生子女、非婚生子女、养子女、形成抚养关系的继子女以及父母死亡的有负担能力的孙子女、外孙子女有赡养老年人的义务。老年人与配偶有相互扶养的义务。由兄、姊扶养的弟、妹成年后，有负担能力的，对年老无赡养人的兄、姊有扶养的义务。”

2.义务内容

各地立法中有关义务内容的规定均包括了经济、生活、精神三个方面。典型如《湖北省实施〈中华人民共和国老年人权益保障法〉办法(2010年修正本)》第8条之规定：“老年人依法享有受赡养的权利。赡养人必须依法承担赡养义务，履行对老年人经济上供养、生活上照料和精神上慰藉的义务，照顾老年人的特殊需要。”综合各地立法，以上三方面的赡养义务具体内容如下：其一，在经济上供养老年人，保证老年人的基本生活需求。老年人的基本生活水平应当与其家庭成员的平均基本生活水平相当。对无经济收入或者收入低微的单独居住的老年人，赡养人应当给付赡养费。其二，在生活上照料老年人，对患病或者生活不能自理的老年人，应当承担护理责任。也有地区结合当地实际，对赡养人的生活照料义务规定得比较具体。例如，《青海省老年人权益保障条例》第12条规定：“赡养人有义务耕种老年人承包的田地，照管老年人承包或者所有的草场、林木、牲畜等，收益归老年人所有。”其三，要营造和睦友爱的家庭环境，在精神上慰藉老年人。例如，《上海市老年人权益保障条例(2010年修正本)》第12条规定：“赡养人及其家庭成员应当给老年人以精神上的慰藉，营造和睦友爱的家庭氛围。”《浙江省实施〈中华人民共和国老年人权益保障法〉办法》第11条规定：“赡养人及其配偶和家庭其他成员应当在精神上慰藉老年人。老年人和赡养人分开居住的，赡养人应当经常看望和问候老年人。”

3.不作为义务

除了上述三项作为义务外，各地老年人权益保障立法大都对赡养人的不作为义务作了规定，主要内容包括赡养人及其家庭成员不得要求老年人承担力不能及的劳动；赡养人不得以放弃继承权、老年人离婚或者再婚以及其他理由，拒绝履行赡养义务；赡养人不得因老年人离婚、再婚而索取、隐匿、扣押老年人的合法财产或者有关证件，不得限制老年人的合法居住权利等。例如，《北京市老年人权益保障条例》第10条规定：“赡养人不得强行将有配偶的老年人分开赡养，不得以放弃继承权或者其他理由，拒绝履行赡养义务；不得要求老年人承担力不能及的劳动。”《重庆市实施〈中华人民共和国老年人权益保障法〉办法》第12条规定：“赡养人不得以老年人离婚或者再婚以及其他理由，拒绝履行赡养义务。赡养人不得因老年人离婚、再婚而索取、隐匿、扣押老年人的合法财产或者有关证件，不得限制老年人的合法居住权利。赡养人应当尊重老年人夫妇共同生活的权利，不得强行或变相将老年夫妇分居生活。”

4.履行义务的方式

赡养义务具有一定的人身属性，本应由赡养义务主体亲力亲为，但是考虑到大部分赡养人为中年子女，承担较多的工作压力，个别地方性立法还规定了代为履行的赡养方式。其中，《湖南省实施〈中华人民共和国老年人权益保障法〉办法》第 10 条规定：“老年人患病或者生活不能自理的，赡养人必须承担护理的责任；本人护理有困难的，应当请人代为履行。”《上海市老年人权益保障条例（2010 年修正本）》第 11 条规定：“赡养人亲自履行本条第一款、第二款义务有困难的，可以请人代为履行，并支付所需费用。”

（二）关于赡养协议

赡养协议是指赡养人之间或者被赡养人与赡养人之间为履行赡养义务而签订的协议。超过一半的地方立法对此作了规定。就目前各地的立法来看，对赡养协议的规定主要包括以下几方面的内容：

1.赡养协议的达成

达成赡养协议主要有三种模式：第一种是共同赡养人之间通过协商，就履行赡养义务达成协议，该种模式要求协议的签订须征得老年人的同意，老年人还可以要求赡养人作出书面赡养保证。安徽、海南、黑龙江、湖北、江苏、江西、内蒙古、云南等地对此有明文规定。例如，《安徽省实施〈中华人民共和国老年人权益保障法〉办法》第 16 条规定：“老年人有选择养老方式的权利。赡养人之间可以就履行赡养义务签订协议，并征得老年人同意。”《海南省实施〈中华人民共和国老年人权益保障法〉若干规定》第 12 条规定：“赡养人之间可以就履行赡养义务签订协议，并征得老年人同意。老年人可以要求赡养人作出书面赡养保证。”第二种是老年人参与其中，可以与赡养人就如何履行赡养义务签订协议。例如，《山东省老年人权益保障条例》第 11 条规定：“老年人与赡养人可以签订《家庭赡养协议书》。”第三种模式是在赡养人就如何履行赡养义务有争议时，经有关组织调解并达成的赡养协议。例如，《青海省老年人权益保障条例》第 15 条规定：“赡养人之间可以就履行赡养义务签订协议。赡养人之间就赡养义务有争议的，老年人所在地居（村、牧）民委员会或者老年人组织应当主持调解。调解和签订赡养协议，应当维护老年人的合法权益。调解组织应当监督协议的履行。”

2.赡养协议的内容

地方立法对协议内容的规定较为灵活。例如,《辽宁省老年人权益保障条例》第29条第2款规定:“赡养协议的内容,根据实际情况和当地经济社会发展状况拟订、调整;赡养标准不得低于当地居民平均生活水平。”

3.赡养协议的监督履行

为了保证赡养协议的履行,各地立法专门规定了赡养协议的监督主体。概括来说,监督主体可分为两大类:一类是老年人居住地所在的村民委员会、居民委员会或者赡养人所在的单位和组织,以及基层老年人群众组织。大部分地方立法采用此类规定,例如,《黑龙江省实施〈中华人民共和国老年人权益保障法〉条例》第21条规定:“赡养协议书由老年人居住地的居民委员会、村民委员会、老年组织或赡养人所在单位监督履行。”另一类是相对狭义的监督主体,如湖北省仅规定了居(村)民委员会或者赡养人所在组织的监督职责。需要特别说明的是,若是经有关组织调解达成的赡养协议,则由调解组织负责监督履行。典型如《青海省老年人权益保障条例》第15条之规定:“赡养人之间可以就履行赡养义务签订协议。赡养人之间就赡养义务有争议的,老年人所在地居(村、牧)民委员会或者老年人组织应当主持调解。调解和签订赡养协议,应当维护老年人的合法权益。调解组织应当监督协议的履行。”

(三)关于遗赠扶养协议

遗赠扶养协议是指老年人可以与不具有赡养义务的主体(即扶养人)之间签订协议,在扶养人承担该老年人生养死葬的义务后,享有受遗赠的权利。例如,《江苏省老年人权益保障条例》第14条规定:“老年人可以与扶养人或者村民委员会、居民委员会、养老服务机构等组织签订遗赠扶养协议。按照协议,扶养人或者村民委员会、居民委员会、养老服务机构等组织承担该老年人生养死葬的义务,享有受遗赠的权利。”

(四)关于老年人的财产权

各地方立法均围绕“老年人对自己的财产依法享有占有、使用、收益、处分的权利,子女或者其他亲属不得干涉”的核心展开,并重点规定了老年人的房产所有权和房屋使用权或者居住权。结合40个老年人权益保障地方立法具体内容来看,对老年人财产权的范围规定各不相同,较为全面的如

《贵州省老年人保护条例》第 9 条之规定："老年人的合法收入、储蓄、房屋和其他财产所有权、使用权以及知识产权，受法律保护，任何人不得侵占、强要、私分和破坏。"具体到老年人财产权的内容，主要有以下几个方面：

1. 房产所有权和房屋使用权

《福建省老年人保护条例》第 15 条规定："属老年人所有的房屋产权或租用的房屋使用权，任何人不得非法侵犯，非经老年人授权，子女或其他亲属无权处分或侵占；属老年人所有的房屋，经老年人同意，由子女或其他亲属出资改建或扩建的，应事先订立协议书，明确老年人享有的房产份额和使用权。"江苏省在此基础上还规定："老年人自有房屋破损的，赡养人应当维修。"

2. 居住权

《北京市老年人权益保障条例》第 15 条规定："老年人承租的住房，子女或者其他亲属不得挤占，不得擅自改变租赁关系"。《福建省老年人保护条例》第 16 条规定："子女所在单位分配的住房，老年人与子女有同等居住的权利，并应照顾老年人的特殊需要。……老年人没有住房的，赡养人应妥善安排其住处。"

3. 继承和接受赠与的权利

《贵州省老年人保护条例》第 9 条规定："保护老年人依法享有的继承权。"《江苏省老年人权益保障条例》第 15 条规定："老年人有依法继承和接受赠与的权利。"

4. 财产处分权

《吉林省实施〈中华人民共和国老年人权益保障法〉若干规定》第 9 条规定："老年人承包的土地、山林、水面、草原，赡养人有义务为其耕种和照料，收益归老年人所有。老年人也可以将其承包的土地、山林、水面、草原委托给其他人管理。"综观各地方立法，其对老年人财产权中所有权排他性权能的规定颇为详细，强调在老年人对自己的财产进行使用甚至处分时，不受他人干涉，并且老年人亦有权拒绝有独立生活能力的成年子女提出的财产要求，重庆、山西、江苏、贵州、海南等地的立法均有类似规定。例如，《山西省实施〈中华人民共和国老年人权益保障法〉办法》第 10 条规定："老年人对自己的财产，依法享有占有、使用、收益、处分的权利，子女或者其他亲属不得干涉。"

(五)关于老年人的人身权

除天津、重庆、湖南、广东等地外,各地立法均对此作了规定,其内容差异甚微,核心集中于人身自由和婚姻自由两个方面。首先,为数不多的省份专设条文,明确规定了老年人的人身权利不受侵犯。例如,《四川省老年人合法权益保护条例》第7条规定:“老年人的人身自由和人格尊严不受侵犯。严禁侮辱、虐待、遗弃老年人。”《新疆维吾尔自治区保护老年人合法权益条例》第9条规定:“老年人的人身自由和人格尊严受法律保护,任何人不得侵犯。禁止侮辱、诽谤、殴打和虐待、遗弃老年人,禁止非法剥夺或限制老年人的人身自由,禁止其他任何损害老年人身心健康的行为。”其次,几乎各地都规定了老年人的婚姻自由,包括结婚自由和离婚自由两个方面。例如,《西藏自治区实施〈中华人民共和国老年人权益保障法〉办法》第10条规定:“老年人的婚姻自由受法律保护。老年人离婚、再婚,子女或者其他人不得干涉或者歧视。子女不得因其赡养的老人再婚而拒绝履行赡养义务,不得妨碍老年人再婚后的家庭生活和对财产的处分。”另外,河南省还对老年人的休息权以及知识产权作了规定。具体如《河南省老年人保护条例》第19条规定:“老年人依法享有休息权,其子女和亲属不得强迫老年人参加劳动。严禁强迫老年人从事有碍身体健康的活动。”第21条规定:“老年人依法享有的知识产权,其子女和亲属不得侵害。”

二、社会保障

社会保障与家庭保障相辅相成,它主要包括社会保障总体要求、养老保险、医疗保险等内容。

(一)关于社会保障总体要求

《广东省老年人权益保障条例》第7条规定:“各级人民政府及其有关部门应当健全对老年人的社会保障制度。充分发挥社会团体、企业事业单位在老年人社会保障工作中的作用。”这是社会保障总体要求的概括规定。具体来说,鉴于其范围广、内容多,地方立法多采用分角度、多层次逐个予以规定的方式,其核心要求可以概括为兴建福利设施、创造有利条件、强化社会参与、保障权益实现。六成以上的地方立法都要求有关部门或组织根据法律规定,多渠道筹集资金兴办老年福利院、敬老院、托老所、老年公寓等养老场所和老年医疗康复保健场所以及老年文化、娱乐、体育活动设施,为老年人的权益保障和社会参与创造条件。例如,《福建省老年人保护条例》第19条规定:"积极发展老年福利事业,加强社会保障工作。各地区和部门应根据法律和有关规定,通过多种渠道筹集资金,兴办敬老院、福利院、老年公寓、老年人活动中心等福利设施,为保障老年人权益创造条件。"《辽宁省老年人权益保障条例》第7条规定:"各级人民政府应当将老年事业经费纳入财政预算,并随老年人口数量的增长和经济社会的发展逐步增加对老年事业的投入;将老年人服务设施、福利设施和活动场所的建设纳入国民经济和社会发展规划,并同步实施。"甘肃省将社会保障的总体要求落实到街区、个人对老龄事业的作为义务中,强调整体服务网络的构建。《甘肃省实施〈中华人民共和国老年人权益保障法〉办法》第19条规定:"街道、居民委员会应当建立适应老年人需要的生活照料、医疗护理、文体活动服务网络。提倡社会各界及其志愿者为老年事业提供捐助,开展扶贫养老、帮困养老、认亲养老和助老服务等活动,为孤寡、残疾、生活困难的老年人提供帮助。"

(二)关于养老保险制度

个别地方立法笼统规定建立和完善城乡养老保险制度,但缺乏具体的制度设计。例如,《江西省实施〈中华人民共和国老年人权益保障法〉办法》第21条规定:"老年人依法享有的养老金和其他待遇应当得到保障。社会保险机构等有关组织必须按时足额为老年人发放养老金,不得无故拖欠,不得挪用。"北京市、广东省、黑龙江省、湖北省、河北省等地则是明文规定城乡两条路径,分别推进,完善养老保险制度。例如,《湖北省实施〈中华人民共和国老年人权益保障法〉办法》第19条规定:"建立和完善社会养老保险制度。企业事业单位职工及城镇居民应按国家和省有关规定参加社会养老保险,所在单位和个人应按时缴纳社会养老保险费。"第20条规定:"农村逐步实行社会养老保险制度。建立社会养老保险制度后,仍应根据当地实际,采取多种形式的辅助养老措施,保障老年人的基本生活。"就城市养老保险而言,各地立法均设立了硬性指标。

首先,各地方要求企业事业单位职工及城镇居民应按国家和地方有关规定参加社会养老保险,所在单位和个人按时缴纳社会养老保险费。有关组织、单位应当按照有关规定,及时、足额支付养老金,不得无故拖欠和随意降低、扣发养老金。

其次,黑龙江省还要求养老金应当与职工工资同步发放。

再次,北京市针对离退休人员专门设有离退休人员基本养老金的正常调整制度,根据其经济发展和职工工资增长情况,调整基本养老金。

最后,许多地方立法都规定了企业破产时应当优先缴纳社会保险费用,从而保障社会保险部门能按规定承担相应的养老保险费用。

相对于城市养老保险制度的硬性指标,各地对于农村养老保险制度的建立和完善多持可协商可调节的态度,强调根据当地实际,稳步予以推进。例如,《黑龙江省实施〈中华人民共和国老年人权益保障法〉条例》第 24 条规定:"农村逐步实行社会养老保险制度,坚持自我保护为主,自助与互助结合,社会保险与家庭养老保险相结合的原则,同时应当根据本地情况,因地制宜采取多种形式的辅助养老办法。有条件的地方可拨出部分土地、山林、水面、滩涂、草场等作为养老基地,由农村老年人协会耕种和管理,收益用于老年人养老及解决老年人其他方面的困难。"广东则进一步规定从农村集体土地征用补偿费和农村集体建设用地使用权流转的收益中提取一定比例用于建立农村养老保险基金。

(三)关于医疗保险制度

40 个地方性法规对此均有涉及,均要求制定和实施医疗保险制度,保障老年人的基本医疗需求。典型如《湖北省实施〈中华人民共和国老年人权益保障法〉办法》第 25 条之规定:"逐步建立和完善城乡各种形式的医疗保障制度,保障老年人的基本医疗需要。村老年人参加合作医疗,村集体经济组织应给予照顾,有条件的地方,老年人可免交合作医疗费。"

第五节　地方立法社会照料与社会救助比较

社会照料是社会关注老年人群体的主要措施,它是针对所有老年人的,是养老服务专业化的必然要求,是养老服务社会化的重要体现,对于保障老年人权益、增进老年人福祉有着重要的意义。与社会照料针对所有老年人不同,社会救助仅针对老年人群体中的弱势群体,它处在社会保障网的最低端,是维持弱势老年人基本生活需求的重要制度。

一、社会照料

对于社会照料,仅有部分地方立法有所涉及,但内容相对零散、体系性不强。综观目前的地方性立法，社会照料主要包括养老服务规范化、无障碍设施建设、精神卫生服务、志愿慈善服务等内容。

（一）关于养老服务规范化

对于养老服务规范化，31个省、自治区、直辖市的立法中仅有9个对此有明文规定。其中，以江苏省的规定最为全面。《江苏省老年人权益保障条例》第37条规定："县级以上地方人民政府民政部门应当推进养老服务规范化、标准化建设，加强对养老服务的管理和监督。养老服务设施建设、养老服务机构服务应当符合国家标准、行业标准。"第38条规定："鼓励和支持高等院校、中等职业学校开设养老服务相关专业和课程。鼓励和支持高等院校、中等职业学校、职业培训机构和示范性养老服务机构开展养老服务从业人员培训。养老服务机构应当加强对养老服务人员的岗位培训，提高养老服务人员职业道德和业务技术水平。推行养老服务从业人员凭养老护理职业资格证书上岗制度和养老服务等级待遇制度。"养老服务的规范化、制度化对于推进老龄事业健康、持久的发展具有深远的意义。标准的合理设定、服务人员的全方位培训、服务机构的合规认证等均是养老服务规范化的题中之义。内蒙古、宁夏等地虽然没有如江苏省一般明确采用养老服务规范化的标准，但是在立法中也有类似体现。例如，《内蒙古自治区实施〈中华人民共和国老年人权益保障法〉办法》第31条规定："老年福利院、敬老院、老年公寓、老年医疗康复中心、老年活动场所等为老年人服务的机构，应当建立健全服务和管理制度，提高服务质量，尊重少数民族老年人的生活习惯，全心全意为老年人服务。"

（二）关于无障碍设施建设

对于无障碍设施建设，各地立法均从人文关怀的角度出发，旨在促进老年人日常生活便捷化，具体涉及生活服务设施和活动配套设施、交通辅助设施、消费需求设施、医疗设施等。

1. 生活服务设施和活动配套设施方面

多数地方立法对此均有涉及，云南、新疆、天津、青海、江苏、海南、贵州、甘肃、安徽、北京等地规定，要根据老年人的特殊需要，安排和建设老年人生活服务设施和活动场所；建设适合老年人生活、活动的配套设施。例如，《天津市实施〈中华人民共和国老年人权益保障法〉办法》第11条规定："新建或者改造城镇公共设施、居民区和住宅，应当按照国家和本市有关规定，建设适合老年人生活和活动的配套设施。已经建成的居民区,没有老年人生活和活动配套设施的,可以利用原有闲置的设施,也可以在不影响居民区规划的前提下因地制宜逐步建设。"

2.交通辅助设施

云南、西藏、新疆、四川、青海、海南、贵州、广西、北京等地对此均有规定,其核心要求是为铁路、交通、民航等运输部门应当为老年人乘车、乘船、乘机提供方便。例如,《广西壮族自治区保护老年人合法权益的规定》第21条规定:"交通运输部门应当尽力对老年人实行优先服务,为老年人乘车、乘船提供方便。"

3.消费需求设施

各地立法均要求生产经营部门尊重老年人的需求,按需生产,按需经营,按需服务。例如,《福建省老年人保护条例》第22条规定:"工业、商业、服务部门应重视生产、经营老年人所需要的商品,可开设为老年人服务的项目。"

4.医疗设施

《河北省老年人保护条例》第16条规定:"生产、商业、交通运输、医疗卫生等部门和文化体育娱乐场所,在开展社会服务活动中要为老年人提供方便。"

(三)关于精神卫生服务

精神卫生服务主要包括精神慰藉和医疗服务两方面的内容。各省、市的地方性法规对此均有涉及。部分省、市将上述内容分散规定于"家庭保障""社会保障"等不同章节。也有部分省、市将其作为"社会服务与社会参与"的核心内容。如《江苏省老年人权益保障条例》第四章"社会服务与社会参与"第41条规定:"全社会应当关心老年人精神生活和心理健康。乡镇人民政府、街道办事处以及村民委员会、居民委员会应当为老年人交流和心理服务提供场所,组织做好老年人心理关爱工作。"

(四)关于志愿慈善服务

有18部地方性立法对此有规定,且内容基本类似。如:《安徽省实施〈中华人民共和国老年人权益保障法〉办法》第20条规定:"提倡组织和个人资助或扶养孤寡、贫困老年人。鼓励和支持社会志愿者为老年人服务。"《北京市老年人权益保障条例》第33条规定:"鼓励和提倡社会组织和个人为老年人义务服务。”甘肃省提倡社会各界及其志愿者为老年事业提供捐助。江苏省鼓励义务为老年人提供服务，鼓励、支持志愿服务组织、慈善组织为老年人提供志愿服务、慈善救助。天津、内蒙古、辽宁等地均明确规定，鼓励、支持社会志愿者为老年人服务。除此之外，个别省、市立法也有自己的特殊规定。如《江西省实施〈中华人民共和国老年人权益保障法〉办法》第 21 条规定：“提倡各类社会组织或者个人资助或者扶养生活困难的鳏寡孤独老年人。”有的地方立法对于志愿慈善服务中贡献突出的个人和组织还规定了奖励政策。例如，《海南省实施〈中华人民共和国老年人权益保障法〉若干规定》第 30 条规定：“对维护老年人合法权益和敬老、养老、助老成绩显著的组织、家庭或者个人，各级人民政府应当给予表彰和奖励。”

二、社会救助

老年人权益保障地方性立法中，诸多地区对于社会救助作了明确规定，主要涉及救助对象、救助内容等。如：《山东省老年人权益保护条例》第 12 条规定：“无劳动能力、无生活来源、无赡养人和扶养人的，或者其赡养人和扶养人确无赡养能力或者扶养能力的老年人，城市的，由其所在县（市、区）人民政府发放救济款或者由老年福利院供养；农村的，实行五保集体供养制度，所需经费和实物从村提留或者乡（镇）统筹费中列支，也可以从农村集体经济收入中列支。”《上海市老年人权益保障条例》第 23 条规定：“市人民政府建立最低生活保障制度，对生活水平低于本市最低生活保障标准的老年人实行社会救助。城市的老年人，无劳动能力、无生活来源、无赡养人和扶养人的，或者其赡养人和扶养人确无赡养能力或者扶养能力的，由民政部门给予救济。农村的老年人，无劳动能力、无生活来源、无赡养人和扶养人的，或者其赡养人和扶养人确无赡养能力或者扶养能力的，由乡（镇）人民政府负责组织实施保吃、保穿、保住、保医、保葬的五保供养工作。对民政部门给予最低生活保障救助后生活仍有困难的老年人，有关部门和组织应当给予必要的帮助。”

（一）关于救助对象

各地方性立法表述基本一致，主要针对“无劳动能力、无生活来源又无赡养人和扶养人，或者其赡养人和扶养人确无赡养扶养能力”的弱势老年人。关于救助内容，各地因其发展水平的差异，在具体范围上有所不同，但均在根本上秉持“老有所居，老有所养、老有所医、老有所学、老有所为、老有所乐”的人文关怀，囊括生活救助、住房救助、医疗救助、法律救助等诸多内容，如上海市着重强调了针对老年人的五保工作。关于救助方式。各地立法对此规定有所差异，城乡亦有区别。例如，《江苏省老年人权益保障条例》第24条规定：“无劳动能力、无生活来源又无赡养人和扶养人，或者其赡养人和扶养人确无赡养扶养能力的老年人，享受最低生活保障的老年人，以及属于重点优抚对象的老年人死亡的，免除基本丧葬服务费。县级以上地方人民政府可以根据本地区经济社会发展水平，扩大免除基本丧葬服务费的范围。”《云南省老年人权益保障条例》第18条第2款规定：“城市无劳动能力、无生活来源以及无法定赡养人、扶养人或者其法定赡养人、扶养人确无赡养、扶养能力的老年人（以下简称城市‘三无’老年人），农村享受保吃、保穿、保住、保医、保葬的老年人（以下简称农村‘五保’老年人）等贫困老年人，各级人民政府应当将其纳入医疗救助范围。”

（二）关于救助内容

在救助内容方面，各地主要涉及生活救助、医疗救助、法律救助等。

1. 生活救助

生活救助的具体内容因其地域差异在城市和农村而有所不同。多个地方立法规定，针对城市老人的生活保障，须经有关部门审查其条件，唯有符合者才可享受最低生活保障。例如，《湖北省实施〈中华人民共和国老年人权益保障法〉办法（2010年修正本）》第22条规定：“城镇老年人无劳动能力、无生活来源、无赡养人和扶养人的，或者其赡养人和扶养人确无赡养或扶养能力的，可由本人或者其所在的居民委员会向当地人民政府的有关部门提出申请，经核准后领取最低生活保障金。”贵州省在此基础上规定了政府的救助义务和社会的捐助责任，即“当地人民政府应当给予其适当救助，并提倡社会捐助”。河北省规定：“有条件的地方，可把孤寡老年人送社会福利院供养。”针对农村老人的生活保障，则由乡镇人民政府或村民委员会负担保吃、保穿、保住、保医、保葬的五保供养。《湖南省实施〈中华人民共和国老年人权益保障法〉办法》第16条规定：“属农村居民的，乡镇人民政府必须组织实施供养制度，有条件的应当集中在敬老院供养，不能集中供养的应当落实到户供养，并保障其生活不低于当地平均生活水平。”此外，部分地区对高龄老人的生活保障进行了专门规定。河南省规定：“对年满80周岁的城乡孤寡老年人的救济标准，应高于一般的孤寡老年人。”江苏省规定：“对享受最低生活保障的70周岁以上的老年人，每月增发不低于最低生活保障标准百分之十的保障。”甘肃省规定：“政府向百岁老人颁发《寿星证》。对百岁老人的生活给予特殊照顾，具体办法由当地人民政府规定。”

2. 医疗救助

关于医疗救助，结合各地规定，总结如下：(1)医疗费用减免制度。该制度主要针对农村中参加了合作医疗保险的老人。例如，《甘肃省实施〈中华人民共和国老年人权益保障法〉办法》第15条规定：“农村老年人参加合作医疗，村集体经济组织应当给予照顾，有条件的地方对老年人可以减免合作医疗费。”(2)基本医疗救助基金。广东省特别规定建立基本医疗救助基金，保障老年人就医。(3)建立老年病医院，或者建立老年病门诊，在有条件的地方实行老年病床或者家庭病床制度。湖南省、福建省、黑龙江省等地在医疗保险制度中明晰了上述规定。例如，《福建省老年人保护条例》第21条规定：“城市和有条件的农村应逐步建立老年病门诊、老年病床或家庭病床，对80周岁以上的高龄老年人要出诊到户。”(4)建立健康档案。海南省明文规定要建立老年人健康档案制度，加强信息管理，科学推进医保。(5)开展防治老年病研究。贵州省对于医疗保险制度的规定非常简要，但其中明确了积极开展防治老年病研究的要求。(6)出诊到户制度。该制度是福建省的独创，且其对象仅为80周岁以上的高龄老人。(7)巡回医疗服务。湖北省专门规定的针对老年人的巡回医疗服务。(8)免费常规体检服务。《西藏藏族自治区地方管理法》规定：“对90周岁以上的老年人，当地卫生医疗部门应当每年组织为其免费常规体检。”(9)普及保健教育。《上海市老年人权益保障条例》第21条规定：“……开展各种形式的健康教育，普及老年保健知识，增强老年人自我保健意识。”

3. 法律救助

对于法律救助，仅有个别省、市的地方性法规进行了规定。其中，海南省的规定较为全面。《海南省实施〈中华人民共和国老年人权益保障法〉若干规定》第24条规定：“确因经济困难，无能力或无完全能力支付法律服务费用的老年人，可以向司法行政部门提出法律援助申请，司法行政部门应当依照规定为老年人提供法律援助。老年人因合法权益受到侵害提起诉讼，交纳诉讼费确有困难的，人民法院应当按照有关规定给予缓交、减交或者免交诉讼费。司法鉴定机构对因受不法伤害请求进行伤残鉴定而无力支付鉴定费用的老年人，应免收鉴定费用。提倡自愿为老年人维护权益提供法律服务。”老年人因合法权益受到侵犯而提起法律诉讼时，江苏、湖南等地规定只有在经济困难的前提下才减免诉讼费用。例如，《江苏省老年人权益保障条例》第26条规定：“老年人为追索赡养费、扶养费、抚恤金、养老金、最低生活保障金、医疗费等向人民法院起诉，交纳诉讼费用有困难的，人民法院应当按照国家规定免收、减收或者缓收诉讼费用。”也有地方立法没有限定“经济困难”的情形，一律予以减免，典型如河南省。此外，吉林省还规定：“老年人受到人身伤害威胁时，特别是受到来自家庭成员的人身伤害威胁时，老龄工作机构、居民委员会、村民委员会或者其他有关组织应当采取临时庇护措施。”

第六节　地方立法社会优待与社会参与比较

社会优待是指对老年人给予优于一般公民的待遇，它是尊老、爱老传统养老文化的题中之义，也是针对老年人对社会进步与发展所做贡献的必要回馈。社会参与是积极老龄化理念的重要体现，是老年人力资源再利用的重要举措。

一、社会优待

所谓社会优待，是指国家和社会依照《社会优抚法》的有关规定，对优抚对象给予优厚待遇的制度。[①] 基于《中华人民共和国宪法》第45条“国家和社会保障残废军人的生活，抚恤烈士家属，优待军人家属”之规定，社会优待在一定时间内是军人这一主体的专有权利，它与社会抚恤、社会安置从三个不同维度构成了统一的社会优抚体系。而现如今，随着老龄社会的到来，作为曾经为社会、为人类发展做出贡献的年老一辈，对其关怀与回馈，也同样需要社会优待制度的支持。

在40部地方性立法中，有3部将社会优待单独成章，分别是《宁夏回族自治区老年人权益保障条例》第五章“优惠待遇”、《江苏省老年人权益保障

① 参见杨莲秀主编：《社会保障法学》，北京大学出版社2011年版，第222页。

条例》第三章“社会保障与社会优待”、《太原市老年人权益保障办法》第四章“社会优待”。此外，云南省、黑龙江省等16地亦出台了有关老年人社会优待的专项规定（见表3-3）。

表3-3　老年人社会优待专项规定

文件名称	颁布时间
《云南省人民政府办公厅关于认真落实〈云南省老年人权益保障条例〉有关对老年人实行优待内容的通知》	1999-06-08
《黑龙江省人民政府办公厅转发省老龄委〈关于对全省老年人实行优待服务意见〉的通知》	2000-11-22
《四川省人民政府办公厅关于印发〈四川省优待老年人规定〉的通知》	2001-03-09
《青海省人民政府办公厅转发省老龄工作委员会〈关于在全省范围内实施青海省老年人优待证办法〉的通知》	2002-07-26
《福建省优待老年人若干规定》	2002-09-30
《山东省人民政府关于印发〈山东省优待老年人规定〉的通知》	2002-10-23
《河北省人民政府关于印发〈河北省老年人优待办法〉的通知》	2003-11-03
《新疆维吾尔自治区优待老年人规定》	2004-10-25
《广东省人民政府办公厅关于进一步做好老年人优待工作有关问题的通知》	2005-01-18
《浙江省人民政府关于印发〈浙江省优待老年人规定〉的通知》	2005-09-14
《陕西省人民政府关于印发〈陕西省老年人优待办法〉的通知》	2005-09-30
《福建省人民政府关于进一步做好老年人优待工作的意见》	2006-07-30
《湖北省人民政府关于修改〈湖北省关于老年人享受优待服务的规定〉的决定》	2007-05-15
《湖北省人民政府关于老年人享受优待服务的规定（2007年修正本）》	2007-05-15
《吉林省优待老年人规定》	2007-09-28
《中共湖南省委办公厅、湖南省人民政府办公厅关于进一步加强老年人优待工作的意见》	2009-11-18

虽然多数省、市在老年人法中未将社会优待单列为章或出台专门文件，但都往往在社会保障规定中渗透着社会优待的内容。具体而言，地方性立法及相关文件中对于社会优待部分的规定，主要涉及医疗卫生优待、生活服务优待、文体休闲优待等。

(一)关于医疗卫生优待

各地均有涉及且差异较小，具体包括如下内容：

第一，就医优先，即在同等条件下，老年人挂号、就诊、缴费、取药、住院等均享有优先权利，能得到优先照顾。例如，《福建省优待老年人若干规定》第 2 条规定："为老年人医疗保健提供优先优质服务。各级医院、疗养院等医疗机构要积极创造条件开设老年病门诊，在挂号、就诊、检查、取药、住院、收费等方面对 70 周岁以上(含 70 周岁)的老年人实行优先服务。"

第二，硬件保障，即医院对行动不便的老人，免费提供担架、推车和助步器等服务。例如，《吉林省优待老年人规定》第 9 条规定："医疗机构对行动不便的就诊老年人，应当免费提供担架、推车和助步器。"

第三，上门服务，即要求基层医疗机构，包括社区卫生服务中心等，为患有慢性病或行动不便的老年人设立家庭病床，提供上门服务。例如，《浙江省人民政府关于印发浙江省优待老年人规定的通知》第 2 条规定："基层医疗机构(社区卫生服务中心、站)应为患有慢性病或行动不便的老年人设立家庭病床，提供上门服务。"

第四，费用减免，即对老年人实行医疗费用的适当减免制度。新疆维吾尔自治区在具体操作上述优待措施时，采用以年龄为标准划定优待权限的方式，分 60～65 岁、65～100 岁、100 岁以上三个层次，规定 100 岁以上的老人可享有定期的免费体检。

(二)关于生活服务优待

从内容来看，生活服务优待主要包括义务的免除和权利的享有。其中，关于义务免除的规定内容较少，且免除的具体事项也并不相同。例如，山东省规定："老年人不承担各种社会集资。对农村 70 岁以上老年人的农业税收优待政策，按照省农村税费改革的有关规定执行。70 岁以上老年人免交乡村公益事业金，不承担村级兴办集体公益事业出资义务。70 岁以下丧失劳动能力或者有特殊困难的老年人，经批准给予适当减免村级兴办集体公益事业出资义务。"四川省规定："农村老年人不承担义务工和劳动积累工。"

而在积极权利的享有方面，各地内容相差无几，主要涉及公共设施的免费使用，公共交通工具的人性化设计、优先购票、优先就座，商业、水电、燃气、电信、通信、邮政等服务的上门配送等内容。

（三）关于文体休闲优待

综合各地规定，文体休闲优待主要涉及以下几个方面：免费进入公园、动物园、植物园等；免费进入公共体育场所进行健身或者其他体育锻炼活动；免费参观展览馆、纪念馆、文化馆、博物馆、陈列馆和纪念性陵园，免费办理公共图书馆借阅证；到影剧院看电影、进入风景名胜区和旅游区实行费用减免。

（四）关于“优待证”

为了保障老年优待的享有秩序，四川、浙江等地大都采用“优待证”的管理方式《浙江省人民政府关于印发〈浙江省优待老年人规定〉的通知》对于优待证的管理较为规范、明晰，具体内容如下：“《优待证》分红、绿两种卡，其中红卡发放对象为70周岁及以上老年人，绿卡发放对象为60周岁以上、70周岁以下的老年人。《优待证》由省老龄办统一监制，由各市、县（市、区）老龄办负责制作，免费向老年人发放，制作经费由各级财政承担。《优待证》发放以后，各地不再另行发放其他优待证，已经发放的使用至有效期满止。各地要加强对《优待证》发放工作的监督管理，发放对象应上网公布。”

此外，部分老年人权益保障地方立法还涉及对省外老年人社会优待享有的规定，如浙江省规定：“外省（自治区、直辖市）老年人，持有当地政府或老龄工作机构发放的老年人优待证或身份证及其他合法身份证明，来浙观光旅游、探亲访友等，享受本省老年人同等的优惠待遇。”类似规定在流动人口急剧增加的当今，对于保障老年人合法权益具有重要的意义，值得各地在综合考量当地经济发展水平的基础上借鉴发扬。

二、社会参与

除天津、山西、青海、宁夏、太原五地外，各地老年人权益保障地方立法均规定了全社会应当尊重、珍视老年人的知识、技能和经验，鼓励并支持老年人根据社会需要，在自愿和量力的情况下，继续为社会服务。各地立法的差异则集中体现于鼓励老年人参与社会活动的内容与范围方面。以列举方式明确规定老年人参与社会活动内容的地方性立法有3部。《云南省老年人权益保障条例》第31条规定："各级人民政府对老年人依法从事下列活动应当给予鼓励：(一)传授文化、科技知识；(二)提供咨询服务；(三)参与兴办社会公益事业、老年人福利企业；(四)参与兴办老龄产业；(五)参与科技开发和应用；(六)参与社区服务。兴办为老年人服务的非营利性公益事业的，依法享受国家有关税收优惠政策。"《江苏省老年人权益保障条例》第45条规定："鼓励和支持老年人在力所能及的情况下参与下列活动：(一)兴办公益事业，从事志愿服务等社会公益活动；(二)参与科学研究和技术应用，传播科学文化知识，提供咨询服务；(三)关心教育下一代；(四)参与维护社区治安秩序，协助调解民间纠纷；(五)其他社会活动。"《吉林省实施〈中华人民共和国老年人权益保障法〉若干规定》第22条规定："各级人民政府应当为老年人参与经济和社会发展，从事下列活动创造条件，并在手续办理、税费征收等方面给予优惠照顾：(一)依法从事生产和经营活动的；(二)兴办老年社区服务业的；(三)依法参与科技产品开发和应用的；(四)兴办社会公益事业的；(五)传授文化和科学知识，提供咨询服务的。"其他地方性立法虽较为宏观笼统地规定了老年人人力资源利用的要旨，但其所指称内容类似于上述三地之规定。

为了更好地鼓励并保障老年人参与到社会生活中，地方立法以老年文体教育为突破口，着重规定了以下内容：

第一，动员社会力量兴办老年学校。湖南省、辽宁省明文规定，老年人有接受继续教育的权利。安徽、北京、河南、广东等26地鼓励和支持地方兴办老年学校。云南省规定："县级以上人民政府应当开办老年学校，贫困老年人进入老年学校学习的，应当减免学费。"

第二，建设、完善老年活动场所。广西省规定将其纳入城乡建设规划。其他省、市也明确了完善老年活动场所对于丰富老年人生活的重要意义。例如，《吉林省实施〈中华人民共和国老年人权益保障法〉若干规定》第16条规定："各级人民政府和社会应当采取措施，开发适合老年人的群众性文化、体育、娱乐活动，丰富老年人的精神文化生活。"

第三，开展符合老年人特色的文体活动。例如，《宁夏回族自治区老年人权益保障条例》第20条规定："老年人组织开展的适合老年人需要的文化、体育娱乐等活动，文化、体育等部门应当在场地、器材及培训等方面给予帮助。"

第四，部分费用减免。北京市规定了对老年人参观博物馆、纪念馆等场所的费用予以减免的政策。《黑龙江省实施〈中华人民共和国老年人权益保障法〉条例》第32条规定："老年人持老年人优待证进入公园活动，免收门票。但动物园、游乐园和正在举办大型经营性活动的其他公园除外。"云南省规定，老年人进入公共体育场所、影剧院，票价优惠。

第五，将老年教育列入规划。《海南省实施〈中华人民共和国老年人权益保障法〉若干规定》第15条规定："各级人民政府应当将老年教育列入教育发展规划，加强老年教育设施的建设，鼓励和支持社会组织或者个人兴办各类老年学校，开展各种形式的老年教育。"《陕西省实施〈中华人民共和国老年人权益保障法〉办法》第31条规定："各级人民政府应当将老年教育列入教育发展规划，对老年教育给予必要的投入，鼓励多层次、多渠道的社会办学，支持办好各类老年学校。"《上海市老年人权益保障条例》第26条规定："政府应当将老年教育列入教育发展规划，鼓励社会办好各类老年学校。"《天津市实施〈中华人民共和国老年人权益保障法〉办法》第12条规定："市和区、县人民政府应当将老年人文化体育活动纳入群众文化体育活动计划。"《重庆市实施〈中华人民共和国老年人权益保障法〉办法》第19条规定："各级人民政府应当将老年教育列入教育发展规划，鼓励社会兴办和办好各类老年学校。"

第六，将老年教育纳入终身教育体系。《江苏省老年人权益保障条例》第43条规定："县级以上地方人民政府应当把老年教育纳入终身教育体系，鼓励和支持社会力量办学，多渠道、多形式为老有所学提供条件。"

第七节　地方立法法律责任比较

老年人权益保障法律责任包括作为责任和不作为责任两种责任形式。其中，作为责任是指违反法律的禁止性规定，以作为的方式侵害老年人权益的责任形式；不作为责任是指违反法律应当积极作为的规定，而以消极不作为的方式侵犯老年人权益的责任形式。

一、关于侵犯老年人人身权的法律责任

在实践中，侵犯老年人人身权主要表现为干涉婚姻自由、不按规定履行赡养义务和扶养义务、歧视、侮辱、虐待或者遗弃老年人等行为。对此，江

苏、陕西等地的法规直接规定了情节严重时的刑事责任。例如,《江苏省老年人权益保障条例》第49条规定:“暴力干涉老年人婚姻自由或者对老年人负有赡养义务、扶养义务而拒绝赡养、扶养,情节严重构成犯罪的,依法追究刑事责任。”而湖北、山东、黑龙江等地则分情形对此进行规定,《山东省老年人权益保障条例》第29条规定:“违反本条例,干涉老年人婚姻自由,或者因老年人婚姻关系变化而拒不履行赡养义务的,由赡养人所在单位或者村(居)民委员会对其进行批评教育,责令改正;情节严重构成犯罪的,依法追究刑事责任。”

二、关于侵犯老年人财产权的法律责任

北京、黑龙江、山东、陕西、云南、河南、上海等地规定主要围绕侵犯老年人房产所有权和房屋使用权的行为展开。在侵害人未经老年人同意,改变老年人的房屋产权关系、房屋租赁关系或者更改户主、迁入户口的,老年人投诉后,房屋土地管理部门、公安部门应当及时依法处理,而侵害人也将为其侵权行为承担相应的法律责任。例如,《山东省老年人权益保障条例》第28条规定:“违反本条例,侵占老年人住房的,由人民法院依法强制迁出;擅自改变老年人住房产权或者租赁关系的,由房产管理部门或者人民法院依法裁决恢复老年人的产权或者租赁关系,并追偿给老年人造成的损失。未经老年人同意,房产管理部门工作人员擅自办理变更老年人住房产权或者租赁关系手续的,对负有直接责任人员给予行政处分;造成严重后果或者有徇私舞弊行为构成犯罪的,依法追究刑事责任。”云南省还规定:“任何单位、个人侵占、挪用、虚报、冒领养老金、医疗保险费的,依法追回;有违法所得的,没收违法所得,将其并入养老保险基金、医疗保险基金;尚不构成犯罪的,对单位直接负责的主管人员和其他直接责任人员依法给予行政处分和行政处罚;构成犯罪的,依法追究刑事责任。”湖北省规定:“家庭成员抢夺、勒索或以其他方式侵占老年人财产,情节较轻的,由公安机关依照《中华人民共和国治安管理处罚法》处罚;构成犯罪的,依法追究刑事责任。”河南省的规定更倾向于救济途径:“违反本条例第14条、第15条、第16条、第21条之规定,侵害老年人合法的财产所有权、知识产权以及其他财产权的,受害人可依照《治安管理处罚法》的规定向当地公安机关控告,或依照《民法通则》和《民事诉讼法》的规定向人民法院起诉。公安机关或人民法院应依法处理。”

三、关于有关单位或个人不履行优待义务的法律责任

甘肃、山东、安徽、青海、江西、山西、内蒙古、宁夏、海南、云南、江苏等地在立法中作了明确规定，主张责任主体在违反法律规定不向老年人提供优惠和优待服务时，由其主管部门给予批评教育，责令改正；拒不改正的，对单位负责人、直接责任人给予处理。各地立法对有关单位或个人不履行优待职责的情形，也作了细化规定。例如，按照《山西省实施〈中华人民共和国老年人权益保障法〉办法》第 32 条的规定，所谓不履行优待职责，包括以下两个方面：其一，经营管理老年福利设施的组织或者个人，未按规定为老年人提供服务；其二，有义务为老年人提供优待服务的组织或者个人，拒绝为老年人提供优待服务。

四、关于公职部门不作为的法律责任

北京、陕西、甘肃、安徽、江西、广东、西藏、辽宁、湖北、上海、江苏、长春、抚顺、昆明、乌鲁木齐、厦门等地均对公职部门不作为的法律责任作了明确规定。老年人权益保障工作涉及诸多主管部门，上述各地基本采取了统一规定的模式，明晰了主管部门及其工作人员的法律责任。其基本表述方式如下："不履行保护老年人合法权益职责的部门或者组织，由其上级主管部门责令改正。国家工作人员不履行规定的职责，致使老年人合法权益受到侵害的，由其所在组织或者上级机关责令改正，并可依法给予行政处分，构成犯罪的，依法追究刑事责任。"此外，个别省、市单独就司法机关不作为的法律责任作了规定，典型如《甘肃省实施〈中华人民共和国老年人权益保障法〉办法》第 27 条规定："人民法院、人民检察院和有关部门，对侵犯老年人合法权益的控告、检举、申诉拒绝受理，或者故意拖延不及时处理的，由其上级主管部门对直接责任者给予批评教育，责令改正；情节严重的，给予行政处分。"

各地关于法律责任一章的规定，内容基本相同。个别省份在上述四项主要责任的基础上，还规定了其他较为特殊的法律责任。如《陕西省实施〈中华人民共和国老年人权益保障法〉办法》第 42 条规定："老年人的人身和财产安全受到威胁时，可以请求公安部门或者村民委员会、居民委员会予以保护。公安部门接到请求后，应当立即采取保护措施。村民委员会、居民委

员会接到请求后，应当采取临时庇护措施。”第 50 条规定：“擅自改变公共老年福利设施用途的，由上级主管机关或者所在地人民政府责令改正。”内蒙古针对行动不便的老人，专设了上门服务的条文，行动不便的老年人因其权益受到侵害而投诉，受理部门应当及时上门调查处理。

第八节 地方立法探索与创新

很多情况下，中央立法的制定和修订需要借鉴、吸收地方立法的经验和教训，老年人权益保障立法也是如此。1996 年《老年人权益保障法》颁布实施前已经有很多地方制定了老年人权益保障地方性立法，为其制定提供了有益的经验。在老年人权益保障法制定以后，许多地方立法以其为基础，进行了地方性立法的制定或修订，并进行了诸多制度探索与创新。这些制度探索和创新应当成为修订老年人权益保障地方立法的重要参考。在诸多创新制度中，尤以精神慰藉制度、高龄津贴制度、老年就业制度以及社区养老制度最为成熟。本节将对上述四项制度进行逐一分析。

一、精神慰藉制度

在 31 个省级地方性立法中，安徽、北京、广东、黑龙江、吉林、江苏、江西、辽宁、内蒙古、宁夏、青海、山西、上海、云南、重庆、浙江等 16 部地方性法规确立了老年人精神慰藉制度，且基本都规定在家庭保障中，其核心内容为“赡养人应当在精神上慰藉老年人；老年人和赡养人分开居住的，赡养人应当经常看望和问候老年人”。人们将此形象地称为“常回家看看”。例如，《山西省实施〈中华人民共和国老年人权益保障法〉办法》第 9 条规定：“赡养人应当在精神上慰藉老年人。赡养人应当尊重老年人健康有益的生活方式，尽量满足其精神文化生活需要。与赡养人分开生活的老年人，赡养人应当经常问候、看望。”《重庆市实施〈中华人民共和国老年人权益保障法〉办法》第 11 条规定：“赡养人及其家庭成员应当关心老年人心理健康，营造和睦友爱的家庭氛围。对单独居住生活的老年人，赡养人及家庭成员应当经常看望和问候。”

精神慰藉制度的确立，将家庭伦理、道德观念付诸法律，为老年人精神权益提供法律保障，在注重老年人物质保障的同时，加强老年人精神权益的保障，体现了我国老年人权益保障立法的人文主义关怀，这是一个好的尝试。羊羔跪乳，乌鸦反哺。孝敬父母，为人之本。“孝”和“道”向来联系在一起，它不仅是一种道德要求，也可以成为一种法定义务。对老人来说，物质赡养是基础，精神赡养亦不可缺少。在物质生活可以得到基本保障的当下，在精神上关心和照顾老年人显得更具现实意义，特别是在人口流动频繁、社会道德整体滑坡的现实背景下，在法律上确立精神慰藉制度具有更为重要的意义。

然而，在实践中，“常回家看看”条款却遇到了操作上的争议。何为经常？一个月算经常还是三个月算经常？这首先是难以确定的，也是难以操作的。更为重要的是，随着社会发展、家庭结构的变化，“421”家庭模式下的子女面临着巨大的社会压力，使得许多子女囿于“没钱、没假、没精力”等现实困境而难以履行经常看望的法定义务。而将“常回家看看”条款入法意味着子女具有常回家看看的法定义务，老年人可以因自己的精神权益没有得到有效维护而寻求司法救济，但老年人通过诉讼方式保障精神权益的做法并不见得有利于老年人精神权益的实质维护。经常看望和问候唯有发自肺腑、顺心而为，方能让老人感觉到子女的爱心，家庭的温暖；如若法律强行为之，即便形式上有了问候，老年人的精神权益也未必能够获得实质保障。这也是人们对“常回家看看”条款的争议所在。但是，我们认为，“常回家看看”条款入法虽然存在上述问题，但其根本价值在于唤起年轻人对老年人精神权益照护的自觉性，指引用工单位为年轻人看望老年人创造外部条件。因此，精神慰藉制度的贯彻实施，并非一部老年人权益保障法所能解决的，还需要其他配套制度（如国家支持家庭养老制度、用工单位的休假制度）的有机配合，方能使老年人精神权益的保障落到实处。

二、高龄津贴制度

高龄津贴制度是为了解决高龄老人基本生活问题，按照“低标准、广覆盖、保基本、多层次、可持续”的总体要求，创新高龄老人福利制度模式，健全养老保障服务体系，建立保障高龄老人基本生活需求的长效制度。随着生活水平的提高、医疗技术的进步，人们的预期年龄也在逐渐提高，80 岁、90 岁甚至 100 岁的老年人将越来越多。依照我国目前定义老年人的标准（60 岁以上者），人在达到老年人后还有 20 年、30 年甚至 40 年的时间需要度过。

如此大的年龄跨度，需要将老年人权益进行类别化保障，高龄津贴制度就是类别化保障的表现形式之一。

在各地推进的老年人权益保障地方立法中，黑龙江、山东、重庆、湖南、江西、山西、内蒙古、宁夏、西藏、海南、云南、辽宁、浙江、湖北等地均确立了高龄津贴制度。例如，《湖北省实施〈中华人民共和国老年人权益保障法〉办法》第33条规定："对一百周岁以上的高龄老人，由县、市（区）人民政府给予特殊生活照顾，按月发给不低于100元的长寿保健费和生活补助费，并组织有关医疗机构定期为其提供无偿的医疗保健服务。"《重庆市实施〈中华人民共和国老年人权益保障法〉办法》第24条规定："农村70周岁以上的老年人不承担按人头负担的集资。乡（民族乡、镇）人民政府可以根据本地经济发展状况，对农村70周岁以上的老年人发放敬老优待补贴，敬老优待补贴纳入本级财政计划，敬老优待补贴标准由区、县（自治县、市）人民政府确定。"第25条规定："对一百周岁以上老年人，由区、县（自治县、市）人民政府按月发给营养补助费。"

按照各地实践，高龄津贴原则上按照各地低保标准、补助水平和发放对象的年龄实行分类、分档发放，并随当地经济社会发展、群众生活水平的提高和低保标准变动情况适时进行调整。毫无疑问，在人口基数大、高龄老人多、人口老化速率快的现实国情下，借鉴积极人口老龄化的国际经验，对高龄老人实施特别照顾，建立、保障高龄津贴制度具有重要的时代价值。

三、老年就业制度

老年就业制度既是老龄人力资源再利用的重要举措，也是"健康、参与、保障"积极人口老龄化国际政策的重要内容。依照老年社会学的一般理论，人在进入老年后最大的问题一是体现在体力上的弱化，二是体现在心理上的被疏远感。对于体力上弱化是老化规律使然，它是不可避免的，也是难以解决的。而对于心理上的被疏远感却可以通过创造条件使老年人继续融入社会而加以解决，老年就业即是老年人继续融入社会的一种重要途径。

就现有地方立法而言，北京、甘肃、湖北、吉林、上海、云南、江苏、陕西、重庆等地就此作了明确规定。其中，概括性规定如《重庆市实施〈中华人民共和国老年人权益保障法〉办法》第21条："各级人民政府应加强老年人才资源的开发，支持和鼓励老年人利用知识、技术，参与经济活动或社会公益事业。提倡和支持老年科技专家到农村开展科技扶贫或到企业开展技术咨询和技术培训工作。”而例示性规定如《湖北省实施〈中华人民共和国老年人权益保障法〉办法》第35、36、37条，其内容有：“各级人民政府、企业事业单位和老年人所在组织应重视、珍惜老年人才资源，发挥老年人的特长和作用。鼓励老年人参与社会主义物质文明建设和精神文明建设，老年人在自愿和量力的情况下依法从事下列活动，有关部门和单位应给予支持：(一)兴办老年产业和社会公益事业，参与科技产品开发和应用；(二)传授科技、文化知识、提供咨询信息服务；(三)对青少年和儿童进行社会主义、爱国主义和艰苦奋斗优良传统教育；(四)著书立说、修史编志；(五)参与维护社会治安，调解民事纠纷；(六)参加其他有益的社会活动。老年人参加劳动的合法收入受法律保护。”从上述规定可知，地方立法已经认清了老年人力资源对社会建设与发展的重要意义，也已采取了相应的措施，在改变以往消极应对老龄化观念的同时，创造条件，激励老年人参与社会发展。

然而，我们也应该注意到，老年人就业有其特殊性。在老年人人力资源开发中，政府应该尊重老年人的选择，为其营造健康、自由的择业环境，建立健全老年人就业保障机制。结合现有地方立法实践，健全的老年人就业保障机制应当包括如下内容：(1)建立相应的信息库，搭建好用人单位与老年人之间的桥梁。(2)根据老年群体的特点，实行有针对性的人力资源开发。例如，个别省、市有例示性岗位，大体可分为智力型岗、经验型岗、技术型岗等。(3)依托社区和家庭，激发老年人再就业的热情。对于老年人力开发，老年就业热情是关键。为此，应当依托家庭和社区的推动，激发老年人再就业的热情。

四、社区养老制度

建立“以家庭服务保障为基础，社区照顾为依托，机构供养为补充”的养老保障模式，是整合家庭、社会和国家养老资源，使之发挥最大组合效用的有效途径。

个别省、市的老年人权益保障立法对社区养老作了明确规定。《北京市老年人权益保障条例》提出了社区养老的理念，并就社区养老作了原则性的规定。该条例第33条规定：“社区服务中心应当设置适应老年人需要的生活服务、疾病护理等服务项目。”《江苏省老年人权益保障条例》对社区养老规定得较为成熟。该条例第32条明确规定:“县级以上地方人民政府应当制定基本养老服务体系建设规划,将老年服务设施建设纳入城乡规划,加强老年服务设施建设,建立居家养老、社区服务、机构养老相结合的基本养老服务体系,制定引导和支持养老服务业发展的政策,扶持老年服务产业发展。”第33条规定:“县(市、区)、乡镇人民政府、街道办事处应当加强社区居家养老服务设施和网点建设,为居家老年人提供托养、照料、护理、精神慰藉等服务。”

社区养老作为养老社会化的重要内容,符合“在地老化”的人性化养老理念,在家庭养老功能式微的现实养老背景下,对于老年人权益保障具有重要意义。修订老年人权益保障法,应当借鉴吸收地方立法中社区养老的经验,尤其要注重社区养老机构及其工作人员的促进、规范和治理,在拓宽养老途径的同时,保证养老服务的质量。

结　语

在我国现行立法体制下,老年人权益保障地方立法在两个层级上展开。我国除港、澳、台地区外,31个省、自治区、直辖市均有老年人权益保障地方立法颁布并实施。也有不少较大的市制定了老年人权益保障地方性法规。有些地方还对制定的老年人权益保障立法进行过修改。总体上看,老年人权益保障地方立法从最早1988年颁布《河北省老年人保护条例》到2011年《江苏省老年人权益保障条例》的颁布,时间跨度很大,形式上也存在较大差别。这种差别不只体现在立法名称上,还体现在立法结构上。省级地方立法在名称上主要有“老年人保护条例”“老年人权益保障条例”“老年人合法权益保障条例”“保护老年人合法权益的规定”“保护老年人合法权益条例”等差别。这些地方性法规名称上都表现为“动宾(或宾动)短语+规范定位”模式。立法结构方面的差异主要表现在框架结构和章节名称上。有的地方性法规在框架结构上分章,但也有的不分章。有的还体现了本地方的地域特色,如新疆将“老年人的基本权益和义务”单独成章予以规定。另外,在法律条文数量上也有差异,条文最多的有53条,条文最少的仅有18个条款。

老年人权益保障地方立法的总则部分主要包括立法目的、立法依据、适用范围、老年人定义、老年人合法权益、责任主体、舆论引导教育、老年人节、主管部门、表彰奖励、权益保障原则、老龄事业规划、老年人义务等内容。老年人权益保障地方立法的目的是为了落实宪法"尊重和保障人权"理念,将老年人权益保障制度化。在31个省级地方立法中,仅有吉林、陕西、宁夏、上海四地就老年人权益保障地方立法的适用范围作了规定,其他省、市均没有涉及该项内容。另外,在对老年人内涵的立法界定、老年人权益的内容方面都有明确规定。在承担责任主体上,规定的责任主体范围很广,各地依其实际情况在具体规定上略有差异。同时,还在舆论引导教育、老年人专有节日设定、主管部门、表彰奖励、老龄事业规划、老年人义务等方面作出了具体规定,一些地方的老年人权益保障立法特色突出。就共性而言,地方立法的附则规定了施行日期,少数地方还规定了解释机关,有的地方还规定了法规的适用范围,并就子女一词的指称对象范围作了补充说明。

地方的老年人权益保障立法是比较成功的地方立法之一,它们对老年人权益保障的各个环节上的制度建构都进行了有益的探索。一是在家庭保障方面,主要涉及赡养者义务、赡养协议、遗赠扶养协议、老年人财产权、老年人人身权等五个方面。各地立法对诸如家庭保障中的义务主体、义务内容、不作为义务、履行义务方式、赡养协议、遗赠扶养协议、老年人财产权和人身权等事项都有明确规定,通过地方立法方式有力保障了老年人合法权益。二是在社会保障方面,除社会保障总体要求外,主要是养老保险和医疗保险。各地方在坚持社会保障总体要求基础上,注重对养老保险制度进行探索。但也有个别地方在立法中只是笼统地规定建立和完善城乡养老保险制度,尚缺乏具体的制度设计。在医疗保险制度上,大部分地方性法规均规定要制定实施医疗保险制度,保障老年人基本医疗需求。三是在社会照料方面,适应养老服务专业化的发展要求,各地均通过具体规定进行养老服务社会化的尝试。与社会照料针对所有老年人不同,社会救助针对老年人群体中的弱势群体,对于保障弱势老年人的基本生活意义重大。对于社会照料,仅有部分地方立法有所涉及,但内容零散、体系性不强。四是在社会救助方面,各地对老年社会救助也作了明确规定,主要涉及救助对象、救助方式等内容。五是在社会优待方面,有的地方将社会优待单独成章予以规定,云南、黑龙江等16省、市出台了这方面的专项规定,融入了尊老、爱老等传统中国养老文化要素。六是在社会参与方面,除天津、山西、青海、宁夏、太原五地外,各地老年人权益保障地方立法均规定了全社会应当尊重、珍视老年人的知识、技能、经验，鼓励支持老年人根据社会需要在自愿和量力而行基础上继续为社会服务，以此丰富老年人的社会生活，减轻子女照料上的压力。七是在法律责任方面，主要基于作为和不作为两种行为作出规定。各地对侵犯老年人人身权、财产权的法律责任、有关单位或个人不履行优待义务的法律责任、公职部门不作为的法律责任等都作出了具体规定。有些地方在上述主要责任基础上，还规定了其他较为特殊的法律责任。

修改老年人权益保障法，完善老年人权益保障法律制度，应当吸收地方立法经验，正视地方立法不足。老年人权益保障的全国性立法需要最大限度地吸收借鉴各地方的立法经验和教训。在1996年《老年人权益保障法》出台前，很多地方就制定了老年人权益保障方面的地方性立法，一些地方的老年立法特色鲜明，实施效果也比较明显，这为老年人权益保障全国立法提供了很好的支撑。近些年来，一些地方不断出台相关老年社会政策，推进老年人权益保障制度和实践创新，一些好的做法也通过修改老年人权益保障地方性法规逐步规范化、制度化。在地方立法创新制度中，精神慰藉、高龄津贴、老年就业、社区养老等比较成熟的制度获得了良好的社会效果。地方立法上的制度探索和实践创新，是难得的全国立法和修法的参考。

第四章

老年人权益保障关联法律研究

1996年颁布实施的《中华人民共和国老年人权益保障法》以及与老年人权益保障相关的立法在保障老年人合法权益，促进老龄事业发展，弘扬中华民族敬老、养老、助老、爱老等美德方面发挥了重要的作用。但随着我国经济社会的发展、老龄化程度的加剧，老年人的权益保障出现了一些新情况、新问题，现有的法律法规已经无法有效应对日益加剧的老龄化带来的社会问题。修改老年人权益保障的基础法律——《中华人民共和国老年人权益保障法》的若干规定，是解决人口老龄化带来的新问题、应对老龄社会的必由之路。老年人权益保障法制体系由老年人权益保障专门法和老年人权益保障关联立法构成，修改老年人权益保障法离不开对关联立法的关注和研究。如老年人权益保障立法中对于老年人家庭保护、社会保障、社会福利、社会救济等方面的规定会涉及公法如宪法、行政法、诉讼法，民法如婚姻法、继承法，社会法如社会保障法、志愿服务法等方面的规定，有时甚至会存在法律规定之间相矛盾甚至冲突的地方，可以说，能够处理好这些法律规范与老年人权益保障立法之间的关联关系，直接影响着老年人权益保障法的修改以及后续的切实实施。因此，老年人权益保障法要实现维护老年人权益，发展老年事业的目的与宗旨，就必须在修改时遵守社会主义法制体系统一的原则，注重同关联法制的协调与统一，即既不能违背其上位法的基本原则和精神,而且还要与其基础法制以及同位法之间保持协调一致,以确保老年人权益保障法的顺利实施。老年人权益保障法关联法制的研究,对于修订老年人权益保障法、更好地维护老年人合法权益具有重要意义。

第一节　老年人权益保障法与公法的关联

公法是调整国家权力与公民权利法律关系的系列法律规范的统称。老年人权益保障法围绕老龄社会应对、老年人权益保护、发展老年事业而展开,通过各项规定明确家庭、国家、社会在老年人权益保障中的作用,切实维护老年人的合法权益。公法既明确老年人权利,又规范国家、政府、社会、公民个人的责任,可以说,公法在老年人权益保障法制体系中居于核心地位。

老年人权益保障的价值基础与制度渊源非宪法莫属。老年人是社会弱势群体,其权利保护既有普遍性,也有特殊性。宪法中关于一般权利的规定以及关于社会弱势群体的规定对于老年人权益保障同时适用。与之相对应,相关主体如国家、政府、社会等应当承担宪法规定的各种责任以确保老年人权益的有效实现。老年人合法权益的维护需要行政主体在履行公共服务职能时重视对我国老龄化社会现状及老龄相关事业的重视。其中既包括政府的服务责任,也包括政府对社会主体的监管责任。所有这些问题,都与行政法制有所关联。此外,刑法通过对严重侵犯老年人合法权益的犯罪行为加以刑罚的方式对老年人的合法权益予以维护,同样与老年人权益保障法相互关联。同理,对于各责任主体的责任监督和责任追究方面的法律救济制度也不例外。加强老年人权益保障法制与公法的关联研究,对于改变其与公法部门法衔接不畅的局面,形成完整的维护老年人合法权益的体系具有重要意义。

一、宪法

宪法在内容上规定国家最根本、最重要的和最基本的各项制度和政策,在地位上,宪法在整个法律体系中居于最高的地位;在效力上,宪法具有最高的法律效力,是其他法律立法的依据,其他的一切法律都不能同宪法相抵触。因此,作为社会法之一的老年人权益保障法在修改的过程中也必须以宪法为基础,其修改的整个过程都要符合宪法的有关规定而不得同宪法相抵触，否则将归于无效。

宪法的核心价值在于保障公民权利。列宁曾经指出："宪法就是一张写着人民权利的纸。"[①]我国也于2004年将尊重和保障人权写入宪法。这说明宪法作为国家最高法和根本法，始终需要注重对于公民权利的保障。宪法对于公民权利的保障应首先注重对于弱势群体权利的保护，弱势群体的宪法地位可以作为宪法进步与否的标志之一。[②] 老年人因其身体机能下降、智力、体力弱等因素，成为了社会弱势群体的一部分，需要得到宪法的保护。一方面，宪法通过其具体规定为老年人权益保障法的修改提供了立法的根本依据和基本价值理念；另一方面，老年人权益保障法修改和实施可以将宪法的原则性规定予以具体落实，以法律的形态来维护老年人的合法权益，从而真正达到维护老年人合法社会权益和维护宪法权威的双赢目的。老年人权益保障法围绕老龄社会应对，老年人权益保护，发展老年事业而展开，通过各项规定明确家庭、政府、国家、社会在老年人权益保障中的作用，切实维护老年人的合法权益，确保老年人"老有所养，老有所医，老有所教，老有所学，老有所为，老有所乐"真正成为现实。老年人权益保障法是将宪法所规定的原则和规则具体化的法律，宪法中的许多规定是制定老年人权益保障法的立法依据。

老年人的合法权益一般可以分为婚姻家庭方面的权利（享受家庭扶养与赡养的权利、财产权、继承权、婚姻自由权等）、获得生活保障的权利（享受社会福利的权利、获得生活保障和医疗保障的权利、文化教育权等）以及参与社会发展（政治、经济、社会参与等权利）的权利。宪法在上述权益方面都有相应的规定。老年人作为社会群体的一部分，具有双重身份；既是公民，也是社会弱势群体。因此，对其权利保护，既有普遍性，也有特殊性。宪法中关于一般权利的规定以及关于社会弱势群体的规定对于老年人权益保障同时适用，老年人权益保障法的修改要以宪法的规定为前提和基础。宪法中涉及老年人权益的相关规定，有一般性的普适的规定，也有专门针对老年人等弱势群体的规定，充分体现了宪法维护和保障人权的价值（见表4-1）。

---

① 《列宁全集》第12卷，人民出版社1987年版，第50页。

② 参见杨海坤、曹达全：《弱势群体的宪法地位研究》，载"法律教育网"：http://www.chinalawedu.com/news/16900/171/2007/9/zh663416116131970021456-0.htm. 访问日期为2012年7月16日。

老年人权益保障法在修改时一定要与宪法的规定相符合，不能背离宪法的现有规定，而要在立足宪法规定的基础上加以内容上的丰富和完善，以作出适应我国老龄化社会现状的立法修改。

表 4-1　《宪法》中关于老年人权益的相关规定

婚姻家庭权	第 13 条：公民的合法的私有财产不受侵犯。 国家依照法律规定保护公民的私有财产权和继承权。国家为了公共利益的需要，可以依照法律规定对公民的私有财产实行征收或者征用并给予补偿。（财产权和继承权） 第 49 条第 3 款：父母有抚养教育未成年子女的义务，成年子女有赡养扶助父母的义务。（享受家庭赡养与扶养的权利） 第 49 条第 4 款：禁止破坏婚姻自由，禁止虐待老人、妇女和儿童。（婚姻自由权、人身权）
获得生活保障权	第 22 条：国家发展为人民服务、为社会主义服务的文学艺术事业、新闻广播电视事业、出版发行事业、图书馆博物馆文化馆和其他文化事业，开展群众性的文化活动。（文化教育权） 第 42 条第 2 款：国家通过各种途径，创造劳动就业条件，加强劳动保护，改善劳动条件，并在发展生产的基础上，提高劳动报酬和福利待遇。（享受社会福利的权利） 第 45 条第 1 款：中华人民共和国公民在年老、疾病或者丧失劳动能力的情况下，有从国家和社会获得物质帮助的权利。国家发展为公民享受这些权利所需要的社会保险、社会救济和医疗卫生事业。（生活保障权和医疗保障权） 第 46 条：中华人民共和国公民有受教育的权利和义务。（文化教育权）
参与社会发展	第 34 条：中华人民共和国年满十八周岁的公民，不分民族、种族、性别、职业、家庭出身、宗教信仰、教育程度、财产状况、居住期限，都有选举权和被选举权；但是依照法律被剥夺政治权利的人除外。 第 35 条：中华人民共和国公民有言论、出版、集会、结社、游行、示威的自由。

二、行政法

由于调整对象的特殊性和调整内容的系统性，行政法在我国法律体系中占有十分重要的地位。一般行政法是指调整行政关系的、规范和控制行政权的法律规范系统。[①] 所谓行政关系，一般是指作为行政主体的行政机关和法律、法规授权的组织，因行使行政职权或接受法制监督而与外部国家机关、组织，个人发生的各种关系以及行政主体内部相互之间所发生的关系。行政权是指宪法和行政组织法授予行政主体执行国家法律、政策，管理国家内政、外交事务的国家权力。从定义中可以看出，行政法主要是规制行政主体与行政相对人之间，行政主体与外部国家机关之间以及行政机关内部之间的关系，行政主体是整个行政法调控的重点。这是行政法通过监督行政权力来规制行政主体权力，以保护公民权利，保护行政相对人的合法权益；通过保障行政机关有效行使职权来保证行政效率的重要实现途径。行政法可以保证行政主体有效地对社会实施管理（包括经济调节、市场监管、社会管理、公共服务等），保证国家法律、政策确立的管理目标的实现，促进社会、经济文化的发展；控制和规范行政权力，防止行政主体滥用职权，维护国家、社会公益和保护公民、法人和其他组织的合法权益。

老年人权益保障法属于社会法范畴，具有权利法、政策法和责任法等特征。[②] 老年人权益保障法的权利法、责任法特征说明老年人合法权益的维护需要行政主体承担相应的职责，履行应尽的责任，需要行政主体在履行公共服务职能时重视对我国老龄化社会现状及老龄相关事业的重视。在我国目前的政治体制下，行政主体在社会管理以及公共服务方面仍然承担着主要的职责，而且很多立法中也明确规定了政府的责任。老年人权益保障立法也不例外。在山东大学老年人权益保障立法研究课题组起草的《老年人权益保障法修订草案（专家试拟稿）》（以下简称《专家试拟稿》）中，关于政府责任的规定，贯穿于老年人权益保障立法的始终。《专家试拟稿》中关于政府责任的规定，除在家庭保护一章中没有之外，其余每章都有关于政府责任的规定。按照行政主体层级划分，专家稿既有关于中央政府的责任规定，也有

---

① 参见姜明安：《行政法与行政诉讼法》，北京大学出版社、高等教育出版社 2008 年版，第 18 页。

② 参见肖金明：《关于老年人权益保障立法的若干问题》，载《中国法律》2011 年第 6 期。

地方各级人民政府的责任规定。如第 6 条的规定。[①] 按照广义的社会保障的划分，既有关于社会保险、社会照料方面政府责任的规定，也有社会优待、社会救助方面的规定，还有关于政府在老年人社会福利设施以及社会参与方面中责任的规定。总之，按照《专家试拟稿》的规定，中央和地方各级人民政府在老年人权益保障方面不仅责任大而重，而且任务多而繁，主要有政策扶持、财政支持、监督管理、制度供给、执行实施等等。由此而知，政府需要在老年人权益保障方面发挥重要作用。既要加强老年事业规划和管理，还要注重对于老年事业的财政投入；既要出台相关政策保障老年人的基本权益，又要注重老年人日益增长的对于社会参与的需求；既要根据经济的发展现状确定社会保险、社会福利、社会救助的制度与标准，又要注重扶持和发挥家庭以及社会组织等机构在老龄化应对中的贡献。

《专家试拟稿》对于政府责任相对较多的规定，说明在现阶段政府在老龄社会应对方面仍然不可或缺。虽然社会管理领域存在着去行政化、社会管理社会化等趋势，但在目前，政府仍然居于社会管理的主导地位，在老年人权益保障方面注重政府作用的发挥无疑是应对老龄社会的重要途径。《专家试拟稿》对于政府责任的规定很多，但仅限于统领式以及概括式的规定，至于政府在实践中如何具体实施老年人权益保障的相关政策以及相关措施，还需要遵守行政法的相关规定，即行政主体既要遵守《专家试拟稿》的规定，也要遵守行政法理论的一般原理以及在行政方式中遵守行政指导、行政救助、行政许可、行政规划等的相关规定。

(一)行政许可

我国于 2003 年通过并于 2004 年施行了《中华人民共和国行政许可法》(以下简称《行政许可法》)，该法在规范内容具有一定的广泛性，对核准、认可、登记等形态作出了相应的规定，按照《行政许可法》第 2 条的规定，行政许可是指行政机关根据公民、法人或者其他组织的申请，经依法审查，准予其从事特定活动的行为。行政许可作为一种制度，是国家行政管理的重要

---

① 《专家试拟稿》第 6 条“政府职责”规定，国务院和地方(县级以上)各级人民政府应当将老龄事业纳入国民经济和社会发展规划，制定老龄事业发展专门规划，使老龄事业与经济、社会协调发展。国务院和地方(县级以上)各级人民政府应当将老龄事业经费列入财政预算。国务院和地方(县级以上)各级人民政府设立老龄工作机构，负责组织、协调、指导、检查、督促有关部门做好老年人权益保障工作。国务院和地方(县级以上)各级人民政府及其有关部门应当按照各自职责，依法保障老年人的权益。

手段之一，它将所有涉及社会公共安全、经济秩序以及公民权益的活动纳入国家统一管理体系，有利于国家加强对经济活动的宏观调控，维护社会正常经济秩序及生活秩序，也有利于保护和合理利用有限的社会、经济资源，促进资源利用的最大化。行政许可法通过对行政许可设定权、实施机关、实施程序乃至费用、监督检查等制度和措施的全方面规定，为行政主体依法、合理地行使行政许可提供了坚实的法律和制度保障。

《专家试拟稿》第68条规定，社会养老服务机构人员应当符合相关标准，社会养老服务机构应当加强对从事社会养老服务人员的职业教育和培训。第76条规定，老年人可以依法成立自我服务的社会组织，有组织地参与社会活动，开展自我服务。养老服务设施应当符合国家或者部门标准，社会养老服务设施标准由国务院有关部门制定。社会养老服务机构应当符合规定的条件，依法进行登记，具体条件由国务院有关部门制定。从以上规定可以看出，我国《专家试拟稿》规定老年人组织的成立、社会养老服务设施的建设以及社会养老机构服务人员的从业必须要符合相应的标准和条件。而这些标准和条件的设立以及审查批准等都需要依据行政许可的相关规定，因此，关于老年人组织成立、社会养老服务设施构建以及其服务人员的职业资格准入标准等立法的规定以及实施要以行政许可法为前提和基础。

老年人组织[①]是以老年人为主体，老年人自我服务、自我教育、自我管理、自我监督的群众组织，是联系社会和老年群体的桥梁和纽带。老年人组织对于深入推进老年人权益保障、促进老龄工作跨越发展有着十分重要的意义。老年人组织属于社会团体，应当合法设立。老年人组织在登记成立时设立主体需要向行政主体提出申请，由行政机关相关负责部门根据其申请，通过颁发执照的形式，依法赋予其从事某种活动、实施某种行为的权利和资格，老年人组织的登记成立属于行政许可法所规定的行政许可事项。目前，对社会团体的登记管理方面的规定仅有国务院1998年颁布实施的《社会团体登记管理条例》，其对社会团体的成立条件、主管部门、管辖、成立、变更和注销、监督管理和罚则等进行了系统规定。老年人组织属于社会团体，自然需要遵守《社会团体登记管理条例》的规定，也只有在符合法律规定的条件下成立的组织才能正常地开展组织活动，扩大组织的社会影响，实

① 此处老年人组织仅指由老年人组成的民间组织。

现组织成立时的目的和宗旨。我国《社会团体登记管理条例》第 10 条[①]对于社会团体成立的条件在会员数量、组织机构、住所、人员、经费、独立承担民事责任以及名称等方面作了规定。但是若要严格按照《社会团体登记管理条例》要求，必须要有 3 万元的注册资金才能在民政部门登记，以现有老年人组织的财务状况很难跨越这道门槛。即使老年人组织都有乡镇人民政府或街道居委会批准成立的文件，多数的老年人组织也无法在民政部门登记或备案，这样不仅阻碍了老年人组织作用的发挥，同当今的社会发展状况及需要不相适应，还容易致使对老年人组织的管理体制不顺畅。因此，在老年人组织的登记管理方面可以考虑适当放宽其准入标准，或者说允许老年人组织仅需到民政部门登记备案即可开展活动，以促进老年事业的发展。

针对不断走强的社会老龄化的趋势，需要注重社会力量的引入，包括社会养老事业和产业的发展等，以更好地实现老年人权益的维护。社会养老事业及产业的发展不仅需要政府在政策、财政等方面给予支持，还需要设立严格的标准和准入程序，加强资格审批和考察，以保证社会养老服务机构、社会养老服务设施以及社会养老服务机构从业人员能够真正符合社会养老的标准和要求。当然，严格按照硬性规定也会在一定程度上阻碍一些公益事业的发展，再加之我国目前的养老负担重，社会养老尚未形成体系等现状，可以在加强社会养老机构、设施等事前指导和事后监管的基础上适当放宽其准入门槛，以鼓励更多的社会力量加入到老龄化应对的队伍中去，循序渐进地促进社会养老事业和产业的发展。

（二）行政给付

伴随着西方国家福利改革和行政国家的扩张背景，给付行政的内容已经逐渐成为现代行政法的重要内容。作为一内容庞杂的领域，给付行政包含诸多具体内容。从广义上讲，行政给付亦称“给付行政”，包括供给行政、

---

① 《社会团体登记管理条例》第 10 条规定：“成立社会团体，应当具备下列条件：(一)有五十个以上的个人会员或者三十个以上的单位会员；个人会员、单位会员混合组成的，会员总数不得少于五十个。(二)有规范的名称和相应的组织机构。(三)有固定的住所。(四)有与其业务活动相适应的专职工作人员。(五)有合法的资产和经费来源，全国性的社会团体有十万元以上活动资金，地方性的社会团体和跨行政区域的社会团体有三万元以上活动资金。(六)有独立承担民事责任的能力。社会团体的名称应当符合法律、法规的规定，不得违背社会道德风尚。社会团体的名称应当与其业务范围、成员分布、活动地域相一致，准确反映其特征。全国性的社会团体的名称冠以‘中国’、‘全国’、‘中华’等字样的，应当按照国家有关规定经过批准，地方性的社会团体的名称不得冠以‘中国’、‘全国’、‘中华’等字样。”

社会保障行政、财政资助行政。[①] 而我国行政法学届对行政给付的研究主要是从狭义上展开，一般行政给付仅限于行政物质帮助，故行政给付又称“行政救助”或“行政物质帮助”，是指行政机关对公民在年老、疾病、丧失劳动能力或其他情况下，依照有关法律、法规的规定，赋予其一定的物质权益或与物质有关权益的具体行政行为，包括发放抚恤金、特定人员的离退休金、社会救济和福利金、自然灾害救济金及救济物资。[②] 行政给付是授益性行政行为，可以赋予特定的行政相对人一定的物质权益或者是与物质权益有关的权益，行政给付的实施对于增强政府公共服务能力、保障行政相对人的合法权益均具有重要的意义。从行政给付的一般定义可以看出，老年人群体是行政机关进行行政救助的对象之一。《专家试拟稿》第六章规定了行政机关对于老年人进行救助的六种情形，包括生活救助、流浪老年人救助、住房救助、医疗救助、减免费用以及特别救助。立法明确了民政、公安等政府部门对于符合条件的老年人群体进行救助的义务。立法对于政府机关行政给付义务的规定对于老龄化趋势不断增强的情况下贫困老年人群体过上享有尊严和人格的生活具有极其重要的意义。因此，对于关涉老年人群体的行政给付能否很好地展开，直接关系到我国老龄社会的应对，关系到行政法所保护和追求的国家和社会公共利益能否实现，关系到我国民众能否真正地享受人权。所以，需要严格按照行政给付的相关法律规定实施行政给付，以确保行政给付真正发挥其应有的作用。

我国目前没有关于行政给付的统一性立法，关于其规定散见于一些专门性立法之中。我国关于行政给付的法律、法规主要有《残疾人保障法》《城市最低生活保障条例》《法律援助条例》《农村五保供养工作条例》《军人抚恤优待条例》《城市流浪乞讨人员救助管理办法》等等。这些法律法规对于行政救助的救助对象、救助标准、资金来源和相应的申请程序等都作了明确规定，从而使符合不同条件的行政救济对象都可以获得行政救助，以保障其基本的生存权利。我国关于老年人群体的行政救助除了老年人权益保障法有概括性规定之外，目前还没有专门的针对老年人群体的行政救助方面的具体法律法规及其实施细则。因此，在对老年人群体实施行政救助时，首先要

① 参见[日]南博方：《日本行政法》，杨建顺、周作彩译，中国人民大学出版社 1988 年版，第 29～30 页。

② 参见席能：《行政救助法治化研究综述》，载《河南社会科学》2010 年第 6 期。

按照老年人的职业、户籍等将其分类,然后按照老年人分类后所属群体的相应法律法规的具体规定,对老年人群体实施行政救助。我国现在老年人行政救助立法仍处于缺位状态,关于老年人的行政救助仍需以现存的行政救助方面的法律法规为主要依据来实施。

(三)行政规划

在现代社会,国家活动范围的不断扩张、行政使命的急速扩大、可供使用的资源和资金的短缺以及多元社会中不同利益的发展,客观上要求行政主体针对具体情况,明确提出未来的构想,并有计划地、综合地推进为实现相应目标所需的各种行政政策及公共事业。行政规划正是这样一种重要的综合性行政手段,合理科学的行政规划不仅可以明确各行政主体的共同目标,促使资源利用效率的最大化,而且可以在其拟定过程中广泛征求意见,集思广益,从而有利于规划的正确制定以及实施执行。① 在现代国家,行政规划不仅被运用于国家和社会公共事务管理中,而且还被广泛应用于经济、社会、文化、产业等各个领域,可以说,规划行政的展开使规划这种手段几乎运用于所有行政领域。在我国,行政规划也经历一个逐步发展和演变的过程:由单纯的经济计划演变成国家经济和社会发展计划,由单纯的短期规划转变成与中长期规划相结合,由全国统一的中长期规划演变成中央与地方规划并存,综合性规划与行业规划、专项规划并存。② 我国的行政规划不断走向成熟,对于科学合理地实施行政具有重要意义。

中国人口老龄化程度的不断加深,已成为影响中国当前及未来社会经济发展的大问题。面对我国人口老龄化的严重趋势,探讨具有中国特色的养老方式,解决好老年人养老问题,是极为重要的。如何解决好老年人的问题,它涉及社会生活诸多方面问题。而如何协调好老龄社会应对所涉社会生活诸多方面的问题,就需要科学合理的行政规划作用的发挥。关于我国老龄社会的应对,在国家的基本规划"十一五"规划、"十二五"规划以及老龄事业基本规划《中国老龄事业发展"十一五"规划》《中国老龄事业发展"十二五"规划》等规划中都有涉及。这些,则需要进一步细化我国关涉老龄事业的目标和举措,通过各种地方规划、中长期规划、综合规划、专业规划等行政

---

① 参见周佑勇、王青斌:《论行政规划》,载《中南民族大学学报(人文社会科学版)》2005年第1期。

② 参见姜明安:《行政法与行政诉讼法》,北京大学出版社、高等教育出版社2008年版,第300页。

规划手段来具体实现老龄社会的应对。《专家试拟稿》第6条第1款规定，国务院和地方(县级以上)各级人民政府应当将老龄事业纳入国民经济和社会发展规划，制定老龄事业发展专门规划，使老龄事业与经济、社会协调发展。这就从法律的层面对于老龄事业的行政规划作出了要求。虽然我国关于行政规划尚没有全国性的立法，但已有许多关于专项规划的法律规定，如《中华人民共和国城乡规划法》《规划环境影响评价条例》等，再加之在长期的实践过程中形成了关于行政规划拟定、确定、救济以及程序性控制的基本方法，这对于制定应对我国老龄事业的行政规划具有重要指导意义。

为适应老龄化社会发展的需要，必须积极调整经济社会结构，做好老龄事业及产业规划工作，以适应老龄化社会应对的需要。为此，应当将老龄事业及产业纳入经济社会发展的中长期规划之中，各项社会事业的发展应当充分考虑到老龄化社会的特点，发展相应的老年项目，使老龄社会各项事业和产业得到相应的发展。在地方老龄社会应对中，应在切实贯彻国家战略意图的基础上根据各地不同的经济发展状况中和地方特定规划，要做好地方规划与国家规划提出的发展战略、主要目标和重点任务的协调。在城市建设中，特别是新区规划和旧区改造中，要重视老年住区规划(包括住区规模、住区地理和空间环境需求)和基础设施建设规划(包括建设老年医院、公寓、敬老院、老年护理院和老年活动中心、体育设施建设、普通医院中增设老年病房)等等。此外，在道路交通及绿地景观方面也要加强规划建设，同时还应根据未来我国人口老龄化程度的变化情况及时调整行政规划所定目标方向与结构，使之能与时俱进地与老年人的规模、结构及内在需求相吻合。行政机关在制定相应行政规划时还要注重对相关程序性规定的遵守，以保障制定的老龄事业行政规划能够真正发挥其应有的作用。因此，在制定老龄事业行政规划时，关于行政规划目标的确定、方案的草拟以及论证；行政规划确定的申请、公告、听证以及确定裁决等都要严格按照相应的程序进行。

(四)行政指导

行政指导是行政机关和其他行政主体在其职权、职责或管辖事务范围内，为适应复杂多样化的经济和社会管理需要，制定诱导性法律规则、政策；或者适时灵活地采取符合法律精神、原则、规则或政策的说服、劝告、协商、建议、鼓励、帮助、警示、发布信息、提供行动指南等不具有强制力的方法，谋求相对人同意或协力，引导相对人作出或不作出某种行为，以有效实现一定行政目的的一种新型行政行为。[①] 作为在政府与市场之间寻求平衡的一种制度尝试，行政指导已被我国行政实务界所广泛运用，并对社会生活产生了深刻的影响。行政指导既是现在行政法中合作、协商的民主精神发展的结果，也是市场经济发展过程中对市场调节失灵和政府干预双重缺陷的一种补救方法。通过行政指导，行政主体可以充分运用其掌握的资源，积极引导和影响相对人参与资源的合理配置，提高行政效率，促进经济与社会发展；行政指导以其制定时的公民参与、官民协商等程序，便于行政主体与其相对人在和谐互动中共同实现管理社会的目标，引导社会和谐稳定发展。

我国应对老龄社会所要发展的老年事业及产业均需要政府的行政指导。提供公共服务和公共产品本是政府的固有职能，然而由于现代经济、社会的发展，使得社会治理面临各种各样的问题，由于政府自身能力和精力有限，面对复杂多变的社会利益诉求，其往往“心有余而力不足”。为了克服政府自身能力的局限性，政府部门极力推进社会管理创新，促使社会管理由单一的政府管理模式走向社会化管理模式的转型。运用社会的力量参与社会管理并不意味着政府就可以置身事外，政府作为最主要的社会管理者，仍然有义务为社会力量参与社会管理提供政策和资源上的支持，直接或间接地引导、促进和监督社会事业持续稳定健康发展。这就需要加强政府对于社会事业发展的行政指导。我国日益加剧的老龄化趋势亟须社会力量参与的老年事业及产业的发展。老年事业及产业作为社会力量参与社会管理的典型模式当然也离不开政府的行政指导，通过政府在政策和资源上的支持，促进老年事业及产业资源利用和效益产出的最大化。《专家试拟稿》中一些政府促进条款[②]主要强调的就是政府对于老年人权益保障各层面的行政指导职能，例如政府可以通过税收减免、政策资金支持等方式来引发社会力量对于养老事业的关注，引导社会力量加大对老年事业及产业的投入，从而集合

---

① 参见上海市人民政府行政法制研究所“行政指导”课题组：《中国行政指导的实践与理论研究》(上)，载《政治与法律》2003年第3期。

② 如《专家试拟稿》第37条规定：“国家兴办公共养老设施和机构，建立健全包括居家照料、社区照料、机构照料等内容的老年人社会照料体系，鼓励和支持社会力量通过投资、经营、志愿服务等形式参与老年人社会照料服务。”第51条规定：“鼓励社会教育机构为老年人接受教育提供便利，对老年人的学习费用等实施优待。”诸如此类的鼓励社会力量参与老龄社会应对的条款，都需要政府行政指导职能的发挥。

各方力量积极地应对人口老龄化。鉴于我国目前尚没有关于行政指导的专门的法律法规，因此，行政主体在对老年事业及产业发展进行行政指导的过程中，应当基于国家的基本法律精神、原则或者政策，以其行政职能为依托，本着促进老年事业及产业发展的精神出发，按照我国相关法律规范和行政机关实施行政指导的成功实践经验对行政指导的实施条件、行为模式及法律后果等方面的规定和做法，针对复杂多变的经济和社会管理的需要，灵活地选择合适的行政指导类型，采取适当的行政指导方法，实施行政指导行为。力求通过政府以及社会力量等的多方参与来促进老年事业和产业的发展，促进我国老年人权益保障的切实实现。

三、刑法

老年人权益是老年人在家庭和社会生活中享有的一系列权益，其中涵盖老年人作为社会中的人享有的与其他人共有的权益以及他们作为弱势群体的权益。与其他法律相比，刑法更加关注的是老年人作为弱势群体应当享有的权利和应受到的特殊保护。

关于遗弃罪和虐待罪的规定是刑法对老年人的合法权益进行保护的集中体现。遗弃罪是指对于年老、年幼、患病或者其他没有独立生活能力的人，负有扶养义务而拒绝扶养，情节恶劣的行为。遗弃老年人，是指对老年人负有赡养、抚养的义务人不履行其应尽义务的违法行为。根据我国《刑法》第 261 条规定，犯遗弃罪，处五年以下有期徒刑、拘役或者管制。虐待罪是指对共同生活的家庭成员，经常以打骂、冻饿、禁闭、有病不给医治或者强迫过度劳动等方法，从肉体上和精神上进行摧残迫害，情节恶劣的行为。《刑法》第 260 条规定："虐待家庭成员，情节恶劣的，处二年以下有期徒刑、拘役或者管制。犯前款罪，致使被害人重伤、死亡的，处二年以上七年以下有期徒刑。"《专家试拟稿》第 3 条规定："老年人有从国家和社会获得物质帮助的权利，有得到社会保障、社会救助、社会照料、社会优待（以及享受公共福利设施）的权利，有参与社会发展和共享社会发展成果的权利。国家保护老年人依法享有的权益，家庭、政府和社会负有保护老年人合法权益的义务和责任。老年人合法权益不受侵害，禁止歧视、侮辱、虐待或者遗弃老年人。"可以说，这与刑法中的遗弃罪和虐待罪已经有了较好的融合，使老年人的合法权益也得到了双重保障。

刑法对老年人的保护还体现在对老年人犯罪的从宽处罚方面。从伦理角度看,“尊老敬长”是中华民族传统美德的一个重要方面,经过几千年的孕育、形成和发展,已经成为积淀在国民思想深处的一种特殊的民族情感、内化为一种根深蒂固的伦理思想和价值观念,历代相传而不衰。综观中国历代刑法立法,虽然对老年人刑事责任年龄的划分及相对刑事责任的具体规定各异,但是“老年人刑事责任”从宽的立法精神贯穿始终。《中华人民共和国刑法修正案(八)》也正是秉承着对“老年人刑事责任”从宽的立法精神,从法律层面上树立了对老年人犯罪从宽处罚的制度,主要有以下三个方面:(1)作为从轻、减轻处罚的法定量刑情节。“已满75周岁的人故意犯罪的,可以从轻或减轻处罚;过失犯罪的,应当从轻或减轻处罚。”(2)老年人不适用死刑。“审判的时候已满75周岁的人不适用死刑,但以特别残忍手段致人死亡的除外。”(3)放宽了老年人罪犯适用缓刑的条件。“对于被判处拘役、三年以下有期徒刑的犯罪分子,同时符合下列条件的,可以宣告缓刑,对其中不满18周岁的人、怀孕的妇女和已满75周岁的人,应该宣告缓刑。”这是我国刑法在对老年人权益保护上的又一大进步。刑法对老年人的这一特殊规定在《专家试拟稿》中也有所体现。

从整体上讲,我国现行的老年人权益保障法对于其与其他法律尤其是刑法当中有关保护老年人权益的规定的关系问题以及实践执行效力方面并没有明确规定,使得老年人权益保障法的可操作性较低。而我国现有保护老年人口特殊权益的立法,除《老年人权益保障法》外,多散见于其他部门法律法规之中,尚未形成完整完备的法律法规,缺乏完整性。我国的宪法、民法、婚姻法、刑法、诉讼法以及各种地方性法规对老年人口特殊权益保护的法律规定都有所体现。但这种散见式立法对保护老年人口特殊权益是极其不利的,而且这些法律法规都是在人口老龄化现象不够严重、物质条件不很充分的情况下先后颁布并实施的,随着我国社会主义市场经济体制的逐步建立,政治、经济和社会生活领域都发生了很多重大变化,出现了许多新情况、新问题,导致这些法律法规在保障老年人口特殊权益方面日渐显露其局限性。因此,可以说,在对现行的老年人权益保障法进行修订时,必须加强与其他法律的联系,改变与其他部门法衔接不畅的局面,从而形成完整的法律体系。

四、司法救济方面的法律

由于我国老年人中很大一部分维权意识差和维权能力较弱，这使得我国老年人的权益极易受到侵害。社会上存在着家庭成员歧视、侮辱、虐待、遗弃老年人，干涉老年人婚姻自由，不履行赡养义务等侵害老年人家庭权益的现象，也存在着侵犯老年人财产权益和获得相应社会保障以及社会救助等权益的现象。对这些侵犯老年人合法权益的行为，按照老年人权益保障法的规定，老年人可以求助城乡基层群众性自治组织、企业事业单位设立的人民调解委员会，可以要求相关政府部门处理，也可以向人民法院提起诉讼，请求司法救济。这里重点介绍关于老年人司法救济方面的规定。所谓司法救济，是指当宪法和法律赋予人们的基本权利遭受侵害时，人民法院应当对这种侵害行为作有效的补救，对受害人给予必要和适当的补偿，以最大限度地救济他们的生活困境和保护他们的正当权益，从而在最大程度上维护基于利益平衡的司法和谐。老年人权益受到侵害时请求司法救济是维护老年人合法权益的重要途径。老年人由于经济、认知、体质等因素存在维权能力较弱的现实，这就需要在寻求司法救济为老年人提供特殊的救济途径。我国几部关于司法救济方面的法律，如《民事诉讼法》《行政诉讼法》《刑事诉讼法》《律师法》以及《法律援助条例》，规定了对于老年人维权时的特殊照顾，这是老年人寻求司法救济，维护自身权益的切实和有效的保障(见表 4-2)。

表 4-2　　老年人权益司法救济特别规范

《民事诉讼法》	第 97 条：人民法院对下列案件，根据当事人的申请，可以裁定先予执行：(1)追索赡养费、扶养费、抚育费、抚恤金、医疗费用的；(2)追索劳动报酬的；(3)因情况紧急需要先予执行的。
《律师法》	第 41 条：公民在赡养、工伤、刑事诉讼、请求国家赔偿和请求依法发给抚恤金等方面需要获得律师帮助，但是无力支付律师费用的，可以按照国家规定获得法律援助。

续表

《法律援助条例》	第10条：公民对下列需要代理的事项，因经济困难没有委托代理人的，可以向法律援助机构申请法律援助： (1)依法请求国家赔偿的； (2)请求给予社会保险待遇或者最低生活保障待遇的； (3)请求发给抚恤金、救济金的； (4)请求给付赡养费、抚养费、扶养费的； (5)请求支付劳动报酬的； (6)主张因见义勇为行为产生的民事权益的。

从表4-2可以看出，老年人在涉及赡养费等的追索方面请求司法救济时，按照相关程序法以及法律援助条例的规定是可以获得先予执行和相应的法律援助的，这是对老年人群体司法救济程序上的优待。但行政诉讼法以及刑事诉讼法就缺少这方面的规定，而且现有涉及老年人司法救济优待的规定也仅仅关注老年人对于赡养费、抚养费的追索方面，尚不足以满足老年人维护自身权益的需要。因此，为了切实保障老年人的合法权益，在司法救济方面，不仅要要求老年人在寻求救济时遵守相关程序法的规定，还要适时针对老年人的权益维护予以修改，以为老年人寻求司法救济提供更为方便快捷的平台，更好地保障老年人的合法权益。

第二节　老年人权益保障法与民法的关联

民法是调整社会平等成员之间的人身关系和财产关系的法律规范的总称，涉及社会民事生活的方方面面，是民事主体享有权利、承担义务的基础与依据。民法亦注重对社会弱者权利的保护，民法中监护制度的设定、关于格式条款的规则、继承制度的规定等都是对社会弱者权利维护的具体体现。老年人作为社会弱势群体，其各种权益和行为除受到老年人保障法的规范之外，也受到民法的保护和调整。在经济愈发繁荣的当下社会，人与人之间的各项交往在数量与种类上也都不断增多。这一方面舒适了人们的日常生活，使人们生活更加丰富多彩；但另一方面，各式各样的欺诈、误导也随着人们交往的扩大而日益增多，其中也包括对老年人的人身权利、财产权利等方面的侵犯。这为真正实现对老年人权益的保障提出更高的要求。因而作为一种社会法，为实现对老年人权益保障的全面性，老年人权益保障法中的部分内容不可避免地需要以相关民法为基础而构建，吸收民事法律规范的相关规定，并在考虑老年人自身特点的情况下做出相应的变通与补充，包括民法基本原则、民事主体制度、民事行为制度、权利义务以及权利救济制度等。比如在老年人与其家庭成员之间关系方面，既要保证老年人自身行为的独立性，如自主处分个人财产，又要考虑到老年人自身的特殊性，对老年人给予特殊照顾，不仅老年人要对自己的生活负责，其他家庭成员也要对老年人的生活负责，如由赡养义务人给付老年人医疗费等方面。此外，由于随着年龄的增大，老年人的思维、认知、判断能力也受到影响，因此老年人的民事行为能力也需要得到合理的认定，既不能使不具备完全民事行为老年人承担超过其民事行为能力的责任，也不能使老年人的监护人以监护为名随意侵犯老年人的合法权益。

一、婚姻法

婚姻法是调整婚姻关系、亲子关系的一类法律规范。老年人的结婚、离婚现象日益增多，而这些行为对家庭关系、财产关系的影响也十分复杂，既需要适用老年人权益保障法的特殊规定，也需要适用婚姻法的相关规定[①]来为人们的行为提供指引。而婚姻法中对老年人应当特殊保护的规定也为老年人权益保障法中的相关规定预留了空间以及提供了指导，协调了两部法律之间的关系。

婚姻自由是婚姻法的基本原则。婚姻自由包括结婚自由和离婚自由，老年人有着依自己意愿选择与何人缔结婚姻以及决定婚姻状态的权利。但在日常生活中，子女干涉老年人的婚姻自由的情形也并不少见。所以《老年人权益保障法》应专门明确规定："禁止干涉老年人的婚姻自由。子女或者其他亲属不得干涉老年人离婚、再婚及婚后的生活。"使老年人的婚姻自由受到老年人权益保障法与婚姻法的双重保障，切实保护老年人的婚姻自主

---

① 《婚姻法》第 4 条、第 30 条第 2 款、第 40 条是对老年人享受家庭赡养与扶养权利的相关规定，第 5 条、第 30 条第 1 款是对老年人的婚姻自由权的相关规定，第 17 条、第 18 条、第 19 条、第 39 条、第 41 条是对老年人财产权的相关规定，第 13 条、第 24 条是对老年人继承权的相关规定。

权利。但老年人在行使婚姻自主权利时，必须遵守婚姻法的各项形式、实质规定，比如一夫一妻、双方地位平等、抚养义务等。

对于老年人再婚时的财产关系的处理方面，要遵循婚姻法的规定，夫妻之间有约定的依约定，无约定的实行法定财产制。对于老年人的再婚，婚前明确约定财产归属按照约定处理，这样可有效减少将来可能发生的财产纠纷；如果无约定，则夫妻关系存续期间的所得原则上为夫妻共有，婚前财产不因婚姻关系的缔结而转化为共同财产，而其他法律规定属于夫妻一方单独享有的财产也不属于夫妻共同财产。对于老年人的离婚或是再婚之后的离婚，夫妻双方分割的财产仅限于夫妻的共同财产，夫妻双方的个人财产、一方与其他权利人的共有财产则不在分割之列，避免侵犯其他权利人的合法权利。

关于老年的亲子关系方面，老年人的子女包括婚生子女、非婚生子女、继子女、养子女。根据《婚姻法》第 27 条第 2 款，“继父或继母和受其抚养教育的继子女间的权利和义务，适用本法对父母子女关系的有关规定”，老年人只和受其抚养教育的继子女之间产生受婚姻法规范的父母子女关系，而与其他继子女之间无此种关系。对于老年人的养子女，应当与老年人的其他子女享有同样的权利、承担同样的义务。如果老年人收养了继子女，即使不存在抚养教育关系，他们之间的关系也属于受婚姻法规范的父母子女关系。

根据婚姻法的规定，子女有赡养扶助父母的义务。所以老年人有权要求子女履行赡养义务或给付赡养费，并且这种赡养扶助义务并不随着老年人的离婚或再婚而消灭。

二、继承法

继承法是一种解决死者遗留的财产根据何种规则转移到他人之手的法律。对于老年人与继承法的关系来说，既有老年人继承他人财产的问题，也有老年人的财产在其去世后归他人继承的问题等。这里涉及老年人的继承权、老年人的遗嘱自主权、老年人遗赠的权利、遗赠抚养协议等方面。关于继承的规定在老年人权益保障法中有概括式规定[①]，但没有具体的操作性规定，所以关于老年人在继承方面的相关问题，还是需要参照继承法的相关规定。[②] 老年人权益保障法和继承法的规定并无矛盾冲突之处，两者共同保障老年人继承权的实现。

继承权是一种无偿取得死亡近亲属遗产的权利。老年人并不因其年龄而丧失继承权，其享有继承权是理所当然的。在法定继承方面，继承法规定的继承顺位为：第一顺位继承人，包括配偶、子女、父母、其他特别规定的主体；第二顺位继承人，包括兄弟姐妹、祖父母、外祖父母。在不同的情况下，老年人既可能是第一顺位继承人，也有可能是第二顺位继承人，理应享有其正当的继承权利。可是在“子承父业”等传统思维的影响下，老年人的继承权经常受到侵犯或是忽视。为保障老年人的合法权益，在继承方面应严格按照继承法的规定处理。比如当老年人的配偶去世时，在分割夫妻共同财产之后，老年人应作为配偶的第一顺位继承人与配偶的子女、父母等享有对死亡配偶个人财产相同的继承权，按照法律规定的份额继承遗产。又比如当老年人的子女去世时，老年人对其子女的个人财产同样享有第一顺位继承权，任何人都无权侵犯老年人合法的继承权利。

在订立遗嘱方面，老年人享有独立、自主订立遗嘱的权利，只要遗嘱符合继承法所规定的形式要件，比如订立遗嘱的方式是采用自书、口述、录音还是其他方式，订立遗嘱的见证人，遗嘱是否需要公证，遗嘱的修改等方面。只要遗嘱符合法定条件，就应当是合法有效的遗嘱，有着优先于法定继承的效力。

在遗赠方面，根据继承法的规定，老年人同样享有以遗赠方式处分其个人合法财产的权利。在现实生活中，也时有发生因为子女不关心老人、老人将财产遗赠给保姆或他人、子女又向法院起诉主张继承权的案件。有的法院根据民法上的公序良俗原则判定遗赠无效，对此我们认为还有待商榷。遗赠是老年人的一项合法权利，也是继承法的一项具体规则，法院必须在有充分的理由并经充分权衡之后才能用民法基本原则代替继承法的具体规

---

① 《老年人权益保障法》第 19 条规定：“赡养人不得以放弃继承权或者其他理由，拒绝履行赡养义务。”第 22 条第 2 款规定：“老年人有依法继承父母、配偶、子女或者其他亲属遗产的权利，有接受赠与的权利。”

② 《继承法》第 7 条、第 31 条是对老年人享受家庭赡养与扶养的权利的规定，第 30 条是对老年人财产权的规定，第 10 条、第 13 条是对老年人继承权的规定。

则，否则就是对老年人合法权利的侵犯。

随着人口老龄化进程的加快，同时也是受到我国计划生育国策的影响，仅靠家庭供养已很难提供给老年人一个安详的晚年。老年人可选择与他人或集体所有制组织签订遗赠抚养协议的方式来获得晚年生活的保障。根据继承法所签订的遗赠扶养协议，老年人负有于死后将财产遗赠与扶养人或集体所有制组织的义务，而扶养人或集体所有制组织承担自然人生养死葬的义务。这种方式带有浓厚的福利性质，可以弥补社会保障制度与家庭扶养制度的不足。

三、合同法

合同法是调整平等主体之间基于合意而产生的债权债务关系的法律规范的总称。作为一种以双方或多方为主体，以设立、变更、终止特定民事权利义务关系为内容的民事法律行为，合同涉及日常生活的方方面面，任何人都在一定时间会成为合同主体。老年人作为一类社会交往的主体，也不可避免地会经常与他人订立合同，既包括以书面形式订立的合同，也包括口头约定。即使购买一张车票，也意味着与客运公司或其他缔约主体签订了一份合同：一方支付车票价款，另一方负责完成客运行为，同时还要受到车票背面或以其他方式附加的条款的约束。老年人日常生活的诸多方面都会涉及合同法，需要适用合同法来规范老年人及其缔约对方的行为。但有许多人利用老年人认知能力减退的情况，以欺诈或误导等方式诱骗老年人订立合同，以表面合法的合同侵犯老年人的合法权益。因此，在依据合同法保护老年人合法权益时，要在正确认定老年人是否具有完全行为能力的基础上，考虑老年人身心的特殊情况，正确地适用合同法来认定合同的效力。

《民法通则》第 16 条规定："十八周岁以上的公民是成年人，具有完全民事行为能力，可以独立进行民事活动，是完全民事行为能力人。"在正常情况下，老年人为完全民事行为能力人，自身需要对其行为负责，需要按照合同的约定来履行合同所规定的行为。但在这种情形下，虽然老年人为完全民事行为能力人，在认定合同合法有效之前，应充分考虑缔约对方行为人的缔约行为是否有欺诈等情形。如果缔约对方存在欺诈等不法情形，应当依据法律规定认定合同无效或合同可变更可撤销。根据《民法通则》第 13 条，"不能辨认自己行为的精神病人是无民事行为能力人，由他的法定代理人代理民事活动。不能完全辨认自己行为的精神病人是限制民事行为能力人，可以进行与他的精神健康状况相适应的民事活动；其他民事活动由他的法定代理人代理，或者征得他的法定代理人的同意”，应对具体老年人的认知能力与判断能力作出正确认定，区别具有完全行为能力的老年人，具备限制行为能力的老年人以及不具备行为能力的老年人。根据《合同法》第 9 条第 1 款，“当事人订立合同，应当具有相应的民事权利能力和民事行为能力”，若老年人为无民事行为能力人，则合同无效。根据《合同法》第 47 条第 1 款，“限制民事行为能力人订立的合同，经法定代理人追认后，该合同有效，但纯获利益的合同或者与其年龄、智力、精神健康状况相适应而订立的合同，不必经法定代理人追认”，若老年人为限制民事行为能力人，纯获利益或在其民事能力范围的合同有效，而超出其民事行为能力范围的合同，合同效力待定，需要等待法定代理人的追认。此外，对老年人的行为是否存在重大误解的情形也应根据其身心、认知状况作出具体判断。

四、侵权责任法

侵权责任法是调整民事关系的重要规范，是民事主体间侵权责任追究和承担的最主要法律依据。老年人日常生活中可能产生的各种民事侵权行为也会涉及民事侵权责任承担的问题，因此必须适用侵权责任法。

当老年人的支配型权利或已公开的权利及受法律保护的利益受到他人的不法侵害时，应当根据侵权责任法的规定，包括责任原则、责任种类、责任分担和承担方式、不承担或者减轻责任的情形、对责任主体的特殊规定以及特殊侵权责任有关规定，追究行为人的侵权责任，保护老年人的合法权益。《侵权责任法》第2 条规定：“侵害民事权益，应当依照本法承担侵权责任。本法所称民事权益，包括生命权、健康权、姓名权、名誉权、荣誉权、肖像权、隐私权、婚姻自主权、监护权、所有权、用益物权、担保物权、著作权、专利权、商标专用权、发现权、股权、继承权等人身、财产权益。”该条列举性的规定已经基本涵盖了老年人作为一般民事主体所享有的民事权利，该民事权利不受侵犯，否则侵权人需要承担相应的民事侵权责任。而人身权、财产权这一权益类型规定，扩充了民事主体受侵权责任法保护的权益范围，也为老年人权益保护的进一步发展创造了可能。老年人权益既有与普通公民民事权益相同之处，也有相异之处，随着国家对老年人权益日益重视和老年人权益保障制度逐步发展，老年人权益的范围势必发生扩张，某些老年人权益形态会日渐权利化，这一规定无疑为老年人新型民事权利形态的出现和保护提供了制度基础。

随着家庭养老功能日渐式微，社会养老逐渐兴起，社会养老机构在提供养老服务过程中造成老年人人身权、财产权损害的事件时有发生。虽然具体侵权行为人为社会养老机构中的工作人员个人，但因其侵权行为发生在养老服务过程中，属于职务行为，而且侵权工作人员财力有限，可能无法完全满足被侵权人的权利要求，因此，《侵权责任法》第 34 条规定："用人单位的工作人员因执行工作任务造成他人损害的，由用人单位承担侵权责任。劳务派遣期间，被派遣的工作人员因执行工作任务造成他人损害的，由接受劳务派遣的用工单位承担侵权责任；劳务派遣单位有过错的，承担相应的补充责任。"这一规定，可以较好地解决社会养老机构养老服务过程中侵权行为的责任承担问题。

当老年人的行为侵犯他人合法权益时，也需要考虑老年人身心、认知能力的特殊情况，来判断老年人是否有过错，衡量老年人的过错程度，正确认定老年人的责任，不能使老年人承担超过其应当负担的责任。在当今社会，一方面是在农村，外出务工大军的日益壮大带来了大批留守儿童只能随着爷爷奶奶、姥爷姥姥生活；另一方面即使是在城市，工作压力加大也导致很多青少年、儿童的日常生活由父母双方家里的老人负责照顾。在这些情形下，老年人便会成为孩子的监护人。老年人不仅需要负责孩子的衣食住行，还要规范孩子的行为，防止孩子的行为对他人造成损害。《侵权责任法》第 32 条规定："无民事行为能力人、限制民事行为能力人造成他人损害的，由监护人承担侵权责任。监护人尽到监护责任的，可以减轻其侵权责任。有财产的无民事行为能力人、限制民事行为能力人造成他人损害的，从本人财产中支付赔偿费用。不足部分，由监护人赔偿。"作为孩子的监护人，如果作为无行为能力人或限制行为能力人的孩子侵犯了他人的权益，老年人要承担监护责任；而如果老年人尽到了对孩子的监护责任，则可以减轻其侵权责任，并且赔偿费用首先是从孩子的个人财产中支付，不足部分才由老年人负责。这表明老年人需要承担的是补充责任，并且是为他人的行为承担责任。

五、物权法

物权是指权利人直接支配特定物并具有排他性的权利。物权法是指调整人们基于对物的支配而产生的法律关系的法律规范的总称。物权法的基本原则有物权绝对原则、物权法定原则、物权公示原则。物权的种类包括所有权、用益物权和担保物权三大类权利。老年人对其财产或其他物权客体依据物权法享有其合法物权，受到物权法的保护，任何组织或个人都无权侵犯。

根据物权绝对原则，老年人对其所享有的物权具有绝对的支配权，其物权具有对世效力，不受他人的非法干涉。比如老年人对其所有的财产具有占有、使用、收益以及处分的权能，可以根据自己的意志依法对其所有的财产进行任意处分，他人不得干涉。而老年人的物权受到侵犯的一种主要情形就是子女或其他亲属未经老年人同意，擅自处分老年人的财产。当此种情形发生时，权利人可以根据物权法的规定向法院主张其作为所有人的权利。当然，由于老年人身份证、房产证等证件有可能为子女保管，因此如果老年人子女处分财产行为符合物权法有关不动产设立、变更、转让等形式要求，老年人并不能因此主张该不动产变动行为无效，而只能通过侵权责任法主张权利。而且老年人，尤其是高龄老年人，通常委托子女代理为一定的财产处分行为；如果其子女越权处分或者无权处分，第三人难于辨明该处分行为是否为老年人真实意思表示，通常基于保护善意第三人的考虑而适用表见代理规则，老年人无权主张该处分行为无效，但其子女与第三人恶意串通除外。从上述规定可以看出，物权法并未对老年人物权进行区别于一般成年人的特殊保护，使得老年人的物权因自身能力的欠缺而处于不稳定状态，需要进一步研究相关制度完善问题。

根据物权法定原则，物权的种类与内容都由法律明确规定，老年人不得任意创设新物权或变更物权的法定内容。这说明老年人必须根据法律规定的种类与内容享有物权和使用物权，否则不会发生物权法上的效果。

根据物权公示原则，在物权的变动方面，老年人必须以法律规定的公开方式展现物权变动的事实，否则不能发生物权变动的效力。这就要求老年人在物权发生变动时，必须向有关部门登记或以法定的其他方式进行公示，之后老年人才能合法地从他人手中获得物权或将物权移转给他人。前文提到，如果物权变动所需有效证件处于老年人子女的控制之下，老年人对其物权的处分将会受到限制，如果解决这一问题，也需通盘考虑现行民法制度有关老年人权益保障的规定，系统解决老年人民事权益，尤其是物权的保护问题。

第三节　老年人权益保障法与社会法的关联

老年人权益保障法与其他特殊群体权益保障法一样均属于社会法，均是为维护特定群体的权益而制定的。老年人权益保障法和其他特定群体权益保障立法一样，在共同价值取向的主导下，构成了社会法的基本框架，遵循社会法立法的一般规律，不断充实和完善社会法体系和内涵。对于老年人权益保障法的修订而言，其不可避免地会与其同位法律产生关联，其同位法律的制定与完善不仅会为老年人权益保障法的修订提供立法上的经验借鉴之处，而且其内容也会从不同的角度围绕老年人权益保障法的实现，对与其紧密相关的立法内容予以展开和补充，这些法律中的规范和老年人权益保障法中的规范，存在一定程度上的交叉和重叠，互相之间呈现互动的状态。因此，与老年人权益保障法相关的同位法律可以作为老年人权益保障法中具体部分的参照和解读，促进老年人权益保障法的实施。同时，通过对相关同位法理念和规定的援引，也能够促进老年人权益保障法与其他社会立法的协调一致，以使各部法律之间形成一种和谐有效的衔接机制，促进各部法律效用的最大化的发挥，并最终实现社会法整个法律部门的共同价值目标。以下对与老年人权益保障法密切相关的几部社会法予以分析，以期促进老年人权益保障法修订后的顺利实施。

一、社会保障法

社会保障即国家和社会依法对社会成员基本生活给予保障的社会安全制度。它指的是社会成员因年老、疾病、失业、伤残、生育、死亡、灾害等原因而失去劳动能力或生活遇到障碍时，依法从国家和社会获得基本生活需求的保障。通常国家依据法律制定相关的制度和规定以保证其社会保障政策的实施。[①] 而社会保障法则是调整与社会保障有关的法律规范的总和。社会保障法使我国宪法确定的公民权利得到了切实的保障。我国宪法明确规定,中华人民共和国公民在年老、丧失劳动能力的时候有从国家获得物质帮助的权利,这一宪法上的规定只有通过社会保障法才能真正转为现实性的权利。社会保障法通过对丧失就业机会、丧失劳动能力的群体等给予物质上的帮助,可以缓解社会的不稳定因素,维持社会的安定,为经济的发展创造良好的空间。总而言之,没有社会保障,就没有社会安定;没有社会安定,也就没有社会发展。因此,社会保障一直是社会政策和社会立法的核心内容,社会保障法也一直是社会法的核心法。[②] 社会保障法主要包括三个部分:社会保险法、社会救助法和社会福利法。老年人权益的维护自然离不开社会保障法的保障,《专家试拟稿》第 4 条第 2 款规定,国家和社会应当采取措施,健全对老年人的社会保障[③]、社会救助、社会照料、社会优待和社会福利设施制度,逐步改善保障老年人生活、健康以及参与社会发展的条件,实现老有所居、老有所养、老有所医、老有所学、老有所为、老有所乐。可见,社会保障立法及相关制度的发展对于老年人权益保障法的实施具有指引与导向作用。

(一)社会保险法

社会保险法主要规定在劳动者或全体社会成员中的年老、疾病、伤残人员以及其他丧失劳动能力的人在生活发生困难时,向其提供物质帮助,以保障其基本生活需要的各种社会保险制度,它包括基本养老保险、基本医疗保险、工伤保险、失业保险、生育保险等内容。[④] 我国于 2010 年 10 月通过了《中华人民共和国保险法》。该法在全面总结中国社会保险制度改革发展的实践经验的基础上,确立了中国社会保险体系建设的总体框架、基本方针、基本原则和基本制度;同时,基于中国社会保险体系建设正处在改革发展过程中,新情况、新问题不断出现,需要继续探索和实践,社会保险法也保持了必要的灵活性,作出了一些弹性的或授权性的规定,为制度完善和机制创新

---

① 参见胡冠时:《中国特色社会保障法体系的构建》,载《太原师范学院学报(社会科学版)》2003 年第 3 期。

② 参见张守文:《社会法略论》,载《中外法学》1996 年第 6 期。

③ 这里的社会保障采狭义概念,指社会保险。

④ 参见张守文:《社会法略论》,载《中外法学》1996 年第 6 期。

留出了空间。该法是我国第一部关于社会保险制度的综合性法律，不仅对于我国各种社会保险险种的实施具有重要意义，使得中国保险制度的发展全面进入了法制化轨道，而且也有利于促进其关联法制发展，完善社会法律体系基本架构。

《专家试拟稿》第三章“社会保障”中具体规定了老年人的基本养老保险（包括职工养老保险、城镇居民养老保险、农村社会养老保险）、医疗保险（包括职工基本医疗保险、城镇医疗保险、农村医疗保险）以及相应的资金保障。该法几乎覆盖了所有与老年人有关的社会保险，但关于各种保险的具体实施还是要以社会保险法的规定为依据。社会保险法对社会保险制度的实施给予了全方位的规定[①]，明确了各项社会保险制度的覆盖范围、规定了社会保险制度的投资渠道、各项社会保险的待遇项目和享受条件，完善了社会保险费征缴制度、社会保险基金管理制度，规定了社会保险经办服务的内容、社会保险监督制度以及违反该法应当承担的法律责任。这些规定同样适用于关涉老年人群体的险种。

养老保险是社会保障制度的重要组成部分，是社会保险五大险种中最重要的险种之一，是专门针对劳动力在年老时保障其基本生活需求而设立的一种社会保险制度。养老保险可以为老年人提供基本生活保障，满足其基本生活需求，使老年人能够老有所养。随着人口老龄化趋势的加重，老年人口的比例越来越大，人口也越来越多，参加基本养老保险可以使社会的养老负担相应减轻；而且对于在职劳动者来说，参加养老保险，就意味着其将来的老年生活有了保障。这对于应对日益严重的老龄化社会以及维护社会的稳定都很有意义。目前我国的基本养老保险包括职工基本养老保险、新型农村社会养老保险和城镇居民社会养老保险。而且养老保险法针对新型农村社会养老保险试点的实践就新型农村社会养老保险制度也作出了规范。这对完善覆盖城乡的养老保险制度、维护老年人的基本生存权利意义重大。

医疗保险通常是指当人们生病或受到伤害后，由国家和社会给予的一

---

① 《社会保险法》第 2 条、第 10 条、第 11 条、第 16 条、第 17 条、第 18 条、第 20 条、第 21 条、第 22 条是关于老年人生活保障权的规定，第 2 条、第 24 条、第 25 条、第 26 条、第 27 条是关于老年人医疗保障权的规定。

种提供医疗服务或经济补偿的一种社会保障制度。医疗保险也是社会保险的重要险种之一，主要包括职工基本医疗保险、城镇医疗保险和农村医疗保险。医疗保险主要针对的是患病公民，但由于老年人身体机能、抵抗力下降等因素，老年人患病率较之其他人群相对较高。所以老年人对于医疗保险的需求也较大，医疗保险能够减少患病老年人的家庭经济负担，确保参保对象都能够老有所医。随着老龄化时代的到来，进一步完善医疗保险制度，扩大医疗保险的覆盖范围是应对老龄化社会，确保老年人安享晚年的必经之途。

《专家试拟稿》以及社会保险法均对基本养老保险以及医疗保险作出了规定，明确了国家、社会、个人在养老保险以及医疗保险中的责任，为这两大社会保险险种的实施提供了法律依据。至于基本养老保险和医疗保险的普及还要依靠国家政策、财政资金以及各种社会力量等诸多因素的推动。

（二）社会救助法

社会救助法主要规定国家和社会对贫困者提供最低水平生活需求的物质帮助，以增强其适应社会的生存能力的各种社会救助制度。目前我国社会救助对象主要分为无依无靠无生活来源的公民或社会成员、遭受灾祸严重侵袭而使生活一时陷入拮据状态的公民或社会成员以及生活水平低于国家规定最低标准的公民或社会成员。因此，我国关于社会救助的政策法规也分为三个层次，分别是：困难群众的基本生活救助政策法规（包括城市居民最低生活保障政策法规、农村五保养老供养政策法规）、专项救助政策法规（包括医疗救助政策法规、住房救助政策法规、法律援助政策法规）以及临时救助和社会互助政策法规（包括流浪乞讨人员救助政策法规、自然灾害救助政策法规）。从以上可以看出，我国社会救助制度是一项综合型的救助制度，它包括生活救助制度，也包括住房救助制度、医疗救助制度等专项救助制度，还包括灾害救助制度以及流浪乞讨人员救助制度等在内的临时救助制度。社会救助是保证和实现贫困群体基本生活水平，实现和维护公民权利以及社会基本公平正义的重要制度安排。

《专家试拟稿》也规定了对于老年人的社会救助，包括对生活特有困难的老年人的生活救助、医疗救助、住房救助、法律援助救助以及对于流浪老年人的救助和特别救助。老年人的社会救助针对的是老年人这一特殊群体，是对不能维持基本社会生活的老年人适用。而老年人根据其面临的不同情况也可能成为不同的社会救助客体。但关于其该接受何种救助、接受救助的相关程序以及救助的内容、救助的标准、救助的形式等均要以我国社会救助相关政策法规为适用依据，即对于老年人的社会救助要与我国现行社会救助政策法规乃至正在酝酿出台的社会救助法相协调一致，以求共同促进社会救助制度的顺利实施。出于各种原因，我国社会救助法尚没有通过实施。我们认为，在社会救助立法时，要明确社会救助的财政责任和确定合理的救助标准调整机制。实施社会救助是国家维护和实现公民权利的基本措施，政府应该是我国社会救助制度实施的基本主体，但仅依靠政府的力量是远远不够的，还需要对非政府组织、企业、个人等多种社会力量在社会救助中的作用和地位作出科学合理的规定，推动建立以“政府为主导，以非政府为补充的社会救助财政支持系统”①。我国各地的生活成本、救助标准以及经济发展水平存在差异，对于社会救助的标准也无法统一规定。对于经济较发达地区，可能规定较高的社会救助标准，在相对贫困地区，可能社会救助的标准适当放低，要根据具体情况而定。总而言之，关于社会救助的标准要根据国家经济发展水平、整体物价水平以及区域经济发展水平相协调，并根据现实情况的变动作出适当的调整。

（三）社会福利法

社会福利②是社会保障的重要组成部分，是国家和社会为增进与完善社会成员尤其是困难者的社会生活而实施的一种社会制度。具有政府的主导性、对象的全民性、目标的高层次性以及实现形式的多样性等特征。社会福利是较高层次的社会保障制度，它是在国家财力允许的范围内，在既定的生活水平的基础上，尽力提高被服务对象的生活质量，有利于提高和改善人民的物质文化水平以及保护公民的基本权利和健康。社会福利法旨在改善和提高全体社会成员的物质生活和精神生活的各种社会福利。主要通过兴办各种社会福利机构和实施来实现，包括兴办各种科教文卫、劳动就业、伤残康复、养老服务等方面的公共福利设施和服务。我国在发展社会福利事业的同时，也注重相应法规政策的制定，以促进社会福利的法治化发展。1993

① 丁建定、张巍：《关于我国社会救助法几个问题的思考》，载《苏州大学学报》2011年第5期。

② 社会福利采狭义概念，指与社会保险、社会救助等并列的一种社会保障形式，是指国家和社会为维持和提高公民的生活质量而提供的一定物质帮助，以满足公民的共同和特殊生活需要的社会保障制度。

年 4 月，民政部发布了《国家级福利院评定标准》，同年 8 月，民政部又发布了《社会福利企业规划》。1994 年 12 月，民政部发布了《中国福利彩票管理办法》。1997 年 4 月，民政部与国家计委联合发布《民政事业发展“九五”计划和 2010 年远景目标纲要》，指出，残疾人可以由过去单一的在福利企业就业改变为在福利企业或分散就业。1999 年 12 月，民政部颁布了《社会福利机构管理暂行办法》。[①] 这些现行法规政策可以说是我国福利事业的重要发展依据，在一定程度上指导和促进我国福利事业的发展。

老年人社会福利是指国家和社会为了安定老年人生活，维护老年人健康，充实老年人精神文化生活而采取的政策措施和提供的设施和服务等。老年人福利一般包括三方面的内容：一是为满足生存与安全需求的福利，如医疗护理福利、生活照料福利、住房福利；二是满足老年人尊重与享受需要的福利，如开展适合老年人的群体性文化、体育、娱乐活动，在游览、参观等方面为老年人提供相应的优惠和照顾；三是满足老年人发展需求的福利，如国家发展老年教育等。[②]《专家试拟稿》关于这三方面均有相应的规定。在第四章“社会照料”中明确了老年人的社会照料体系以及国家、社会、家庭在老年人社会照料中的责任承担。第五章“社会优待”规定了老年人在政务、医疗、住房、教育、文体娱乐等方面的福利待遇。第七章规定了老年人各种不同社会福利设施和福利机构的构建，并明确了对福利设施和机构的监督管理。第八章“社会参与”也规定了一些老年人更高层次的社会福利。《专家试拟稿》对老年福利制度作出了较为完善的规定，对于更好地维护老年人权益、满足老年人更高层次的生活和精神需求很有裨益。老年人权益保障法的实施要与我国现行社会福利方面的政策法规保持协调一致，并在守法的前提下，针对高龄老人越来越多的现状继续充实和完善我国的老年福利制度。

二、生理性弱势群体权益保障法

弱势群体是指由于社会条件和个人能力等方面存在障碍而无法实现其

---

① 参见刘翠霄：《我国社会福利制度的现状和问题》，载“北大法律信息网”：http://article.chinalawinfo.com/Article_Detail.asp? ArticleId=53782. 访问日期为 2012 年 7 月 24 日。

② 参见周婷婷：《我国老年福利研究综述》，载《劳动保障世界》2010 年第 7 期。

基本权利，需要国家帮助和社会支持以实现其基本权利的群体。弱势群体一般分为三种类型，分别是生理性弱势群体、自然性弱势群体以及社会性弱势群体。[①] 像未成年人、妇女、残疾人以及老年人等主要由于生理上的原因而形成的弱势群体属于生理性弱势群体。老年人、妇女、未成年人以及残疾人或者由于年龄、性别的原因，或者由于身体、精神或智力的缺陷成为社会中的弱势群体，需要我国相应政策法规的特别保护。这既是我国尊重和保障基本人权的需要，也是构建社会主义和谐社会的应有之义和必然要求。随着我国经济的发展和社会的进步，我国关于弱势群体的保护也不仅仅局限于对其基本生存权的满足，而且也注重关注他们的社会状况和精神生活的满足。在生理性弱势群体权益维护方面，也不仅局限于政府的保护，也注重于寻求社会力量的参与以及社会弱势群体自身的努力。我国也很重视对于弱势群体权益的维护的立法工作，目前形成了以《宪法》为统领，《老年人权益保障法》《妇女权益保障法》《未成年人保护法》和《残疾人保障法》为主体的政策法规系统，以求保障这些特定群体的合法权益。

《老年人权益保障法》同《未成年人保护法》《妇女权益保障法》以及《残疾人保障法》等法律一样，都是立足于社会法的基本原理，以生理性社会弱势群体为调整对象，因此在确定法律关系主体的性质、权利义务，确定的方式、方法以及权利义务的分类、保障权利的手段和途径方面均具有一定的相似性和关联性。这四部法律在立法结构的构造上也基本遵循同样的立法思路。因而，对于《未成年人保护法》《妇女权益保障法》以及《残疾人保障法》的考察研究对于《老年人权益保障法》的修改具有重要的借鉴意义。

我国于 1991 年通过《未成年人保护法》，并于 2006 年加以修订，修订后由七章[②]构成；《妇女权益保障法》于 1992 年通过，并于 2005 年修订，修订后由九章[③]构成；《残疾人保障法》于 1990 年通过，并于 2008 年修订，修订后由九章[④]构成。这三部法律在实施十多年之后都已经难以适应社会新情况，无

---

① 参见王丽英、刘后平:《我国弱势群体的社会保障问题探索》,载《山西财经大学学报》2003 年第 4 期。

② 《未成年人保护法》包括总则、家庭保护、学校保护、社会保护、司法保护、法律责任以及附则。

③ 《妇女权益保障法》包括总则、政治权利、文化教育权利、劳动和社会保障权益、财产权益、人身权利、婚姻家庭权益、法律责任和附则。

④ 《残疾人保障法》包括总则、康复、教育、劳动就业、文化生活、社会保障、无障碍环境、法律责任和附则。

法满足其立法目的和宗旨的实现，因此，它们先后经过了立法部门的修订，在维持原先框架体系基本不变的情况下根据社会发展以及法律所需调整对象权益维护的需要完善了原先的立法内容，使立法更加契合特定群体权益保护的需要。我国《老年人权益保障法》是1996年通过并实施的，随着我国经济社会的发展以及人口老龄化现象的日益严峻，该法的框架体系以及内容已经无法覆盖现在老年人权益保障的需要，因此，修订老年人权益保障法也被提上了日程。修订老年人权益保障法是应对老龄社会重压的必然选择，可以为现阶段我国老年人权益维护以及老年事业、产业的发展提供法律上的依据，以更好地应对人口老龄化带来的社会问题。我国老年人权益保障法在修订时也要注重对原先框架体系结构的批判性继承，可以根据实际情况加以适当的修改和完善。《专家试拟稿》在继承原先框架体系结构的基础上，根据老龄社会应对的需要，加以框架结构和内容上的补充和完善，将《老年人权益保障法》分为总则、家庭保护、社会保障、社会救助、社会照料、福利设施、社会优待、社会参与、法律责任以及附则。这样的框架结构覆盖了老年人各种权益的需求，包括老年人的婚姻家庭权、获得社会保障以及参与社会发展的权利的立法规定。虽然在体系上和其他弱势群体保障立法具有一定的差异，但在内容上都是注重对该法所调整对象的最主要权力和利益的维护。

三、志愿服务法与慈善法

（一）志愿服务法

志愿服务是指不以获取报酬为目的，自愿以智力、体力、技能等为他人和社会提供服务的公益性行为。志愿服务弘扬奉献、友爱、互助、进步的志愿精神，体现了人与人之间的相互关爱，人与社会之间的相互融合，人与自然之间的和谐共处。志愿服务在构建和谐社会过程中，发挥着润滑剂和调节器的作用，客观上整合了社会资源，促进着社会的和谐。志愿服务立法就是以规范志愿服务行为、促进志愿服务事业发展为根本宗旨的国家性立法，属于社会法范畴。志愿服务立法能够为志愿服务事业的发展提供法律上的支持。虽然我国尚没有全国性的志愿服务法，但地方志愿服务立法的相关规定在客观上为志愿服务的发展提供了法律依据，在志愿服务主体制度、运作制度、信息制度、保障制度、激励制度、责任追究制度等方面都有较为明确的规定，为志愿服务的发展和志愿服务的全国性立法奠定了基础。

志愿服务根据其志愿服务对象的不同可以分为两类：一类主要是针对社会弱势群体的帮扶，如对残疾人、老年人等开展的志愿服务，还有一类是专门针对大型赛事和大型活动提供志愿服务。这两者均要受到志愿服务法的调整。《专家试拟稿》第 8 条第 1 款（国家鼓励和支持面向老年人的志愿服务活动，提倡为老年人志愿服务，保障和促进老年人志愿服务事业的发展）以及第 41 条（志愿服务组织和志愿者为老年人提供志愿照料服务，必须尊重老年人意愿，征得老年人同意，不得侵害老年人服务对象的合法权益，不得向老年人收取或者变相收取报酬）对针对老年人这一弱势群体的志愿服务予以规定。在第 73 条对老年人的社会参与立法中，对老年人参与社会志愿服务活动加以规定。① 这说明我国老年人权益保障法涉及老年人的志愿服务有两种情况：一是老年人作为志愿服务对象的志愿服务；二是由老年人作为志愿服务主体而提供的志愿服务。无论哪种志愿服务，均要受到志愿服务的规制与调整。

随着老龄化社会的到来，我国面临的老年人问题也越来越多。解决老年人问题仅仅依靠政府和家庭的社会是不够的，还需要包括志愿者在内的社会力量参与来共同应对人口老龄化。老年志愿服务事业的发展不仅有利于缓解人口老龄化带来的老年社会照料等方面的负担，还有利于完善志愿服务的类型，促进志愿服务事业的发展。在老年人作为服务对象的志愿服务中，志愿服务组织、志愿者及其相关的志愿服务活动不仅要遵循志愿服务法律法规的一般规定，而且还要考虑老年人的身心、认知状况，在不违背老年人意愿的情况下开展志愿服务活动，使志愿服务真正能够为老年人带来生活上和精神上的帮助和支持。而且为了进一步促进老年人志愿服务的发展，可以加强志愿者的促进和奖励制度建设，完善志愿服务保障机制，以此强化对志愿服务行为的支持。

---

① 《专家试拟稿》第 73 条规定："国家应当为老年人参与社会发展创造条件。根据社会需要和可能，鼓励有能力的老年人在自愿和量力的情况下，从事下列活动：（一）对青少年和儿童进行优良传统教育；（二）传授文化和科技知识；（三）参与社会公益事业；（四）参与调解民间纠纷；（五）参与维护社会治安；（六）参与其他社会活动。"

老年人作为主体的志愿服务活动是老年人社会参与的重要体现，是发挥老年人剩余价值、丰富老年人晚年生活的很好体现形式。老年人参与社会志愿服务活动是老年人在基本生活需求满足的基础上对于社会的再贡献，它不仅可以充分发挥老年人的知识、技能和社会经验，而且还有利于老年人独立、尊严意识的培养以及促进老年社会价值的实现。老年人作为社会重要群体参与志愿服务等公益事业值得鼓励，但毕竟老年人存在身体和心理等方面的局限性，因此，在老年人作为主体的志愿服务活动中除了要适用关于志愿服务法律法规规定的志愿者权利和义务的规定之外，还要遵循相对较为严格的准入标准。要在对老年人的身体状况进行精细的检查，认为符合条件之后，才能允许其参与志愿服务，这既是切实维护老年人权益的需要，也是志愿服务事业稳定发展的需要。

（二）慈善法

老年慈善事业的发展要以慈善法为参照和适用依据。慈善法是以推动慈善事业发展为宗旨的慈善事业的基本法，属于社会法范畴。发展慈善事业对于改善贫困和弱势群体的生存状况、缩小社会贫富差距、缓解社会矛盾、促进社会和谐均发挥着不可替代的作用。对于慈善事业的发展必须从法律上给予保护和支持。自 20 世纪 90 年代起，我国中央和地方相继颁布了一系列规制慈善事业发展的政策法规，如《公益事业捐赠法》《中国慈善事业发展指导纲要（2006～2010）》《江苏省慈善事业促进条例》等。在国务院立法计划中的慈善法目前也引起了社会的广泛讨论。统一的《中华人民共和国慈善法》的制定将为中国慈善事业的健康发展提供法律的支持。

作为慈善事业的重要组成部分的老年慈善事业的发展对于老龄社会的应对意义重大。《专家试拟稿》第 8 条第 2 款规定："国家鼓励社会组织和个人为老龄事业提供捐助和服务，发展老年人慈善事业。"老年人慈善事业的发展可以帮助老年群体改造养老设施，提高生活水平，丰富日常生活，促进老年人群体安享晚年。老年慈善事业的发展在遵循老年人权益保障法的鼓励性规定的基础上，更重要的是要遵守规制慈善事业的法律法规以及政策文件。在老年慈善事业发展方面的规制上，较之于老年人权益保障法，慈善方面的立法显然更具有专业性和全面性。慈善立法一般明确规定慈善募捐的主体、慈善组织的法律地位、慈善募捐的监督机制、慈善事业的主管部门、慈善捐赠活动的程序，明确捐赠人、受赠人和受益人的权利义务，规范慈善事业准入、评估、监管、公益产权界定与转让、投资、退出等行为。同时，也将明确规定执法程序，规范执法行为，加强执法监督，提高执法水平等。这些规定都是保障慈善事业健康稳定发展的前提和基础，因此，遵守这些规定也是老年慈善事业发展的需要。当然，除了鼓励和支持社会各界向老年事业提供捐赠和服务之外，也要鼓励和支持有一定经济基础和条件的老年人向社会公益事业贡献力量，以使全体社会成员共享发展和改革的成果，共同促进诚信友爱、安定团结的和谐社会的建立。

四、劳动法体系

我国老年人“自食其力”的情况非常普遍，依靠自己的劳动所得生活的老年人占相当高的比例。[①] 加强老年人权益保障法与劳动法的协调，强化劳动法对老年就业的平等保护，对保障老年人的劳动权益、消除老年贫困、维护老年人有尊严的生活具有重要意义。1999 年，联合国提出“不分年龄人人共享的社会”，其核心是倡导年龄平等，禁止年龄歧视。2002 年，联合国第二届老龄大会提出积极老龄化战略，要求在健康、保障、参与三个方面采取行动，老年人由领取退休金的人、被照顾的社会弱者逐步被视为社会进步不可或缺的主体和受益人，是继续为社会做出贡献的社会发展的参与者和创造者。各国为此采取措施，包括制定和修改法律，高度重视并实施对老年人劳动权益的法律保护。长期以来，我国退休制度、就业促进法、劳动法等均没有体现年龄平等的人权要求，在社会就业领域实际上存在着年龄歧视现象。随着人口老龄化进程的不断加快，除了需要研究推迟退休制度外，必须重视老年人再就业问题，完善相关法律法规，禁止对老年人的就业歧视，以体现宪法规定的法律面前人人平等的原则，切实维护老年人的劳动权益和其他合法权益。随着人口老龄化不断加快，人口红利好势减退，退休返聘者也被称为“退休再就业者”，又称为“超龄劳动者”，他们的就业已经成为日渐普遍的用工现象，应当从立法、执法和司法等角度予以高度重视。目前，对于与

---

① 据有关数据显示，我国 55.55%的 60 岁老年人以自己的劳动为主要生活来源，在 65 岁的老人群体中，超过 42.5%的老年人以自己的劳动所得作为主要生活依靠，这个比例在 70 岁的老年人中还高达 26.91%。

这类劳动群体相关的关系是受劳动法调整还是受民法规范存在不同看法和做法。所谓不同的看法是指，司法实务中的劳务关系说和劳动关系说，当然也有相对说。所谓不同的做法就是根据不同的看法对再就业老年人与用人单位关系依据不同法律规范进行司法处理的做法。[①] 毫无疑问，从禁止年龄歧视的角度看，确有必要对老年再就业者予以劳动法上的平等对待，并根据社会法的基本原则，对其合法的劳动权利给予特别保护。

劳动法体系指劳动法的各项具体劳动法律制度的构成和相互关系。我国劳动法体系主要由劳动关系法、劳动标准法、劳动保障法以及劳动监督检查法等构成。我国老年人参加社会再就业要以劳动法律体系的相关规定为参照和适用依据。我国目前关于劳动就业方面的法律主要有 1994 年颁布实施的《劳动法》、2007 年颁布实施的《劳动合同法》、2007 年通过的《就业促进法》等。这些法律对劳动者的权利和义务、劳动就业与招工、劳动合同、工作时间和工资、失业保险、国家与政府在就业方面的责任作出了规定，对于保护劳动者权益、维护劳动力市场稳定、促进经济和社会发展具有重要意义。

《专家试拟稿》在第八章“社会参与”中规定了老年人再就业的权利。第 71 条规定：“国家和社会应当重视、珍惜老年人的知识、技能和经验，尊重老年人的优良品德，发挥老年人的专长和作用。国家和社会应当创造条件，保障老年人参与政治、经济、社会和文化生活。”这条规定从总体上明确了老年人参与社会发展时国家和社会应当承担的责任。第 74 条规定：“老年人从事科技开发应用、生产与经营及其他劳动，应当取得合法报酬，合法收入受

---

① 劳务关系说认为，超龄劳动者在劳动关系主体资格上存在瑕疵，其与用人单位之间只能建立民法意义上的劳务关系，在劳务关系上产生纠纷不能作为劳动争议案件处理；劳动关系说分为标准劳动关系说和特殊劳动关系说，前者认为超龄劳动者退休权利的获得并不意味着失去或者放弃了再就业的权利，他们与用人单位的关系是合法的劳动关系，并且由于超龄劳动者实际上弱势状态，更需要劳动法予以特别保护。后者主要是基于超龄劳动者在年龄要件与社会保险待遇等方面的特殊性，主张超龄劳动者的劳动产生的社会关系应当视为一种特殊的用工关系，参照执行劳动保护、工作时间、最低工资等劳动标准的规定。所谓相对说是建立在超龄劳动者是否享有社会保险待遇的前提下，享受者与用人单位的关系按照劳务关系处理，而不享受者与用人单位的关系按照劳动关系处理。[参见《江苏省高级人民法院关于审理劳动争议案件若干问题的意见》(苏高法审委[2004]4 号)、《广东省高级人民法院关于已退休人员与用人单位之间的用工关系是否应按劳动关系处理及相关问题的批复》(粤高法民一复字[2007]14 号)、《上海市劳动与社会保障局关于特殊劳动关系有关问题的通知》(2003)、《最高人民法院关于适用法律若干问题的解释》(三)]

法律保护。"这一条规定了老年人的劳动收入受到法律的保护。确定了老年人的劳动的权利。老年人参与社会再就业可以在一定程度上充分发挥发挥老年人的余热,利用老年人丰富的知识、技能和经验,完善劳动力市场,满足发展社会主义市场经济对于人才的要求;不但可以改善老年人自身的生活条件,而且也可以提升老年人的社会地位和社会作用,实现对老年人独立和尊严的保障。但是老年人参与社会再就业也面临着诸多问题,如老年人加入就业市场,对我国现如今已经很严峻的年轻人的就业形势形成了挑战,如何协调两者的关系成为亟待解决的问题;再如老年人退休之后再就业其原先的人事关系和现工作单位的人事关系如何处理的问题以及各种就业保险的办理问题等等,这些都成为老年人再就业的阻碍因素。解决这些问题是老年人顺利实现再就业、发挥余热的前提条件。因此,保障老年人再就业的权利仅仅依靠老年人权益保障法的规定显然是不够的,还需要劳动就业方面的法律法规以及相关政策与之协调配合。只有实现包括老年人在内的各种就业群体和各种劳动就业政策法规之间的统筹协调,才能真正保障老年人就业权利的实现。

五、人口与计划生育法

中国的老年人数量大、老龄化速度快、来势快,预计到 2030 年,中国将成为全球人口老龄化程度最高的国家。由于中国人口老龄化进程快于经济发展水平,属于"未富先老"的社会,这使得社会对人口老龄化的承受能力显得较为脆弱。造成我国的人口老龄化程度居高不下的一个很显著的原因就是我国长期以来实行的计划生育政策。我国是一个人口大国,人口问题是影响经济健康发展的重要因素。1949 年新中国成立以后,我国人口发展处于自发的和无计划的状态,出生率很高,死亡率显著下降,年平均人口自然增长率从 1840～1949 年的 0.26%猛增到 1952 年的 2%。此后,为了减轻中国人口增长过快带来的经济社会压力,缓解尖锐的人口经济矛盾,中国陆续出台并完善了一系列计划生育来控制人口增长的政策:从 1973 年明确了"晚、稀、少"的方针,到 1974 年 2 月中共中央肯定按"晚、稀、少"要求结婚和生育的政策,再到 20 世纪 80 年代初期的"晚婚、晚育、少生、优生",一直到 2001 年《人口与计划生育法》的出台,诸多举措使得中国的人口增长得到了有效控制。

然而,计划生育政策及相关法律法规的实施在带来生育水平下降的同时,也过快地改变了中国的人口结构。老龄人口在总人口中的比重快速增加,中国提前进入老龄化社会。老龄工作委员会发布的《中国老龄化人口发展趋势预测研究报告》指出:21 世纪的中国将是一个不可逆转的老龄社会,前 20 年将成为"快速老龄化"阶段,随后的 30 年为"加速老龄化"阶段。2051 年,中国老年人口规模将达到 4.37 亿,即每 10 个人中就有 3 个是 60 岁及以上的老人。由于我国多年贯彻的计划生育政策,我国目前的绝大多数的家庭结构为"421"或"422",即 4 位老人,2 位劳动人口,2 位或 1 位儿童。这意味着,一个家庭的 2 个劳动人口将至少赡养 4 位老人及 1 个儿童,其家庭压力可想而知。在城市,退休的老人才有较为规范的养老金可以按月领取。但是,随着老龄化的加速,社会缴纳养老保险的劳动人口变少使这项支出的供求关系也变得日益紧张。显而易见,我国的人口老龄化给老年人权益保障甚至是社会发展带来了巨大的挑战。

因此,人口和计划生育法是否继续实施或作出修改值得商榷。国家应当适时的放宽和调整计划生育政策,使得我国人口增长结构更加科学和均衡,以缓解老龄人口过多造成的社会负担过重的问题,更好地保障老年人权益。

我国人口政策的未来,直接关系着人口老龄化的状态,调整计划生育政策是积极应对人口老龄化的重要政策措施,所以全面放开二胎政策,鼓励一对夫妇生育两个孩子,还是有着重大意义的。毫无疑问,计划生育仍然是一项我们国家的基本国策,无须修改宪法有关计划生育的条款,因为计划生育作为一项基本国策,由过去的一对夫妇只能生育一个孩子到一对夫妇生育两个孩子,只是计划生育政策具体内容的调整,并不影响计划生育作为基本国策的本质要求。调整现行计划生育政策,逐步地、全面地放开一对夫妇两个孩子的政策,与现行《宪法》第 25 条规定的"国家推行计划生育,使人口的增长同经济和社会发展计划相适应"并不矛盾;相反,根据经济社会发展新的情况、新的形势适当调整计划生育政策,正是贯彻宪法精神和规范的体现。根据宪法关于推行计划生育的规定,调整计划生育政策,就需要对相关法律、法规进行修改和完善,将人口生育政策和法律规范与人口老龄化政策法律规范协调起来,将新的人口政策调整和相应的立法修法纳入积极应对人口老龄化长期战略中,依法推行新的人口政策,合理平衡社会人口结构,为社会公正和社会进步创造良好的社会条件。

结 语

自20世纪末进入老龄化社会以来，中国的人口老龄化进程不断加快，高龄老人、空巢老人、失能老人数量剧增，对养老体制、人口政策、社会道德与政府能力等提出了前所未有的严峻挑战。新中国成立后，中国出台了大量的有关保护老年人群体的法律法规，尤其是1996年出台的老年人权益保障法，为应对社会人口老龄化提供了法律基础，在促进老龄事业发展、保障老年人合法权益以及弘扬中华民族敬老、养老、助老、爱老等美德方面发挥了重要的作用。但是，随着我国经济社会的改革与发展、人口老龄化程度的加剧，老年人群体的权益保障出现了一些新难题，面临着“未富先老”与“未备先老”的双重挑战，现有的法律法规已经无法有效地应对日益加剧的人口老龄化带来的社会问题。为了应对这些新难题与新挑战，必须加快修法和立法步伐，关注与研究老年人权益保障的专门法与老年人权益保障的关联法律，以健全与完善老年人权益保障的法制体系，应对人口老龄化社会所带来的挑战，解决人口老龄化带来的诸多社会问题。

从广义上来讲，老年人权益保障的法制体系是以宪法相关条款为龙头，在老年人权益保障法的牵头下形成的关于老年人权益保障的完整的法律制度体系。宪法是重大立法的根据，“根据宪法，制定本法”既体现了宪法的最高地位、规制立法的功能和最高法律权威，其中有关老年人权益保障的法律条款是整个老年人权益保障法律体系的根基，也是其他老年人权益保障法律法规制定的依据。比如，我国《宪法》第45条明确规定：“中华人民共和国公民在年老、疾病或者丧失劳动能力的情况下，有从国家和社会获得物质帮助的权利。国家发展为公民享受这些权利所需要的社会保险、社会救济和医疗卫生事业。”这一条文是老年法的主要依据之一，它明确规定了老年人享有从国家与社会获得物质帮助的权利，国家对此应承担发展相关公共事业的义务，这就为确立老年人的合法权益以及其他老年人权益保障法律法规的制定提供了宪法依据。健全与完善老年人权益保障的法制体系，需要在未来整合现行宪法中相关的社会权与社会政策条款，可以考虑在未来修改宪法时将积极应对人口老龄化确立为基本国策，为老年法制奠定更为牢靠的宪法基础。

毫无疑问，老年人权益保障是一个系统庞大而复杂的社会工程，包含了纷繁复杂的社会课题和制度项目，单独的一部老年人权益保障法难以全面地、完整地涵盖老龄事业的方方面面，也无法有效地规范和指导实践中各类老年人权益保障工作的开展。从这一点看，中国要应对人口老龄化所带来的挑战，除了要修改老年人权益保障法之外，还要关注与研究那些依据宪法制定的与老年人权益保障有关的法律，如婚姻法、继承法、社会保险法，还有妇女权益保障法、残疾人保障法以及正在酝酿制定的社会救助法等，这些法律中与之相关的法律条款构成了老年人权益保障法律制度体系的重要部分。因此，健全与完善老年人权益保障的法制体系，还需要协调老年人权益保障法与婚姻法、继承法、社会保险法等其他相关法律的关系，确保老年人权益保障法律制度体系的完整性和协调性。此外，根据老年人权益保障法制定的专门法律或法规，如社会养老机构、老年人社会优待、老年福利设施方面的立法等，属于老年人权益保障法的配套立法，对社会照料、社会优待、社会救助、老年福利设施等问题作出延伸性与细节性的专门规定，都属于完善老年人权益保障法律体系的重要措施。

中国社会人口老龄化的压力不仅仅体现在大规模的老龄人口，还体现在社会“未富先老”与“未备先老”的老龄社会状态上。高龄老人与失能老人基数过大，平均寿命与平均健康寿命存在较大差距，都已经成为中国国情的一个重要方面。虽然老年人权益保障法为中国的老年人权益保障提供了基本的法律基础，但是从客观上看，应对老龄化社会所带来的挑战，还需要大量的配套制度建设与关联法律跟进。中国的老年人权益保障法制建设需要借鉴发达国家与地区的先进经验，科学合理规划老年事业和老年产业，创新相关的社会政策，完善与发展中国特色老年法制。

修改和完善老年人权益保障法，离不开对关联法律的研究与关注。诸如老年人权益保障立法中关于老年人家庭保护、社会保障、社会福利、社会救济等方面的规定，会与多领域的法律相关联，它涉及公法如宪法、行政法、诉讼法，私法如民法通则、婚姻法、继承法，社会法如社会保险法、妇女权益保障法、慈善法、志愿服务法等方面的规定。这些法律的相关规定构成了老年人权益保障法律制度体系的重要部分。另一方面，这些法律规定之间有时会存在相互矛盾甚至相互冲突的地方，能否处理好相关法律规定与老年人权益保障立法之间的关系，将直接影响到老年人权益保障法的修改及其后续的有效实施。因此，老年人权益保障法要实现维护老年人权益、发展老年事业的目的与宗旨，就必须兼顾老年人的法律权益、福利权益以及老年人社会参与等不同层面，注重与关联法制的协调与统一，确保与其基础法制以及同位法之间保持协调一致，以实现老年人权益保障法的顺利实施。还需要遵循积极应对人口老龄化、特殊群体权益保障、社会公平正义、全面协调和可持续以及义务—责任共担等原则，健全与完善家庭保护、社会保险、社会养老服务、社会救助、社会优待、宜居环境以及社会参与等基本制度，进一步探索国家支持家庭养老、老年人长期护理保险、老年人精神赡养、老年人监护等具体制度，以老年人权益保障法为核心，加强相关配套立法和地方立法，构建中国特色的老年人权益保障法律制度体系。

第五章

老年人权益保障基本制度

人口老龄化的大潮席卷全球，积极应对老龄化成为世界各国的共识性选择。自20世纪末进入老龄社会以来，中国人口老龄化进程不断加快，高龄老人、空巢老人、失能老人数量急剧增加，对国家养老体制、人口政策、社会道德和政府能力等提出了严峻挑战。国家确立积极应对老龄化基本国策和实施老龄事业战略规划，健全和完善家庭保护、社会保险、社会照料、社会救助、社会优待、福利设施以及老年人社会参与等制度，构建老年人权益保障法律制度体系，具有重大现实和战略意义。在老年人权益保障制度建设过程中，尤其应当重视老年人精神慰藉、人身保护、财产保护、老年监护、长期护理保险、高龄优待、老年就业以及国家支持家庭养老制度等制度的建立、健全与完善。

第一节　老年人权益保障制度概述

老年人权益保障制度是旨在维护、实现、保障老年人这一类特别社会群体权益而构建的一系列社会制度体系的统称，它具有社会法属性、经济社会发展水平的规定性以及体系性等特点，其规范渊源包括宪法、法律、行政立法、地方性法规、其他规范性文件、相关政策以及国际性政策法律。

一、老年人权益保障制度内涵

人口老龄化的大潮席卷全球，积极应对老龄化成为世界各国的共识性选择，也是需要人类共同面对的时代课题。自 20 世纪末进入老龄社会以来，中国人口老龄化进程不断加快，高龄老人、空巢老人、失能老人数量剧增，对养老体制、人口政策、社会道德和政府能力等提出了严峻挑战。1996年出台的《老年人权益保障法》已经不适应当前人口老龄化的严峻形势，尤其不适应家庭养老功能减退、养老社会化增强的趋势。国家确立积极应对老龄化基本国策和实施老龄事业战略规划，健全和完善社会保险、社会救助、社会照护、福利设施、社会优待以及老年人社会参与等制度，构建老年人权益保障法律制度体系，具有重大现实和战略意义。

我们所称的"老年人权益保障制度"指的是旨在维护、实现、保障老年人这一类特别社会群体权益而构建的一系列社会制度体系的统称。这个概念至少包含三层含义：第一，这是围绕一类特别群体——老年人的制度建设，尽管静态地看不适用于社会生活中的所有人，但理论上讲，老年是每个人人生要经历的重要阶段，都需要适用老年制度，因此制度建设具有普遍意义。第二，关于老年人的权益特别保障。老年人由于生理的局限性，在获取社会资源、保障自身权益方面处于相对弱势地位，因而需要给予特别的制度关照。另外，老年人在权益需求上具有特殊性，如尤其需要来自家庭的精神慰藉、需要更有利的社会照料和医疗服务等，这些都需要构建特别的保障机制。第三，老年人的权益保障制度呈现出一个内容丰富、互相关联的体系。老年人权益的实现需要动员社会各个方面的力量（如政策的、法律的、经济的、文化的、道德的等）予以保障，但是在所有的保障手段中，法律手段是最为具体、操作性强同时也以国家强制力保障实施的路径，其他各种手段的运用亦需要遵循法治的基本要求展开，因此，我们将着重探讨老年人权益保障的法律制度。

二、老年人权益保障法律制度特点

（一）社会法属性

近些年来，随着我国经济社会不断发展，中国特色社会主义事业的总体布局由社会主义经济建设、政治建设、文化建设三位一体发展为社会主义经济建设、政治建设、文化建设、社会建设四位一体的结构，其中将社会建设摆在更加突出的位置；与之相对应，在法律体系中，应当加强社会领域的立法，老年人权益保障法的修订正是在新的社会环境下的制度选择，从部门法意义上，它属于社会法的范畴。社会法既修正了以自由平等为价值圭臬的民法理念，也改造了以管理秩序为目标的公法理念，它充分考虑并更加关注人在生理、经济、生存等方面的现实能力差异，主张通过具体的权利保障实现社会公共利益配置的均衡化和公平化。社会法形塑了国家干预、参与的积极角色，同时也制约和防止私权的滥用，它通常以社会弱势群体的利益为保障目标，追求的是实质平等和社会正义。因此，就老年人权益保障制度而言，其社会法的定位决定了在整个保障体系中，国家是首要的义务主体，国家的积极作为是基本的制度形态，家庭以及其他社会成员也具有保障义务，但相对于国家处于稍后位次。

（二）经济社会发展水平的规定性

历史地看，社会法的产生，源于社会的结构性矛盾，其制度目的在于解决或缓解一国社会中的时代问题或矛盾，一定意义上讲，一国社会法的状况能够映射其经济社会发展情况，具有强烈的政策性和实用主义色彩。汉斯·F·察哈尔教授认为："社会法可以理解成反映社会政策的法律。'社会政策'主要意味着：保证所有人的生存合乎人的尊严，缩小贫穷之间的差距，以及消除或限制经济上的依赖关系。"[①]因此，社会法天然具有明显的政策性和时代特征，社会法将随着社会问题的不断显现和国家采取的不同社会政策而在范围和内容上不断调整和发展。一个国家的历史传统、经济社会文化发展都影响着相应范围内老年人权益保障的状态。以我国为例，1996 年《老年人权益保障法》规定，"老年人养老主要依靠家庭""赡养老年人应当履行对老年人经济上供养、生活上照料和精神上慰藉的义务"，其中该部法律用较多的规范规定了老年人的生存、生活的物质保障问题，相对而言关于老年人精神生活、社会参与等方面的规定较少，老年人的社会福利、优待水平也处于较低层次。随着经济社会文化等各领域的发展以及老龄化程度的提高，在老年人权益保障法修订过程中，更多的主张是国家和社会将承担越来越多的老年人经济供养、社会照料功能以减轻家庭负担，社会福利和优待水平也相

① ［德］汉斯·F·察哈尔：《德意志联邦共和国的社会法》，载《外国法译丛》1984 年第 3 期。

应提升。经济社会发展水平的规定性决定了老年人社会保障制度存在较大的地域差异,在这个问题上,国家层面的政策或立法的要承担规定基本保障条件或标准的任务,各地在此基础上不断提高保障水平。

(三)体系性

体系性包含内容与形式两个方面。形式上它指的是老年人权益保障远不是由一部法律就能完成的,它需要逐渐形成、完善一个由政策与立法共同构成,以宪法为统领,以老年人权益保障法为基础,以其他相关立法为辅助,以行政法规、地方性法规、行政规章等为具体制度载体,以国内、国际政策性文件为指导,具有内在统一性的制度体系。内容上它是指老年人权益保障制度的建构完善要充分梳理和发掘老年人权益的全部外延,辅以相应的制度关照,依照我们的认识,这个内容体系至少包括老年人权益的家庭保障、社会保障、社会照料、社会优待、社会救助、福利设施、社会参与以及法律责任等较为全面的体系。

三、老年人权益保障法制体系

(一)宪法

宪法在老年人权益保障制度体系构建方面发挥着纲领性作用,是老年人权益保障立法的基本依据。现行宪法中有关老年人权益保障的规定主要包括:(1)第 33 条规定国家尊重和保障人权,十届全国人大二次会议通过的宪法修正案,将该表述正式载入宪法,成为我国社会主义民主和法制建设达到一个新水平的标志,对推进我国人权事业,实现社会全面进步将产生重大而深远的影响。“尊重和保障人权”作为一项宪法原则,首先会对我国立法起到重要的指导作用,人权需要在具体的法律关系中体现出来,尤其要关注社会生活中包括老年人在内的相对弱势的人的权利保障。其次它将指导国家机关及其工作人员重新定位的社会、公民之间的关系,重申人民主权原则,政府真正承担起人权保障义务;再次它将指导人与社会、人与自然资源的协调发展,实践证明,片面强调经济增长,忽视社会全面发展和人文关怀,会导致社会与经济发展失衡,人权保障原则下的制度建设会更加凸显人本主义。(2)第 44 条规定了企事业单位与国家机关工作人员的退休制度和相应的社会保障。尽管该条没有直接出现“老年人”的概念,但一般意义上,年老是退休的最主要原因，我国在老年人权益保障法修订过程中，立法机关、实务部门以及相关学者都注意到了退休年龄与“老年人”年龄界定的衔接问题。但值得注意的是，该条规定对老年人权益的保障还是建立在城乡二元社会结构前提下的。(3)第45条规定，“中华人民共和国公民在年老、疾病或者丧失劳动能力的情况下，有从国家和社会获得物质帮助的权利。国家发展为公民享受这些权利所需要的社会保险、社会救济和医疗卫生事业”，成为老年人获得物质帮助权的直接依据。(4)第49条规定，“禁止虐待老人、妇女和儿童”，是通过对其他社会主体的行为限制保障老年人基本的人身、财产权利。

应当说，我国现行宪法关于老年人权益保障的规定对指导老龄事业发展有着重要的意义，但上述规定尚不够充足系统。随着国家老龄化程度的加剧，老龄事业应当提高到一个更加突出的位置上予以应对，我们认为，有必要将积极应对老龄化作为基本国策由宪法规定下来，引领整项老龄事业的发展。

(二)法律

法律是老年人权益保障制度中的基本形态，主要由老年人权益保障法以及多部相关法律组成。老年人权益保障法是老年人权益保障领域的基本立法，也是老年人权益保障的最直接依据，具有完整、全面、系统的特点，属于社会法的范畴。除了制度目的、维护老年人权益保障的基本原则之外，还应当涵盖老年人的家庭保障、社会保障、社会照料、社会优待、社会救助、福利设施、社会参与以及法律责任等若干内容。老年人权益保障法之外，还有不少法律尽管不是针对老年人的专项立法，但也有相关规定，从而成为老年人权益保障法制体系中的重要组成部分。如社会保险法规定了基本养老保险制度，婚姻法规定了保护妇女、儿童和老人的合法权益的原则，个人所得税法规定对离退休工资、生活补助费以及孤老人员所得减征或免征个人所得税，刑法以修正案的方式规定了75岁以上的老年人不适用死刑，等等。

(三)行政立法

政府是老年人权益保障的重要义务主体，行政立法是老年人权益保障的重要制度载体。行政立法包括行政法规与行政规章两类，前者指的是国务院为领导和管理国家各项行政工作，根据宪法和法律，按照法定程序制定的政治、经济、教育、科技、文化、外事等各类法规的总称;后者指的是指国务院各部委以及各省、自治区、直辖市的人民政府和省、自治区的人民政府所在地的市以及国务院批准的较大市的人民政府根据宪法、法律和行政法规等制定和发布的规范性文件。国务院各部委制定的称为部门行政规章,其余的称为地方行政规章。在老年人权益保障方面,我国尚没有专门的行政法规出台,在其他行政法规中也只有零星涉及。我们认为,有法可依是保障老年人权利实现的根本前提,积极应对老龄社会应当完善相应立法,以老年人权益保障法为龙头,强化政府包括立法在内的各项责任,完善社会生活中问题突出、需求紧迫的老年人养老、医疗方面的行政立法,如制定养老保险条例、医疗救助条例等等。与老年人权益保障相关的行政规章主要集中在地方性规章上,如广东省政府制定的《广东省民办社会福利机构管理规定》,北京市出台《城乡无社会保障老年居民养老保障办法》,苏州市制定《苏州市无障碍设施管理办法》等。相应地,国务院各部门的规章中关于老年人权益保障的内容较为零散,数量不多,主要有民政部制定的《光荣院管理办法》等。

(四)地方性法规

地方性法规指的是地方立法机关制定的,在地方区域内发生法律效力的规范性法律文件,其效力低于宪法法律和行政法规,在体现地方特点方面具有重要制度功能。老年人权益保障方面的地方性法规数量众多,现行老年人权益保障法出台以后,各地纷纷制定落实该部法律的地方性规定,多以地方性法规的形式出现,如各省、市、区的实施《中华人民共和国老年人权益保障法》办法、保护老年人合法权益条例、老年人保护条例,当然也有专项法规,如《天津市老年人教育条例》等。

(五)其他规范性文件

其他规范性文件指的是行政机关及被授权组织为实施法律和执行政策,在法定权限内制定的除行政法规和规章以外的决定、命令等具有普遍性行为规则的总称。这些文件尽管法律效力不够高,但在数量上并不少,也是老年人权益保障制度的重要载体。如《珙县农村互助养老试行办法》《九台市高龄老人生活补贴(暂行)管理办法》、北京市民政局制定的《特殊老年人养老服务补贴办法》以及其他各地的老年人社会优待规定等等。

（六）相关政策

政策与法制交织是老年人权益保障制度的突出特点，其中在不少具体领域呈现出主要由政策推进的特征，这也成为较长一个时期诸多社会事业发展模式的缩影。理论上讲，以“纲要”“意见”等形式确认的社会政策并没有法律约束力，但事实上仍会因制定以及发布主体的权威性而产生实际的效力；这些政策往往不采用“行为模式＋法律后果”的规范形式，主要通过确立指导思想、明确方针路线、确认原则或者规定实施措施等方式引导社会主体的行为；这些政策主要依靠公共生活中的行政力量推行，较少设定社会关系紧张时的解决方案，更少有司法资源的介入。这些政策既包括宏观的社会规划，如《国家人权计划》《中国老龄事业发展“十二五”规划》《中共中央国务院关于加强老龄工作的决定》以及各地的老龄事业发展五年规划，也包括老龄事业中的某一领域的相关政策，如全国老龄办出台的《关于加强老年人优待工作的意见》、民政部颁布的《社区老年福利服务星光计划》、河北省人民政府发布的《关于加快发展养老服务业的意见》等，还包括在更加具体的领域针对老年人权益保障的政策，如《天津市关于推进居家养老服务政府补贴工作的实施意见》、北京市民政局《关于资助街道乡镇养老服务机构建设的通知》等等。

（七）国际性政策法律

人口老龄化问题已经成为全世界范围内的共同问题，也引起了国际社会的关注，联合国和许多国家如中国、日本、瑞典、法国等都组建了一些较为完善的老龄科研组织和机构，在自然科学和社会科学两个方面加强对老龄问题的综合研究，联合国于 1982 年在维也纳举行了第一届老龄问题世界大会，在以后 16 年的历届大会上都涉及了老龄化的问题，并先后作出了一系列重大决议，如《维也纳老龄问题国际行动计划》、“十一国际老人节”、《联合国老年人原则》等，1992 年第 47 届联大通过的《世界老龄问题宣言》，这些文件都成为发展我国老龄事业的重要指导。

第二节　完善老年人权益保障制度体系

1996 年颁布实施的《老年人权益保障法》共五章，确立了包括家庭赡养与扶养、社会保障、参与社会发展、社会优待以及法律责任在内的制度体系。

随着老龄化进程的深入,老年人权益保障出现了诸多新问题、新情况,这一制度体系已经不能满足老年人权益保障的新需要。为此,应当以老龄化的现实国情为背景,借鉴域外老年法制的有益经验,修改、完善我国老年人权益保障法制体系,逐步形成以家庭保护、社会保障、社会照料、社会救助、社会优待、福利设施、社会参与以及法律责任在内的制度体系。

一、家庭保护

我国自古就有敬老、养老的优良传统。敬老意指尊重、敬重老人,是个人、家庭甚至全社会的价值尺度,在某种程度上讲,"老吾老以及人之老"主要是在敬老方面尊重老一辈,而养老一直以来是家庭的基本责任和功能,"养儿防老"意指通过组建新的家庭来承担养老的职能。在当代,特别是西方社会,社会法治国代替自由法治国成为治国理政的重要思想,福利国家理念盛行,人们过着"从摇篮到坟墓"的生活,养老也因此成为国家的责任。"现代福利国家的公共、市场、公民社会的服务体系已介入个人私生活很深,但是家庭照顾仍是非常重要的一环。"[①]西方社会虽然也强调家庭的养老责任,但养老的主要责任还在于国家。基于我国家庭在养老方面的历史传统以及 1996 年《老年人权益保障法》出台时我国人口老化程度相对较低的现实情况,现行《老年人权益保障法》第 10 条规定:"老年人养老主要依靠家庭,家庭成员应当关心和照料老年人。"该法将养老责任主要赋予家庭有其历史原因和现实必要性。然而经过二十多年的发展,我国人口老化率正飞速增长[②],加之严格的计划生育政策,家庭的养老负担正越来越重,甚至已经超出了家庭的承受能力,一个家庭承担 8 位老人的养老责任将成为普遍现象。在这种情形下,国家、社会承担更多的养老责任具有现实必要性,应当逐步实现由家庭养老模式向社会养老模式的转变。但是,社会承担部分甚至主要养老责任并不意味着家庭养老责任的克减,家庭仍然是养老的主要载体。实际上,考虑社会流动越来越快、空巢老人越来越多的现实状况,家

---

① 林万亿:《社会福利》,五南图书出版股份有限公司 2010 年版,第 320 页。

② 资料显示,2011 年底,全国 60 岁及以上老年人口为 18499 万,占总人口的 13.7%。而到 2014 年底,中国 60 岁以上老年人口已达 2.12 亿,80 岁以上高龄老年人人口达到 2400 万。

庭还应当承担新的精神慰藉责任。[①]

我国《宪法》第49条第3款规定，父母有抚养教育未成年子女的义务，成年子女有赡养扶助父母的义务。1996年《老年人权益保障法》第11条第1款规定，赡养人应当履行对老年人经济上供养、生活上照料和精神上慰藉的义务，照顾老年人的特殊需要。可见赡养老人是成年子女的宪法性义务，具体包括经济供养、生活照料和精神慰藉等三方面的内容。首先，赡养义务人应当为老人提供充足的物质保障，也即经济上的供养。山东大学老年人权益保障立法研究课题组起草的《专家试拟稿》第15条规定："赡养义务人应当履行对老年人经济供养的义务，保证老年人的基本生活水平不低于赡养义务人家庭成员的平均水平。对无经济收入或者收入低微的独居老年人，赡养义务人应当定期（按月）给付必需的生活资料、生活零用，或者定期（按月）给付赡养费。"物质保障是老年人安度晚年的基础，没有相对充分的物质保障再充足的精神慰藉也没有意义。经济供养侧重于为老年人"出钱"。其次，赡养义务人还应当尽力照顾好老年人的衣食起居，特别是应当为患病老年人提供医疗护理。生活照料要求赡养义务人为老年人"出力"。例如，现行《老年人权益保障法》第12条规定，赡养人对患病的老年人除提供医疗费用外，还应当同时提供医疗护理。又如，同法第13条规定，赡养人应当妥善安排老年人的住房，不得强迫老年人迁居条件低劣的房屋。对于老年人自有的住房，赡养人有维修的义务。还如，同法第14条规定，赡养人有义务耕种老年人承包的田地，照管老年人的林木和牲畜等。《专家试拟稿》第17条进一步规定："赡养义务人应当履行对老年人的生活照料义务，尊重老年人的生活习惯和特殊需要。对生活不能自理的老年人应当承担护理责任，不能亲自照料护理的，可以按照老年人的意愿，委托他人或者养老机构照护，老年人照护费用由赡养义务人承担。"最后，家庭还应当成为老年人精神慰藉的重要提供者。随着生活水平不断提高，越来越多的老人更加

① 北京大学中国社会科学调查中心完成的《中国民生发展报告（2012）》显示，全国13.2%的家庭夫妇只生育子女但不与子女同住，全国有75.2%的已婚成年子女不与父母同住，即"空巢"家庭。而"丁克"家庭（尚未生育子女的家庭）仅为1.4%。因此，虽然夫妇与子女同住仍为最主要的家庭形态，但"空巢"家庭比例迅速上升，势必带来养老、家庭服务、情感关怀等问题。此外，家庭代际结构也发生了变化，2代户（父母和子女同住）家庭占比最高，四世同堂家庭仅占1.9%。（《中国民生发展报告（2012）》，载2012年8月6日《北京日报》）

注重精神层面的需求,老年人精神赡养问题日益受到社会的广泛关注。过去农业社会模式下,“三代同居”“四世同堂”是正常现象,而现在工业社会模式下,社会分工进一步明确,人口流动成为常态,子女升学、异地工作等成为必然趋势,不要说“三代同堂”了,就连“两代同堂”的可能性也正变得越来越小。为此,《专家试拟稿》第20条明确规定,赡养义务人应当履行对老年人的精神慰藉义务,不得忽视、冷落、孤立老年人。与老年人分开居住的赡养人,应当经常看望或者问候老年人。用人单位应当按照有关规定保障赡养人探亲休假的权利。鼓励家庭成员与老年人共同生活或者就近居住,为老年人随配偶或者赡养人迁徙提供条件,为家庭成员照料老年人提供帮助。精神慰藉实为赡养义务人为老年人“出情”。

根据责任的性质不同,家庭的养老责任可以区分为积极养老责任和消极养老责任两个层面。积极责任是消极责任的基础,它要求家庭成员必须以积极行动满足老年人经济、生活、医疗、住房、精神等多方面的需求;消极责任是积极责任的保障,它要求对于老年人的人身权益、财产权益、婚姻选择,赡养义务人不得干涉。一般而言,家庭养老责任以积极责任为基础。如现行《老年人权益保障法》第11条规定:“赡养人应当履行对老年人经济上供养、生活上照料和精神上慰藉的义务,照顾老年人的特殊需要。”第12条规定:“赡养人对患病的老年人应当提供医疗费用和护理。”第14条:“赡养人有义务耕种老年人承包的田地,照管老年人的林木和牲畜等,收益归老年人所有。”从这些条款中“应当履行”“应当提供”“有义务耕种”等用语即可看出家庭的积极养老责任。当然,消极责任也是家庭养老责任不可或缺的部分。实践中,遗弃、虐待老年人的现象时有发生,私分、剥夺老年财产的现象还很严重,不当干涉老年人婚姻的现象也屡见不鲜,对于老年人的人身、财产权益以及婚姻选择等与一般人相同的权益类型,家庭成员应当保持法定的克制责任,不得非法干涉。例如,现行《老年人权益保障法》第13条规定:“赡养人应当妥善安排老年人的住房,不得强迫老年人迁居条件低劣的房屋。老年人自有的或者承租的住房,子女或者其他亲属不得侵占,不得擅自改变产权关系或者租赁关系。”第15条规定:“赡养人不得以放弃继承权或者其他理由,拒绝履行赡养义务赡养人不得要求老年人承担力不能及的劳动。”第18条规定:“老年人的婚姻自由受法律保护。子女或者其他亲属不得干涉老年人离婚、再婚及婚后的生活。”第19条规定:“老年人有权依法处分个人的财产，子女或者其他亲属不得干涉，不得强行索取老年人的财物。”……这些规定均是家庭消极养老责任的体现。不仅如此，同法第15条进一步规定，赡养人不履行赡养义务，老年人有要求赡养人付给赡养费的权利。我国《刑法》第261条规定，对于年老、年幼、患病或者其他没有独立生活能力的人，负有扶养义务而拒绝扶养，情节恶劣的，处五年以下有期徒刑、拘役或者管制。上述老年人权益保障条款均是《宪法》第13条第2款“国家依照法律规定保护公民的私有财产权和继承权”、第49条第3款“父母有抚养教育未成年子女的义务，成年子女有赡养扶助父母的义务”、第4款“禁止破坏婚姻自由，禁止虐待老人、妇女和儿童”的具体化，是老年人权益保障的制度基础。需要说明的是，在老年人权益保障法修订论证过程中，有不少人认为，老年人人身权、财产权、婚姻自由等内容已经有刑法、民法、婚姻法、继承法等法律予以规定，没有必要出现在老年人权益保障法中。毫无疑问，任何一部法律都应自成体系，老年人权益保障法也不例外。出于这样的考虑，应当将人身权、财产权、婚姻自由等内容在老年人权益保障法“点出”，而没有必要作细化规定。这样一来可以使得老年人权益自成体系，二来可以强调老年人人身权、财产权、婚姻自由权保护的重要性。至于具体的操作问题，老年人权益保障法中的人身权、财产权、婚姻自由权条款的实施需要结合刑法、行政法、民法、婚姻法等老年人权益保障相关法及其实施细则中的相关规定。

二、社会保障

在我国目前的老龄化背景下，家庭已经无法单独承担起养老的职责，养老服务社会化是目前养老制度发展的重要趋势之一。社会也因此需要承担起更多的养老责任，应当在经济照顾、生活照料、医疗服务等方面为老年人提供保障，这就是社会保障的基本含义。在老年人权益保障的主体当中，社会保障与政府保障、家庭保障相并列，它有广义和狭义之分。广义的社会保障包括社会保险、社会照料、社会救助、社会福利等内容；狭义的社会保障实际上就是指社会保险，主要包括养老保险和医疗保险两个方面的内容。从老年人权益保障法的体系和完整性、我国现行法制的协调统一等方面考虑，老年人权益保障法中的社会保障采取狭义为宜，从而社会保障与家庭保护、社会照料、社会优待、社会救助、社会参与等构成比较完整的老年人权益保障体系。实际上,这样的制度安排也是多数国家所采取的。例如,美国的《社会保障法》主要有五项内容,即养老保险、医疗保险、失业保险、伤残保险和儿童救助,而儿童救助的主要方式也是通过社会保险实现的;英国的社会保障类法律,主要由《国民健康保险法》《国民保险法》《失业保险法》《养老金法案》等一系列法案组成,主要内容仍然是社会保险。就社会保险的本质而言,我国《宪法》第45条规定:"中华人民共和国公民在年老、疾病或者丧失劳动能力的情况下,有从国家和社会获得物质帮助的权利。国家发展为公民享受这些权利所需要的社会保险、社会救济和医疗卫生事业。"基于此,有学者认为,社会保险权作为基本人权,首先是一种应然的权利,经我国宪法确认而成为法定的权利。[①] 因此,《宪法》第45条可看作是国家建立老年人养老保险和医疗保险的根本依据。

为保障公民在年老、疾病、工伤、失业、生育等情况下依法从国家和社会获得物质帮助,我国社会保险法确立了基本养老保险、基本医疗保险、工伤保险、失业保险、生育保险等社会保险制度体系。五个险种遵循某些共同的保险理念或原则,但也各有差异。针对老年人的社会保险(主要包括养老保险和医疗保险),应当遵循如下原则:

(一)公共性原则为基础,兼顾保险性原则

社会保险作为一种公共产品,应由国家、社会和个人共同提供。《社会保险法》规定:"基本养老保险基金由用人单位和个人缴费以及政府补贴等组成。"根据我国《宪法》第45条的规定,社会保险权是一项基本人权,为此,国家或政府负有社会保险的责任。具体而言,国家负有建立社会保险制度、承担社会保险运行、提供社会保险财政支持、监督管理社会保险资金的责任。同时,"社会保险是社会公共性与保险原理性紧密结合的产物,社会保险立法在强调社会属性的同时,应当注重其不可忽略的保险属性"[②]。作为社会保险起源地的德国,始终坚持保险原则。德国所奠定的保险原则主要蕴涵有二:一是保险权利和义务相对应的原则。只有履行了社会保险义务

---

① 参见郑尚元、扈春海:《中国社会保险立法进路之分析——中国社会保险立法体例再分析》,载中国社会保障论坛组委会编:《第三届中国社会保障论坛文集》,中国劳动社会保障出版社2009年版,第561~562页。

② 方乐华:《论〈社会保险法〉的保险原则——兼论我国社会保险立法的完善》,载《工会理论研究》2011年第5期。

的主体，才能主张和享受社会保险权利。二是互助共济共同抵御生活风险的原则，权利和义务相对应着眼于参加社会保险的个体，而互助共济则针对参加风险共同体的群体。因此，社会共同体和有关当事人也负有社会保险的义务。

然而，老年人权益保障中的社会保险与一般的社会保险也有不同之处。保险原则是社会保险制度中的基石与定海神针，社会保险立法和施法，应当以保险原则为基本原则，遵循和贯彻保险原则中的保险原理和规则，而不应把社会保险看作是社会福利的附庸。但是，养老保险、医疗保险与工伤保险、失业保险、生育保险还略有不同。人人都会年老，每个人都是老龄社会的组成部分，每个人都需要养老保险；几乎所有人都会患病，几乎人人都需要医疗保险。而工伤保险、失业保险、生育保险的保险对象则相对较少。这也是我国《宪法》第 45 条规定年老、疾病、丧失劳动能力的情况下，而没有规定工伤、失业、生育等情况下，有获得物质帮助的权利的重要原因。基于此，老年人的社会保险（主要包括养老保险和医疗保险）应当在兼顾保险原则的基础上，以公共性为基础，尤其强调国家提供社会保险的责任。

（二）广覆盖原则

党的十七大报告明确提出了到 2020 年基本建立覆盖城乡居民的社会保障体系的目标。要实现此目标，应当在制度设计上将社会保险覆盖各类人群，应当通过不同的制度设计，将所有老年人都纳入基本养老和医疗保险体系。《社会保险法》第 3 条确立了广覆盖的原则，基本养老保险和基本医疗保险覆盖了所有职工和城乡居民。《社会保险法》第 22 条第 1 款规定："国家建立和完善城镇居民社会养老保险制度。"这一规定与第 20 条有关农村社会养老保险的规定，是《社会保险法》第 3 条规定的"广覆盖原则"的具体体现。广覆盖体现了社会公平的思想，贯彻了社会保险普遍性的原则，将我国境内所有用人单位和个人都纳入了社会保险的覆盖范围，其中基本养老保险和基本医疗保险覆盖了我国城乡全体居民，以实现"老有所养，病有所医"。

《社会保险法》规定了职工基本养老保险、新型农村社会养老保险、城镇居民社会养老保险三项具体养老保险制度和基本医疗保险、新型农村合作医疗保险、城镇居民基本医疗保险三项具体医疗保险制度。关于基本养老保险制度，根据《社会保险法》第二章的规定，城镇职工参加基本养老保险，无雇工的个体工商户、未在用人单位参加基本养老保险的非全日制从业人员以及其他灵活就业人员可以参加职工基本养老保险;农村居民参加新型农村社会养老保险;城镇居民参加城镇居民社会养老保险。关于基本医疗保险制度,根据《社会保险法》第三章的规定,城镇职工参加基本医疗保险,无雇工的个体工商户、未在用人单位参加基本医疗保险的非全日制从业人员以及其他灵活就业人员可以参加基本医疗保险;农村居民参加新型农村合作医疗制度;城镇居民参加城镇居民基本医疗保险制度。与社会保险法相一致,老年人权益保障法也应当对上述社会保险制度作出规定。

(三)统筹但有区别原则

社会保险的重要价值目标之一是实现社会公平正义。为实现这一目标,国家必须统筹规划全国范围内的社会保险事业的发展与运行。例如,我国《社会保险法》即规定,基本养老保险基金逐步实行全国统筹。但是长期以来,养老保险的碎片化导致"地方老人地方养"的分割局面,给老龄化程度较深的地区造成了巨大压力。以上海为例,"最让人苦恼的是上海社保基金的'入不敷出',这一情况已经到了出现严重穿底的境地,而未来二十年这一用财政收入填补社保基金窟窿的局面会越来越严重"。"社保基金严重穿底,仅2008年上海市级财政收入为上海社保基金托底170亿~180亿元,占到了市级财政收入的17%~18%,而预计今年还需要增加60亿~70亿元才能把社保基金的窟窿补上。"[①]与此形成对比的是,一些人口年龄结构合理、经济发达的地区,养老金储备绰绰有余。为此,社会保险应逐步实现全国统筹,实现全体国民共负、共担、共享的目标。

毫无疑问,社会保险制度的目标是尽可能地覆盖全体社会成员,但由于受传统的户籍制度和用工形式的影响,存在城乡差别和职业差别,在社会保险制度设计中,既要考虑保险制度的统一性,也要考虑保险对象的差异性,应该建立起面向全民的、多层次的、适用于不同人群的社会保险法律体系。为此,我国《社会保险法》第3条除规定广覆盖原则外,还规定了多层次的原则。一方面,一国的社会保险水平应当与该国的经济发展水平相一致;另一方面,社会保险是国家的责任,地方的事情,在我国尤其如此。因此,应当允

① 2009年1月6日,俞正声在与上海市政协委员座谈会上的讲话。转引自方乐华:《论〈社会保险法〉的保险原则——兼论我国社会保险立法的完善》,载《工会理论研究》2011年第5期。

许一国不同地区的社会保险水平出现差异的情况。我国《社会保险法》第5条规定:“县级以上人民政府将社会保险事业纳入国民经济和社会发展规划。国家多渠道筹集社会保险资金。县级以上人民政府对社会保险事业给予必要的经费支持。”实际上,在养老保险制度方面,目前世界各国呈现出由职业养老保险向全民养老保险转变的趋势,但是通常要对公民所处的社会阶层进行适当的区别对待。例如,在德国,受雇的劳动者以及特定的自雇者被强制加入养老保险制度,而对于其他公民则可以自愿加入。我国目前还有许多灵活就业人员没有参保,应当采取强制措施将职业劳动者都纳入到社会保险,而对于其他人员则可以建立自愿参保的机制。为此,在老年人权益保障方面,应当针对不同类别的老年人,分别适用职工基本养老保险、新型农村社会养老保险、城镇居民社会养老保险和基本医疗保险、新型农村合作医疗保险、城镇居民基本医疗保险。

三、社会照料

社会照料是养老服务社会化的重要内容。尽管一再强调并重视家庭的养老责任,但不可否认,随着人口老化率持续升高、家庭小型化趋势加重,家庭照料已经无法满足老人照料的需要,社会应当承担起更多的养老责任。同样作为广义社会保障的重要内容,社会照料与社会保险、社会救助承担着不同的功能,社会保险侧重于为老年人帮“钱忙”,社会救助侧重于为老年人提供最低安全“防护网”,而社会照料侧重于为老年人帮“人忙”。《专家试拟稿》删除“老年人养老主要依靠家庭”的规定,将社会照料单列一章,凸显了国家对社会养老的重视,符合我国目前的养老国情。这是因为,尽管大部分老人还是由家庭成员提供照顾,但随着家庭规模的缩小、家庭功能的萎缩以及妇女劳动参与率的提升等多种因素,家庭照顾不足的现象明显出现,家庭照顾的供给明显不能满足老年人照顾的需求。[①] 社会照料也因此凸显其重要性。

我国台湾地区《老人福利法》规定了居家式、社区式和机构式等三种类型的社会照料服务。该法第16条规定:“老人照顾服务应依全人照顾、在地老化及多元连续服务原则规划办理。直辖市、县(市)主管机关应依前项原则,并针对老人需求,提供居家式、社区式或机构式服务,并建构妥善照顾管

① 参见林万亿:《社会福利》,五南图书出版股份有限公司2010年版,第320页。

理机制办理之。"紧接着，该法第 17 条、18 条、19 条分别对居家式、社区式、机构式等三种社会照料方式作了详细规定。[①] 不仅如此，该法第 19 条还规定，机构式服务应以结合家庭及社区生活为原则，并得支援居家式或社区式服务。

与台湾地区的做法相类似，《专家试拟稿》也规定了居家式、社区式、机构式等三种类型的社会照料方式。考虑我国自古就有安土重迁的历史传统以及"在地老化"理念的影响，在三种社会照料方式中，应当坚持居家式优先、社区式其次、机构式最后的照料原则。2012 年，全国老龄办发布的《2011 年中国老龄事业发展统计公报》指出，大部分老年人愿意独立或与子女共同居住在环境熟悉的社区，居家养老的意愿始终占据主流。而老年人居住养老机构的意愿，城镇老年人愿意住养老机构的比例十年间从 18.6%降到 11.3%，农村老年人则从 14.4%下降到12.5%。[②] 日本在老年人照料社会化的进程中，采取的是"在传统家庭照顾模式的伦理考量上，逐步将老人照顾社会化，同时避开老人照顾机构化及大型化的困境"的社会化方式。[③] 因此，《专家试拟稿》第 37 条规定："国家兴办公共养老设施和机构，建立健全包括居家照料、社区照料、机构照料等内容的老年人社会照料体系……"同时，第 38 条、39 条、40 条分别对居家照料、社区照料、机构照料等三种照料方式作了较为详细的规定。

---

① 我国台湾地区《老年人福利法》第 17 条规定："为协助失能之居家老人得到所需之连续性照顾，直辖市、县(市)主管机关应自行或结合民间资源提供下列居家式服务：一、医护服务。二、复健服务。三、身体照顾。四、家务服务。五、关怀访视服务。六、电话问安服务。七、餐饮服务。八、紧急救援服务。九、住家环境改善服务。十、其他相关之居家式服务。"第 18 条规定："为提高家庭照顾老人之意愿及能力，提升老人在社区生活之自主性，直辖市、县(市)主管机关应自行或结合民间资源提供下列社区式服务：一、保健服务。二、医护服务。三、复健服务。四、辅具服务。五、心理咨询服务。六、日间照顾服务。七、餐饮服务。八、家庭托顾服务。九、教育服务。十、法律服务。十一、交通服务。十二、退休准备服务。十三、休闲服务。十四、资讯提供及转介服务。十五、其他相关之社区式服务。"第 19 条规定："为满足居住机构之老人多元需求，主管机关应辅导老人福利机构依老人需求提供下列机构式服务：一、住宿服务。二、医护服务。三、复健服务。四、生活照顾服务。五、膳食服务。六、紧急送医服务。七、社交活动服务。八、家属教育服务。九、日间照顾服务。十、其他相关之机构式服务。"

② 参见《2011 年度中国老龄事业发展统计公报》，载"光明网"：http://www.022net.com/2012/7—10/49212320288528.html。最后一次访问为 2012 年 8 月 8 日。

③ K. Higuchi, "Women's Association for a Better Ageing Society," *Geriatrics and Gerontology International*, 4, 2004, pp. 229-231; I. Peng, "Pushing for Social Care Expansion Demography, Gender and the New Politics of the Welfare State," *American Asia Review*, XXI(2), 2003, pp. 25-55.

(一)居家照料

相比较自由主义法治国而言,社会法治国的公共、市场、公民社会的服务体系已介入个人私生活很深,在老年人照护方面出现了多种多样的样态和方式,如机构照护、社区照护、长期照护等,但家庭仍然是老年人最习惯、最舒适的居所。在家庭成员照护不足以满足老年人照护需求时,应当首先考虑居家照护。居家照护与家庭照护不同,后者是家庭成员对老年人进行的照护,属于家庭保护的范畴,前者是非家庭成员在老年人居所进行的照护,属于社会照护的范畴,与机构照料、社区照料相对应。

(二)社区照料

传统上,老年人照顾由家庭和政府主办的养老机构承担。在老年人照料社会化趋势、家庭照护资源不足以及机构照料成本较高等多种因素的影响下,社区照料因而出现并成为非常重要的老年人照料方式。老年人照料也因此有了除了居家照料和机构照料以外的第三种选择。根据《专家试拟稿》第39条的规定,地方各级人民政府和有关部门、城乡基层群众性自治组织,应当积极发展社区服务,健全老年人日间照料机构,完善适应老年人需要的生活服务文化体育活动、疾病护理与康复等服务设施和网点。

(三)机构照料

机构照料的历史由来已久,它是除家庭照顾外,最古老的老年人照料方式。不论是我国宋代的居养院,还是西方的济贫院、救济院等都属于机构照料。

对于对老年人社会照料服务,应当特别强调国家对养老机构的政策优惠、政府的监管责任以及从业人员的培训。

1. 国家的政策优惠

《老年人权益保障法》(修订草案一审稿)第40条规定,非营利性养老服务设施用地,可以使用国有划拨土地或者依法使用农民集体所有的土地。第48条规定,国家鼓励、引导养老机构投保意外责任保险,鼓励商业保险公司承保意外责任保险。第49条规定,国家鼓励和支持医疗机构开设针对老年病的专科或者门诊,为老年人提供医疗服务。第51条规定,国家采取措施,发展老龄产业,将老龄产业列入国家扶持行业目录。鼓励、扶持和引导企业开发、生产、经营适应老年人需要的用品。

2.政府的监管责任和从业人员的培训

由于老年人照料是直接针对生理上甚至心理处于弱势的老年人群体进行的服务，应当注重质和量两方面的要求。《老年人权益保障法》（修订草案一审稿）第42条规定，国务院有关部门制定养老服务设施建设、养老服务质量和养老服务职业等标准，建立健全养老机构分类管理和养老服务评估制度。第43条规定，设立为老年人提供住宿照料服务的养老机构，应当符合下列条件：(1)有自己的名称、住所和章程；(2)有与服务内容和规模相适应的资金；(3)有符合相关资格条件的管理人员、专业技术人员和服务人员；(4)有基本的生活用房、设施设备和活动场地；(5)法律、法规规定的其他条件。第44条规定，为老年人提供住宿照料服务的养老机构获得县级以上人民政府民政部门设立许可后，依法进行登记。县级以上人民政府民政部门负责养老机构的指导、监督和管理，其他有关部门依照职责分工对养老机构实施监督。第45条规定，养老机构变更或者终止的，应当到有关部门办理手续，并妥善安置收住的老年人。第46条规定，国家建立健全养老服务人才培养、使用、评价和激励制度，依法规范用工，促进从业人员劳动报酬合理增长，发展专职、兼职和志愿者相结合的养老服务队伍。国家鼓励高等学校、中等职业学校和职业培训机构设置相关专业或者培训项目，培养养老服务专业人才。

四、社会救助

我国传统文化中一直存在“济贫”观念。例如，秦汉以降的“仓储制度”即为典型。然而传统“济贫”制度的动机则多以此作为防堵灾民、道德教化等“社会控制”的手段，与现代以人性尊严为基础的生存权保障理念相去甚远。[①] 现代社会救助制度已经走出传统“救济施舍”的保守观念[②]，在福利国家理念的持续影响下，社会救助已经成为公民的一项基本权利，对应于国家的救助责任，“社会救助从早先消极的‘救济’观念，逐渐演进至今已能担负生存权保障的重要地位”[③]。它同时也是社会安全保障体系中使人们有尊严

① 参见钟秉正：《社会法与基本权保障》，元照出版有限公司2010年版，第172页。

② 参见钟秉正：《社会法与基本权保障》，元照出版有限公司2010年版，第181页。

③ 钟秉正：《社会法与基本权保障》，元照出版有限公司2010年版，第194页。

地活着的最低限度的“防护网”,旨在填补社会保险以及其他相关制度所未能发挥功能之处。有学者作了一个非常形象的比喻:“如果将人生比喻成‘马戏团’,那些表演走钢索、空中飞人的,就必须面临失足摔落的‘风险’。而社会安全体系即好比平衡杆、安全扣环以及例行检查等保障措施,用以因应人生所遭遇到的各项社会风险。至于社会救助制度则是最底层的‘安全网’,一旦各种安全措施皆未产生作用时,可以在人民落地前网住他们以免坠地。”[①]可见,社会救助制度在一国社会安全防控体系中处于极其重要的地位。

1996年《老年人权益保障法》将社会救助置于社会保障之下,没有将弱势群体老年人权益保障置于应有的高度,不仅如此,还将城市老年人与农村老年人进行分类救助(虽然具有历史原因)。在老龄化率逐步提高、“三无”老年人(无劳动能力、无生活来源、无赡养义务人和扶养人,或者其赡养义务人和扶养人确无赡养能力或者扶养能力的老年人)逐步增多以及城乡差别逐渐取消的背景下,此种规定已经不能适应变化了的客观状况。为此,取消城市老年人与农村老年人的差别,并将社会救助从原《老年人权益保障法》的“社会保障”一章中独立出来并单独成章,主要规定针对特殊老年人群体的生活救助、医疗救助等具有现实合理性。这样的制度安排,从形式上讲,有利于老年人社会救助制度与我国《宪法》第45条规定的社会救济制度以及正在酝酿的社会救助法相互关联并协调一致,从而有利于我国老年人权益保障法制体系更加科学合理;从实质上看,有利于对特殊老年人群体的特别照顾,有利于实现老年人权益保障的实质平等。

社会救助是将公共资源再分配给社会上极少数的人,因此,应当着重解决好救助标准问题。尽管传统救助理念与现行救助理念差异较大,但二者在“只有符合某种条件的社会群体方得救济”这一点上却是一致的。社会福利学者对社会救助往往“爱恨交织”“爱她是因为社会救助是福利国家强调经济安全的最后一道防线,恨她的原因是社会救助的确是一个选择式的福利取向,必须经资产调查才能领取到补助”[②]。其中,资产调查的前提是明确救助标准。正如有学者认为,“社会救助的受益对象是所得或资产低于‘最

① 钟秉正:《社会法与基本权保障》,元照出版有限公司2010年版,第194页。

② 万育维:《社会救助与福利国家的探讨》,载《社会建设》1994年第86期。

低维生水准所得'以下的人口群，也就是所得低于'贫穷线'或是贫穷门槛、贫穷水准，或贫穷指数以下的国民"[①]。具体到对老年人的社会救助，它也仅是对特定群体的老年人进行救济，基于老年人在出身、工作、家庭、地域等多方面的不同，有必要对老年人权益进行分类保护，对"弱势"老年人的保护尤为重要。

然而，"弱势"老年人的标准是什么？毫无疑问，不同国家、同一国家不同历史时期具有不同的标准，毋宁说，它是一个与时俱进的概念。我国《社会救助法（草案）》第 11 条规定，供养救济标准由县级以上地方人民政府参考本地居民平均生活水平制定，但不得低于当地居民的平均生活水平，并应当根据当地居民平均生活水平的变化适时调整。第 16 条第 2 款规定，最低生活保障标准、低收入家庭财产状况标准应当根据经济社会发展水平和物价变动情况适时调整。我国台湾地区《社会救助法》第 1 条即明定其立法目的为"为照顾低收入及救助遭受急难或灾害者，并协助其自立"。其中，低收入是指收入低于"当地区最近一年平均每人消费支出百分之六十"。老年人权益保障法的救助标准为"生活确有困难"。实际上，"生活确有困难"是一个较为概括、抽象的标准，在具体的救助内容的标准方面有所不同。例如，生活救助的标准是"老年人的生活水平低于当地最低生活保障标准"，医疗救助的标准是"老年人和赡养义务人、扶养人无力支付医疗费用"，住房救助的标准是"符合国家专项救助标准的家庭住房困难的老年人"，等等。作为社会最底层的"安全网""假如位置设计过低，则纵使失足者能被接住，也终究与坠地无异。同样的，设计时网目过大，也可能产生'漏网之鱼'。又倘若安全网位置过高时，则容易使多数人耽于福利，形成'贫困陷阱'。而且，此网最后将因承载过重，导致'福利破产'"[②]。

需要说明的是，对于老年人的社会救助标准、条件、程序、金额等不是一部老年人权益保障法就能解决的，它需要结合老年人社会救助的相关立法，如社会救助法、老年人权益保障法实施细则等。例如，我国台湾地区《社会福利法》第 12 条规定："中低收入老人未接受收容安置者，得申请发给生活津贴。前项领有生活津贴，且其失能程度经评估为重度以上，实际由家人照

① 林万亿：《社会福利》，五南图书出版股份有限公司 2010 年版，第 194 页。

② 钟秉正：《社会法与基本权保障》，元照出版有限公司 2010 年版，第 194 页。

顾者，照顾者得向直辖市、县（市）主管机关申请发给特别照顾津贴。前二项津贴请领资格、条件、程序、金额及其他相关事项之办法，由中央主管机关定之；申请应检附之文件、审核作业等事项之规定，由直辖市、县（市）主管机关定之。”

老年人社会救助内容取决于一国的根本制度、历史文化背景、客观现实条件等多种因素。在具体救助制度设计方面，我国台湾地区社会救助的内容包括生活扶助、医疗补助、急难救助及灾害救助。在大陆地区，老年人社会救助的内容应当包括生活救助、医疗救助、住房救助、费用减免以及流浪人口救助等。

第一，生活救助作为对老年人社会救助最基本的内容，是“老有所养”最基本的要求，是我国传统养老之道的核心内容。

第二，由于目前我国医疗健康卫生事业的不断发展，老年人的生命不断延长，而他们在年轻时如果没有更多的积蓄，即使在年老时不生什么大病重病，也难以维持持续不断的小病的医疗费用，并且他们生理状况的变化也需要更多的医疗支撑。更何况，老年人群体的身体状况在所有年龄段中是最差的。因此，对弱势老年人给予医疗救助是必须的。

第三，随着老龄化浪潮的来临，老年人住房问题成为影响老年身心健康和社会和谐的重大社会问题。① “老有所养，老有所医，老有所学，老有所为，老有所乐”均离不开“老有所居”。人只有有稳定的居所，才能有恒心，对于我们这样一个有安土重迁的文化传统的过度来说尤其如此。老年人更不例外。因此，对弱势老年人群体提供住房救助是社会救助不可缺少的一环。

第四，针对老年人以追索赡养费、扶养费、抚恤金、养老金、最低生活保障金、医疗费等与保障其基本生活水平相关金钱给付为诉讼标的诉讼时，人民法院可免收、减收或者缓收相关诉讼费用。同理，对于经济困难的老年人在申请办理公证或申请法律援助时，应当减免公证费用或者简化审批程序。

第五，随着城市化进程的深入，流动人口也逐渐成为社会管理的棘手难题。其中，流浪乞讨的老年人与其他务工的青年劳力相比，其生存能力严重欠缺、生活环境更加恶劣，他们既是社会管理的对象，但更是社会服务的目标群体。他们多集中在经济较为发达、人口较为密集的县级以上城市。为

① 参见周春发、朱海龙：《老年人住房政策：国际经验与中国选择》，载《人口与经济》2008 年第 2 期。

照顾这一“衣不蔽体，食不果腹”特殊老年人群体，县级以上人民政府应当根据需要设立社会救助站对流浪乞讨老年人给予救助。

五、社会优待制度

（一）社会优待制度概述

老年人社会优待是指基于老年人自身特点，国家和社会给予的广泛关怀照顾以及物质优惠，包含精神与物质两个层面。尊老、敬老，给予老年人社会优待，不仅是一个社会的良善之风，也是国家与社会的共同责任，更是有效维护、促进老年人权益的基本途径，这已经成为社会通识，也成为域外不少国家或地区的制度选择。

作为老年人权益保障体系中的一项基本制度，老年人社会优待制度具有以下几项特点：

第一，该制度兼具伦理性与法律性。老年人社会优待制度具有浓厚的社会伦理基础，体现全社会尊老敬老的传统与风气，这种制度定位还体现在一些相关文件中，如《山东省优待老年人规定》便将制定目的表述为“为弘扬尊老敬老美德，体现党和政府及社会对老年人的关怀，使老年人共享社会发展成果……”但随着社会经济文化发展水平的提升和老龄社会问题应对的严峻性增强，老年人获得社会优待具有了越来越强的权利性质。这类权利首先源自社会主体权利的平等性，即人们在政治、经济、文化等各方面所处的同等地位和所享有的同样权利，由于不同的社会主体的客观条件与所处的社会关系各有不同，对一些特殊主体采取必要的保护措施，给予特殊保护，已经成为实现实质平等权的重要方式，因此，老年人的社会优待本质上不是赋予老年人特权，而是给予其倾斜保护，以体现权利的平等性。老年人获得社会优待权是一类复合型社会权利，属于积极权利的范畴，兼具福利权、（实质）平等权与获得物质帮助权的多重特性，兼具人身权与财产权的双重属性，它区别于以避免来自国家或他人的侵犯为要旨的传统权利，更多地注重权利主体的发展性——至少是保障一定的生活水平和社会待遇。

第二，该制度主要体现公共责任。“老年人社会优待”概念本身即表征着老年人在社会生活中与其他主体之间的一种关系形态，这也决定了对老年人而言，这种权利的实现无法自给自足，需要外界主体的积极作为。权利视角下的老年人社会优待应当获得立法的关照，其实现更依赖于国家的积极作为。“由于公民在实现这一权利时不仅需要及时排除非法侵害，而且有权要求国家提供其实现的条件，这就否定了在公民权利实现过程中的国家绝对不干涉主义，它表明，对于公民的某些权利，唯有国家积极参与，它们才能顺利实现。”①就内容而言，老年人的社会优待既包括在公共生活中老年人的事务得到优先处理，如优先购票、优先就医等，也包括老年人得到物质上的优惠待遇，如减免票价、集资义务等，还包括一些义务的豁免，如某些劳务等。这些内容实质上是在老年人与其他社会主体之间配置权利义务，总体上来讲，对老年人的社会优待是包括政府在内的全社会的责任，这些责任的履行既设计到社会主体权利实现次序的先后性，也涉及公共财政资源的合理配置。

第三，该制度由公共政策与法制共同推进。公共政策与法制向来是调整社会生活的两类制度资源，它们在表现形式、发挥效力的逻辑和运行机制上存在差异，前者具有灵活性、多样性、地域性的特征，后者则多表现出稳定性、统一性、周延性、可操作性的特性。现有关于老年人社会优待的制度载体相对粗疏零散，相关理论研究也不够细致深入，制约着老年人权利体系的建设完善和保障实现。

（二）社会优待制度现状

当前的老年人社会优待制度主要体现在全国与地方两个层面。在全国层面，老年人社会优待工作开展和制度建设的主要依据和指导性文件有三：一是现行《老年人权益保障法》，将老年人社会优待的责任主体界定为“地方各级政府”，并列举了对老年人实施优待的主要社会领域。二是全国老龄办于2005年会同国家部委颁发的《关于加强老年人优待工作的意见》，这是目前老年人社会优待领域唯一一部全国性的专项文件，提出了对老年人实行优待的基本要求和具体内容，要求各省制定相应的优待办法，提倡、鼓励逐渐扩大优待范围以及关注特殊群体要求。三是2011年国务院印发的《中国老龄事业发展“十二五”规划》，提出要积极探索中国特色社会福利的发展模式，发展适度普惠型老年社会福利事业，进一步完善老年社会福利制度，完善老年人优待办法，积极为老年人提供各种形式的照顾和优先、优待服务，

---

① 林喆：《社会权——要求国家积极作为的权利》，http://www.china.com.cn/xxsb/txt/2004-06/21/content_5591185.htm，访问时间为2011年10月16日。

逐步提高老年人的社会福利水平。这表明国家已经将老年人享受的社会优待纳入老年社会福利事业的大平台建设中，依据《规划》，老年人社会福利逐渐成为老年人社会保障体系的重要组成部分。地方层面，以老年人权益保障法为依托，按照老龄办的意见要求，全国多数省份及其他层级的地方政府纷纷出台了有关老年人社会优待的政策措施，截至 2011 年 3 月，31 个省(区、市)相继出台了老年人优待政策措施。各省的地方性制度大致分三类：(1)出台相应的实施意见，如安徽省老龄办于 2006 年发布《关于加强老年人优待工作的实施意见》；(2)制定相应的专项规定，如福建省政府于 2002 年制定《福建省优待老年人若干规定》；(3)在当地老年人权益保障法实施办法中就老年人社会优待作出专门规定，如辽宁省于 2008 年制定的《辽宁省老年人权益保障条例》中较详细地规定了老年人享受的优惠或优待。省级以下的其他地方大致沿袭了省级立法机关、政府或老龄办等相关机关的做法，通过“意见”“规定”“办法”等形式将老年人可享受的社会优待的具体内容固定下来，如《松江区优待老年人若干意见》《东莞市老年人优待办法》《乌鲁木齐优待老年人规定》，等等。

不难看出，当前的老年人社会优待制度表现形式多样，呈现出“政策+法制”并主要以政策推进的特征。理论上讲，以“纲要”“意见”等政策形式确认的社会优待并没有法律约束力，但事实上仍会因制定以及发布主体的权威性而产生实际的效力；这些政策往往不采用“行为模式+法律后果”的规范形式，主要通过确立指导思想、明确方针路线、确认原则或者规定实施措施等方式引导社会主体的行为；这些政策主要依靠公共生活中的行政力量推行，较少设定社会关系紧张时的解决方案，更少有司法资源的介入。法制化程度不高至少带来两个方面的负效应：第一，老年人社会优待的内容不一，地方性差异较大。全国老龄办《关于加强老年人优待工作的意见》规定 60 岁及以上的老年人均享受涉及养老优待、医疗保健优待、生活服务优待、文体休闲优待以及维权服务优待等五个方面的社会优待，但各省及其他地方在老年人社会优待具体内容上还是表现出一定的差异性。比如对 60 岁以上的老人在社会优待程度上各地又有了更细致的划分，不同的省份分别选取 65、70、80、90、95、100 岁等作为区别优待等级和优待内容的节点；又如较早制定的相关文件主要将优待范围限定在使用公共设施与公共服务等事项上。近几年来的规定多与时俱进地将老年人的优待范围扩大到包括社会保障、社会救助领域。第二,老年人社会优待的实现机制不够规范明确。有的省份仅笼统规定了相关机关监督实施社会优待的义务,强调“加强领导,优化环境”;有的省份原则规定了不履行优待义务的相应主体的责任,主要集中于责令改正、批评教育,造成严重后果的追究有关人员的责任;只有海南省对拒绝向老年人提供优待服务的行为设定了罚款处罚。

(三)社会优待制度完善

以老年人权益保障法的修订为契机,老年人社会优待制度的建设完善要着眼于两个方面:一是科学搭建老年人社会优待制度体系;二是依法完善老年人社会优待内容。

老年人社会优待制度体系应当包括几个层次:(1)《老年人权益保障法》中的专章规定,并将其作为老年人社会优待法制体系的基础和统领;(2)其他法律中的相关内容,如《刑法修正案(八)》中关于部分老年人不适用死刑的规定、个税法中对老年人免征个税的相关规定等;(3)各省的行政规章,根据各省、市区社会发展水平,确认适用本行政区且不低于全国立法规定的优待范围以及保障措施;(4)地方的具体规定,或突出地方特色,或增加、深化优待内容,或具体化、细化上位阶规定;(5)政策性文件,与相应立法形成精神统一的制度体系,强化立法效果或指导立法。

老年人社会优待的内容方面,不仅要逐渐提升优待水平、扩大优待范围,也要及时将地方制度实践经验确定下来,注重与其他相关制度的配套、协调。老年人权益保障法修订过程中,应该格外注意高龄老年人、异地老年人、城乡老年人以及不同年龄阶段老年人在社会优待方面的制度建设。

1. 关于高龄老年人社会优待

不少省份和其他地方的老年人社会优待规定里都包含关于高龄老年人的特别规定,保障高龄老年人享受更加全面深入的社会优待,但各地在高龄老年人的年龄界定、优待内容、补助水平以及经费保障等方面表现出较大差异。在老年人群体中进一步区分出高龄老年人并给予他们特别的关照和优待,符合尊老爱老养老助老的社会文化,有利于减轻高龄老年人家庭的经济负担,促进社会和谐,因此,高龄老年人的特别社会优待可以作为老年人社会优待的基本制度通过立法确定下来。关于高龄老年人的年龄标准,尽管一些省份确定的是 90 岁或者 100 岁,但从实践中看,一方面,省级确立较低标准以便给地方留有空间,不少地方已经将该标准放宽至 80 岁;另一方面一般说来 80 岁的老年人已经在自理能力、基本生活以及医疗保健方面表现出更高的优待需求，因此，我们认为，如果老年人群的年龄起点是 60 岁的话，那么相差一代人的 80 岁足以称为高龄老年人。

2. 关于异地老年人社会优待

以户籍为主要管理依据的老年人社会优待制度惯例无形中将老年人分为两类：享受本地社会优待的老年人与不能享受本地社会优待的老年人，这样的规定在社会流动性越来越大的当今无疑显得狭隘，负面效应凸显。无论从优化社会人文环境还是从对更广泛的老年人权益保障方面讲，适当条件下给予户籍不在本辖区的老年人同等社会优待都是应然之举。

与此同理，我国长期以来的城乡二元结构造就了不均衡的公共服务和社会福利制度，在老年人社会优待方面表现尤其突出，尽管不少省份都有针对性地特别规定了农村老年人的社会优待，如不承担筹劳义务、不承担兴办公益事业筹资义务等，但并未明确城市（镇）中的社会优待制度对农村老年人的开放程度，因此在关注本埠、外埠老年人享受社会优待时的均衡化乃至统一化的同时，宜充分考虑并依托制度确立农村老年人与城市老年人在享受社会优待制度的平等权。

3. 关于老年人社会优待方面的年龄界定

各地在不同的社会优待领域中为老年人设置了不同的年龄界限，也就是说，建立了老年人的具体年龄段与社会优待范围与水平之间的关联，这无疑具有逻辑与现实基础，但各省份相应规定中共出现了 60、65、70、80、90、95、100 岁等诸多年龄节点，加上 2011 年 2 月份颁布的《刑法修正案（八）》中规定的“审判的时候已满七十五周岁的人，不适用死刑，但以特别残忍手段致人死亡的除外”，又涉及 75 岁这一年龄点。这种规定方式难免给人带来认知上的错乱，很难看出确定这些数据的标准，更难记忆和分清不同年龄段的老年人享受的社会优待的范围和水平。我们认为，这些表现差异的年龄节点的确定不能凭想当然，应当建立在科学的统计、测算、评估基础之上和不断提升老年人社会优待水平的前提下，并逐渐将其简洁化和统一化。

六、社会参与制度

（一）社会参与制度概述

老年人社会参与是指老年人为实现自身对社会的价值而在社会生活中

从事的政治、经济、公益以及其中相应的组织化活动。老年人享有广泛并且越来越多的社会参与权利，社会应当创造条件，加以保护和促进实现，对于这一点并无多大分歧，但关于老年人社会参与的内涵，却有着不同的看法。人们关于老年人社会参与的核心争议点主要有三：第一，老年人社会参与是否包括家庭内的参与（如家务劳动），还是仅仅指家庭外的参与；第二，老年人社会参与的界定与获得报酬与否是否相关；第三，老年人社会参与是否包括通常意义上的老年人的娱乐活动。在上述几个问题上，我们坚持这样的观点：老年人社会参与中“社会”的外延应当以家庭为限，即不包括家庭内的参与；同时这个“社会”包括政治、经济、文化以及更加宽广的社会领域；有偿还是无偿并不是界定老年人社会参与的标准；老年人社会参与包括个体参与与组织参与两种形态。

1991 年 12 月 16 日，联合国第 46 届大会通过《联合国老年人原则》（第 40/91 号决议），其中将“独立”“参与”“自我充实”和“尊严”列为老龄行动国际计划的五项基本原则，于是老年人的社会参与成为融汇了政治参与、经济参与、公益参与、组织参与等具体形式在内的权利形态，通过社会参与，能够促进老年人实现平等、独立、充实和尊严等多项价值。提升老年人的社会参与度除了实现老年人的合法权益外，亦可以减轻社会保障体系的压力，更多发掘和充分利用人力资源，协调代际冲突，一定程度上释放社会压力。

老年人社会参与权需要通过现实中相应制度的建立得以实现，通过相应的法律规范得以保障。老年人社会参与法律制度大致可以分为国际和国内两个层面。国际层面，1982 年老龄问题世界大会通过《维也纳老龄问题国际行动计划》，其中在“收入保障和就业”部分对“各国政府应当为老年人参与社会经济生活提供便利”提出了要求；1991 年联合国通过《联合国老年人原则》，其中确立的参与原则要求老年人应能参与政策制定、向后代传播知识技能、参与志愿发展以及组织老年协会等。此后，1992 年的《2001 年全球老龄目标》和《老龄问题宣言》都包含了对老年人参与社会发展的要求。2002 年召开的马德里第二次老龄问题世界大会通过并经联合国大会第 57/167 号决议认可的 2002 年《政治宣言》和《马德里老龄问题国际行动计划》，是 21 世纪针对老年人权利保障的一份基本纲领，其三个优先方向的第一个方向就是“老年人与发展”，其中包含了丰富的老年人社会参与方面的内容。

在国内的政策和法律中，老年人社会参与权的规范渊源体现为由零散政策法律到统一立法、由工作权到多种社会参与权利保障的过程。1984年、1989年全国老龄委两次召开了全国老龄工作会议，都一定范围内提到了老年人社会参与的问题。党的十三大报告指出："必须强调优生优育，提高人口质量。同时，还要注意人口迅速老龄化的趋向，及时采取正确的对策。"而在整个20世纪80年代，我国主要关注离退休老年人发挥自己的余热，参加社会主义经济建设问题，并制定了系列的政策规范文件，典型如《支持离退休专业技术人员继续发挥作用暂行规定》等。90年代以来相关政策法规越来越多，我们党和政府较早提出了"五个老有"的方针，包括"老有所养、老有所医、老有所乐、老有所学、老有所为"，其中"老有所为"在1994年《中国老龄工作七年发展纲要(1994～2000年)》表述为"实现老有所为，发挥老年人的作用""老有所为"成为积极应对老龄化的重要措施，利于丰富老年人的晚年生活，促进老年人在社会生活中作用的发挥。2000年《中共中央国务院关于加强老龄工作的决定》第十项重申了老年人社会参与的基本领域。

在法律建设方面，早在1987年，天津市就制定了《天津市保护老年人合法权益的若干规定》，其中规定："国家机关、社会团体、企业事业单位和基层群众性自治组织，要支持老年人发挥专长为社会服务。"在1996年《老年人权益保障法》制定之前，已经有23个省、自治区、直辖市制定了地方性法规。还有4个市制定了地方性法规，这些法规都笼统涉及了推动老年人社会参与的相关规定。我国于1996年制定的《老年人权益保障法》特设"老年人参与社会发展"一章，成为目前法律效力最强的规定。

(二)社会参与现状与问题

国际、国内两个层面的政策法律为老年人社会参与搭建了基本的制度平台，一定程度上促进和保障了老年人的社会参与权。但实践中，囿于年龄歧视或社会排斥、传统文化制约、老年人权利意识相对淡漠以及救济机制不够健全等限制，老年人社会参与的现状仍较理想状态相去甚远。我们认为，针对不同参与的特点，对老年人社会参与的实践状况的考察应当依照社会参与的不同领域进行大致分类，拟从政治参与、经济参与、公益参与以及组织参与等四个方面考察。

政治参与方面，老年人社会参与存在的问题主要包括：

(1)政治参与大众化不足，有些老年人可以通过人大、政治协商等制度通道实现政治参与，但更多的老年人并无适当参与政治生活的渠道。

(2)政治参与权利意识总体偏于薄弱,这与中国传统文化以及过去相当长一段时期的历史背景有关。

(3)政治参与组织不够健全,政治参与更多是有组织的参与,一方面,老年人离职后组织生活严重弱化;另一方面,老年人社会组织发育不全,致使老年人政治参与缺乏相应的组织扶持。

(4)政治参与权利救济机制缺如,相对于人身权利和财产权利,政治权利救济不足是具有普遍意义的问题,老年人政治参与权得不到保障时也同样缺乏便捷有效的救济途径。

经济参与方面,老年人社会参与存在的主要问题包括:

(1)平等就业权未能充分保障,实践中尚存在着较为普遍的老年人就业方面的年龄歧视现象,甚至曾被寄予期待的《就业促进法》也没能作出必要的制度保障。

(2)创业的激励机制不够健全,许多发达国家建立了老年人创业激励方面的制度,如提供融资信贷政策扶持等,这显然是我国的制度短板。

(3)老年人就业培训权保障力度有待提升,就业信息有效获取,工作能力更新提升都需要有效的就业培训。

(4)获得报酬权方面,也应当通过有效制度克服实践中老年人劳动所得不能充分兑现的状况。

公益参与方面,许多致力于"老有所为"的老年人逐渐成为社会公益的倡导者和积极参与者,但仍然存在着一些问题:

(1)公益参与应当有相应的配套保障机制,公益参与教育培训体制、奖励促进机制,乃至志愿服务相关政策措施有待完善。

(2)公益参与平等权也应当得到保障。

组织参与方面,一直以来,我们党和政府高度重视老龄工作,老龄工作委员会、老干部局、离退休职工管理委员会等都是老龄工作重要的官方部门,在组织协调老年人和服务老年人方面发挥着重要的作用,但老年人社会活动的组织参与仍有不少进步的空间,当前主要问题有:

(1)官方机构的管理意味尚浓,老年人自主性的组织相对较少,在职能定位与工作机制上有必要更多听取老年人的意见建议。

(2)城乡老年人组织参与状况反差较大,目前有关老年人的官方组织主要是依托老年人离退休前的工作单位组建的,这就使得农村老年人通过该种途径参与社会生活的渠道窄之又窄。

(3)老年人的结社权实现机制限制较多，这与我国结社自由的实践情况多有关联。

(三)参与制度完善

促进和保障老年人社会参与，既是尊重老年人社会主体地位，充分维护老年人合法权益的需要，也是充分发掘社会资源传承社会文明、智力财富的需要。老年人社会参与制度是一个制度体系，应当构建以《宪法》为指导，以《老年人权益保障法》为基础，以《选举法》《劳动法》《就业促进法》《慈善法》《志愿服务法》《社会团体管理法》等为关联法，以这些法律的实施细则、规范性文件等为重要内容的老年人社会参与权保障法律政策体系。

具体而言，以老年人权益保障法修订为契机，老年人社会参与制度的完善可以从以下三个方面展开：

1.强化禁止年龄歧视的规定

年龄歧视是老年人社会参与的最大障碍，禁止年龄歧视的首要措施就是制定和颁布有关反年龄歧视的法律。西方不少国家已经颁布了专门的反歧视立法，我国在这个领域尚存阙如。我们认为，专项反歧视立法固然必要，但在立法条件尚不成熟的情况下，分别在不同领域建立有针对性的反歧视制度，然后推动更广泛领域中的专项立法也是我国近几十年来法律体系建设的基本规律和经验，老年人权益保障法应当肩负反年龄歧视的任务，确立包括社会参与在内的有关老年人权益保障的反歧视原则与制度。

2.不断充实和保障老年人社会参与内容

与人身权与自由权的价值不同，老年人社会参与更多关联老年人的独立、尊严以及自我实现，同时关系社会发展与资源共享，它强调国家的积极促进。具体的措施包括：吸收老年人参与公共决策过程，推动老年人有效的政治参与，这里既包括与老年人利益密切相关的老龄政策与方案的制定执行，也包括一般意义上老年人的政策参与；提高老年人社会团体的地位，加强老年人社会组织建设，逐步改革老年社团管理体制，实现社团与管理机构的分离；完善制度措施，促进老年群体的经济参与，增加和创造与老年人相适应的就业机会，保障老年人合法劳动所得；通过多种手段鼓励和推进老年公益参与，避免“强制公益”，健全教育、培训、激励制度。

3.完善和改良老年人社会参与的具体设施环境

这里包括构建老年社会参与的信息制度，便于对老年人社会参与状况进行统计、分析、研究进而进行引导和有针对性的改善；通过政策法律等方式对公共传媒进行引导，积极营造老年人社会参与的良好环境；建设老龄友好型环境，包括住房、基础设施、公共设施和和谐环境；构筑有助于老年人社会参与权救济的司法环境，从底线意义上纠正和救济侵犯老年人社会参与权的行为。

七、法律责任制度

（一）法律责任制度概述

法律责任是法学基本范畴之一，也是现实法律运行操作中必须予以充分把握和高度重视的概念，是法学理论和法律实践中一个极其重要的问题。长期以来，在法学研究领域，关于法律责任的理解曾出现过“义务说”“处罚说”“后果说”“责任能力与法律地位说”等不同认识。我们认为，根据法治一般原理，依照目前成文立法实践中关于“法律责任”的规定，法律责任更多指向法律的否定性后果，即有责主体因法律义务违反之事实而由专门国家机关依法确认的合理负担。这种有国家追究和实现的法律责任成为法律具有强制性和权威性的基础。

在这种意义上，老年人权益保障法律责任制度指的是社会主体因违反老年人权益保障中的法定义务而由专门国家机关依法确认并强制承受的法律后果。由于老年人权益保障是一项社会工程，其中的义务主体有诸多种类，任何一个环节的保障不力都会影响老年人合法权益的行使和实现，因此作为保障，建立和完善老年人权益保障法律责任制度具有重要意义。

1.明确法律责任是完善老年人权利保障体系的基本方式

从法治角度而言，有什么样的权利就应该有相应的义务，行使什么样的权力就应承担相应的责任。法治的目的之一就是要确保责任与权力随时相伴、不可分割，因为责任与权力共存的规则，能使权力的范围有正当的界限，从而使权力规范化、明晰化和合法化。这是法治的基本要义，也是权利实现和权力有序运行的基本规则。因此，法治应当为权利构筑由法律依据、保障机制以及法律责任构成的规则体系。

2.法律责任制度是在法律范围内抵制和预防违法行为的重要机制

这种抵制和预防应具有全面性，应当涵盖所有的义务主体。在老年人权益保障体系中包括家庭成员、政府部门、公务人员以及社会组织等在内所有负有法定义务的主体。

3.法律责任制度是有效解决在老年人权益保障问题上发生的纠纷和冲突的文明方式

以立法的形式明确法律责任和制裁措施，对于可能发生的纠纷或冲突来说，可以起到事前预防、防患于未然的作用，也可以避免实践中纠纷或冲突出现以后当事人之间原始的、野蛮的自发报复等私力救济和弱肉强食般的解纷方式。便捷有效纠纷解决方式的建立本身就是保障老年人权益的重要制度。

（二）法律责任类别

老年人权益保障制度的特点决定了不同社会主体在老年人权益保障中负有不同的责任，承担不同的义务，因而违反老年人权益保障义务的行为所引致的法律责任的类别也各有不同。老年人权益保障制度法律责任根据不同的标准或依据，在理论上可以作出不同的分类：如以责任主体为标准，可以分为家庭成员的责任、政府部门的责任、公务人员的责任、公共组织的责任等；以责任的法律性质为标准，可以分为民事责任、行政责任和刑事责任；从责任内容上看，可以分为惩罚性责任和补救性责任；等等。其中以法律性质为标准的划分是法学研究和法制建设中常见的分类方法。

1.民事责任

民事责任是指民事主体在民事活动中，因实施了民事违法行为，根据民法所承担的对其不利的民事法律后果或者基于法律特别规定而应承担的民事法律责任。民事责任属于法律责任的一种，是保障民事权利和民事义务实现的重要措施，是民事主体因违反民事义务所应承担的民事法律后果，它主要是一种民事救济手段，旨在使受害人被侵犯的权益得以恢复。围绕老年人建立起来的社会关系很多，但最为日常化的是老年人的家庭关系以及与其他平等主体建立的人身权、财产权相关的关系，由此产生的法律责任首先是民事责任。这主要涉及老年人与家庭成员因赡养、扶养或者住房、财产发生的纠纷，对老年人负有赡养、扶养义务的人不履行赡养或扶养义务的情况，以及社会养老服务机构及其工作人员侵害老年人权益等其他侵犯老年人人身权、财产权的情形。民事责任的主要承担主体是相应的家庭成员或其他个人;承担方式主要是支付赡养、扶养费用,按照法定义务要求履行义务。

2.行政责任

理论上,行政责任有广义和狭义之分,主要的差异在于对责任主体和责任性质的理解和界定。从责任主体角度,广义的观点认为,行政法律责任是指行政法律关系主体由于违反行政法律规范的规定,所应承担的一种强制性行政法律后果,既包括行政主体的责任,也包括相对人的责任。① 狭义的观点认为,行政法律责任指行政主体因违反行政法律规范应承担的法律后果。② 从责任性质来考察,同样有广义和狭义之分。从广义上讲,行政法律责任指因违反行政法律规范而依法应承担的法律后果。③ 从狭义上讲,行政法律责任指因违反行政法律规范而应承担的行政法律后果。④ 我们认为,作为与民事责任、刑事责任相并列的一类法律责任,行政责任旨在由行政力量推动的各种义务的履行,应当包括两个层面:一是作为公民违反行政法律规范应承担的行政处罚等责任;二是行政机关及其公务人员违法行使权力而引致的行政责任。

老年人权益保障中的行政责任也包括与之相应的两个层面:第一,针对违法行为人违反行政管理法律规范要承担的行政责任,如家庭成员实施家庭暴力,以暴力或其他方法公然侮辱老年人、捏造事实诽谤老年人或虐待遗弃老年人情节尚未构成犯罪的,应当依照治安管理处罚制度进行处罚;有关部门克扣或者不按时支付老年人依法享有的社保待遇的,不及时履行救助义务或者不依法给予老年人优待的,也应当由主管部门责令改正追究责任。第二,针对行政机关及其工作人员违法或者怠于行使职权产生的法律责任,如负有保护老年人职责的政府及其有关部门,不履行或者不当履行职责,同级人民政府或者上级政府有关部门应当给予通报或责令改正。

3.刑事责任

刑事责任是根据国家法律规定,对有犯罪行为的人依照刑事法律的规定追究的法律责任,是三类法律责任中最为严厉的一种。对于侵犯老年人

---

① 参见应松年:《行政法与行政诉讼法词典》,中国政法大学出版社 1992 年版,第 209 页。

② 参见王连昌:《行政法学》,中国政法大学出版社 1994 年版,第 325 页。

③ 参见罗豪才:《行政法学》,中国政法大学出版社 1996 年版,第 320 页。

④ 参见应松年:《行政法与行政诉讼法词典》,中国政法大学出版社 1992 年版,第 209 页。

合法权益构成犯罪的，就要依法追究刑事法律责任，如对老年人负有赡养、扶养义务而拒绝赡养、扶养，造成老年人残疾或者死亡等严重后果的；对老年人实施家庭暴力，侮辱诽谤虐待遗弃老年人构成犯罪的；暴力干涉老年人婚姻自由情节严重构成犯罪的；政府及其部门或者有关单位工作人员违法失职，致使老年人权益受到损害的，情节严重构成犯罪的等情形。

（三）法律责任追究

责任追究是落实法律责任、实现法律责任内容的基本方式，责任追究方式往往对应着权利救济方式。老年人权益保障中的法律追究大致有调解、诉讼以及行政监督三种途径。

1. 调解

调解是指双方当事人以外的第三者，以国家法律、法规和政策以及社会公德为依据，对纠纷双方进行疏导、劝说，促使他们相互谅解，进行协商，自愿达成协议，解决纠纷的活动。调解制度在中国有着深刻的社会文化基础，颇具中国特色和中国传统。近些年在和谐社会和司法改革的双重背景下，调解制度又被发展完善，逐渐形成包含人民调解、司法调解和行政调解在内的“大调解”制度。相对于诉讼，调解制度具备尊重当事人意志、方式简便灵活、费用低廉、信息保密等优势，尤其适于解决家庭等纠纷。老年人权益保障过程中应当充分回应老年人的心理特点，发挥调解的作用。城乡基层群众性自治组织、企事业单位设立的人民调解委员会应当积极主动地调解本居住地区涉及老年人权益的民间纠纷，通过说服、疏导等方式化解矛盾和纠纷，人民法院受理涉老诉讼案件也应当先予以调解，通过调解，使义务人及时履行义务，从而保障老年人的合法权益。

2. 诉讼

涉及老年人权益保障的诉讼包括民事诉讼、行政诉讼和刑事诉讼三类，民事诉讼解决家庭成员或其他公民、法人、组织侵犯老年人人身、财产权益的纠纷，追究侵权者民事法律责任；行政诉讼解决行政机关及其公务人员违法行使行政权力，侵犯老年人合法权益的行为的纠纷，追究行政机关及其工作人员的责任；刑事诉讼要追究的是侵犯老年人合法权益情节严重，构成犯罪的行为的法律责任。值得提出的是，涉老诉讼关系老年人合法权益实现，从全面维护老年人合法权益的角度出发，该类诉讼应当获得司法部门的优先处理，必要的时候予以先予执行。

3. 行政监督

行政监督指的是行政机关内部上下级之间，以及专设的行政监察、审计机关对行政机关及其公务人员的监督，有效的行政监督对行政机关及其工作人员依法行使职权有着重要的作用。在监督过程中，可以发现行政违法，及时纠正违法行为，以及对于已经作出违法行政行为的机关和个人追究责任。比如，负有保护老年人职责的政府及其有关部门，不履行或者不当履行职责，同级政府或者上级政府有关主管部门应当给予通报或者责令改正。政府及其部门或者有关单位工作人员违法失职，致使老年人权益受到损害的，应当由所在单位或者上级政府及其部门给予处分或者责令改正。

第三节　构建老年人权益保障具体制度

一般而言，制度是规范的基础和前提，规范是制度的外衣和载体。老年人权益保障制度是老年人权益保障规范制定的基础，而它又体现在老年人权益保障的规范体系中。老年人权益保障基本制度，包括家庭保护制度、社会保障制度、社会养老制度、社会优待制度、社会救助制度、社会参与制度、法律责任制度，是老年人权益保障制度体系的基本构成要素，构成老年人权益保障制度的基本框架。不过，老年人权益保障基本制度仅为老年人权益保障规范建设提供轮廓式的指引，尚需具体的老年人权益保障制度设计才能充实、完善老年人权益保障的规范体系。然而，由于我国进入老龄化社会的历史并不长，老年人权益保障的制度实践尚不成熟，一些制度尚未充分展开，甚至有些制度才刚现其雏形。例如，对于老年人的家庭保护制度，以前仅是注重家庭的经济供养，但对老年人的人身权、财产权保护未能引起立法者足够的重视，老年人监护制度在实践中甚至尚未出现。又如，对于老年人社会参与制度，以前仅是注意到了老年人的就业，而对老年人的政治参与、组织参与的研究尚不充分。再如，对于老年人的照护制度，以前仅是注意到了生活照护、医疗照护、精神慰藉，但对长期照护却无人问津，如此等等。由此，为切实保护老年人权益、完善老年人权益保障的规范体系，应当从构建老年人权益保障的具体制度着手。

以老年人权益保障基本制度体系为基础，通过对目前有关老年人权益保障的规范体系进行梳理，概括、提炼、总结出如下老年人权益保障的具体制度(见表 5-1)。

表 5-1 老年人权益保障制度体系

基本制度	具体制度
家庭保护	经济供养制度、生活照料制度、精神慰藉制度、婚姻自由制度、人身权保障制度、财产权保障制度、老年监护制度
社会保险	基本养老保险、基本医疗保险、长期照护保险
社会照料	居家照料制度、社区照料制度、机构照料制度
社会优待	政务优待、医疗服务优待、住房优待、尊老优待、文教优待、高龄优待
社会救助	生活救助、医疗救助、住房救助、其他救助
社会参与	就业制度、志愿服务参与制度、立法参与制度、组织参与制度
法律责任	民事责任、行政责任、刑事责任、道德责任
其他	老龄事业财政预算制度、老年人统计与调查制度、福利机构监管与人员培训制度

如果说老年人权益保障基本制度构成老年人权益保障规范体系主干的话,老年人权益保障的具体制度则构成老年人权益保护规范体系的分支。在老年人权益保障过程中,尤其应当重视老年人精神慰藉制度、人身保护制度、财产保护制度、老年监护制度、长期护理保险制度、高龄优待制度、老年就业制度以及国家支持家庭养老制度等的建立、健全与完善。

一、精神慰藉制度

(一)老年人精神慰藉制度的意义

老年人的精神慰藉是指在老年人的生活中,家庭成员或社会关注老年人的心理需求和精神需求,使老年人在感情需求和心理需求上得到满足。人人都是感情动物,老年人更是如此。相比较青年人来说,老年人感情更加"脆弱",也更需要情感照顾。虽然人们常说"最美不过夕阳红",但老年人的"夕阳之美"是建立在有充分的物质生活特别是丰富的精神生活基础之上的。家庭和社会应当为老年人提供幸福的生活品质。马克思主义的幸福观认为,幸福是指人之所以为人的真理与自己同在时的心理状态,包括一切真实的事物、人性的道理、他人的生命甚至动物的生命与自己同在等等,是一种心理欲望得到满足时的状态,是一种持续时间较长的对生活的满足和感到生活有巨大乐趣并自然而然地希望持续久远的愉快心情。老年人幸福的生活品质是指老年人感受外部事物带给内心的愉悦、安详、平和、满足的心理状态。为此,家庭和社会应当满足老年人的这一心理状态或为老年人达到此一心理状态创造条件。

老年时期,子女通常已经组建新的家庭或外出工作,老年人与子女接触的机会并不多、时间也不长,容易产生孤单感和寂寞感,尤其是对遭遇家庭变故的老年人,其心理更加脆弱。一般来说,老年人与儿童一样更加需要情感呵护和精神照顾。对老年人给予精神慰藉具有重要意义,甚至有学者认为:"要如何衡量一个人是否达到成功老年期,一般是以观察其生活满意度与身心幸福感来测量的。"①

从实践层面来讲,空巢老人不断增多,是子女数减少、居住安排变化、住房市场化和人口流动等多种因素共同作用的结果,对社会养老服务特别是生活照料、精神慰藉提出了新的要求。这一点在农村"留守"老年人精神状况方面体现得尤为明显。在农村,多数子女进城务工与自己的父母长期分居两地,子女很难给予父母精神上的慰藉,这使得留守老人感到无限孤独,大多数农村"留守"老人过着"出门一把锁,进门一盏灯"的寂寞生活。② 有学者通过调查、比较、分析传统孝道与新孝道的不同,得出如下结论:(1)子女孝顺对老年人的精神生活具有重要影响;(2)与古代孝道和孝行相比较,新孝行更加注重对老年人的精神慰藉。③ 因此,在当前的社会环境下,给予老年人精神慰藉具有重要的现实意义和价值。加之,我国实行计划生育的基本政策,家庭模式正朝向"421"的结构发展,需要精神慰藉的老年人数量正迅速上升。这些因素导致老年人精神慰藉具有现实必要性和紧迫性。

(二)老年人精神慰藉的实现

三十年的改革开放促动了我国经济的腾飞,但也同时带来了深刻的社会问题。与经济发展的过程相一致,我国社会结构正在变得复杂化,家庭结构也在发生着重大变化。以追求效率为第一要务的经济发展要求社会分工进一步明确,而社会分工要求人才、技术等在不同行业、区域之间流动起来,

---

① 戴章洲、吴正华:《老人福利》,心理出版社股份有限公司2009年版,第41页。

② 参见张艳斌、李文静:《农村"留守老人"问题研究》,载《中共郑州市委党校学报》2007年第6期。

③ 参见李洁:《老年家庭的代际文化研究》,2011年在山东济南召开的"老龄社会应对法律问题研究"研讨会论文。

从而迫使人们离开原有的工作“区域”，因此，人们正在离以父母为核心的家庭越来越远，他们对父母的感情“回报”正变得越来越难。马克思主义幸福观强调幸福是主观性与客观性的统一。幸福的主观性强调的是不同时代、阶级以及不同生活目标和理想的人有着不同的幸福观，显示着幸福的个体性；幸福的客观性强调的是人们需求的满足，是整个历史发展的结果，不能脱离具体的物质生活条件和精神生活条件。为此，应当通过满足老年人幸福的客观条件来实现老年人幸福的主观感受。

首先，家庭是最基础的社会组织，也是个人精神生活的避风港。当个人经历了一生的奋斗后，如果家人能与老年人保持良好的互动对老年人精神生活的充实和幸福指数的提高将具有不可替代的作用。有研究表明，亲子支持与老年人主观幸福感显着相关，接受经济支持和接受情感支持对老年人主观幸福感有显着正向预测作用。亲子支持通过影响老年人的自尊感、孤独感、恩情感，进而影响其主观幸福感。[①] 实际上，绝大多数老年人都认为，晚年幸福与否，关键在于儿女能否提供充分的精神慰藉。老年人常常感到空虚和孤寂，除了物质、金钱的问题外，他们更希望得到家庭的温暖，希望得到子女的关心。可以说，家庭在老年人精神养老方面发挥着无可替代的作用，老年人的精神照顾主要依靠家庭。为此，《专家试拟稿》明确规定，赡养义务人应当履行对老年人的精神慰藉义务，不得忽视、冷落、孤立老年人。与老年人分开居住的赡养人，应当经常看望或者问候老年人。鼓励家庭成员与老年人共同生活或者就近居住。

其次，对于精神慰藉的提供主体，除家庭外，社会也是不可或缺的主体，对于家庭发生变故的老年人（如失独老年人[②]）的精神照顾尤其如此。虽然，根据老年学的一般规律，最理想的精神慰藉方式当属家庭慰藉，但一个不争的事实是，家庭已经不能完全满足老年人的精神心理需求。因此，老年人的精神慰藉除依靠家庭外，社会的慰藉也不可或缺，“在传统的家庭养老功能弱化以后，社会必须承担起对老人提供精神服务的责任”[③]。对于不能获取

---

① 参见邬俊福：《城乡老年人亲子支持与主观幸福感的相关研究》，载《中国健康心理学杂志》2010年第7期。

② 据统计，我国失独家庭已超过百万个。相关资料见“和讯网”：http://news.hexun.com/2012-07-29/144102172.html，最后一次访问时间为2012年8月1日。

③ 安俊美、邱成岭、张大勇：《社会转型期农村老年人精神养老问题的政策思考》，载《内蒙古农业大学学报（社会科学版）》2011年第4期。

家庭精神慰藉的老年人，政府有责任为他们提供居家式、社区式、机构式的精神慰藉。美国的一项研究表明，老年人对家庭外部非正式支持的求助往往取决于关系远近。一般而言，所提供支持的可靠性和强度取决于亲疏程度，而亲疏程度又随着居住地的远近和交流的多少而不同。不同身份的人提供的支持类型是不同的，如亲属经常提供的是经济帮助，邻居经常提供的是服务型帮助，而"朋友"(社会)经常提供的是情感帮助。因此，除家庭提供精神慰藉外，社会通过各种方式为老年人提供精神慰藉也不可或缺。

二、人身保护制度

(一)老年人人身权利保护的重要性

所谓人身权利，是指公民依法享有的与人身直接相关的权利，是公民基本权利的重要部分，包括生命健康权、人身自由权、人格尊严权、住宅不受侵犯、通信自由和通信秘密不受侵犯等。有学者认为，老年人人身权利与一般人人身权利保护并无不同，没有必要在老年人权益保障法中单独规定。如果出现侵犯老年人人身权利的情况，直接适用民法、刑法等相关法律规定即可。然而，老年人的人身权利应该受到特殊保障。一般而言，有权利必有救济。这里的救济途径包括公力救济和私力救济，后者只有在"必要"的情况下方可实施。老年人由于身体与心理等方面的原因，其通过私力救济的欲望和能力往往会有所降低。基于公平保护的价值诉求，法律应当特别强调对老年人人身权利的保障。将这种公平救济的理念扩而大之，应当对包括儿童、妇女、老年人等社会弱势群体的权益予以特殊保护，各国一般都有相关的如儿童权益保护法、妇女权益保护法、老年人权益保障法。我国为维护妇女、未成年人和老年人的权益，专门颁行了相关法律予以保护。实际上，老人虐待可能会是一个比儿童虐待、婚姻暴力更容易受到忽略的问题。由于老人对照顾者的依赖，比未成年的儿童具有自主性，以及为了面子而更难以启齿的窘境等，均使得老人对于遭受虐待的事实有所隐瞒。[①] 因此，老人被虐待、疏忽或遗弃，对于老人的身心都是严重的伤害，应当对老年人的人身权益实施特别保护。例如，根据 1996 年《老年人权益保障法》第 4 条的规定，国家保护老年人依法享有的权益。禁止歧视、侮辱、虐待或者遗弃老年人。

---

① 参见陈慧女:《法律社会工作》，心理出版社股份有限公司 2006 年版，第 350 页。

(二)老年人人身权利保护的内容

从权利内容上看,老年人的人身权利与一般人的并无不同。老年人的人身权利保护应当包括生命健康权、姓名权、肖像权、名誉权、荣誉权、婚姻自主权各项权利的保护。上述权利又可进一步概括为生命健康权、人格尊严权、人身自由权。因此,老年人人身权利保护又可分为生命健康权保护、人格尊严权保护、人身自由权保护。

1. 老年人生命健康权保护规范

生命健康权是人身权利中最为基础的权利类型,它是其他权利存在的前提。我国《宪法》第 33 条规定,国家尊重和保障人权;第 49 条规定,禁止虐待老人。《民法通则》第 98 条规定,公民享有生命健康权。《老年人权益保障法》第 4 条第 3 款规定,禁止虐待或者遗弃老年人。《刑法》第 260 条规定,虐待家庭成员,情节恶劣的,处二年以下有期徒刑、拘役或者管制。犯前款罪,致使被害人重伤、死亡的,处二年以上七年以下有期徒刑。《刑法》第 261 条规定,对于年老、年幼、患病或者其他没有独立生活能力的人,负有扶养义务而拒绝扶养,情节恶劣的,处五年以下有期徒刑、拘役或者管制。上述规范构成老年人生命健康权保护的规范体系。

2. 老年人人身自由权保护规范

我国《宪法》第 37 条规定,中华人民共和国公民的人身自由不受侵犯。在现实中,老年人的婚姻自由往往受到子女的不当干涉,因此,老年人人身自由权保护主要是指婚姻自由的保护。《宪法》第 49 条规定,婚姻受国家的保护,禁止破坏婚姻自由。《民法通则》第 103 条规定,公民享有婚姻自主权,禁止买卖、包办婚姻和其他干涉婚姻自由的行为。《婚姻法》第 5 条规定,结婚必须男女双方完全自愿,不许任何一方对他方加以强迫或任何第三者加以干涉。第 30 条第 1 款规定,子女应当尊重父母的婚姻权利,不得干涉父母再婚以及婚后的生活。《刑法》第 257 条规定,以暴力干涉他人婚姻自由的,处二年以下有期徒刑或者拘役。当然,老年人在享受婚姻自由权的同时,也应当履行相应的义务。如《刑法》第 258 条规定,有配偶而重婚的,或者明知他人有配偶而与之结婚的,处二年以下有期徒刑或者拘役。

3. 老年人人格尊严权保护规范

所谓尊重老年人,在某种程度上主要是指要尊重老年人的人格尊严。《宪法》第 38 条规定,中华人民共和国公民的人格尊严不受侵犯。禁止用任何方法对公民进行侮辱、诽谤和诬告陷害。《老年人权益保障法》第4条第3款规定，禁止歧视、侮辱老年人。《刑法》第246条规定，以暴力或者其他方法公然侮辱他人或者捏造事实诽谤他人，情节严重的，处三年以下有期徒刑、拘役、管制或者剥夺政治权利。这些规定均应当成为老年人人格尊严保护的依据。

三、财产保护制度

（一）老年人财产保护的必要性

中国是目前老年人口最多的国家。据全国老龄委数据显示，到2014年底，我国60岁及以上的老年人已达到2.12亿人，到本世纪中叶，老年人口将达到4亿人。对于数量如此庞大的一个群体，他们或多或少都有一些自己的财产，而老年人晚年如何保护自己的财产，则面临着观念上的困境和危机。赡养义务人侵犯老年人财产权益、再婚老年人的权益保护、老年人的理财问题等现实案例已经说明，老年人的财产权益保护问题已经摆在理论界和实务界面前，应引起社会各界的关注。

（二）老年人财产权保护规范体系

我国现行老年人财产权益保护的规范体系包括《宪法》《民法通则》《刑法》《婚姻法》《继承法》《老年人权益保障法》等(见表5-2)。

表5-2　老年人财产权保护规范体系

法律名称	规范内容
《宪法》	我国《宪法》第13条规定，公民的合法的私有财产不受侵犯。国家依照法律规定保护公民的私有财产权和继承权。这是我国对公民个人财产权益的根本规定，构成包括民法、刑法等财产权益保护法的基石。
《民法通则》	《民法通则》第5条规定，公民、法人的合法的民事权益受法律保护，任何组织和个人不得侵犯。第75条规定，公民的合法财产受法律保护。公民的个人财产，包括公民的合法收入、房屋、储蓄、生活用品、文物、图书资料、林木、牲畜和法律允许公民所有的生产资料以及其他合法财产。第76条规定，公民依法享有财产继承权。

续表

法律名称	规范内容
《刑法》	《刑法》第五章规定了侵犯财产罪，包括盗窃、诈骗、抢夺、侵占、敲诈勒索、故意毁坏公司财物等。这些规定同样也适用于严重侵犯老年人财产权益的情况。
《婚姻法》	《婚姻法》第2条规定，保护妇女、儿童和老人的合法权益。第24条规定，夫妻有相互继承遗产的权利。父母和子女有相互继承遗产的权利。
《继承法》	《继承法》第16条规定，公民可以依照本法规定立遗嘱处分个人财产，并可以指定遗嘱执行人。第24条规定，存有遗产的人，应当妥善保管遗产，任何人不得侵吞或者争抢。第30条规定，夫妻一方死亡后另一方再婚的，有权处分所继承的财产，任何人不得干涉。
《老年人权益保障法》	《老年人权益保障法》第16条规定，老年人自有的或者承租的住房，子女或者其他亲属不得侵占，不得擅自改变产权关系或者租赁关系。老年人自有的住房，赡养人有维修的义务。第17条规定，赡养人有义务耕种老年人承包的田地，照管老年人的林木和牲畜等，收益归老年人所有。第22条规定，老年人有权依法处分个人的财产，子女或者其他亲属不得干涉，不得强行索取老年人的财物。老年人有依法继承父母、配偶、子女或者其他亲属遗产的权利，有接受赠与的权利。

（三）老年人权益保障法中的老年人财产权益保护特点

老年人财产权益保护有与所有人财产权益保护共同的内容和要素，但其作为对老年人这一特殊群体的财产权益保护，也具有其特点。这些特点体现在老年人权益保障法关于老年人财产权保护的规定中。

1. 规范对象

一般而言，老年人财产权大多属于对世权的范畴，其效力及于一切人。相比较而言，老年人权益保障法之所以在宪法、民法、刑法、婚姻法、继承法中都有关于公民财产权保护的基础上，还要特别强调对老年人财产权益的保护，其主要原因就是在老年人财产权益保护的实践中，侵犯老年人财产权的对象往往是其家庭成员，包括抚养人、赡养义务人。因此，老年人权益保障法中的老年人财产权益保护主要是针对家庭成员（包括扶养人和赡养义务人）的。也正是基于这种理由，老年人财产权益保护的条款大都出现在“家庭抚养与赡养”一章中。《专家试拟稿》在“家庭保护”一章中规定，老年人对个人的财产,依法享有占有、使用、收益和处分的权利,子女或者其他亲属不得干涉,不得以骗取、盗取、强行索取等方式侵犯老年人的财产权益。需要注意的是,家庭对老年人的经济供养侧重于家庭成员的积极作为,而老年人财产权益保护侧重于家庭成员的消极不作为。

2.财产权益内容

老年人财产权益保护已经形成了比较完善的规范体系:宪法侧重于根本性的保护,民法侧重于财产权自由的保护,刑法侧重于对侵犯财产权的规定,如此等等。老年人权益保障法也是这样,它侧重于对老年人主要财产的保护。这是因为,这些主要财产在实践中往往是家庭成员不当干涉的对象。例如,老年人自有的或者承租的住房,子女或者其他亲属不得侵占,不得擅自改变产权关系或者租赁关系。不仅如此,赡养人还应当对老年人自有的住房进行及时维修。又如,赡养人有义务耕种或者委托他人耕种老年人承包的田地,照管老年人的林木和牲畜等,收益归老年人所有。再如,老年人有依法继承父母、配偶、子女或者其他亲属遗产的权利,有接受赠与的权利。子女或者其他亲属不得侵占、抢夺、转移、隐匿或者损毁应当由老年人继承或者接受赠与的财产。老年人以遗嘱处分财产,应当为生活困难的老年配偶保留必要的份额。

四、老年监护制度

(一)我国老年监护制度的现状与问题

老年监护制度是指为了保护因年老而不能全部或部分处理自己事务的人的合法权益而为其设立监护人,对其人身、财产和其他合法权益进行照护和管理的一项民事法律制度,它属于成年监护制度的一部分。作为成年监护制度的一部分,老年人监护与代理制度有较大差别,代理的作用在于延伸扩张民事主体的自治范围和自治能力,而监护则更强调对被监护人人身的照护、财产的管理及精神上的慰藉,而不只限于事务的代理,即监护的内涵和功能要更加丰富。一般而言,现代发达国家的监护制度包括未成年监护制度和成年监护制度两大部分,而老年人监护制度隶属于成年监护制度。

我国民法通则对监护制度作了原则性规定,婚姻法、收养法、未成年人保护法、妇女权益保护法等也有若干条款对监护进行了规定。然而,我国法律只有针对未成年人和精神病人(包括无民事行为能力或者限制民事行为能力的精神病人)的监护,也即《民法通则》第16条、17条的规定,尚无关于成年的非精神病人监护的条款,更无专门针对老年人监护的规定。就我国现行的《民法通则》中有关监护的规定来看,虽然也包括了对未成年的监护和成年监护,但成年监护制度很不完善,仅有对老年精神病人的监护规定,可以说对老年人监护的规定几乎是空白。然而,随着老龄化社会的到来,司法实践中涉及老年人财产权益的纠纷不断增多,老年人财产权益受损现象频现,而我国现行法律只规定了未成年人和精神病人的监护制度,明显不适应我国老龄化社会发展和老年人权益保障的需要。

(二)国外主要国家老年监护制度介绍①

20世纪以来,随着世界许多国家进入了老龄化社会,老龄问题日益成为世界性难题,同时,各国也纷纷就老龄化问题进行了深入研究。就老年人监护制度而言,比较成熟的国家有日本、德国、英国、美国。

1. 日本老年监护制度介绍

日本的老年监护制度体现于1898年制定的《日本民法典》中的成年监护部分。随着现代日本社会老龄化问题的日益严重、残障人士社会福利要求的增加及社会上其他弱势群体的保护问题的凸显,对日本原有的成年监护制度造成了重重冲击。为此,日本于1999年对原民法典进行了修改,并于1999年12月1日审议通过了《关于修改民法一部分的法律》《任意监护合同法》《关于成年监护登记的法律》和《与〈关于修改民法一部分的法律〉相关的施行法》等四部法律。此次日本民法典监护制度改革的亮点体现在以下两方面:第一,以后见、保佐、辅助三种法定监护制度取代原成年监护制度中的禁治产和准禁治产制度。第二,在法定监护制度之外增设任意监护制度。

2. 德国老年监护制度介绍

德国的监护制度一直以来是沿用罗马法中的"禁治产"和"准禁治产"制度。但是由于这两种监护形式不尊重被监护人的人格和尚存的意思能力,凡被宣告为"禁治产"和"准禁治产"的人其全部或部分行为能力将被法律剥夺,且德国原有监护制度中监护的内容多为对被监护人财产的管理,而对人

① 参见靳辉:《我国老年人监护制度研究》,河南大学硕士学位论文,2011年。

身的照顾规定较少。加之20世纪中后期，国际人权中“维持本人正常化生活”及“尊重本人自主决定权”等新理念的持续影响，德国理论界和实务界深刻认识到现有成年监护制度的不足。于是在广泛征求社会各界的意见之后，德国对其原有监护制度进行了修改，并于1990年审查通过了《德国成年照管法》，规定于1992年1月1日生效实施。德国此次成年（老年被包含于内）监护制度改革的主要内容体现在以下几方面：第一，监护设置应坚持必要性原则、补充性原则、尊重本人的自主决定权原则、防老授权原则。第二，以照管制度取代原来的禁治产、准禁治产宣告制度。第三，对照管人的选任和职责作了详细的规定。

3.英国老年监护制度介绍

英国为适应社会老龄化的需要，于1985年制定了《持续性代理权授予法》。英国有关老年监护制度方面的规定主要体现在该法中。英国《持续性代理权授予法》规定的老年监护主要表现在如下三个方面：第一，代理人的选任。第二，代理权生效要件。第三，代理人权限。

4.美国老年监护制度介绍

目前美国有关老年人监护制度方面的规定主要体现在《美国联邦统一持续性代理权授予法》中。美国的老年人监护制度在立法体系上相当健全。美国全方位地进行老年监护立法的目的就在于对无能力人（inability to work）和能力欠缺者（incompetent）进行周全的保护。美国现行的老年人监护方式主要有法定监护和意定监护两种。《美国联邦统一持续性代理权授予法》即是有关意定监护的法律制度。它与英国的持续性代理权授予制度在本质上是大体相同的，所不同的是，不仅适用于财产管理还适用于人身健康护理方面。

（三）国外老年监护制度的评析与借鉴

对于老年监护制度，上述国家有不同的规定，但是在监护理念、监护原则、监护机制等方面也体现出如下共同点：

第一，在老年监护制度改革中引入了先进的保护理念。从20世纪50年代开始，国际社会开始普遍关注弱势群体的权利状况，尤其是残障者和高龄老人的人格尊严、生存权利等一系列问题。在国际人权保护意识不断强化的背景下，产生了以“维持本人生活正常化”[①]及“尊重本人的自我意思及决定”[②]为核心的先进保护理念。可以说，发达国家陆续对本国老年监护制度进行改革，主要是受国际人权保护新理念的影响而进行的。

第二，增设意定监护制度。传统老年监护制度都是在本人符合法定的监护情形时，经由法院认定并宣告后由法院为其强制性的设立监护人，至于该监护人是否符合被监护人本人的实际利益，不在法律考虑的范围内。于是现代主要发达国家在对本国的老年监护制度进行改革时，多数国家都增设了意定监护制度。所谓意定监护制度是指由本人在其具有完全的行为能力时，根据自己的意愿选择自己信赖的自然人或专业机构来担任自己未来的监护人，并就自己日后行为能力欠缺或丧失时的监护事务达成协议，由该被选任的自然人或专业机构依协议来履行监护职责的制度。该项制度赋予老年人本人对自己未来监护人的自由选择权，并且是双方在自愿协商的基础上达成协议，充分尊重了老年人的自我意愿，符合现代私法自治的精神。

第三，注重对被监护人的人身照顾。源自罗马法的禁治产宣告制度，在于通过剥夺本人的行为能力来禁止本人对财产进行管理和处分。大陆法系的德、日两国在废除本国禁治产宣告制度的同时增加了诸多对本人人身照

---

① “维持本人生活正常化”的含义是指那些行为能力欠缺者，他们同样是社会的组成部分，作为社会的一分子他们理应得到社会及其他成员的尊重和关爱，且社会及其成员也应当为他们能在生活中像普通人一样融入社会、正常而自在的生活提供帮助，而不是否认或剥夺他们的行为能力，对他们的活动进行各种限制或是歧视他们。该理念强调对行为能力欠缺者的人格尊重，并主张为此类弱势群体的生存生活提供一个宽松正常的社会环境，以使他们健康、快乐、正常地生活。德国、日本先后废除传统的禁治产宣告制度这一完全剥夺被监护人所有行为能力的制度，从法律上承认即使无民事行为能力人也有一定的行为能力（如从事简单日常生活必需品购买）；德国民法典还规定照管人必须利用各种可能性，使被照管人的疾病得到好转、消除，防止病情恶化。这些都体现了“维持本人生活正常化”的理念。

② “尊重本人的自我意思及决定”则是对民法意思自治原则在老年人监护制度中的一种运用，也是对“维持本人生活正常化”的理念的进一步延伸。传统民法中的监护制度多是通过法律剥夺或限制了被监护人的行为能力，在监护过程中根本不尊重被监护人尚存的意思能力，在实际事务中更是很少有人顾及本人的意愿与感受。事实上通常是通过监护的实施来防止和减少被监护人对社会造成的不利影响。而“尊重本人的自我意思及决定”理念则强调监护人及社会应当最大程度地尊重本人的意愿及利益需求；监护人的设立并不当然影响或削弱本人的意思能力，本人仍可依其尚存意思能力决定本人事务，监护人应在其职责范围内补充本人的行为能力，帮其实现其意愿和维护其合法权益。

顾的内容。[①] 而英美国家中被广泛适用的持续性代理权授予制度在改革之前也仅适用于对本人的财产管理，而未能适用于人身保护。但经过老年监护制度的新近改革后，改变了此种不足，将持续代理权授予制度也扩展适用到了本人的人身保护方面。

第四，强化国家在完善老年监护中的作用。老年监护制度是伴随社会发展而处于不断完善中。在此过程中，国外发达国家积极参与其中，通过设立权威的监护事务管理机构来对监护制度的实施保驾护航；利用自身经济实力和鼓励社会力量设立不同层次的具有公益性的监护服务机构以解决诸如无监护人的老人的监护问题。

可喜的是，《老年人权益保障法（修订草案一审稿）》中增加了老年人监护的条款，第 24 条规定，具备完全民事行为能力的老年人，可以在近亲属或者其他与自己关系密切、愿意承担监护责任的个人、组织中协商确定自己的监护人和监护监督人。无民事行为能力或者限制民事行为能力的老年人没有监护人的，参照有关法律的规定为其确定监护人。监护人自老年人丧失或者部分丧失民事行为能力时，依法承担监护责任。监护人不履行监护职责或者侵害老年人权益的，监护监督人有权要求有关部门处理，或者依法向人民法院提起诉讼。但是，这只是老年人监护制度的雏形。在构建我国老年人监护制度的过程中，在监护理念上，应当吸收“尊重自我决定权”等先进的监护理念，建立意定监护制度并实现其与法定监护制度的衔接与协调。在监护对象的范围上，应在保留现有制度对老年精神病人保护的基础上，扩大其保护范围，将那些因年龄、健康等原因实际上处于意识能力或行动能力不足，或两者兼而有之而不能全部或部分处理自身事务的 60 周岁及以上的老年人均纳入到老年监护制度的保护范围。在监护内容，应当打破只有财产监护的桎梏，引进人身监护和精神监护等内容。在监护人的职责上，应注重监护人义务与权利的统一。在监护制度的实现机制上，应注重监护人的选任与监督。

---

① 日本在废除禁治产宣告制度后分别根据本人的具体精神状况、事理辨识能力设置了后见、保佐、辅助三种层次的法定监护方式，分别由后见人、保佐人、辅助人来对被监护人的日常生活进行照顾、管理；德国则在废除禁治产宣告制度后，将原来的监护和保佐两种监护方式统一合并为现行的照管制度，强调对本人的人身照管。德国修订后的民法典中规定照管人必须在其职责范围内尽职使被照管人的疾病得以减轻、好转或消除，并且还规定，事关被照管人人身健康等重要事务的处理须得到法院的批准。如上规定和要求都体现了现代老年人监护制度对本人人身照顾的重视。

五、长期照护保险制度

(一)长期照护保险含义

老龄社会中,人口老化不可避免地伴随疾病型态慢性化、健康问题障碍化、照护内容复杂化、照护时间长期化等问题。然而,家庭结构改变和家庭养老功能的式微使得家庭中能执行照护失能者的成员相对不足,照护能力也相对有限。在这样的背景下,长期照护需求日益增加已经成为老龄化国家所面临的重大课题,世界卫生组织就曾建议先进国家应积极建立全国普及式的长期照护制度。发达国家,如美国、英国、德国、法国、日本等已经建立了比较完善的长期照护制度。

所谓长期照护是指针对先天或后天丧失日常生活功能的人,且有长照需求者,提供长期的社区式、居家式及机构式等照护服务,服务内容一般包括健康照护、个人照护与社会服务。① 世界卫生组织(WHO)将长期护理(Long Term Care,LTC)定义为:"由非正规照料者(家庭、朋友或邻居)和专业人员(卫生和社会服务)进行的照料活动体系,以保证那些不具备完全自我照料能力的人能继续得到其个人喜欢的以及较高的生活质量,获得最大可能的独立程度、自主、参与、个人满足及人格尊严。"根据美国健康保险学会(HIAA)的定义,长期护理就是指在一个比较长的时期内,持续地为患有慢性疾病,譬如早老性痴呆等认知障碍或处于伤残状态下,即功能性损伤的人提供的护理。它包括医疗服务、社会服务、居家服务、运送服务或其他支持性的服务。

长期照护服务具有如下几个特征:第一,长期照护服务本身具有公共事务的特性,需政府介入。因此,政府必须介入,规划全国性长期照护政策、法规与方案,并应将长期照护所需经费列入政府的财政预算。第二,长期照护是以整个家庭为中心的照护,当一个家庭成员有照护需求时,一般民众大多在其所生长的家庭中先由家人提供照护,并由家庭提供日常生活所需。第三,长期照护服务内容具有多样性和变化性,因此,长期照护机构或服务提供者,如何提供适切的照护服务是一个重要的问题。照护内容"以生活照顾为主,医疗照护为辅"。第四,所有年龄群体都有长期照护的需求,但是老年

---

① 参见林万亿:《社会福利》,五南图书出版股份有限公司 2010 年版,第 328 页。

人是长期照护的主要服务对象。[①]

就实现长期照护的机制而言，主要有税收制和社会保险制两种。税收制是目前较为普遍的方式，如英国、瑞典、奥地利、意大利等国家，而采取社会保险制的国家主要有德国、法国、日本、韩国等（严格来说，日本采取的税收制和社会保险制的混合模式）。因此，所谓长期照护保险就是用社会保险的方式来为失能老人提供长期照护服务。实际上，随着家庭养老负担的加重，养老服务社会化、服务方式多元化等理念正影响着长期照护向着社会化的方向发展，保险制将是未来长期照护的主要模式。长期照护保险意味着照顾责任的改变，被保险人有权要求提供服务。例如，德国在 1996 年《长期照顾保险法》通过以前，其长期照顾主要由非正式、无薪家庭照顾者提供，而在长期照顾保险法通过以后，德国的长期照顾责任转由中央政府承担，其财务来自就业者的保险费，服务的提供者包括地方政府公办、非营利组织、营利组织办理的服务机构。

因此，长期护理保险（Long Term Care Insurance）也称“长期照料保险”，是指为那些因老年、疾病或伤残丧失日常生活能力而需要被长期照顾的人提供护理费用或护理服务的保险。老年人是长期护理服务的主要使用者。长期照护保险是长期照护服务的社会化提供方式的结果，不同于医疗风险，不以疾病治疗为核心，而是以生活照料为核心，强调综合性及连续性之服务，持续时间往往比较长（在德国，长期照护的时间至少为 6 个月以上），甚至直到人生命的终结。正如有学者所言，长期照护的特质是以“生活照顾为主，医疗照护为辅”[②]。长期照护保险的范围一般包括居家护理、社区护理和机构护理。

（二）我国长期护理保险的模式选择

1. 国外模式介绍

长期护理保险已成为世界很多国家老年人长期护理制度建设的主要内容，它有多种实现模式。目前，国际上比较成熟的长期护理保险模式大致可以分为两种：以美国为代表的商业保险模式和以日本、德国为代表的社会保险模式。

---

① 参见苏逸玲：《长期照护立法政策与管理定位之探讨》，台湾阳明大学硕士学位论文，2005 年。

② 苏逸玲：《长期照护立法政策与管理定位之探讨》，台湾阳明大学硕士学位论文，2005 年。

美国的长期护理保险是保险公司提供的特殊的健康险产品，社会居民自愿投保，产品种类多，能满足不同人群的需求，具有明显的商业性特点。美国的长期照护大多依赖家庭处理，只有很穷的老年人才能得到长期照护的补助。

日本的长期护理保险是由政府作为管理主体强制执行的，具有社会保险性质，属于社会保险体系的范畴，其优点是：由于强制全体国民参保，较好地解决了全社会面临的老年护理问题，具有明显的社会福利性。但它对政府的财政要求很高，并且灵活性相对较差，难以满足老年人的特殊需求。

德国的长期护理保险采用的是强制性长期护理保险与补充长期护理保险相结合的模式。在强制性的长期护理保险之外，私营健康保险公司还提供补充长期护理保险，这种社会保险与商业保险相结合的模式，既满足了人们对长期护理保险的多层次需求，也避免了政府财政负担过大。

2.学界争议

由于我国长期照护保险制度才刚刚兴起，学界对长期照护保险模式存在较大争议。有人认为："国外的一些保险模式不能照搬，只能借鉴国外的经验。从长期看，随着国力的增强，我国应建立覆盖全民的长期护理保险，作为社会保障体系的补充，更好地解决老年人'老有所养，老有所医'的问题。但从我国目前的国力和国情来看，还办不到。依据我国的现实情况，设计以商业性为主，社会性为辅的发展模式比较符合我国目前的国情。"[①]与此相反，也有人认为，长期护理保险在我国应该是社会保险而不是商业保险，不仅因为商业保险在中国发展的历史还很短，而且因为长期护理保险在我国劳动者平均收入水平较低的条件下不适宜采用商业保险形式。[②]

3.我国的选择

一国采取何种形式的长期照护模式取决于该国现有制度、老龄化程度、长期照护需求程度等因素。基于福利国家理念和保险的社会化原则，考虑我国"未富先老"、老化速度快、长期照护保险发展时间较短等客观情况，借鉴其他国家和地区的经验，我国长期照护保险应定位为以社会保险为基础、商业保险为补充的模式。

---

① 蒋虹：《我国长期护理保险的发展模式选择》，载《保险论坛》2007年第1期。

② 参见戴卫东：《长期护理保险制度理论与模式构建》，载《人民论坛》2011年第29期。

六、高龄优待制度

(一)高龄优待的内涵

老年人权益保障之所以重要，其根本原因在于随着年龄的增加，老年人的生理功能在逐步衰弱，进而其在社会中处于弱势地位。因此，有必要对老年人这一社会弱势群体的权益进行特别强调。基于同样的逻辑，如以我国老年人权益保障法规定的60岁以上者为老年人的话，而百岁老年人也属于老年人的范畴，其间年龄可能相差30余岁，毫无疑问，不同年龄层次的老年人对于服务的需求有很大差别，笼统以“老年人”对待难免粗糙，不利于实现权益保护的实质平等。实际上，我国60岁以上的老年人到2014年底就已达到2012亿人(目前正在以每年100万以上的速度增长)。在中国人口总体老化的同时，老年人口内部也在不断老化，80岁以上老人占老龄人口的比重不断增大，将从2005年的10.2%上升到2050年的22.8%。[①] 因此，对老年人中的高龄老年人这一弱势群体中弱势群体予以特别对待具有理论合理性和现实必要性。为此，有学者根据年龄标准，将老年人再细分为三种：65～75岁为小老人，75～85岁为中老人，85岁以上者为老老人。[②]

所谓高龄优待，即指对60周岁以上老年人中某一年龄段的“老年人”在经济供养、生活照顾、社会服务等方面实行优待，它是老年人社会优待的重要内容。至于何为“高龄”，不同地方有不同的规定。从我国中央立法来看，若以《老年人权益保障法》第27条规定的“医疗机构应当为老年人就医提供方便，对70周岁以上的老年人就医，予以优先”内容来看，高龄优待是指对70岁以上的老年人给予优待。若以《老年人权益保障法》(修订草案一审稿)第32条规定的“国家鼓励地方建立80周岁以上低收入老年人高龄津贴制度”内容来看，高龄优待是指对80岁以上的老年人给予优待。从地方立法来看，我国绝大多数地方都制定了高龄优待的实施细则或办法。例如，《湖北省人民政府关于老年人享受优待服务的规定》第15条规定，对百岁以上的高龄老年人，当地老龄工作机构应当按月发给不低于200元的长寿保健

---

① 参见《2009年度中国老龄事业发展统计公报》，载“中国老龄门户网”：http://www.cncaprc.gov.cn/chanye/7328.jhtml，最后一次访问为2012年8月8日。

② 参见戴章洲、吴正华：《老人福利》，心理出版社股份有限公司2009年版，第4页。

费和生活补助费。各地可根据当地财力情况,适当放宽发放年龄和增加发放金额。当地医疗机构应定期为百岁以上老人免费提供医疗保健服务。又如,《河北省老年人优待办法》规定,对百岁以上老年人,每人每月由民政部门发给不低于100元的保健补贴,所需资金由本人户口所在县(市、区)财政支付。同时,该办法规定,农村70岁以上老年人不承担兴办公益事业等筹资义务。本质上讲,对百岁老人发放保健补贴与对农村70岁以上老人不承担兴办公益事业等筹资义务都是对高龄老人的优待。再如,《陕西省老年人优待办法》第1条规定,凡户籍在本省行政区域内,年满70周岁以上的老年人,凭《陕西省敬老优待证》,享受本办法的优待服务。第7条规定,各设区市、县(区)政府对90～99周岁的高龄老人,每人每月发给不低于50元的生活保健补贴,所需资金由各设区市和县(区)财政共同负担。对100周岁以上(含100周岁)的高龄老人,每人每月发给不低于100元的生活保健补贴,所需资金由省财政负担,如此等等。综观目前我国地方高龄优待的规定,几乎所有地方都认为应当对百岁以上老人予以高龄优待;绝大多地方都规定,对70岁以上老年人应当予以高龄优待;部分地区规定,应当对80岁以上的老年人予以高龄优待;当然也有少数地方规定,对90岁以上者予以高龄优待。整体来说,各个地方都对60岁以上的老年人划分为不同的年龄段从而进行梯次性的优待。这也是其他国家或地区的普遍做法。例如在我国香港地区,普通老年津贴为年龄在65～69岁之间而收入及资产没有超过规定限额的居民提供,高额老年津贴为年龄在70岁或以上的人提供。可见,香港地区高龄优待根据不同的年龄段而有所区别,而高额津贴专为70岁以上者提供。

然而,从制度设计的角度考量,高龄优待制度的设计应当对"高龄"老年人的范围作出一个相对明确的界定。一般来说,高龄老年人是一个相对的概念,它是相对于低龄老年人而言的。高龄老年人的"底线年龄"会随着社会经济的发展、医疗水平的进步逐渐提升。它的决定因素有很多,但毫无疑问的是它应该随着一国平均寿命的提高而逐渐提高。1996年《老年人权益保障法》制定时,将70岁以上的老年人可看作是高龄老年人,然而根据世界卫生组织的调查显示,我国现在的平均寿命为73.5岁,若再以70岁为高龄老年人的"底线年龄"的话,将很难体现出高龄老年人优待的作用和效果,这与高龄优待制度的设计的初衷有违。《老年人权益保障法》(修订草案一审稿)规定的“对80周岁以上低收入老年人提供高龄津贴”,是符合老化规律和高龄优待制度初衷的。因此,高龄优待主要是针对80岁以上的老年人提供的优待。当然,这是从中央立法层面来讲的。从地方立法层面来讲,地方立法必须将80岁以上的老年人提供特殊优待,并可将“年龄底线”再放低一些。例如《山西省实施〈中华人民共和国老年人权益保障法〉办法》规定,各级人民政府根据当地实际情况,可以扩大老年人享受优待的范围,增加老年人享受优待的内容。除此之外,地方立法还有权根据当地经济发展水平和老年人年龄的分布情况作出更为细化的规定。例如,可以以10年为年龄段将老年人划分为:60~70年龄段老年人、70~80年龄段老年人,进而对这些低龄老年人提供相应的优待;80~90年龄段老年人、90~100年龄段老年人以及100岁以上的老年人,进而对这些高龄老年人提供“差别性”对待。例如,《福建省人民政府关于进一步做好老年人优待工作的意见》规定,有条件的地方可对不同年龄段的老年人定期发放生活补贴。我国目前地区间经济发展不平衡、人们收入水平差别大等国情决定了高龄优待水平在不同地方会有不同的表现。

(二)高龄优待内容

高龄老年人优待主要是相对于低龄老年人优待的程度而言的,其优待项目与低龄老年人并无不同。根据老年人权益保障法及其修订草案的规定,以及地方高龄老人优待的相关规定,高龄优待主要包括如下内容:

1. 养老优待

养老优待是高龄优待的基础部分,其主要表现为各级政府发放的高龄津贴或补贴。例如,《江苏省老年人权益保障条例》规定,县级以上地方人民政府应当向80周岁以上的老年人发放尊老金。80~99周岁的老年人的尊老金,由设区的市、县(市、区)人民政府负担;100周岁以上的老年人的尊老金,由省人民政府负担,每人每月不低于300元。又如,《辽宁省老年人权益保障条例》规定,县级人民政府对90周岁以上老年人定期给予生活补贴。再如,《重庆市实施〈中华人民共和国老年人权益保障法〉办法》规定,农村70周岁以上的老年人不承担按人头负担的集资。对100周岁以上老年人,由区、县(自治县、市)人民政府按月发给营养补助费。还如,江西省新余市出台的《关于建立城乡老人高龄补贴制度的意见》规定,对全市80周岁以上老人实行高龄补贴。从80周岁起,每5年为一个补贴年龄段,共5个年龄段:

80～84 周岁、85～89 周岁、90～94 周岁、95～99 周岁、100 周岁以上。

2. 医疗优待

高龄老年人由于身体机能的下降，往往会出现诸多健康问题，因此，对高龄老人给予医疗优待具有现实必要性。例如，《吉林省实施〈中华人民共和国老年人权益保障法〉若干规定》第 14 条规定，医疗机构应当为老年人就医提供方便。对 70 周岁以上的老年人就医，予以优先。又如，《陕西省实施〈中华人民共和国老年人权益保障法〉办法》也规定，医疗机构应当为老年人就医提供方便，对 70 周岁以上的老年人就医给予优先和照顾。再如，《重庆市实施〈中华人民共和国老年人权益保障法〉办法》第 23 条规定，70 周岁以上老年人持本人身份证或老龄工作机构制发的优待证，可以享受“到医疗机构就医，免交普通挂号费，并优先挂号、就诊、化验、缴费、取药等”的待遇。

3. 生活服务优待

生活服务优待是老年人最能直接感受到的优待内容，高龄老人尤其需要生活服务方面的优待。例如，《北京市老年人权益保障条例》规定，对 70 周岁以上的高龄老年人实行社会敬老优待服务。又如，《江西省实施〈中华人民共和国老年人权益保障法〉办法》第 31 条规定，老年人持老年人优待证或者居民身份证，在全省范围内享受“优先购买车票、船票、飞机票，优先上车、上船、登机”“免费使用收费公共厕所”“70 周岁以上的老年人除享受前款规定的优惠待遇外，还可免费乘坐市内公共汽车、电车”。再如，《山西省实施〈中华人民共和国老年人权益保障法〉办法》第 23 条规定，70 周岁以上的老年人除享受 60～70 岁年龄段老年人的优待项目外，还可享受“免费乘坐市内公共汽(电)车”“单独居住需要安装有线电视的，持乡(镇)人民政府、街道办事处出具的证明，免收安装费”等方面的优惠。

4. 文体休闲优待

对于高龄老年人来讲，文体休闲活动构成了他们生活的主要组成部分，因此，有必要对高龄老年人给予文体休闲优待。例如，《贵州省老年人保护条例》第 20 条规定，本省老年人持当地县级以上人民政府老龄工作机构核发的优待证，可以享受下列待遇：(1)免费使用公共体育场馆等设施开展健身活动；(2)免费进入博物馆、展览馆、纪念馆等场所参观；(3)进入公园、风景名胜区等景点参观游览门票半价优惠。70 周岁以上的本省老年人还可享有“免交进入公园、风景名胜区等景点参观游览门票费”的待遇。再如，湖北省修改后的《湖北省关于老年人享受优待服务的规定》规定，老年人进入风景区和博物馆、美术馆、科技馆、展览馆、纪念馆、已开放的文物点、宗教活动场所，凡收取门票的对60周岁以上70周岁以下老年人实行半价优惠，对70周岁以上老年人实行免费。还如，《山东省优待老年人规定》规定，老年人凭优待证进入公园，免购门票；进入风景名胜区、旅游景点和文化宫、俱乐部、图书馆、美术馆、博物馆、科技馆、展览馆、纪念馆等公共文化娱乐场所，凡收取门票费的一律实行半价，70岁以上老年人免费。

5.维权服务优待

一般而言，一个人能否真正为权利而“斗争”取决于维权能力和维权欲望两个方面因素。不论在维权能力方面，还是维权意识方面，高龄老人都处于弱势。因此，对高龄老人提供维权服务方面的优待对于高龄老年人的权益保护具有现实价值。然而，相比较其他方面的优待，各地对高龄老人维权服务方面的优待尚不够重视，仅有重庆等少数地方对高龄老人维权服务优待作了具体规定。例如，《重庆市实施〈中华人民共和国老年人权益保障法〉办法》第23条规定，70周岁以上老年人持本人身份证或老龄工作机构制发的优待证可以享受“法律服务机构免费提供有关老年人赡养方面的法律服务”的优惠。

七、老年人就业制度

老龄化已经是一个不可避免的趋势，实现“老有所养、老有所医、老有所学、老有所为、老有所乐”已经成为全社会的共识。特别是老年人在退休后如何做到“老有所为”，实现老年人力资源的再利用，正在逐渐成为重要的社会问题。老年就业无疑是实现“老有所为”的重要路径。我国《老年人权益保障法》第40条规定，国家和社会应当重视、珍惜老年人的知识、技能和革命、建设经验，尊重他们的优良品德，发挥老年人的专长和作用。有学者认为：“现行退休年龄是60年前设定的，当时人均预期寿命不足50岁，而‘十二五’末将达到75岁，2050年将达到85岁。在人均预期寿命持续延长的同时，人均受教育年限也在持续延长。目前国民人均受教育9年以上，预计到2050年达到17年左右，新增劳动力中受过高等教育者所占比重越来越大。在这样的背景下，如果不逐渐延长退休年龄，工作周期在人的一生中便会持续缩短,将造成日益巨大的人力资源投资浪费。”[①]这从另外一个层面说明了老年人力资源的重要性。

(一)老年就业的意义

1. 活力老化的要求

根据老化的一般规律,当一个人经历残缺或其他与年龄相关的衰退后,其社会角色就会变得相对不重要,而让他们保持自我肯定来面对困难的唯一方法,就是让老年人抛开他们失去的社会角色,进而进入一个崭新的、补偿的社会活动。因此,老年人为了寻找自我认同感,与社会接轨,往往会参与社会活动,以发展出新的角色。老年人活动力越强,其生活满意度、正向自我定位和调整能力就越强。毫无疑问,适当的社会参与能够提高老年人生活满意度。“老有所为”是一种反映老年人性质、体现老年人价值的形式。通过社会参与,老年人能够正确地进行自我认识和自我评价,同时也使社会对老年人有一个客观正确的认识和评价。老年人参与到社会物质资料的生产之中,不仅能带来巨大的社会物质产出,还能使老年人保持自身精神愉悦、身体健康。这正是老年人在自然属性和社会属性上防止衰老、将其经验和知识毫无保留地交给社会的真正意义之所在。

2. 老年资源再利用

我国有相当大的老年人才资源储备。据统计,我国目前 70 岁以下具有高中级职称、身体健康、有能力继续发挥作用的,老年人占相当大的比例。随着离退休人员的逐年增长,老年人才的队伍还将不断扩大。[②] 这是一笔宝贵的人才资源。有学者从老年人力资源的供给和需求两个方面论证了我国老年人力资源开发的可行性,同时认为,开发老年人力资源,有助于缓解人才资源结构性短缺和减轻社会负担和国家财政压力。[③] 正是基于开发和利用老年人力资源这样的原因,有学者提出用“弹性”退休制度来代替目前我国的“刚性”退休制度。不过,老年人的再就业,也并非指延长退休年龄。退休年龄的延长,将对年轻人就业产生复杂的社会后果。老年人就业主要是指,老年人在退休后,利用自身的优势、结合客观的环境所谋到的职位,这些

① 郑功成:《延迟退休不为弥补养老金缺口或将冲击就业》,载 2012 年 6 月 20 日《人民日报》。

② 参见陈均亮:《论老龄化社会潜在资源开发》,载《沿海企业与科技》2005 年第 11 期。

③ 参见熊斌、杨江蓉:《我国人口老龄化与老年人力资源开发》,载《重庆工学院学报》2002 年第 6 期。

职位通常为年轻的劳动力所不胜任或不愿意从事的工作。因此，事实上，老年人的再就业不会对年轻人的就业产生重大影响。为了老年人力资源的再利用，应提倡对于有工作能力和工作意愿的老年人积极参与劳动，政府一方面应该建立高龄人口弹性的退休制度，另一方面更应该通过立法保障老年人的再就业。

3. 宪法上劳动权的实现

根据我国《宪法》第 42 条的规定，中华人民共和国公民有劳动的权利，劳动是一切有劳动能力的公民的光荣职责。国家应当通过各种途径，创造劳动就业条件。因此，劳动是包括老年人在内的每一个公民的权利，理论上讲，只要有劳动能力且有劳动意愿的人，国家就应该为其提供参与劳动的机会和平台。我国实行强制退休制度，达到法定年龄的人应该退出现有的工作岗位。这样的制度安排无疑具有包括老年人休息权的保障、为年轻人提供更多的工作岗位在内的多种因素的考量，然而，对于虽然达到法定年龄但具有工作的能力和工作意愿的退休人员（主要是老年人），应当为其提供再就业的机会。这是宪法上劳动权的要求。

（二）老年就业的现况

1. 老年资源未被充分利用

我们所生活的时代是一个长寿的时代。据最新调查，我国的平均寿命已达 73.5 岁。如上所述，老年人在经过了几十年的生命历程之后，其生活的阅历、丰富的工作经验早已成为难得的智力资源，老年人再就业是一项既有利于老年人自身，又有利于家庭和社会的积极举措。然而，这类宝贵的资源没有被合理地利用。有调查显示，老年就业率仅为 35%左右。据此，调查者得出如下结论：60～69 岁老年人为低龄老人，他们的身体尚健、意识清楚、再就业愿望强；70～79 岁的老年人为中龄老人，他们虽然体质相对较差，需要部分的生活帮助，但仍有部分老人还能够继续为社会服务，尤其是知识分子。① 因此，相比较数量庞大的老年人力资源，我们对老年人力资源的利用和开发还远远不够。

---

① 参见王红漫：《老年人再就业状况及影响因素分析——来自北京大学燕园地区的调查》，载《市场与人口分析》2001 年第 1 期。

2. 老年就业歧视现象严重

老年人就业面临的最大的问题是排斥和歧视问题。由于生理和心理条件等多方面的原因，老年人与年轻人相比在工作中难以实现高效率，甚至会产生一些负效果，而这在一定程度上已经形成了心理学上所谓的社会刻板效应。而经济组织的逐利性决定了只要不是专门针对老年人的岗位，在有大量年轻劳动力可供选择的情况下，企业一般不会“冒险”招聘老年人，甚至于即便在发达国家采取年龄歧视规制的情况下，间接的老年歧视现象也大行其道，而所谓间接歧视就是指这种对不同人群所采取的表面形式平等的对待。[①] 我们不能忽视这种现实的刻板影响，不能苛责这些企业没有承担相应的社会责任，而是应当从政策与立法的角度，以制度的力量来改变观念上的偏见，从而实现宪法上就业权的平等。

（三）促进老年就业的措施

老年人力资源开发和利用不同于青年人力资源的开发和利用，它是一项涉及面很广的系统工程，需要相应的法规和政策配套。

1. 将老年就业纳入国家人力资源开发规划

作为整体人力资源的一个重要组成部分，老年人力资源的开发和利用应当作为一项系统工程纳入国民经济发展规划，有计划、有组织地对老年人力资源进行开发和利用。完善老龄人才市场，充分发挥人才市场的作用，为用人单位和老龄劳动者供求双方牵线搭桥。[②]

2. 在立法和政策上给予保证

老年人就业既是社会发展的需要，也是老年人的基本权利。我国宪法规定的公民享有的劳动权利，同样也适用于老年人。1982 年《维也纳老龄问题国际行动计划》提出：制定一项国际行动纲领来保证年长者有机会对本国的发展做出贡献；要使老年人的潜力能够得到充分发挥。美国于 1965 年通过的《老年人法》规定：“就业机会不因年龄受歧视。”日本 20 世纪 60 年代通过的《老人福利法》规定：“应按照老年人的希望和能力，为其提供从事工作

---

① 参见林嘉、丁广宇：《禁止就业歧视的立法理由及其法律界定》，http://www.chinalawedu.com/new/21602_4000_/2010_3_5_ma76922343541530102387.shtml.

② 参见陈清兰：《人口老龄化背景下的我国老年人力资源开发研究》，载《湘潭师范学院学报（社会科学版）》2008 年第 4 期。

以及参与社会活动的机会。"我国《老年人权益保障法》规定了老年人参与社会发展的权益,这为老年人就业提供了基本的法律保证。尽管如此,目前有关老年就业方面的法律规范还有很多不完善之处,政策法规还不配套,很多老年人社会参与和再就业的权利得不到落实,再就业的愿望难以实现。[①] 因此,国家和政府应当出台政策和措施,特别是在社会劳动就业政策中必须体现老年人再就业的权利和内容,禁止在就业问题上对老年人的歧视,出台促进和保障措施,创造条件促进老年人就业,使老年人通过就业保障和维持一定的经济来源,以满足老年人独立、自尊的高层次需要。

3. 重视老年教育和培训

就业从实质意义上来说,是用劳动换取生存与发展的空间,而教育在就业中扮演着重要的角色,统计数据能够证明文化水平与贫困的发生率呈现负相关,越是具有较多的培训机会与较高的教育文化水平的人,其谋生的能力就会越强。我国《老年人权益保障法》第 31 条规定,老年人有继续受教育的权利。国家发展老年教育,鼓励社会办好各类老年学校。各级人民政府对老年教育应当加强领导,统一规划。从解决老年人口再就业的角度看,必须考虑老年人所能胜任的工作和社会对老年劳动力的需求。这样,再教育和再培训的内容就必须是多方面的、有针对性的,因而不是现有的"老年大学"所能解决的,必须运用更多的教育培训方式,采取更灵活的教育手段,坚持"学以致用"的原则,把再教育、再培训工作搞好。

4. 建立和完善鼓励老年人以多种方式参与社会的具体政策

一般而言,老年人因为身体原因不能参加重体力或全日制的工作,这就需要有灵活的就业和社会参与政策来鼓励和帮助他们实现贡献于社会的愿望。有学者建议:"一是建立和完善针对老年人的弹性、灵活的工作制度,鼓励和帮助健康而有能力的老年人参与其中;二是建立合理的报酬机制,对于参与社会以及就业的老年人按照公平的、按劳分配的原则给予报酬,补充老年人经济收入的不足;三是取消在工作以及项目申请等方面的年龄限制,使老年人都能发挥一技之长,实现人生的价值并得到应有的尊重。"[②]

---

① 参见陈红:《开发老年人力资源,促进社会可持续发展》,载《人口与经济》2001 年第 1 期。

② 姜向群、杜鹏:《中国老年人的就业状况及其政策研究》,载《中州学刊》2009 年第 4 期。

八、国家支持家庭养老制度

（一）国家和家庭在养老中的责任划分

国家和家庭在养老中应当承担不同的责任。例如，国家应当承担老年人最低生活保障的责任，而家庭主要承担老年人人身权益和财产权益保护的责任。又如，国家应当承担对特殊老年人进行社会救助的责任，而家庭主要承担老年人精神慰藉的责任。《专家试拟稿》第 27 条规定，国家建立健全家庭养老支持政策，鼓励家庭成员与老年人共同生活或者就近居住，为老年人随配偶或者赡养人迁徙提供条件，为家庭成员照料老年人提供帮助。可见，国家除应当担负“本该”承担的责任外，还应当为家庭照顾老年人提供政策上的激励。国家应当通过政策激励来支持家庭养老。也就是说，为家庭承担老年人照顾责任提供政策激励应当属于国家的法定责任。

这样的政策安排无疑具有合理性。这是因为，在福利国家、服务政府等理念的影响下，国家应当成为养老的主要责任者，虽然各国也都注重家庭的养老责任，但在国家和家庭之间养老责任的划分上，国家应当承担基础的、主要的养老责任，家庭只承担养老的次要责任，或者说，家庭只是国家实施养老的平台。然而，不论从家庭的养老责任方面还是从家庭作为养老责任的平台方面来讲，家庭的养老能力都在不断降低。随着人口老龄化的不断加快，家庭结构发生变化，家庭养老能力弱化，这是一个客观现实。在家庭养老能力不足的情形下，政府和社会应当支持家庭养老。在我国台湾地区，近年来因社会的变迁、核心家庭的增加，造成了家庭照顾老人的能力与意愿降低，老人家庭支持系统也受到影响，在推动老人福利方面，必须有更多的方案来支持或补充家庭的不足之处。[①] 从这样的意义上讲，应当特别重视国家支持家庭养老的政策，地方政府应当完善支持家庭养老的政策措施，强调地方政府支持家庭养老政策措施对提升家庭履行养老能力的意义。

（二）国家支持家庭养老的体现

国家应该在多方面支持家庭养老，在宏观方面，应当制定养老规划，将老龄事业经费列入财政预算，并注重家庭养老责任的宣传。在具体的制度操作方面，应当注重对家庭的养老激励、养老补贴、养老监督。

① 参见戴漳洲、吴正华：《老人福利》，心理出版社股份有限公司 2009 年版，第 342 页。

1. 养老规划

国家的养老事业规划整体上划分了国家、社会和家庭在养老中的责任内容及三者之间的关系，它是全社会开展养老行动的总章程，也是国家支持家庭养老政策的根本体现。为此，国家应当将积极应对人口老龄化列为国家的一项长期战略任务，应当采取措施，健全保障老年人权益的各项制度，逐步改善保障老年人生活、健康、安全以及参与社会发展的条件。国务院制定国家老龄事业发展规划。县级以上地方人民政府根据国家老龄事业发展规划，制定本行政区域的老龄事业发展规划和年度计划。各级人民政府应当将老龄事业纳入国民经济和社会发展规划，将老龄事业经费列入财政预算。

2. 养老宣传

国家应当进行人口老龄化国情教育，增强全社会积极老龄化意识；全社会应当广泛开展敬老、养老、助老宣传教育活动，树立尊重、关心、帮助老年人的社会风尚；青少年组织、学校和幼儿园应当对青少年和儿童进行敬老、养老、助老的道德教育和维护老年人合法权益的法制教育；广播、电影、电视、报刊、网络等应当反映老年人的生活，开展维护老年人合法权益的宣传，为老年人服务，甚至通过“常回家看看”入法等方式营造敬老、养老、助老的社会风气，以此为家庭养老创造良好的社会氛围。

3. 养老激励

整体上讲，养老是家庭的责任，但由于家庭养老能力下降、青年人养老传统等多方面的因素，国家有必要通过制定政策措施鼓励家庭积极主动养老。各级人民政府和有关部门对维护老年人合法权益和敬老、养老、助老成绩显著的组织、家庭或者个人，以及参与社会发展做出突出贡献的老年人，按照国家有关规定给予表彰或者奖励。为满足家庭成员经常关心、看望或者问候老年人的需求，用人单位应当按照有关规定保障赡养人探亲休假的权利。

4. 养老补贴

在国家支持家庭养老政策方面，最直接、有效的莫过于养老补贴了，它既可以缓解家庭养老的压力，又可以满足老年人居家照顾的需要。为此，国家应当对享受最低生活保障的老年人和符合条件的低收入家庭中的老年人参加基本医疗保险所需个人缴费部分，由政府给予补贴；对生活长期不能自理、经济困难的老年人，地方各级人民政府应当根据其失能程度等情况给予护理补贴;有条件的地方人民政府和有关部门可以为家庭经济困难的老年人提供养老服务补贴。

5. 养老监督

国家支持家庭养老政策一方面表现为国家通过采取积极政策措施和行动为家庭提供帮助,另一方面也表现为国家通过实施监督行为来"支持"家庭养老。首先,赡养人、扶养人不履行赡养、扶养义务的,基层群众性自治组织、老年人组织或者赡养人所在单位应当督促其履行。其次,家庭成员对老年人实施家庭暴力或者盗窃、诈骗、抢夺、侵占、勒索、故意损毁老年人财物,造成损害的,依法承担民事责任;构成违反治安管理行为的,依法给予行政处罚;构成犯罪的,依法追究刑事责任。最后,侮辱、诽谤或者虐待老年人,造成损害的,依法承担民事责任;构成违反治安管理行为的,依法给予行政处罚;构成犯罪的,依法追究刑事责任,如此等等。

结 语

随着中国人口老龄化进程的不断加快,1996 年的《老年人权益保障法》已不适应我国人口老龄化加快的新形势,因此积极应对人口老龄化挑战,健全和完善家庭保护、社会保险、社会照护、社会救助、社会优待、福利设施以及老年人社会参与等制度,构建日益完备的老年人权益保障法律制度体系,是实施积极老龄化基本国策的基础工程。老年人权益保障法律制度体系由宪法、法律、法规、规章等构成,还有大量的规范性文件,由此可见制度是分层次的。《宪法》第 14 条、33 条、45 条等条款是老年法制的根基;大量的制度存在于民法部门、行政法部门中的法律、法规中;地方性法规也是老年人权益保障制度的重要载体;民政行政部门、人力资源与社会保障行政部门等制定的大量的规范性文件是推进老年人权益保障的更广泛的制度形态。老年人权益保障法制体系由理念、原则、制度构成,比如,积极老龄化是老年法制实践的根本理念;社会公平正义、特殊群体权益保障等是老年法制必须遵循的基本原则;老年人权利制度是老年法制的核心制度。

以老龄社会的现实国情为背景,借鉴域外老年法制的有益经验,修改和完善老年法制体系,由老年人权益保障法律制度搭建老年人权益保障法的框架。老年人权益保障法律制度在宏观上可以类型化,主要包括家庭保护制度、社会保障制度、社会照料制度、社会优待制度、社会救助制度、福利设施制度、社会参与制度、法律责任制度等。从微观上看，老年人权益保障有赖于具体制度的构建和完善，包括精神慰藉制度、人身特别保护制度、财产特别保护制度、老年监护制度、长期护理保险制度、高龄优待制度、老年人就业制度、国家支持养老在制度等。无论是宏观制度的构建和完善，还是微观具体制度的设计和完善，都应当立足于老年人权利，从老年人权利的角度构思和创新老年法制。老年人权利及其特别保护制度应当成为老年人权益保障法律制度的核心所在。

一是在老年人精神慰藉制度方面，家庭成员和社会应多关注老年人的心理和精神需求，使老年人在感情和心理上得到充分慰藉。人人都有精神慰藉的需求，老年人在这方面的需求更为强烈，并且实现这一需求相对不易。所以需要将满足精神慰藉需求作为一项老年人权利并给予特别立法保障。

二是在老年人人身权利保护制度方面，老年人的人身权利应该受到特殊保障。老年人由于身体与心理等方面的原因，其通过私力救济的欲望和能力会有所下降。基于公平保护的价值诉求，法律应特别加强对老年人人身权利的保障。例如对老年人生命健康权、人身自由权、人格尊严权等在坚持普通公民基本权利保障基础上，应有相应针对老年人权益保障的特别规定。

三是在老年人财产保护制度方面，我国现行老年人财产保护除了依据宪法、民法、刑法、婚姻法、继承法、老年人权益保障法等的一般性法律规定外，还应当结合老年人财产权利保护的特点，在规范对象、财产权益内容、行使财产权方式等方面设定特别保护法律条款。

四是在高龄优待制度方面，对符合某一年龄段的老年人在经济供养、生活照顾、社会服务等方面实行优待，必然是老年人社会优待制度的重要内容。在我国，给予70岁以上的老年人以特殊优待，建立80周岁以上老年人享受高龄津贴制度，都是有地方试点成功的制度。高龄优待制度的设计应对“高龄”老人的范围作出明确的界定，以避免实施中的混乱和制度不公。

五是在老年人就业制度方面，我国现行《老年人权益保障法》第40条规定，国家和社会应当重视、珍惜老年人的知识、技能和革命、建设经验，尊重他们的优良品德，发挥老年人的专长和作用。老年人为了寻找自我认同感，与社会接轨，参与社会活动，在重新融入社会生活中发展出自己新的社会角色，这正是老年人就业及相应就业权益保障制度的核心要旨。我国《宪法》第 42 条规定，中华人民共和国公民有劳动的权利，劳动是一切有劳动能力的公民的光荣职责。国家应当通过各种途径，创造劳动就业条件。劳动是包括老年人在内的每一个公民的权利。从理论上讲，只要有劳动能力且有劳动意愿的老年人，国家就应该为其提供参与劳动的机会和相应的条件。因此，我们要加强老年人就业的教育和培训工作，丰富老年人就业形态，实现教育培训与实现老年人就业之间的良性循环，尤其要解决阻碍老年人实现顺利就业的现实障碍，将老年人就业纳入国家人力资源开发规划，科学统筹使用老年人力资源，为实现人才强国战略助力。实现老年人再就业，既要将其纳入老年人权利体系，更需要政府和社会创造条件支持老年人再就业。

附　录

一、中华人民共和国老年人权益保障法(修订草案)
（专家试拟稿）

立法结构

第一章　总　则
第二章　家庭保护(家庭保障)
第三章　社会保障
第四章　社会照料
第五章　社会优待
第六章　社会救助
第七章　福利设施
第八章　社会参与(参与社会活动)
第九章　法律责任
第十章　附　则

第一章 总 则

第一条 【立法宗旨】为弘扬中华民族敬老、爱老、养老、助老的传统美德,促进老龄事业发展,保障老年人合法权益,根据宪法,制定本法。

第二条 【概念解释】本法所称老年人是指五十五周岁以上的女性公民和六十周岁以上的男性公民。年满75周岁的人为高龄老年人。

(本法所称老年人是指六十周岁以上的女性公民和六十二周岁以上的男性公民。年满80周岁的人为高龄老年人。)

第三条 【基本原则】老年人有从国家和社会获得物质帮助的权利,有得到社会保障、社会救助、社会照料、社会优待以及享受公共福利设施的权利,有参与社会发展和共享社会发展成果的权利。

国家保护老年人依法享有的权益,家庭、政府和社会负有保护老年人合法权益的义务和责任。

老年人合法权益不受侵害,禁止歧视、侮辱、虐待或者遗弃老年人。

第四条 【国策与目标】国家制定规划、采取有效措施积极应对人口老龄化。

国家和社会应当采取措施,健全老年人的社会保障、社会救助、社会照料、社会优待和社会福利设施制度,逐步改善保障老年人生活、健康以及参与社会发展的条件,实现老有所居、老有所养、老有所医、老有所学、老有所为、老有所乐。

第五条 【家庭义务】家庭负有养老义务,家庭成员应当给予老年人经济赡养、生活照料和精神慰藉。

第六条 【政府职责】国务院和地方(县级以上)各级人民政府应当将老龄事业纳入国民经济和社会发展规划,制定老龄事业发展专门规划,使老龄事业与经济、社会协调发展。

国务院和地方(县级以上)各级人民政府应当将老龄事业经费列入财政预算。

国务院和地方(县级以上)各级人民政府设立老龄工作机构,负责组织、协调、指导、检查、督促有关部门做好老年人权益保障工作。

国务院和地方(县级以上)各级人民政府及其有关部门应当按照各自职

责，依法保障老年人的权益。

第七条 【社会责任】保障老年人合法权益是全社会的共同责任。

人民团体、企业事业单位、基层群众性自治组织和其他社会组织应当按照本法和有关法律规定，保障老年人的合法权益。

第八条 【社会慈善】国家鼓励和支持面向老年人的志愿服务活动，提倡为老年人志愿服务，保障和促进老年人志愿服务事业的发展。

国家鼓励社会组织和个人为老龄事业提供捐助和服务，发展老年人慈善事业。

第九条 【宣传教育】全社会应当广泛开展维护老年人合法权益的宣传教育活动，弘扬敬老、爱老的传统精神，树立尊重、关心、帮助老年人的社会风尚。

青少年组织、学校和幼儿园应当对青少年和儿童进行敬老、养老、助老的道德教育和维护老年人合法权益的法制教育。

第十条 【老龄研究】国家重视和支持老龄事业的科学研究，建立老龄事业、老龄工作和老年人状况统计调查制度。

国家加强老年医学的研究和人才培养，提高老年性疾病的预防、治疗和科研水平。

第十一条 【表彰奖励】各级人民政府和有关部门应当将老年人权益保障工作列入经济社会发展和精神文明建设年度考核内容。

各级人民政府和有关部门，对维护老年人合法权益和养老、助老成绩显著的单位、家庭或者个人，对参与社会发展做出突出贡献的老年人，给予表彰或者奖励。

第十二条 【立法监督】地方各级人民代表大会和地方各级人民代表大会常务委员会根据本法制定实施办法，推动地方老龄事业发展，依法对老年人权益保障工作进行监督，保障本法的实施。

第十三条 【老人节日】每年的农历九月初九为老人节。

第二章 家庭保护(家庭保障)

第十四条 【赡养义务人】老年人的婚生子女、非婚生子女、养子女、形成抚养关系的继子女有赡养老人的义务。

有负担能力的孙子女、外孙子女，对于子女已经死亡或子女无力赡养的祖父母、外祖父母，有赡养的义务。

赡养义务人的配偶应当协助赡养义务人履行赡养义务。

赡养义务人不得以放弃继承权或者老年人离婚、再婚等理由，拒绝履行赡养义务。

第十五条 【经济供养】赡养义务人应当履行对老年人经济供养的义务，保证老年人的基本生活水平不低于赡养义务人家庭成员的平均水平。

对无经济收入或者收入低微的独居老年人，赡养义务人应当定期（按月）给付必需的生活资料、生活零用，或者定期（按月）给付赡养费。

第十六条 【住房保障】赡养义务人应当妥善安排老年人的住房，不得强迫老年人居住或者迁居条件低劣的房屋。

赡养义务人不得以履行赡养义务或者其他原因为由私自强占老年人合法拥有的住房。

老年人自有的住房，赡养义务人有责任给予维护。

第十七条 【生活照料】赡养义务人应当履行对老年人生活照料的义务，尊重老年人的生活习惯和特殊需要。

对生活不能自理的老年人应当承担护理责任。不能亲自照料护理的，可以按照老年人的意愿，委托他人或者养老机构照护，老年人照护费用由赡养义务人承担。

第十八条 【生产照顾】赡养义务人有义务耕种老年人承包的田地，管理老年人的林木和牲畜等，收益归老年人所有。

赡养义务人及其家庭成员不得要求老年人承担力不能及的劳动。

第十九条 【医疗照护】赡养义务人对患病的老年人应当提供医疗费用和护理。

赡养义务人不能亲自照护的，可以雇用他人照护，照护费用由赡养义务人承担。

第二十条 【精神慰藉】赡养义务人应当履行对老年人的精神慰藉义务，不得在精神上忽视、孤立老年人。

与老年人分开居住的赡养义务人，应当经常看望或者问候老年人。

第二十一条 【赡养协议】赡养义务人征得老年人同意，可以就履行赡养义务签订协议。城乡基层群众性自治组织、老年人社会组织或者相关机构应当督促赡养义务人履行赡养义务，监督赡养协议的履行。

第二十二条 【监护义务】无民事行为能力和限制民事行为能力的老年人的监护人应当依法履行监护义务。

第二十三条 【扶养义务】老年人与配偶有相互扶养的义务。

由兄、姊扶养的弟、妹成年后，有负担能力的，对年老且无赡养义务人的兄、姊有扶养的义务。

没有法定的扶养关系但签订了遗赠扶养协议的义务人负有扶养义务。

第二十四条 【人身权利】禁止以家庭暴力或其他方式虐待老年人，禁止家庭成员遗弃老年人。

第二十五条 【婚姻权益】禁止干涉老年人的婚姻自由。子女或者其他亲属不得干涉老年人离婚、再婚及婚后的生活。

第二十六条 【财产权益】子女或者其他亲属不得干涉老年人依法处分个人的财产，不得骗取或者强行索取老年人的财物。

老年人有依法继承父母、配偶、子女或者其他亲属遗产的权利，有接受赠与的权利。

老年人以遗嘱处分财产，应当为年老体弱、无生活来源的配偶保留必要的份额。配偶死亡的老年人无其他住房的，其他继承人分割房产时不得强迫其迁出。

第二十七条 【国家支持家庭养老】国家应建立和健全对家庭养老的支持政策，鼓励家庭成员与老年人共同生活或者就近居住，为老年人随配偶或者赡养义务人迁徙提供条件，为家庭成员照料老年人提供帮助。

第三章 社会保障

第二十八条 【养老保险】国家建立基本养老保险制度，完善职工基本养老保险、城镇居民养老保险和农村社会养老保险的养老保险体系。

第二十九条 【职工养老保险】国家建立和完善职工基本养老保险制度。

鼓励具备条件的用人单位建立补充养老保险，提倡个人参加储蓄性养老保险。

第三十条 【城镇居民养老保险】国家建立和完善城镇居民社会养老保

险制度。

城镇居民养老保险基金主要由个人缴费和政府补贴构成。

第三十一条　【农村社会养老保险】国家建立和完善新型农村社会养老保险制度。

新型农村社会养老保险基金主要由个人缴费、集体补助和政府补贴构成。

第三十二条　【医疗保险】国家建立基本医疗保险制度，发展多种形式的补充医疗保险，保障老年人的基本医疗需要。

政府对享受最低生活保障待遇家庭、低收入家庭中的老年人，补贴居民基本医疗保险中的个人缴费部分。

第三十三条　【职工基本医疗保险】国家建立和完善职工基本医疗保险制度，用人单位和职工共同缴纳基本医疗保险费，实现老年人医疗保障。

第三十四条　【城镇医疗保险】国家建立和完善城镇基本医疗保险制度，实行个人缴费和政府补贴相结合，实现老年人医疗保障。

第三十五条　【农村医疗保险】国家建立和完善新型农村合作医疗制度，试行农民个人缴费、集体扶持和政府资助相结合的筹资机制，实现老年人医疗保障。

第三十六条　【资金保障】老年人依法享有的养老金和其他待遇应当得到保障。有关机构必须按时足额支付养老金，不得无故拖欠，不得挪用。

国家根据经济发展、人民生活水平提高和职工工资增长的情况，提高物质帮助水平。

第四章　社会照料

第三十七条　【照料体系】国家兴办公共养老设施和机构，建立健全包括居家照料、社区照料、机构照料等内容的老年人社会照料体系，鼓励和支持社会力量通过投资、经营、志愿服务等形式参与老年人社会照料服务。

第三十八条　【居家照料】国务院和地方各级人民政府及其有关部门应当采取措施，建立和完善居家老年人服务制度，提高老年人生活质量。

鼓励社会养老服务机构、社会工作者和志愿者，为居家老年人提供生活照料、家政服务、紧急援助、康复护理和心理咨询等多种形式的照料服务，为老年人的赡养义务人、扶养人普及照料服务常识。

第三十九条 【社区照料】地方各级人民政府和有关部门、城乡基层群众性自治组织，应当积极发展社区服务，健全老年人日间照料机构，完善适应老年人需要的生活服务、文化体育活动、疾病护理与康复等服务设施和网点。

鼓励社区居民发扬邻里互助的传统，提倡邻里间关心、帮助有困难的老年人。

第四十条 【机构照料】公共养老设施运营机构应当坚持公益性质，通过服务收费、慈善捐赠、政府补贴等多种渠道筹集运营费用，面向老年人提供优质的照料服务。

公共养老设施运营机构应当利用自身的资源优势，培训和指导社区养老服务组织和人员，提供居家养老服务、日间照料服务、托老服务等，发挥示范、辐射、带动作用。

养老机构提供社会照料可以适当收取费用，社会照料收费标准应当经过民政部门核准。

鼓励、支持社区卫生服务机构等基层医疗机构为老年人提供适宜的家庭医疗服务。

第四十一条 【志愿服务】志愿服务组织和志愿者为老年人提供志愿照料服务，必须尊重老年人意愿，征得老年人同意，不得侵害老年人的合法权益，不得向老年人收取或者变相收取报酬。

第四十二条 【照料原则】提供居家照料、社区照料和机构照料的机构、从业人员，以及医疗机构等应当尊重老年人的尊严、信仰、需要和隐私，并尊重他们对自身照顾和生活品质的抉择权利。

第四十三条 【政府职责】地方各级人民政府应当根据老年人的服务需求和养老服务培训、示范的需要，加快公共养老设施建设，可以采取公办民营、合作经营、委托管理、服务外包等运行模式。

地方各级人民政府作为公办养老机构的投资主体和国有资产的监管人，负有保障机构正常运行的职责。

第四十四条 【社会组织培育、从业人员培养】各级人民政府应当培育和发展为老年人提供照料服务的社会组织。

国家鼓励高等学校、中等职业学校和职业培训机构设置相关专业或者培训项目，培养养老服务专业人才。

国家建立社会养老服务职业类别，促进养老服务从业人员形成适度规模。政府和社会采取多种形式，培训和发展专职、兼职与志愿相结合的照料服务人员。

第四十五条 【社会照料标准】国务院和地方各级人民政府有关部门应当制定社会照料服务标准、社会照料收费标准、社会照料从业人员资格标准等，规范社会照料工作。

第五章 社会优待

第四十六条 【政策优待】国务院和地方各级人民政府应当制定老年人优先、老年人优惠等政策，对老年人实施社会优待。

依照本条例规定为老年人提供优待服务的单位，应当采取措施落实对老年人的优待服务，明示优待服务内容，工作人员在提供服务时应当向老年人告知相关优待规定。依照本条例规定为老年人提供优待服务致使收入减少的，设区的市、县（市、区）人民政府应当给予补助。

第四十七条 【政务优待】政府有关部门及其工作人员办理涉及老年人重大人身财产权益事项，公安机关、人民检察院、人民法院办理涉及老年人权益保护案件，应当根据老年人身体状况、心理特点和辨识能力等因素，予以优先办理，并可以根据需要指定专门机构或者专人优先办理。

第四十八条 【尊老优待】县级地方人民政府应当向高龄老年人发放尊老金。地方各级人民政府可以根据本地区经济社会发展情况，扩大尊老金发放范围，提高尊老金发放标准。尊老金的具体标准和发放办法，由省级人民政府规定。

第四十九条 【医疗服务优待】医疗机构应当为到医院就诊的老年人提供优待服务，对高龄老年人就医予以优先。

国家鼓励和支持医疗机构开设针对老年性疾病的专科或者门诊、为老年人设立家庭病床、开展巡回医疗等，为老年人提供专项服务。

社区卫生服务机构应当建立老年人健康档案，按照国家和省有关规定，定期为老年人免费提供健康检查。

第五十条 【住房优待】县级以上人民政府实施廉租房、公租房等住房保障制度，优先照顾有住房困难的老年人。

第五十一条 【教育优待】鼓励社会教育机构为老年人接受教育提供便利，对老年人的学习费用等实施优待。

第五十二条 【文体优待】公共文化体育设施应当对老年人免费或者优惠开放。

地方各级人民政府应当根据当地老年人口的数量和分布状况，有计划地设置老年人文体活动设施和场所。

第五十三条 【游览和公交优待】地方各级人民政府根据当地条件，可以在参观、游览公园、园林和旅游景点以及乘坐公共交通工具等方面，对老年人给予优待和照顾。

火车站、汽车站、港口、机场等客运站点应当为老年人提供优待服务。候车室、候船室、候机室和公共汽车、地铁等不实行对号入座的公共交通工具应当设置老年人席位。

第五十四条 【农村筹资筹劳优待】农村老年人免除兴办乡村公益事业的筹资筹劳义务。

第五十五条 【同等对待】提倡对常住户口不在本行政区域内的老年人实行同等优待。

第六章 社会救助

第五十六条 【社会救助】国家建立对老年人的社会救助制度，对生活确有困难的老年人，通过多种渠道给予生活、医疗、住房和其他社会救助。

社会救助所需资金，由地方各级人民政府列入财政预算，专项管理，专款专用；对财政困难的地区和遭受特大自然灾害的地区，中央财政按照规定给予适当补助。

第五十七条 【生活救助】对无劳动能力、无生活来源、无赡养义务人和扶养人，或者其赡养义务人和扶养人确无赡养能力或者扶养能力的老年人，由民政部门给予生活救济。

各级政府对生活水平低于当地最低生活保障标准的老年人实行社会救助。

第五十八条 【流浪老年人救助】县级以上城市人民政府应当根据需要设立流浪乞讨人员救助站，对流浪乞讨老年人给予救助。

民政、公安等政府部门及社会救助站应当根据流浪乞讨老年人的意愿给予临时救助，并及时联系家庭或社会福利机构予以妥善安置。

第五十九条 【住房救助】对符合国家专项救助标准的家庭住房困难的老年人，县级人民政府应当按照规定通过提供廉租住房、住房租赁补贴、经济适用住房等方式予以保障，在寒冷地区还应当给予冬季取暖补助。

第六十条 【医疗救助】老年人和赡养义务人、扶养人无力支付医疗费用的，当地人民政府民政部门应当根据实际情况给予适当救助，提倡社会慈善救助。

第六十一条 【减免费用】老年人为追索赡养费、扶养费、抚恤金、养老金、最低生活保障金、医疗费等向人民法院起诉，交纳诉讼费用有困难的，人民法院应当按照国家规定免收、减收或者缓收诉讼费用。

经济困难的老年人申请法律援助的，法律援助机构应当简化审批程序，优先提供法律援助。

经济困难的老年人申请办理公证的，公证机构应当按照规定减免公证费。

老年人主张合法权益有困难的，其所在的乡镇人民政府、街道办事处和村民委员会、居民委员会应当提供帮助。

第六十二条 【特别救助】无劳动能力、无生活来源又无赡养义务人和扶养人，或者其赡养义务人和扶养人确无赡养扶养能力的老年人，享受最低生活保障的老年人，以及属于重点优抚对象的老年人死亡的，免除基本丧葬服务费。县级以上地方人民政府可以根据本地区经济社会发展水平，扩大免除基本丧葬服务费的范围。

第七章 福利设施

第六十三条 【公共福利设施】国家和社会采取措施推进适合老年人的公共场所和公共设施建设，为老年人创造居住、出行、获取和交流信息等日常生活的便利条件。

第六十四条 【养老服务设施】国家和地方各级人民政府应当将老年福利设施建设纳入老龄专项规划，实现社会养老福利机构与设施的合理布局。

老年福利设施建设应当与城市和社区建设同期规划、同期建设、同期验收、同期使用。

第六十五条 【养老服务机构】国家和地方各级人民政府应当根据当地经济发展水平，增加对老年福利事业的投入，兴办老年养老机构和服务设施。

各级人民政府和有关部门在财政、税费、土地、融资等方面采取措施，鼓励、扶持企业事业单位、社会组织或者个人兴办老年福利院、敬老院、老年公寓、老年医疗康复中心和老年文化体育活动场所等社会养老服务机构和服务设施。

地方各级人民政府和有关部门应当按照老年人口比例及分布情况，将养老服务设施建设纳入城乡规划和土地利用总体规划，统筹安排养老服务设施建设用地。

非营利性养老服务设施用地，可以依法使用国有划拨土地或者农民集体所有的土地。

社会养老服务设施用地，非经法定程序不得改变用途。

第六十六条 【生活不能自理老年人设施】老年服务设施和养老服务机构的建设应当优先考虑生活不能自理老年人的需要。老年福利设施和社会养老服务机构应当设立专门照顾生活不能自理老年人的区域和空间，并配备专门照护人员。

第六十七条 【管理与登记】养老服务设施应当符合国家或者部门标准，社会养老服务设施标准由国务院有关部门制定。

社会养老服务机构应当符合规定的条件，依法进行登记，具体条件由国务院有关部门制定。

第六十八条 【人员培训】社会养老服务机构人员应当符合相关标准，社会养老服务机构应当加强对社会养老服务人员的职业教育和培训。

第六十九条 【监督管理】县级以上地方人民政府民政部门应当加强对社会养老服务机构和设施的监督和管理。

第七十条 【老年福利机构优惠】社会公用事业机构应当为老年福利机构给予优惠和优先照顾。

第八章 社会参与(参与社会活动)

第七十一条 【一般规定】国家和社会应当重视、珍惜老年人的知识、技能和经验，尊重老年人的优良品德，发挥老年人的专长和作用。

国家和社会应当创造条件，保障老年人参与政治、经济、社会和文化生活。

第七十二条 【政治参与】制定法律、法规、规章和公共政策，涉及老年人权益重大问题的，应当听取老年人和相关社会组织的意见。

老年人和老年人社会组织有权向各级国家机关提出老年人权益保障、老龄事业发展等方面的意见和建议。

第七十三条 【社会参与】国家应当为老年人参与社会发展创造条件。根据社会需要和可能，鼓励有能力的老年人在自愿和量力的情况下，从事下列活动：

（一）对青少年和儿童进行优良传统教育；

（二）传授文化和科技知识；

（三）参与社会公益事业；

（四）参与调解民间纠纷；

（五）参与维护社会治安；

（六）参与其他社会活动。

第七十四条 【劳动保护】老年人从事科技开发应用、生产与经营及其他劳动，应当取得合法报酬，合法收入受法律保护。

任何单位和个人不得安排老年人从事危害其身心健康的劳动或者危险作业。

第七十五条 【教育与文化】国家发展多种形式的老年教育，鼓励社会办好各类老年学校，为老年人增长知识、丰富生活、促进健康、陶冶情操、融入社会提供服务。

国家和社会采取措施，开展适合老年人的群众性文化、体育、娱乐活动，丰富老年人的精神文化生活。

广播、电影、电视、报刊、图书、网络等应当反映老年人的生活，满足老年人需要，为老年人服务。

第七十六条 【老年组织】老年人可以依法成立自我服务的社会组织，有组织地参与社会活动，开展自我服务。

第九章　法律责任

第七十七条　【救济途径】城乡基层群众性自治组织、企业事业单位设立的人民调解委员会，应当积极主动地调解本居住地区涉及老年人权益的民间纠纷，通过说服、疏导等方式方法化解矛盾和纠纷。

老年人合法权益受到侵害的，被侵害人或者其代理人有权要求政府有关部门处理，或者依法向人民法院提起诉讼。

人民法院和政府有关部门，对侵犯老年人合法权益的申诉、控告和检举，应当依法及时受理，不得推诿、拖延。

人民法院受理涉老诉讼案件应当先予调解。人民法院对侵害老年人权益的案件应当及时受理并公证裁判。

第七十八条　【家庭纠纷处理】老年人与家庭成员因赡养、扶养或者住房、财产发生纠纷，可以要求有关组织或者机构进行调解，也可以直接向人民法院提起诉讼。

人民调解委员会或者人民法院对有过错的家庭成员，应当给予批评教育，责令改正。

人民法院对老年人追索赡养费、扶养费、养老金、抚恤金、医疗费用，以及其他因情况紧急需要先予执行的案件，可以依法裁定先予执行。

第七十九条　【拒绝赡养扶养的责任】对老年人负有赡养、扶养义务而拒绝赡养、扶养，造成老年人残疾或者死亡等严重后果的，依法追究刑事责任。

第八十条　【实施家庭暴力，侮辱诽谤虐待遗弃老年人的责任】家庭成员实施家庭暴力，以暴力或者其他方法公然侮辱老年人、捏造事实诽谤老年人或者虐待遗弃老年人，情节较轻的，依照治安管理处罚法的有关规定处罚；构成犯罪的，依法追究刑事责任。

第八十一条　【干涉婚姻自由】暴力干涉老年人婚姻自由，（依照治安管理处罚法的有关规定处罚），情节严重构成犯罪的，依法追究刑事责任。

第八十二条　【侵犯老年人财产权的责任】家庭成员对老年人实施盗窃、诈骗、抢夺、勒索、故意毁坏老年人财物，情节较轻的，依照治安管理处罚法的有关规定处罚；构成犯罪的，依法追究刑事责任。

第八十三条 【违反社会保障规定责任】有关部门及其工作人员克扣或者不按时支付老年人依法享有的社会保障待遇，由主管部门责令改正；给老年人造成损失的，应当承担赔偿责任，并对主管人员和直接责任人员给予处分。

第八十四条 【违反社会救助义务责任】有关部门及其工作人员未履行对老年人的救助义务，由主管部门责令改正；给老年人造成损失的，应当承担赔偿责任，并对主管人员和直接责任人员给予处分。

第八十五条 【养老服务机构及其工作人员的违法责任】社会养老服务机构及其工作人员违反本法规定，侵害老年人人身财产权益的，依法承担民事责任；虐待或遗弃老年人的，有关主管部门应当给予行政处罚；情节严重构成犯罪的，依法追究刑事责任。

第八十六条 【违反优待义务的责任】不按规定履行老年人社会优待义务的，有关主管部门应当责令改正；拒不改正的，可以通报批评，并可以依法给予行政处罚。

第八十七条 【怠慢职责的责任】负有保护老年人职责的政府及其有关部门，不履行或者不当履行职责，同级政府或者上级政府有关主管部门应当给予通报或者责令改正。

政府及其部门或者有关单位工作人员违法失职，致使老年人权益受到损害的，由上级政府及其部门或者所在单位给予处分或者责令改正。情节严重构成犯罪的，依法追究刑事责任。

第十章 附 则

第八十八条 【施行日期】本法自×年×月×日起施行。

二、日本老年法材料选编

日本高龄社会对策基本法*

前言

由于国民孜孜不倦的努力，我国在推进以往未有的经济繁荣的同时，也在逐渐构建能够享受长寿的社会。我们期待在今后的社会里，所有的国民能笑迎长寿，高龄者能安心生活。这样的社会也是所有的国民能够安心生活的社会。

但是，我国的人口构造在急剧地向高龄化发展，可以预见，我国在不远的未来将进入世界上少见的高龄社会。然而，比起高龄化的发展速度，国民意识的进步和社会体制的应对却相当迟缓。目前亟须应对的课题很多，但是剩余的时间却极少。

为了解决这种现状，构筑让每个国民在一生中真正获得幸福的高龄社会，要不断对雇佣、养老金、医疗、福利、教育、社会活动、生活环境等相关的社会体制进行适合高龄社会需求的调整。为此，国家及地方机关自不用说，就是企业、地域社会、家庭以及个人也有必要团结起来，积极发挥各自的作用。

在此，为了明确高龄社会对策的基本理念及其方向，全面推动从国家到社会全体的高龄社会对策，特制定本法。

第一章　总　则

第一条　立法目的

以确立高龄社会对策的基本理念，明确国家及地方的职责，规定高龄社会对策的基本事项等来全面推进高龄社会之建设事业，进而实现健全社会经济发展以及促进国民生活安定之目的。

第二条　基本理念

高龄社会对策应当以构建以下各项所描绘的社会为基本理念：

---

* 译者：李成玲（山东大学法学院硕士研究生）。

1. 确保国民在一生中享有机会参加就业及其他社会活动，确保国民在一生中享有公正地参加就业及其他多样社会活动机会的社会。

2. 尊重国民在一生中作为社会重要一员的地位，并在地域社会崇尚自立与团结精神的社会。

3. 保证国民在一生中能够健康、充实生活的丰裕的社会。

第三条　国家的职责

国家负有遵照前条规定的基本理念(以下称“基本理念”)，制定并实施全面的高龄社会对策的职责。

第四条　地方的职责

地方负有遵照基本理念，与国家协力制定并实施与本地域社会经济状况相适应的政策的职责。

第五条　国民的努力

国民要努力深化对高龄化带来的社会经济变化的理解，并进一步加强相互协作，同时使自己在进入高龄期时能够健康、充实地生活。

第六条　对策的大纲

政府应当就高龄社会对策制定基本且全面的大纲，作为政府推进高龄社会对策的指针。

第七条　法制上的措施

为了达成本法目的，政府应当采取必要的法制或财政措施及其他措施。

第八条　每年报告

1. 政府应当每年向国会提出关于高龄化状况以及政府实施高龄社会对策的状况的报告书。

2. 针对前款报告书里所提的高龄化状况，政府应当每年做成明确对策的文书，并向国会提出。

第二章　基本性对策

第九条　就业及所得

1. 国家要采取有助于构建活力社会的必要对策，如确保高龄者拥有根据个人意愿和能力就业的多种机会，使勤劳者能够获得通过长期的职业生活所开发的职业能力，且直至高龄期也能发挥这种能力。

2.国家要采取有助于高龄者生活安定的必要对策，如建立与雇用配套的国家养老金制度，确保合适的给付水准。

3.国家要采取有助于高龄者生活丰富的必要对策，如支援国民通过自主努力积累财产等行为。

第十条　健康及福利

1.为了确保在高龄期健全、安稳的生活，国家要采取能够使国民在一生中努力保持、增进个人健康的全面对策。

2.为了切实满足高龄者在保健、医疗、福利等方面的多样需要，国家要采取必要措施，促进地域保健、医疗及福祉之间的有机协调，整备全面提供保健医疗服务、福利服务的体制，健全培育与活用民间事业者提供的保健医疗服务及福利服务。

3.为了让有护理需要的高龄者能够自立地生活，国家要采取必要措施，推进护理服务基础设施的整备。

第十一条　学习及社会参加

1.为了使国民的生活富有意义又丰富多彩，国家要采取必要措施，确保国民具有学习的机会。

2.为了形成有活力的地域社会，国家要采取必要措施，促进高龄者参加社会性活动，整备志愿活动的基础设施。

第十二条　生活环境

1.为了让高龄者能在日常生活中自立，国家要采取必要措施，促进适合于高龄者的住宅整备，确保高龄者的住宅以及公共设施的整备以便于高龄者利用。

2.为了给高龄者创建安全的生活，国家要采取必要措施，确保高龄者的交通安全，同时健全保护高龄者免于犯罪侵害、灾害等的体制。

第十三条　调查研究等的推进

为了确保高龄者的健康，向高龄者提供自立的日常生活的支援，我国要努力推进关于高龄者特有疾病的预防与治疗，以及关于福利用具的研究开发等。

第十四条　国民意见的反映

国家要采取有助于正确制定及实施高龄社会对策的必要措施，整备国家对策反映国民意见的制度。

第三章 高龄社会对策会议

第十五条 设置及所掌事务

1.在内阁中设置特别机关——高龄社会对策会议(以下简称“会议”)。

2.会议承担以下事务:

(1)做成第六条规定大纲的草案。

(2)针对高龄社会对策,协调有关行政机关之间的关系。

(3)除前两项规定以外,审议有关高龄社会对策的重要事项,以及推进高龄社会对策的实施。

第十六条 组织

1.会议由会长和委员组成。

2.会长由内阁总理大臣担任。

3.委员由内阁总理大臣从内阁官房长官、相关行政机关负责人以及《内阁府设置法》(1999年法律第89号)第九条第一款规定的特命担当大臣中任命。

4.会议设干事。

5.干事由内阁总理大臣从相关行政机关的职员中任命。

6.干事辅助会长和委员处理会议事务。

7.除前几款规定以外,有关会议组织和运营的必要事项,在政令中规定。

附则于本法在公布之日起三个月内,从政令规定之日起施行。

附 则 (平成十一年七月十六日法律第102号)

一、本法从《部分修改内阁法的法律》(1999年法律第88号)的施行日起开始施行。但是,以下所列的条款从规定之日起开始施行。

二、附则第十条第一款及第五款、第十四条第三款、第二十三条、第二十八条以及第三十条的规定自公布之日起开始施行。第三条(职员身份继承)施行之时,以前的总理府、法务省、外务省、大藏省、文部省、厚生省、农林水产省、通商产业省、运输省、邮政省、劳动省、建设省以及自治省(以下称之为“以前的府省”)的职员《国家行政组织法》(1948年法律第120号)第8条的审议会等的会长以及委员、中央防灾会议的委员、日本工业标准调查会的会长、委员以及类似者,政令中规定的除外。只要没有发出辞职令,在同样条件下，该法律施行后的内阁府、总务省、法务省、外务省、财务省、文部科学省、厚生劳动省、农林水产省、经济产业省、国土交通省以及环境省（以下称之为“新府省”）或者其中设置的部、局以及机关中，在该法律施行时，其职员属于以前的府省或者其设置的机关的，依照政令，划入新府省或者其设置的机关。第三十条除了从第二条至第二十九条的规定之外，与该法律施行相伴的必要措施由其他法律规定。

日本关于防止对老年人的虐待、援助扶养人的法律*

第一章 总 则

第一条 目的

本法基于老年人受到虐待的严重现状，考虑到防止虐待对维护老年人尊严的重要性，通过确定关于防止老年人受虐待的国家责任、采取对受到虐待的老年人进行保护的措施、援助扶养人以减轻扶养人负担等，维护老年人的权益。

第二条 定义

1.本法所谓的“老年人”是指六十五岁以上的人。

2.本法所称的“扶养人”是指养护机构经营者之外的当前正在扶养老年人的人。

3.本法所谓的“对老年人的虐待”指扶养人对老年人的虐待和养护机构经营者对老年人的虐待。

4.本法中“扶养人对老年人的虐待行为”是指以下行为：

(1)扶养人对其扶养的老年人的以下行为：

a.对老年人施加造成外伤的或者有可能会造成外伤的暴力行为。

b.明显减少食物或长时间不管不问等导致老年人衰弱以及对于扶养人之外的其他家人作出该条款中a和c中行为而不管不问的懈怠行为。

c.对老年人实施明显的粗暴言语或其他明显对老年人造成心理伤害的言行。

---

* 译者：李成玲（山东大学法学院硕士研究生）。

d. 对老年人实施猥亵行为或者迫使老年人实施猥亵行为。

(2)扶养人或者老年人的亲属对老年人的财产进行不当处分或者其他从老年人那里获得不当财产利益的行为。

5. 本法中"设施经营者对老年人的虐待"是指以下的行为:

(1)《老年人福利法》(昭和三十八年法律第一百三十三号)第五条第三项规定的老年人福利机构以及该法第二十九条第一项规定的付费老年人之家和《养护保险法》(平成九年法律第一百二十三号)第八条第一项规定的与各地区紧密关联的老年人福利机构、该条第二十四项规定的养护老年人福利机构、该条第二十五项规定的养护老年人保健机构、该条第二十六项规定的养护型医疗设施及该条第一百一十五项第四十五款第一项规定的地区涵盖支援中心(以下统称"养护机构")的从业者,在老年人进入养护机构后从事的以下行为:

a. 对老年人施加造成外伤的或者有可能会造成外伤的暴力行为。

b. 明显减少食物或者长时间不管不问使老年人衰弱以及其他明显违背养护职责的行为。

c. 对老年人实施明显的粗暴言语或其他的明显对老年人造成心理伤害的言行。

d. 对老年人实施猥亵行为或者迫使老年人实施猥亵行为。

e. 对老年人的财产进行不当处分或者其他从老年人那里获得不当财产利益的行为。

(2)《老年人福利法》第五条第二款第一项规定的老年人居住生活援助事业以及《养护保险法》第八条第一项规定的居住服务事业、该条第十四项规定的各地区紧密关联型服务事业、该条第二十一项规定的养护预防援助事业(以下统称"养护事业")的从业者在对老年人进行养护服务时进行的前款所述的行为。

第三条 国家以及地方政府的责任

1. 国家以及地方政府为了防止老年人受到虐待,并对受到虐待的老年人进行及时适当的养护以及对扶养人进行适当的援助,必须加强各部门之间、相关机构之间以及民间团体之间的联系,并整顿体制,支援民间团体。

2. 国家及地方政府为了防止老年人受到虐待、对受到虐待的老年人进行保护以及对扶养人进行援助,必须组织相关机构工作人员进行必要的学习，培养相关专业人才。

3.国家及地方政府为了防止老年人受到虐待、对受到虐待的老年人进行保护，须对关于老年人受虐待的报告义务和人权侵犯案件的救济制度进行宣传和启导。

第四条　公民的责任

公民须在深刻理解防止老年人受到虐待、对扶养者进行援助的重要性的同时，努力配合国家和地方政府实施防止老年人受虐待、对扶养者进行援助的政策。

第五条　老年人受虐待的及早发现

1.养护机构、医院、保健所以及其他与老年人福利业务相关的团体及养护机构从业者、医师、保健师、律师及其他老年人福利业务相关者，须认识到在自己的业务范围内易于发现的老年受虐待的情况，努力及早发现老年人受到虐待的情形。

2.在前项规定范围内者，须努力配合国家和地方政府实施的防止老年人受虐待，以及对扶养人进行的宣传活动和援助政策。

第二章　防止扶养人对老年人的虐待，对扶养人进行援助

第六条　谈话、指导及劝告

为防止扶养人虐待以及保护受到扶养人虐待的老年人，地方行政单位须同老年人及扶养人进行谈话，对其进行指导和劝告。

第七条　扶养人对老年人的虐待行为的报告

1.发现老年人受到扶养人虐待时，在该老年人的生命及身体有重大危险的情况下，必须及时向地方行政单位报告。

2.除了前项规定的情况外，当发现老年人受到扶养人虐待时，也须及时向地方行政单位报告。

3.对于前两款的报告行为，不得作出违反《刑法》（明治四十年法律第四十五号）中关于秘密泄露罪和其他与保守秘密义务相关的规定的解释。

第八条

地方行政单位在受理前条第一项以及第二项规定的报告以及下一条第一项规定的登记时，受理该业务的职员不得泄露该报告及登记者的信息。

第九条 受理报告之后的措施

1. 地方行政单位在受理第七条第一项以及第二项规定的扶养人对老年人虐待情况的报告或登记时，在及时确认老年人安全以及报告或登记的事实情况的同时，根据第十六条的规定，该地方行政单位须和关联协助者（以下称“老年人虐待应对协助者”）应对措施进行协议。

2. 地方行政长官在接到第七条第一项及第二项规定的报告和前项规定的登记时，为保护在该报告中受到扶养人虐待的老年人，在确认该报告中老年人受到扶养人生命或身体的重大威胁时，要按照《老年人福利法》第二十条第三款的规定及时将其转入短期居住机构中，并适当按照该法第十条第四款第一项及第十一条第一款或该法第三十二条的规定向司法机关提出追诉请求。

第十条 居所的确保

地方行政单位对于受到扶养人虐待的老年人，要按照《老年人福利法》第十条第四款第一项第三号或第十一条第一项第一号及第二号的规定采取必要措施确保其居所。

第十一条 进入调查

1. 地方行政长官在发现老年人有受到扶养人虐待使其生命或身体处于重大危险的可能时，可以让依据《养护保险法》第一百一十五条第四十五款第二项的规定设立的地区涵盖支援中心的职员以及其他从事与老年人福利相关的职务人员到该老年人居住处进行调查或询问。

2. 根据前款规定展开调查及询问时，职务人员须携带证明书，在相关人请求时向其出示。

3. 第一款规定的调查及询问的权限不得解释为对犯罪行为的调查。

第十二条 向警察署长提出的协助请求

1. 地方行政长官根据前条第一项的规定展开调查及询问时，必要时可向管辖老年人居住地的警察署长提出协助请求。

2. 地方行政长官从确保老年人生命身体安全的考虑出发，在必要时必须向前项规定的警察署长提出协助请求。

3. 警察署长在接到第一项规定的协助请求的情况下，在确认必须确保老年人生命和身体安全时，应迅速安排其所属的警察官依据《警察官职务执行法》（昭和二十三年法律第一百三十六号）以及其他法律的规定采取相关措施。

第十三条　会面的限制

对受到扶养人虐待的老年人采取《老年人福利法》第十一条第一项第二号或第三号的措施时，地方行政长官及相关养护设施的负责人从防止扶养人对老年人虐待及保护老年人的考虑出发，要限制虐待过该老年人的扶养人与老年人会面。

第十四条　对扶养人的援助

1.地方行政单位除了依据第六条的规定之外，为了减轻扶养人的负担，要与扶养人谈话，对其进行指导、劝告及采取其他必要措施。

2.地方行政单位依据扶养人的身心状况，在确认有紧急必要减轻扶养人负担时，须确保老年人入住短期养护的居室。

第十五条　确保专门从业职员

地方行政单位为了防止老年人受到扶养人的虐待、对受到扶养人虐待的老年人进行保护及对扶养人进行援助，须确保有从事该业务的专门人员。

第十六条　连带协力体制

地方行政单位为了防止老年人受到扶养人的虐待、对受到扶养人虐待的老年人进行保护及对扶养人进行援助时，须同《老年人福利法》第二十条第七款第二部分第一项规定的老年人养护援助中心、《养护保险法》第一百一十五条第四十五款第三项规定设立的地区涵盖支援中心及其他机关、民间团体建立连带协作关系。特别需要考虑的是，需要建立在任何时候都能对扶养人虐待老年人的案件及时快速应对的措施。

第十七条　事务的委托

1.地方行政单位在确认有合适的虐待老年人应对协作者时，可以把第六条规定的谈话、指导及劝告，第七条第一项及第二项规定的报告和第九条第一项规定的登记的受理、对于报告和登记进行安全和事实的确认，以及第十四条第一项规定的减轻扶养人负担的措施中的部分或全部进行委托。

2.依据前项规定受到委托的人员没有正当理由不得泄露与受委托的事务相关的秘密。

3.依据第一项规定受到委托的人员在受理报告或登记后，不得泄露报告人或登记人的信息。

第十八条　明示

地方行政单位必须向社会明示防止老年人受到扶养者虐待的报告、登记单位、支援中心、各协作者等相关部门窗口的名称。

第十九条 都道府县的援助

1.都道府县须对本章规定的地方行政单位施行的相关措施、地方单位相互间的联络调整、对地方单位的信息提供及其他方面进行必要的援助。

2.都道府县为确保本章规定的地方行政单位施行的措施的切实实现，在必要时可以向地方行政单位提供建议。

第三章 防止养护机构经营者对老年人的虐待

第二十条 防止养护机构经营者对老年人虐待的措施

养护机构设置者及养护事业从事者，需要对职员实施培训，设置老年人及其家属对入住、设施利用、服务水平等不满的处理机制以及采取其他防止老年人受到虐待的措施。

第二十一条 对养护机构经营者对老年人虐待的报告

1.养护机构从业者在发现其他从业人员虐待老年人时，要及时向地方行政单位报告。

2.除前项规定外，发现老年人受到养护机构从业者的虐待并有生命或身体的重大危险者，必须及时向地方行政单位报告。

3.除前两项外，发现老年人受到养护机构从业者虐待时，要尽量向地方行政单位报告。

4.受到养护机构从业者虐待的老年人可以向地方行政单位提示申诉登记。

5.按第十八条的规定，要把进行报告、登记、申诉的负责部门进行公示。

6.不得把第一项到第三项的报告解释为违反刑法秘密泄露罪和保守秘密的规定(捏造以及过失除外，下同)。

7.养护机构从业者不得因报告了第一项至第三项的内容而受到解雇或其他不利处分。

第二十二条

1.地方行政单位在受理前条第一项至第三项规定的报告以及该条第四项规定的登记时，依据厚生劳动省的省令，须把该报告或登记中虐待老年人的养护机构从业者的情况上报都道府县。

2. 前项规定的内容在《地方自治法》(昭和二十二年法律第六十七号)第二百五十二条第十九款第一项的指定城市及该条第二百五十二条第二十二款第一项的核心城市中,除了厚生劳动省令另有规定外不得适用。

第二十三条

地方行政单位在受理第二十一条第一项至第三项规定的报告或该条第四项规定的登记时,受理该事务的职务人员不得泄露报告人或登记人的信息。都道府县根据前条的规定受理报告时,相关职务人员同样有此义务。

第二十四条　受理报告情况下的措施

地方行政单位在受理第二十一条第一项至第三项规定的报告或该条第四项规定的登记或者都道府县根据第二十二条第一项的规定受理报告时,地方行政单位长官或者都道府县知事为了确保养护机构及养护事业正常运营、防止和保护老年人受到养护从业者的虐待,须适当行使《老年人福利法》和《养护保险法》规定的权力。

第二十五条　公示

都道府县的知事每年要把应对养护机构经营者、从业者对老年人虐待的措施以及其他厚生劳动省令规定的事项予以公示。

第四章　杂　则

第二十六条　调查研究

国家在对老年人虐待实例进行分析的同时,也要对在老年人受到虐待时的应对方法、老年人养护的切实办法以及其他防止老年人受到虐待、对受到虐待的老年人的保护及对扶养人的援助等事项进行调查研究。

第二十七条　防止财产的不当交易

1. 除扶养人、老年人的亲属及养护事业经营者之外的人为了财产上的利益同老年人进行交易(以下称“财产的不当交易”)致使老年人受到损害时,地方行政单位要通过和老年人谈话来应对或者向其介绍或委托与生活消费相关的部门、老年人虐待应对协作者进行处理。

2. 对于受到财产上不当交易损害或有损害危险的老年人,地方行政长官要切实按照《老年人福利法》第三十二条的规定受理其裁决申请。

第二十八条　促进成年监护人制度的利用

为了防止老年人遭受虐待，对受到虐待的老年人进行保护以及防止老年人在财产不当交易中受到损害，国家及地方政府须广泛利用成年人监护制度中通用的措施，减轻成年监护人的经济负担。

第五章　罚　则

第二十九条

违反第十七条第二项者，处一年以下徒刑或一百万日元以下的罚金。

第三十条

没有正当理由拒绝第十一条第一项规定的进入调查，妨碍、规避调查或对于该项规定中的提问不作回答、虚假回答及不让老年人回答或让老年人作出虚假回答者，处三十万日元以下的罚金。

附　则

1. 本法于平成十八年四月一日开始施行。

2. 对非老年人但因为精神上或者身体上的原因需要养护者的虐待防止制度须尽快探讨，根据其探讨结果制定相关应对措施。

3. 对于防止老年人虐待、支援扶养人的制度，在该法律施行三年后对该法的施行状况进行调查探讨，根据其状况进一步制定相关措施。

附　则（平成十八年六月二十一日法律第八十三号）

第一条　施行日期

本法于平成十八年十月一日开始施行。但各条中有规定的按各个条款的规定施行。

1. 第十条及附则第四条、第三十三条到三十六条、第五十二条第一项及第二项、第一百零五条、第一百二十四条及第一百三十到一百三十三条的规定自公布之日起施行。

2. 第二十二条及附则第五十二条第三项的规定于平成十九年三月一日起施行。

3. 第二条、第十二条及第十八条、附则第七条到第十一条、第四十八条到第五十一条、第五十四条、第五十六条、第六十二条、第六十三条、第六十五条、第七十一条、第七十二条、第七十四条及第八十六条的规定于平成十九年四月一日施行。

4.第三条、第七条、第十三条、第十六条、第十九条及第二十四条、附则第二条第二项、第三十七条至第三十九条、第四十一条、第四十二条、第四十四条、第五十七条、第六十六条、第七十五条、第七十六条、第七十八条、第七十九条、第八十一条、第八十四条、第八十五条、第八十七条、第八十九条、第九十三条至第九十五条、第九十七条至第一百条、第一百三条、第一百九条、第一百十四条、第一百十七条、第一百二十条、第一百二十三条、第一百二十六条、第一百二十八条及第一百三十条的规定于平成二十年四月一日施行。

5.第四条、第八条及第二十五条、附则第十六条、第十七条、第十八条第一项及第二项、第十九条至第三十一条、第八十条、第八十二条、第八十八条、第九十二条、第一百零一条、第一百零四条、第一百零七条、第一百零八条、第一百一十五条、第一百一十六条、第一百一十八条、第一百二十一条及第一百二十九条的规定于平成二十年十月一日施行。

6.第五条、第九条、第十四条、第二十条及第二十六条、附则第五十三条、第五十八条、第六十七条、第九十条、第九十一条、第九十六条、第一百一十一条、第一百一十一条的第二款二及第一百三十条的第二款的规定于平成二十四年四月一日施行。

第一百三十一条　与罚则相关的经过措施

对于该法律(对附则第一条各款的规定,以各个规定为依据。下同)实施前的行为,或者在该法实施前已经实行,但行为延续到旧法废止新法实施的行为,其罚则一律按照旧例执行。

第一百三十二条　与处分、程序相关的经过措施

1.该法实施前,依照修改前的法律实施的处分、程序及其他行为,若修改后的法律与原先的制度相当,除了附则中有特别规定之外,一律看作按修改后的法律施行的行为。

2.该法实施前,按照原法律规定的登记及其他程序上必须进行的事项,在该法实施之日前尚未进行的,除了依照法律有特别规定外,一律按照修改后的程序规定进行。

第一百三十三条　其他经过措施中的政令委任

除了从附则第三条到前一条的规定之外,与该法实施相关的必要经过措施,由政令规定。

附 则 （平成二十年五月二十八日法律第四十二号）

第一条

该法律自公布之日起算在未超过一年的范围内由政令规定的日期起开始施行。

附 则 （平成二十三年六月二十二日法律第七十二号）

第一条 施行日期

该法律于平成二十四年四月一日起开始施行。但各款另有规定的，按照各款规定的日期施行。其中第二条[限于《老年人福利法》目录的修改规定、该法第四章第二款的删除修改、该法第四章第三款改为第四章第二款的规定及该法第四十一条第一号的修改规定(限于第二十八条的第十二款第一项的删除部分)]、第四条、第六条及第七条的规定、附则第九条、第十一条、第十五条、第二十二条、第四十一条、第四十七条[限于《与应对东日本大地震的特别财政援助相关的法律》(平成二十三年法律第四十号)附则第一条但书的修改及该条中删除的各号、该法附则中第十四条的修改]、从第五十条到第五十二条的规定，自公布之日起施行。

第五十一条 与罚则相关的经过措施

对该法(附则第一条第一号的规定属于该规定)实施前实行行为的罚则，适用以前的规定。

第五十二条 对政令的委任

除了该附则规定的内容外，与该法施行相关的必要经过措施(包含与罚则相关的措施)由政令规定。

附 则 （平成二十三年六月二十四日法律第七十九号）

第一条 施行日期

该法自平成二十四年十月一日起施行。

三、老年法律规范汇编

中华人民共和国宪法(节选)

第一章　总　纲

第十四条　国家通过提高劳动者的积极性和技术水平,推广先进的科学技术,完善经济管理体制和企业经营管理制度,实行各种形式的社会主义责任制,改进劳动组织,以不断提高劳动生产率和经济效益,发展社会生产力。

国家厉行节约,反对浪费。

国家合理安排积累和消费,兼顾国家、集体和个人的利益,在发展生产的基础上,逐步改善人民的物质生活和文化生活。

国家建立健全同经济发展水平相适应的社会保障制度。

第二章　权利与义务

第三十三条　凡具有中华人民共和国国籍的人都是中华人民共和国公民。

中华人民共和国公民在法律面前一律平等。

国家尊重和保障人权。

任何公民享有宪法和法律规定的权利,同时必须履行宪法和法律规定的义务。

第四十四条　国家依照法律规定实行企业事业组织的职工和国家机关工作人员的退休制度。退休人员的生活受到国家和社会的保障。

第四十五条　中华人民共和国公民在年老、疾病或者丧失劳动能力的情况下,有从国家和社会获得物质帮助的权利。国家发展为公民享受这些权利所需要的社会保险、社会救济和医疗卫生事业。

国家和社会保障残废军人的生活,抚恤烈士家属,优待军人家属。

国家和社会帮助安排盲、聋、哑和其他有残疾的公民的劳动、生活和教育。

第四十九条　婚姻、家庭、母亲和儿童受国家的保护。

夫妻双方有实行计划生育的义务。

父母有抚养教育未成年子女的义务，成年子女有赡养扶助父母的义务。

禁止破坏婚姻自由，禁止虐待老人、妇女和儿童。

中华人民共和国民法通则（节选）

第十七条　无民事行为能力或者限制民事行为能力的精神病人，由下列人员担任监护人：

1．配偶；

2．父母；

3．成年子女；

4．其他近亲属；

5．关系密切的其他亲属、朋友愿意承担监护责任，经精神病人的所在单位或者住所地的居民委员会、村民委员会同意的。

对担任监护人有争议的，由精神病人的所在单位或者住所地的居民委员会、村民委员会在近亲属中指定。对指定不服提起诉讼的，由人民法院裁决。

没有第一款规定的监护人的，由精神病人的所在单位或者住所地的居民委员会、村民委员会或者民政部门担任监护人。

第十八条　监护人应当履行监护职责，保护被监护人的人身、财产及其他合法权益，除为被监护人的利益外，不得处理被监护人的财产。

监护人依法履行监护的权利，受法律保护。

监护人不履行监护职责或者侵害被监护人的合法权益的，应当承担责任；给被监护人造成财产损失的，应当赔偿损失。人民法院可以根据有关人员或者有关单位的申请，撤销监护人的资格。

第十九条　精神病人的利害关系人，可以向人民法院申请宣告精神病人为无民事行为能力人或者限制民事行为能力人。

被人民法院宣告为无民事行为能力人或者限制民事行为能力人的，根据他健康恢复的状况，经本人或者利害关系人申请，人民法院可以宣告他为限制民事行为能力人或者完全民事行为能力人。

第一百零三条　公民享有婚姻自主权,禁止买卖、包办婚姻和其他干涉婚姻自由的行为。

第一百零四条　婚姻、家庭、老人、母亲和儿童受法律保护。

残疾人的合法权益受法律保护。

中华人民共和国婚姻法(节选)

第二条　实行婚姻自由、一夫一妻、男女平等的婚姻制度。

保护妇女、儿童和老人的合法权益。

实行计划生育。

第三条　禁止包办、买卖婚姻和其他干涉婚姻自由的行为。禁止借婚姻索取财物。

禁止重婚。禁止有配偶者与他人同居。禁止家庭暴力。禁止家庭成员间的虐待和遗弃。

第四条　夫妻应当互相忠实,互相尊重;家庭成员间应当敬老爱幼,互相帮助,维护平等、和睦、文明的婚姻家庭关系。

第二十一条　父母对子女有抚养教育的义务;子女对父母有赡养扶助的义务。

父母不履行抚养义务时,未成年的或不能独立生活的子女,有要求父母付给抚养费的权利。

子女不履行赡养义务时,无劳动能力的或生活困难的父母,有要求子女付给赡养费的权利。

禁止溺婴、弃婴和其他残害婴儿的行为。

第二十六条　国家保护合法的收养关系。养父母和养子女间的权利和义务,适用本法对父母子女关系的有关规定。

养子女和生父母间的权利和义务,因收养关系的成立而消除。

第二十七条　继父母与继子女间,不得虐待或歧视。

继父或继母和受其抚养教育的继子女间的权利和义务,适用本法对父母子女关系的有关规定。

第二十八条　有负担能力的祖父母、外祖父母，对于父母已经死亡或父母无力抚养的未成年的孙子女、外孙子女，有抚养的义务。有负担能力的孙子女、外孙子女，对于子女已经死亡或子女无力赡养的祖父母、外祖父母，有赡养的义务。

第二十九条　有负担能力的兄、姐，对于父母已经死亡或父母无力抚养的未成年的弟、妹，有扶养的义务。由兄、姐扶养长大的有负担能力的弟、妹，对于缺乏劳动能力又缺乏生活来源的兄、姐，有扶养的义务。

第三十条　子女应当尊重父母的婚姻权利，不得干涉父母再婚以及婚后的生活。子女对父母的赡养义务，不因父母的婚姻关系变化而终止。

中华人民共和国继承法(节选)

第十二条　丧偶儿媳对公、婆，丧偶女婿对岳父、岳母，尽了主要赡养义务的，作为第一顺序继承人。

第十三条　同一顺序继承人继承遗产的份额，一般应当均等。

对生活有特殊困难的缺乏劳动能力的继承人，分配遗产时，应当予以照顾。

对被继承人尽了主要扶养义务或者与被继承人共同生活的继承人，分配遗产时，可以多分。

有扶养能力和有扶养条件的继承人，不尽扶养义务的，分配遗产时，应当不分或者少分。

继承人协商同意的，也可以不均等。

第三十一条　公民可以与扶养人签订遗赠扶养协议。按照协议，扶养人承担该公民生养死葬的义务，享有受遗赠的权利。

公民可以与集体所有制组织签订遗赠扶养协议。按照协议，集体所有制组织承担该公民生养死葬的义务，享有受遗赠的权利。

中华人民共和国劳动法(节选)

第三条　劳动者享有平等就业和选择职业的权利、取得劳动报酬的权利、休息休假的权利、获得劳动安全卫生保护的权利、接受职业技能培训的权利、享受社会保险和福利的权利、提请劳动争议处理的权利以及法律规定的其他劳动权利。

劳动者应当完成劳动任务，提高职业技能，执行劳动安全卫生规程，遵守劳动纪律和职业道德。

第七十条　国家发展社会保险事业，建立社会保险制度，设立社会保险基金，使劳动者在年老、患病、工伤、失业、生育等情况下获得帮助和补偿。

第七十二条　社会保险基金按照保险类型确定资金来源，逐步实行社会统筹。用人单位和劳动者必须依法参加社会保险，缴纳社会保险费。

第七十三条　劳动者在下列情形下，依法享受社会保险待遇：

（一）退休；

（二）患病、负伤；

（三）因工伤残或者患职业病；

（四）失业；

（五）生育。

劳动者死亡后，其遗属依法享受遗属津贴。

劳动者享受社会保险待遇的条件和标准由法律、法规规定。

劳动者享受的社会保险金必须按时足额支付。

中华人民共和国社会保险法（节选）

第一章　总　则

第一条　为了规范社会保险关系，维护公民参加社会保险和享受社会保险待遇的合法权益，使公民共享发展成果，促进社会和谐稳定，根据宪法，制定本法。

第二条　国家建立基本养老保险、基本医疗保险、工伤保险、失业保险、生育保险等社会保险制度，保障公民在年老、疾病、工伤、失业、生育等情况下依法从国家和社会获得物质帮助的权利。

第三条　社会保险制度坚持广覆盖、保基本、多层次、可持续的方针，社会保险水平应当与经济社会发展水平相适应。

第四条　中华人民共和国境内的用人单位和个人依法缴纳社会保险费，有权查询缴费记录、个人权益记录，要求社会保险经办机构提供社会保险咨询等相关服务。

个人依法享受社会保险待遇，有权监督本单位为其缴费情况。

第五条　县级以上人民政府将社会保险事业纳入国民经济和社会发展规划。

国家多渠道筹集社会保险资金。县级以上人民政府对社会保险事业给予必要的经费支持。

国家通过税收优惠政策支持社会保险事业。

第六条　国家对社会保险基金实行严格监管。

县级以上人民政府采取措施，鼓励和支持社会各方面参与社会保险基金的监督。

第七条　国务院社会保险行政部门负责全国的社会保险管理工作，国务院其他有关部门在各自的职责范围内负责有关的社会保险工作。

县级以上地方人民政府社会保险行政部门负责本行政区域的社会保险管理工作，县级以上地方人民政府其他有关部门在各自的职责范围内负责有关的社会保险工作。

第八条　社会保险经办机构提供社会保险服务，负责社会保险登记、个人权益记录、社会保险待遇支付等工作。

第九条　工会依法维护职工的合法权益，有权参与社会保险重大事项的研究，参加社会保险监督委员会，对与职工社会保险权益有关的事项进行监督。

第二章　基本养老保险

第十条　职工应当参加基本养老保险，由用人单位和职工共同缴纳基本养老保险费。

无雇工的个体工商户、未在用人单位参加基本养老保险的非全日制从业人员以及其他灵活就业人员可以参加基本养老保险，由个人缴纳基本养老保险费。

公务员和参照公务员法管理的工作人员养老保险的办法由国务院

规定。

第十一条 基本养老保险实行社会统筹与个人账户相结合。

基本养老保险基金由用人单位和个人缴费以及政府补贴等组成。

第十二条 用人单位应当按照国家规定的本单位职工工资总额的比例缴纳基本养老保险费，记入基本养老保险统筹基金。

职工应当按照国家规定的本人工资的比例缴纳基本养老保险费，记入个人账户。

无雇工的个体工商户、未在用人单位参加基本养老保险的非全日制从业人员以及其他灵活就业人员参加基本养老保险的，应当按照国家规定缴纳基本养老保险费，分别记入基本养老保险统筹基金和个人账户。

第十三条 国有企业、事业单位职工参加基本养老保险前，视同缴费年限期间应当缴纳的基本养老保险费由政府承担。

基本养老保险基金出现支付不足时，政府给予补贴。

第十四条 个人账户不得提前支取，记账利率不得低于银行定期存款利率，免征利息税。个人死亡的，个人账户余额可以继承。

第十五条 基本养老金由统筹养老金和个人账户养老金组成。

基本养老金根据个人累计缴费年限、缴费工资、当地职工平均工资、个人账户金额、城镇人口平均预期寿命等因素确定。

第十六条 参加基本养老保险的个人，达到法定退休年龄时累计缴费满十五年的，按月领取基本养老金。

参加基本养老保险的个人，达到法定退休年龄时累计缴费不足十五年的，可以缴费至满十五年，按月领取基本养老金；也可以转入新型农村社会养老保险或者城镇居民社会养老保险，按照国务院规定享受相应的养老保险待遇。

第十七条 参加基本养老保险的个人，因病或者非因工死亡的，其遗属可以领取丧葬补助金和抚恤金；在未达到法定退休年龄时因病或者非因工致残完全丧失劳动能力的，可以领取病残津贴。所需资金从基本养老保险基金中支付。

第十八条 国家建立基本养老金正常调整机制。根据职工平均工资增长、物价上涨情况，适时提高基本养老保险待遇水平。

第十九条 个人跨统筹地区就业的，其基本养老保险关系随本人转移，缴费年限累计计算。个人达到法定退休年龄时，基本养老金分段计算、统一支付。具体办法由国务院规定。

第二十条　国家建立和完善新型农村社会养老保险制度。

新型农村社会养老保险实行个人缴费、集体补助和政府补贴相结合。

第二十一条　新型农村社会养老保险待遇由基础养老金和个人账户养老金组成。

参加新型农村社会养老保险的农村居民，符合国家规定条件的，按月领取新型农村社会养老保险待遇。

第二十二条　国家建立和完善城镇居民社会养老保险制度。

省、自治区、直辖市人民政府根据实际情况，可以将城镇居民社会养老保险和新型农村社会养老保险合并实施。

第三章　基本医疗保险

第二十三条　职工应当参加职工基本医疗保险，由用人单位和职工按照国家规定共同缴纳基本医疗保险费。

无雇工的个体工商户、未在用人单位参加职工基本医疗保险的非全日制从业人员以及其他灵活就业人员可以参加职工基本医疗保险，由个人按照国家规定缴纳基本医疗保险费。

第二十四条　国家建立和完善新型农村合作医疗制度。

新型农村合作医疗的管理办法，由国务院规定。

第二十五条　国家建立和完善城镇居民基本医疗保险制度。

城镇居民基本医疗保险实行个人缴费和政府补贴相结合。

享受最低生活保障的人、丧失劳动能力的残疾人、低收入家庭六十周岁以上的老年人和未成年人等所需个人缴费部分，由政府给予补贴。

第二十六条　职工基本医疗保险、新型农村合作医疗和城镇居民基本医疗保险的待遇标准按照国家规定执行。

第二十七条　参加职工基本医疗保险的个人，达到法定退休年龄时累计缴费达到国家规定年限的，退休后不再缴纳基本医疗保险费，按照国家规定享受基本医疗保险待遇；未达到国家规定年限的，可以缴费至国家规定年限。

第二十八条　符合基本医疗保险药品目录、诊疗项目、医疗服务设施标准以及急诊、抢救的医疗费用，按照国家规定从基本医疗保险基金中支付。

第二十九条　参保人员医疗费用中应当由基本医疗保险基金支付的部分，由社会保险经办机构与医疗机构、药品经营单位直接结算。

社会保险行政部门和卫生行政部门应当建立异地就医医疗费用结算制度，方便参保人员享受基本医疗保险待遇。

第三十条　下列医疗费用不纳入基本医疗保险基金支付范围：

（一）应当从工伤保险基金中支付的；

（二）应当由第三人负担的；

（三）应当由公共卫生负担的；

（四）在境外就医的。

医疗费用依法应当由第三人负担，第三人不支付或者无法确定第三人的，由基本医疗保险基金先行支付。基本医疗保险基金先行支付后，有权向第三人追偿。

第三十一条　社会保险经办机构根据管理服务的需要，可以与医疗机构、药品经营单位签订服务协议，规范医疗服务行为。

医疗机构应当为参保人员提供合理、必要的医疗服务。

第三十二条　个人跨统筹地区就业的，其基本医疗保险关系随本人转移，缴费年限累计计算。

中华人民共和国个人所得税法（节选）

第四条　下列各项个人所得，免纳个人所得税：

一、省级人民政府、国务院部委和中国人民解放军军以上单位，以及外国组织、国际组织颁发的科学、教育、技术、文化、卫生、体育、环境保护等方面的奖金；

二、国债和国家发行的金融债券利息；

三、按照国家统一规定发给的补贴、津贴；

四、福利费、抚恤金、救济金；

五、保险赔款；

六、军人的转业费、复员费；

七、按照国家统一规定发给干部、职工的安家费、退职费、退休工资、离休工资、离休生活补助费；

八、依照我国有关法律规定应予免税的各国驻华使馆、领事馆的外交代表、领事官员和其他人员的所得；

九、中国政府参加的国际公约、签订的协议中规定免税的所得；

十、经国务院财政部门批准免税的所得。

第五条 有下列情形之一的，经批准可以减征个人所得税：

一、残疾、孤老人员和烈属的所得；

二、因严重自然灾害造成重大损失的；

三、其他经国务院财政部门批准减税的。

中华人民共和国治安管理处罚法(节选)

第二十一条 违反治安管理行为人有下列情形之一，依照本法应当给予行政拘留处罚的，不执行行政拘留处罚：

(一)已满 14 周岁不满 16 周岁的；

(二)已满 16 周岁不满 18 周岁，初次违反治安管理的；

(三)70 周岁以上的；

(四)怀孕或者哺乳自己不满 1 周岁婴儿的。

第四十三条 殴打他人的，或者故意伤害他人身体的，处 5 日以上 10 日以下拘留，并处 200 元以上 500 元以下罚款；情节较轻的，处 5 日以下拘留或者 500 元以下罚款。

有下列情形之一的，处 10 日以上 15 日以下拘留，并处 500 元以上 1000 元以下罚款：

(一)结伙殴打、伤害他人的；

(二)殴打、伤害残疾人、孕妇、不满 14 周岁的人或者 60 周岁以上的人的；

(三)多次殴打、伤害他人或者一次殴打、伤害多人的。

中华人民共和国刑法(节选)

第十七条之一　已满七十五周岁的人故意犯罪的,可以从轻或者减轻处罚;过失犯罪的,应当从轻或者减轻处罚。

第四十九条　犯罪的时候不满十八周岁的人和审判的时候怀孕的妇女,不适用死刑。

审判的时候已满七十五周岁的人,不适用死刑,但以特别残忍手段致人死亡的除外。

第二百六十一条　对于年老、年幼、患病或者其他没有独立生活能力的人,负有扶养义务而拒绝扶养,情节恶劣的,处五年以下有期徒刑、拘役或者管制。

四、老年政策文件汇编

《中共中央国务院关于加强老龄工作的决定》

中发[2000]13 号

老龄问题涉及政治、经济、文化和社会生活等诸多领域,是关系国计民生和国家长治久安的一个重大社会问题。全党全社会必须从改革、发展、稳定的大局出发,高度重视和切实加强老龄工作。

一、充分认识加强老龄工作的重大意义

(一)目前,我国 60 岁以上人口已达到 126 亿,其中 65 岁以上人口达到 8600 万,分别占总人口的 10%和 7%。按照国际通行标准,我国人口年龄结构已开始进入老龄化阶段。据预测,今后一个时期我国老年人口还将以较快速度增长,至 2015 年 60 岁以上人口将超过 2 亿,约占总人口的 14%。

人口平均寿命延长,老年人口增加,是我国社会主义制度优越性的体现和社会文明进步的重要标志,是经济发展社会进步、人民生活水平提高、医疗卫生条件改善的重大成果。但是,人口老龄化也会给我国经济和社会发展带来一系列深刻影响。采取积极措施,加强老龄工作,是一项重要而紧迫

的战略任务。

（二）党和人民政府历来十分关心老年人。新中国建立后特别是改革开放以来，国家颁布实施了一系列维护老年人权益的法律法规和政策，加强了尊老爱幼思想教育，初步建立了养老、医疗等社会保障制度，老年福利、卫生、文化、教育、体育等事业有了一定发展，老年人的生活水平和生活质量不断提高。老龄工作取得的进展和成绩，对推动经济建设和社会发展起到了重要作用。但是，也要清醒地看到，我国老龄工作基础还比较薄弱，不能很好地适应人口老龄化的要求。主要问题是：对人口老龄化问题认识不足，老龄工作政策、法规不够健全，社会保障制度尚不完善，社区管理和老年服务设施、服务网络建设滞后，老年思想政治工作薄弱，侵犯老年人合法权益的现象时有发生。对此，我们必须高度重视，认真解决。

（三）老年人是社会的重要组成部分，他们为中国革命和建设做出了重要贡献。满足广大老年人日益增长的物质和文化生活需要，让老年人共享经济建设和社会发展的成果，是中国共产党全心全意为人民服务根本宗旨的体现，是在新的历史条件下贯彻落实江泽民同志关于“三个代表”重要思想的体现，也是国家和社会义不容辞的责任。在社会主义市场经济条件下，弘扬中华民族传统美德，形成敬老、养老、助老以及代际和谐的良好社会风尚，是社会主义精神文明建设的一项重要内容。正确处理和解决人口老龄化过程中出现的各种矛盾和问题，切实保障老年人的合法权益，对促进经济建设和社会发展具有重要意义。

二、老龄工作的指导思想、原则和目标

（四）我国老龄工作的指导思想是：以马克思列宁主义、毛泽东思想、邓小平理论为指导，贯彻党的十五大精神，从我国的基本国情出发，适应人口老龄化的发展趋势，完善社会保障制度，建立健全社区管理和社区服务体系，发展老年服务业，维护老年人的合法权益，加强老年思想政治工作，开创老龄工作新局面。

（五）加强老龄工作，发展老龄事业要遵循以下原则：坚持老龄事业与国民经济和社会发展相适应，促进老龄事业健康发展；坚持家庭养老与社会养老相结合，充分发挥家庭养老的积极作用，建立和完善老年社会服务体系；坚持政府引导与社会兴办相结合，按照社会主义市场经济的要求积极发展

老年服务业，坚持道德规范与法律约束相结合，广泛开展敬老养老道德教育，加强老龄工作法制建设，坚持关心老年人生活以及老龄妇女的特殊问题与加强思想政治工作相结合，使广大老年人物质生活得到改善，精神文化生活更加丰富；坚持统筹规划与分类指导相结合，因地制宜地开展老龄工作，发展老龄事业。

（六）今后一个时期我国老龄事业发展的主要目标是：从我国社会主义初级阶段的基本国情出发，努力建立和完善有中国特色老年社会保障制度和社会互助制度；建立以家庭养老为基础、社区服务为依托、社会养老为补充的养老机制；逐步建立比较完善的以老年福利、生活照料、医疗保健、体育健身、文化教育和法律服务为主要内容的老年服务体系，切实提高老年人的物质和精神文化生活水平，基本实现老有所养、老有所医、老有所教、老有所学、老有所为、老有所乐。

三、切实保障老年人的合法权益

（七）全社会都要依据《中华人民共和国宪法》和《中华人民共和国老年人权益保障法》等法律法规，切实维护和保障老年人的合法权益。

要加强法制建设，进一步完善有关维护老年人权益的法律法规，加大执法和监督力度，依法处理和打击侵犯老年人合法权益的不法行为。依法取缔伤害老年人身心健康、宣传迷信邪说、侵害老年人合法权益的非法组织。

要在全社会积极开展维护老年人合法权益的法制教育和普法工作。各级司法行政和宣传部门要把老年人权益保障法等相关法律法规纳入普法计划，加大宣传力度，进一步提高全体公民维护老年人合法权益的自觉性和法律意识。老年人也要学法、懂法、守法，依法维护自身的合法权益。

要重视保护老年人合法权益，健全法律援助制度，加强老年人法律服务工作，使老年人能够就地、就近、及时地得到优质的法律服务。各级司法行政部门对需要获得律师及其他法律帮助但又无力支付法律服务费用的老年人，要按照有关规定向他们提供法律援助。各级人民法院对老年人因合法权益受到侵害提起诉讼交纳诉讼费确有困难的，要给予缓交、减交或免交的优待。

要大力弘扬中华民族传统美德，在全社会广泛开展敬老、养老、助老的道德教育，并与开展文明社区、文明村镇、文明家庭创建活动结合起来。中央和省级广播电视机构要开办老年节目，地、县级广播电视机构要结合本地情况进行转播，其他有条件的地方也可开办老年节目。中小学校要把敬老、养老、助老作为德育的重要内容纳入教育计划。要综合运用行政、法律和宣传、教育等手段，在全社会树立尊重、关心、帮助老年人的社会风尚。

（八）完善社会保障制度，逐步建立国家、社会、家庭和个人相结合的养老保障机制，确保老年人生活、医疗等方面的基本需求。

在城镇，要建立起以基本养老保险；基本医疗保险、商业保险、社会救济、社会福利和社会互助为主要内容的比较完善的养老保障体系。逐步建立起独立于企事业单位之外、资金来源多渠道、管理服务社会化的基本养老保险制度。要进一步完善城市居民最低生活保障制度，对实际收入低于所在城市最低生活保障线的老年人，要纳入最低生活保障范围，发放最低生活保障金。积极推进医疗保险制度改革，建立覆盖城镇所有用人单位及其职工的基本医疗保险制度，落实离休和退休人员的医疗保障政策，发展各种类型的补充医疗保险，满足老年人的基本医疗需求。

在农村，要坚持以家庭养老为主，进一步完善社会救济和以保吃、保穿、保住、保医、保葬为内容的"五保"供养制度，倡导村民互助。有条件的地区可探索多种社会养老的路子。不断完善农村合作医疗制度，积极探索多种形式的农村医疗保障制度，加快农村医疗卫生组织建设，完善农村基层卫生服务网络，切实解决贫困地区老年人缺医少药问题。

（九）老年人有受赡养的权利，赡养人特别是子女要依法履行赡养义务。倡导赡养人之间签订《家庭赡养协议书》，并由基层组织监督执行。要切实保障老年人住房、财产、继承等合法权益，重视和解决好老年妇女问题。要维护老年人婚姻自由的权利。要移风易俗，转变观念，支持单身老年人自由择偶结婚。对再婚老年人，子女要给予理解和支持，并继续依法承担赡养义务。提倡和鼓励老年人之间建立互助关系。

（十）重视发挥老年人的作用，坚持自愿和量力、社会需求同个人志趣相结合的原则，鼓励老年人从事关心教育下一代、传授科学文化知识、开展咨询服务、参与社会公益事业和社区精神文明建设等活动。

四、发展老年服务业

（十一）要加强社区建设，依托社区发展老年服务业，进一步完善社区为老年人服务的功能。今后企事业单位的退休人员要逐步与所在单位相脱离，由社区组织管理和服务。要充分发挥社区组织在老龄事业发展中的积极作用。加快社区老年服务设施和服务网络建设，努力形成设施配套、功能完善、管理规范的社区老年服务体系。

各地要充分利用现有设施，积极兴办不同形式、不同档次的老年福利院、老年护理院、老年公寓、托老所等，为老年人提供生活照料、文化、护理、健身等多方面的服务。各部门、各单位的老年服务设施要逐步向社会开放。倡导社会互助，积极开展扶老助困志愿活动。各级人民政府要制定有关规定，在参观、游览、乘坐公共交通工具等方面，对老年人给予优待和照顾。

各级医疗卫生机构要大力开展多种形式的老年医疗保健服务，逐步建立起完善的社区卫生服务机构，健全老年医疗保障服务网络，提高服务质量。增加社区老年医疗保健设施，发展家庭病床，采取定点、巡回、上门服务等多种形式，为老年人提供预防、医疗、保健、护理、康复和心理咨询等服务。积极开展各种形式的健康教育，普及老年保健和卫生科学知识，增强老年人自我预防和保健技能。

各级文化、体育、广播电视等部门和工会、妇联等群众团体要进一步加强老年文化体育工作，发展老年文化体育事业。要建立社区老年活动中心或活动站。现有图书馆、群众艺术馆、文化馆、文化站、公共体育场所等要为老年人提供优先优惠服务，群众艺术馆、文化馆要建立老年文化活动中心，城区、乡镇的文化站要建立老年文化活动室。要组织老年人开展体育健身和文化娱乐活动，提倡科学文明健康的生活方式。各级文化部门要积极组织创作老年人喜闻乐见的优秀作品，组织开展丰富多彩的老年文化活动。出版部门要组织出版适合老年人特点的图书、音像制品和电子出版物，满足老年人的精神文化需求，丰富老年人的精神文化生活。

各地要重视发展老年教育事业，发展广播、电视、网络和函授教育，鼓励和指导社会力量按照有关规定兴办各类老年学校。各种老年教育主要为老年人提供物质文化生活所需要的知识和技能；使更多的老年人能就近参加学习。

（十二）老年服务业的发展要走社会化、产业化的道路。鼓励和引导社会各方面力量积极参与、共同发展老年服务业，逐步形成政府宏观管理、社会力量兴办、老年服务机构按市场化要求自主经营的管理体制和运行机制。

（十三）要培育和发展老年消费市场。老年人是一个庞大的社会群体，具有不同的消费需求，要积极研制开发适合老年人特点的产品和服务项目，引导老年人合理消费，满足老年人不同层次、不同类型的消费需求。

（十四）各级人民政府要把老龄事业纳入国民经济和社会发展中长期规划和年度计划。要高度重视社区建设，认真做好“十五”期间社区建设规划。要根据实际需要和建设条件，在充分利用现有设施的基础上，新建和扩建一批社区老年服务设施、福利设施和活动场所。非营利性老年福利设施建设所需资金以各级人民政府投入为主，同时应当制定政策，鼓励和引导社会力量积极兴办老年福利机构。

各级发展计划部门在制定投资计划、安排投资项目时，要加大对老年服务设施的投入。城市建设、旧城改造、居住区建设要将老年服务设施纳入规划并认真付诸实施。到"十五"末期，基本实现每个县（市）至少有一所老年活动场所，地级以上市有一批社区老年服务设施、福利设施和活动场所，街道办事处有老年综合福利服务设施。乡镇要努力办好敬老院，有条件的地方要逐步将敬老院建设成综合性多功能的老年福利服务中心。

（十五）要坚决贯彻落实党中央、国务院有关方针政策，确保城市居民最低生活保障金和离退休人员基本养老金按时足额发放，不得拖欠，并随着经济发展合理增长。要进一步完善农村“五保”供养制度，提高供养水平，扩大农村敬老院的服务范围。要特别关注特困老年人的生活，加大对特困老年人的救助力度。老年人遇到特殊困难，当地人民政府要及时给予救济。要倡导和组织社会互助，积极开展扶老助困和志愿者服务等活动。

（十六）各级财政部门要加大对老龄事业的资金投入，主要用于老年社会保障、老年福利与服务设施建设以及老年教育、人才培训、科学研究等。要将老年福利事业经费纳入财政预算。在国家发行的彩票收益中，要有一定比例用于老龄事业的投入。

（十七）国家鼓励社会力量兴办老年福利服务设施。对社会力量投资兴办的福利性、非营利性的老年服务机构和有关捐赠，要实行减免税等优惠政策，具体办法由财政部、国家税务总局制定。

（十八）金融机构要充分发挥信贷支持作用，热情关注、积极支持社区老年服务设施、活动场所和福利设施的建设，按照信贷通则加大贷款支持力度。

（十九）地方各级人民政府在编制本地区土地利用年度计划实施方案时，应统筹安排社区老年服务设施、活动场所和福利设施建设用地，并按有关法律法规规定，采用行政划拨方式或优惠有偿方式供地。要采取有效措施，对新建老年服务设施的市政基础设施配套建设费酌情给予减免，降低征地和拆迁补偿费。

（二十）加强对老龄工作者队伍的建设，特别要加强对老龄工作干部的业务培训，提高老龄工作者自身素质，培养一支热爱老龄事业、全心全意为老年人服务的干部队伍。有条件的普通院校可开设老年学专业和社区服务类专业，培养从事老龄工作和社区工作的专门人才，加强社区干部队伍建设。

五、开展生动活泼的老年思想政治工作

（二十一）进一步加强和改进老年思想政治工作，认真研究解决老年群体中的各种思想问题。要坚持把马克思列宁主义、毛泽东思想特别是邓小平理论作为老年思想政治教育的重要内容，积极开展党的基本路线、政策、形势、民主与法制和科学文化知识的教育，使广大老年人树立正确的世界观、人生观和价值观，划清科学与迷信、文明与愚昧的界限，坚定对建设有中国特色社会主义的信念，增强对改革开放和现代化建设的信心，坚定地与以江泽民同志为核心的党中央在政治上、思想上保持一致。

（二十二）积极研究和探索新形势下加强和改进老年思想政治工作的新形式、新办法。要根据老年人的特点，把思想教育与开展健康有益的文化体育活动、解决思想问题与解决实际问题结合起来。坚持以理服人，以情感人，寓教于乐，把老年思想政治工作做实、做活、做深、做细，使广大老年人以丰富健康文明的生活方式安享晚年。要总结和推广新经验，树立典型，表彰先进，弘扬正气。

（二十三）充分发挥基层党组织在老年思想政治工作中的战斗堡垒作用，重视和发挥老年党员的政治优势和先锋模范作用。所有老年党员都要编入党的基层组织，参加党组织的活动。要建立社区老年人思想教育工作机制，切实做好老年思想政治工作，保证老年人自觉贯彻执行党的路线、方针、政策。

六、加强对老龄工作的领导

（二十四）老龄工作是党政工作的重要组成部分。各级党委和人民政府要统一思想，提高认识，加强领导，把老龄工作列入日常工作议程，及时研究解决工作中出现的新情况和新问题。

（二十五）理顺和健全老龄工作体制。全国老龄工作在全国老龄工作委员会的领导下，民政部牵头，中央和国家机关各有关部门、群众团体共同参与。地方各级党委、人民政府要参照全国老龄工作委员会的设置，尽快建立健全本地区老龄工作议事协调机构，并在民政部门建立精干的办事机构，提供必要的工作经费。各地要充分发挥各有关部门和工会、共青团、妇联等群众团体及老龄组织的作用，共同做好老龄工作。

加强老龄工作，发展老龄事业，是党中央、国务院面向新世纪作出的重大决策。各级党委和人民政府要认真贯彻落实本决定精神，在以江泽民同志为核心的党中央领导下，高举邓小平理论伟大旗帜，努力开创我国老龄事业的新局面，为实现社会主义现代化建设的宏伟目标做出更大贡献。

中共中央国务院关于全面加强人口和计划生育工作统筹解决人口问题的决定（节选）

中发[2006]22号

七、积极应对人口老龄化

目前，我国已进入老龄社会，60岁及以上老年人口达1.44亿人，占总人口的11.03%。要制定和落实老龄事业发展战略规划和政策，把逐步建立覆盖城乡居民的养老保障制度作为社会保障体系建设的重点，构建以居家养老为基础、社区服务为依托、机构照料为补充的养老服务体系。

农村要探索建立多种形式的计划生育家庭养老保险制度。有条件的地方，可建立政府、集体和社会共同参与的养老服务机构。对生活不能自理的农村计划生育家庭老年父母，按规定提供适当补助。对军烈属、鳏寡及其他有特殊困难的老年人，按规定给予养老救助。

城市要逐步完善社会统筹与个人账户相结合的基本养老保险制度，构建多层次的城镇养老保障体系。积极发展适合老年人特点的知识和经验密集型服务业，为老年人提供力所能及参与社会的机会。提高养老服务机构在城市规划中的比重，发展社区老年活动场所和服务设施，制定优惠政策，鼓励社会开办各种类型的养老服务机构。

发扬敬老、养老、助老的良好社会风尚，积极探索和实施“爱心护理”等工程。从老年预防保健入手，倡导健康生活方式，营造出行安全和起居方便的环境。探索建立老年服务志愿者、照料储蓄、长期护理保险等社会化服务制度。大力弘扬子女赡养、家庭养老和邻里互助的传统美德。要加强舆论监督，对拒绝赡养或虐待父母的行为，追究法律责任。大力发展老龄产业，建立满足特殊需求的老年用品和服务市场。

国民经济和社会发展第十二个五年规划纲要

第二章　指导思想

高举中国特色社会主义伟大旗帜，以邓小平理论和“三个代表”重要思想为指导，深入贯彻落实科学发展观，适应国内外形势新变化，顺应各族人民过上更好生活新期待，以科学发展为主题，以加快转变经济发展方式为主线，深化改革开放，保障和改善民生，巩固和扩大应对国际金融危机冲击成果，促进经济长期平稳较快发展和社会和谐稳定，为全面建成小康社会打下具有决定性意义的基础。

以科学发展为主题，是时代的要求，关系改革开放和现代化建设全局。我国仍处于并将长期处于社会主义初级阶段，发展仍是解决我国所有问题的关键。坚持发展是硬道理的本质要求，就是坚持科学发展。以加快转变经济发展方式为主线，是推动科学发展的必由之路，是我国经济社会领域的一场深刻变革，是综合性、系统性、战略性的转变，必须贯穿经济社会发展全过程和各领域，在发展中促转变，在转变中谋发展。今后五年，要确保科学发展取得新的显著进步，确保转变经济发展方式取得实质性进展。基本要求是：

——坚持把经济结构战略性调整作为加快转变经济发展方式的主攻方向。构建扩大内需长效机制，促进经济增长向依靠消费、投资、出口协调拉动转变。加强农业基础地位，提升制造业核心竞争力，发展战略性新兴产业，加快发展服务业，促进经济增长向依靠第一、第二、第三产业协同带动转变。统筹城乡发展，积极稳妥推进城镇化，加快推进社会主义新农村建设，促进区域良性互动、协调发展。

——坚持把科技进步和创新作为加快转变经济发展方式的重要支撑。深入实施科教兴国战略和人才强国战略，充分发挥科技第一生产力和人才第一资源作用，提高教育现代化水平，增强自主创新能力，壮大创新人才队伍，推动发展向主要依靠科技进步、劳动者素质提高、管理创新转变，加快建设创新型国家。

——坚持把保障和改善民生作为加快转变经济发展方式的根本出发点和落脚点。完善保障和改善民生的制度安排，把促进就业放在经济社会发展优先位置，加快发展各项社会事业，推进基本公共服务均等化，加大收入分配调节力度，坚定不移走共同富裕道路，使发展成果惠及全体人民。

——坚持把建设资源节约型、环境友好型社会作为加快转变经济发展方式的重要着力点。深入贯彻节约资源和保护环境基本国策，节约能源，降低温室气体排放强度，发展循环经济，推广低碳技术，积极应对全球气候变化，促进经济社会发展与人口资源环境相协调，走可持续发展之路。

——坚持把改革开放作为加快转变经济发展方式的强大动力。坚定推进经济、政治、文化、社会等领域改革，加快构建有利于科学发展的体制机制。实施互利共赢的开放战略，与国际社会共同应对全球性挑战、共同分享发展机遇。

第三章　主要目标

——人民生活持续改善。全国总人口控制在 13.9 亿人以内。人均预期寿命提高 1 岁，达到 74.5 岁。城镇居民人均可支配收入和农村居民人均纯收入分别年均增长 7%以上。新型农村社会养老保险实现制度全覆盖，城镇参加基本养老保险人数达到 3.57 亿人，城乡三项基本医疗保险参保率提高 3 个百分点。城镇保障性安居工程建设 3600 万套。贫困人口显著减少。

第七章　改善农村生产生活条件

第三节　强化农村公共服务

扩大公共财政覆盖农村范围，全面提高财政保障农村公共服务水平。提高农村义务教育质量和均衡发展水平，推进农村中等职业教育免费进程，积极发展农村学前教育。建立健全农村医疗卫生服务网络，向农民提供安全价廉可及的基本医疗服务。完善农村社会保障体系，逐步提高保障标准。加强农村公共文化和体育设施建设，丰富农民精神文化生活。

第十六章　大力发展生活性服务业

第三节　鼓励发展家庭服务业

以家庭为服务对象，以社区为重要依托，重点发展家政服务、养老服务和病患陪护等服务，鼓励发展残疾人居家服务，积极发展社区日间照料中心和专业化养老服务机构，因地制宜发展家庭用品配送、家庭教育等特色服务，形成多层次、多形式的家庭服务市场和经营机构。加快建设家庭服务业公益性信息服务平台。加强市场监管，规范家庭服务业市场秩序。

第三十三章　健全覆盖城乡居民的社会保障体系

坚持广覆盖、保基本、多层次、可持续方针，加快推进覆盖城乡居民的社会保障体系建设，稳步提高保障水平。

第一节　加快完善社会保险制度

实现新型农村社会养老保险制度全覆盖。完善实施城镇职工和居民养老保险制度，全面落实城镇职工基本养老保险省级统筹，实现基础养老金全国统筹，切实做好城镇职工基本养老保险关系转移接续工作。逐步推进城乡养老保障制度有效衔接。推动机关事业单位养老保险制度改革。发展企业年金和职业年金。扩大工伤保险覆盖面，提高保障水平，健全预防、补偿、康复相结合的工伤保险制度。完善失业、生育保险制度。发挥商业保险补充性作用。继续通过划拨国有资产、扩大彩票发行等渠道充实全国社会保障基金，积极稳妥推进养老基金投资运营。

第二节 加强社会救助体系建设

完善城乡最低生活保障制度，规范管理，分类施保，实现应保尽保。健全低保标准动态调整机制，合理提高低保标准和补助水平。加强城乡低保与最低工资、失业保险和扶贫开发等政策的衔接。提高农村五保供养水平。做好自然灾害救助工作。完善临时救助制度，保障低保边缘群体的基本生活。

第三节 积极发展社会福利和慈善事业

以扶老、助残、救孤、济困为重点，逐步拓展社会福利的保障范围，推动社会福利由补缺型向适度普惠型转变，逐步提高国民福利水平。坚持家庭、社区和福利机构相结合，逐步健全社会福利服务体系，推动社会福利服务社会化。加强残疾人、孤儿福利服务。加强优抚安置工作。加快发展慈善事业，增强全社会慈善意识，积极培育慈善组织，落实并完善公益性捐赠的税收优惠政策。

第三十四章 完善基本医疗卫生制度

按照保基本、强基层、建机制的要求，增加财政投入，深化医药卫生体制改革，建立健全基本医疗卫生制度，加快医疗卫生事业发展，优先满足群众基本医疗卫生需求。

第一节 加强公共卫生服务体系建设

完善重大疾病防控等专业公共卫生服务网络。逐步提高人均基本公共卫生服务经费标准，扩大国家基本公共卫生服务项目，实施重大公共卫生服务专项，积极预防重大传染病、慢性病、职业病、地方病和精神疾病，提高重大突发公共卫生事件处置能力。逐步建立农村医疗急救网络。普及健康教育，实施国民健康行动计划。全面推行公共场所禁烟。70%以上的城乡居民建立电子健康档案。孕产妇死亡率降到22/10万，婴儿死亡率降到12‰。

第二节 健全医疗保障体系

健全覆盖城乡居民的基本医疗保障体系，进一步完善城镇职工基本医疗保险、城镇居民基本医疗保险、新型农村合作医疗和城乡医疗救助制度。逐步提高城镇居民医保和新农合人均筹资标准及保障水平并缩小差距。提高城镇职工医保、城镇居民医保、新农合最高支付限额和住院费用支付比例，全面推进门诊统筹。做好各项制度间的衔接，整合经办资源，逐步提高统筹层次，加快实现医保关系转移接续和医疗费用异地就医结算。全面推进基本医疗费用即时结算，改革付费方式。积极发展商业健康保险，完善补充医疗保险制度。

第三十六章　全面做好人口工作

第四节　积极应对人口老龄化

建立以居家为基础、社区为依托、机构为支撑的养老服务体系。加快发展社会养老服务，培育壮大老龄事业和产业，加强公益性养老服务设施建设，鼓励社会资本兴办具有护理功能的养老服务机构，每千名老人拥有养老床位数达到30张。拓展养老服务领域，实现养老服务从基本生活照料向医疗健康、辅具配置、精神慰藉、法律服务、紧急援助等方面延伸。增加社区老年活动场所和便利化设施。开发利用老年人力资源。

第五节　加快残疾人事业发展

健全残疾人社会保障体系和服务体系，为残疾人生活和发展提供稳定的制度性保障。实施重点康复和托养工程、0～6岁残疾儿童抢救性康复工程和“阳光家园”计划，推进残疾人“人人享有康复服务”。大力开展残疾人就业服务和职业培训。加大对农村残疾人生产扶助和生活救助力度。丰富残疾人文化体育生活。构建辅助器具适配体系，推进无障碍建设。制定和实施国家残疾预防行动计划，有效控制残疾的发生和发展。

第三十八章　强化城乡社区自治和服务功能

全面开展城市社区建设，积极推进农村社区建设，健全新型社区管理和服务体制，把社区建设成为管理有序、服务完善、文明祥和的社会生活共同体。

第一节　完善社区治理结构

健全社区党组织领导的基层群众自治制度，推进社区居民依法民主管理社区公共事务和公益事业，实现政府行政管理与基层群众自治有效衔接和良性互动。完善社区居民委员会组织体系，加强城乡结合部、城中村、流动人口聚居地等的社区居民委员会建设。积极培育社区服务性、公益性、互助性社会组织，发挥业主委员会、物业管理机构、驻区单位积极作用，引导各类社会组织、志愿者参与社区管理和服务。鼓励因地制宜创新社区管理和服务模式。

第二节 构建社区管理和服务平台

健全基层管理和服务体系，推动管理重心下移，延伸基本公共服务职能。规范发展社区服务站等专业服务机构，有效承接基层政府委托事项。以居民需求为导向，整合人口、就业、社保、民政、卫生、文化以及综治、维稳、信访等管理职能和服务资源，加快社区信息化建设，构建社区综合管理和服务平台。完善优秀人才服务社区激励机制，推进社区工作人员专业化、职业化。加快建立政府投入与社会投入相结合的经费保障机制。加强流动人口服务管理。

中国老龄事业发展“十二五”规划(2011～2015)

国办发[2011]28 号

为积极应对人口老龄化，加快发展老龄事业，根据《中华人民共和国国民经济和社会发展第十二个五年规划纲要》《中华人民共和国老年人权益保障法》和《中共中央国务院关于加强老龄工作的决定》(中发[2000]13 号)，制定本规划。

背景

(一)“十一五”期间取得的主要成就

“十一五”时期是老龄事业快速发展的五年。养老保障体系逐步完善，覆盖范围进一步扩大，企业职工基本养老保险制度实现全覆盖，企业退休人员养老金水平连续五年提高，基本养老保险实现了省级统筹，新型农村社会养老保险开始试点并逐步扩大范围。职工和城镇居民基本医疗保险制度实现全覆盖，新型农村合作医疗参合率稳步提高。老年社会福利和社会救助制度逐步建立，城乡计划生育家庭养老保障支持政策逐步形成。老龄服务体系建设扎实推进，在城市深入开展并逐步向农村延伸，养老服务机构和老年活动设施建设取得较大进步。老年教育、文化、体育事业较快发展，老年精神文化生活更加丰富。全社会老龄意识明显增强，敬老爱老助老社会氛围日益浓厚，老年人权益得到较好保障。老龄领域的科学研究、国际交流与合作取得了新的进展。广大老年群众坚持老有所为，积极参与经济社会建设和公益活动，在构建社会主义和谐社会中发挥了重要作用。

（二）“十二五”时期老龄事业面临的形势

“十二五”时期是我国全面建设小康社会的关键时期，也是老龄事业发展的重要机遇期。

长期以来，党和政府十分关心老年群众，不断采取积极措施，推动老龄事业发展进步，取得举世瞩目的成就，为老龄事业持续发展奠定了很好的基础。但是，在快速发展的老龄化进程中，老龄事业和老龄工作相对滞后的矛盾日益突出。主要表现在：社会养老保障制度尚不完善，公益性老龄服务设施、服务网络建设滞后，老龄服务市场发育不全、供给不足，老年社会管理工作相对薄弱，侵犯老年人权益的现象仍时有发生。对此，我们必须高度重视，认真解决。

“十二五”时期，随着第一个老年人口增长高峰到来，我国人口老龄化进程将进一步加快。从 2011 年到 2015 年，全国 60 岁以上老年人将由 1.78 亿增加到 2.21 亿，平均每年增加老年人 860 万；老年人口比重将由 13.3%增加到 16%，平均每年递增 0.54 个百分点。老龄化进程与家庭小型化、空巢化相伴随，与经济社会转型期的矛盾相交织，社会养老保障和养老服务的需求将急剧增加。未来 20 年，我国人口老龄化日益加重，到 2030 年全国老年人口规模将会翻一番，老龄事业发展任重道远。我们必须深刻认识发展老龄事业的重要性和紧迫性，充分利用当前经济社会平稳较快发展和社会抚养比较低的有利时机，着力解决老龄工作领域的突出矛盾和问题，从物质、精神、服务、政策、制度和体制机制等方面打好应对人口老龄化挑战的基础。

指导思想、发展目标和基本原则

（一）指导思想

高举中国特色社会主义伟大旗帜，以邓小平理论和“三个代表”重要思想为指导，深入贯彻落实科学发展观，适应人口老龄化新形势，以科学发展为主题，以改革创新为动力，建立健全老龄战略规划体系、社会养老保障体系、老年健康支持体系、老龄服务体系、老年宜居环境体系和老年群众工作体系，服务经济社会改革发展大局，努力实现老有所养、老有所医、老有所教、老有所学、老有所为、老有所乐的工作目标，让广大老年人共享改革发展成果。

（二）主要发展目标

——建立应对人口老龄化战略体系基本框架，制定实施老龄事业中长期发展规划。

——健全覆盖城乡居民的社会养老保障体系，初步实现全国老年人人人享有基本养老保障。

——健全老年人基本医疗保障体系，基层医疗卫生机构为辖区内65岁及以上老年人开展健康管理服务，普遍建立健康档案。

——建立以居家为基础、社区为依托、机构为支撑的养老服务体系，居家养老和社区养老服务网络基本健全，全国每千名老年人拥有养老床位数达到30张。

——全面推行城乡建设涉老工程技术标准规范、无障碍设施改造和新建小区老龄设施配套建设规划标准。

——增加老年文化、教育和体育健身活动设施，进一步扩大各级各类老年大学（学校）办学规模。

——加强老年社会管理工作。各地成立老龄工作委员会，80%以上退休人员纳入社区管理服务对象，基层老龄协会覆盖面达到80%以上，老年志愿者数量达到老年人口的10%以上。

（三）基本原则

1.老龄事业与经济社会发展相适应。紧紧围绕全面建设小康社会和构建社会主义和谐社会宏伟目标，确立老龄事业在改革发展大局中的重要地位，促进老龄事业与经济社会协调发展。

2.立足当前与着眼长远相结合。从我国的基本国情出发，把着力解决当前的突出矛盾和应对人口老龄化长期挑战紧密联系，注重体制机制创新和法规制度建设，统筹兼顾，综合施策，实现全面、协调、可持续发展。

3.政府引导与社会参与相结合。按照社会主义市场经济的要求，积极发展老龄服务业。加强政策指导、资金支持、市场培育和监督管理，发挥市场机制在资源配置上的基础性作用，充分调动社会各方面力量积极参与老龄事业发展。

4.家庭养老与社会养老相结合。充分发挥家庭和社区功能,着力巩固家庭养老地位,优先发展社会养老服务,构建居家为基础、社区为依托、机构为支撑的社会养老服务体系,创建中国特色的新型养老模式。

5.统筹协调与分类指导相结合。注重城乡、区域协调发展,加大对农村和中西部地区的政策支持力度,资源配置向基层、特别是农村和中西部地区倾斜。充分发挥各地优势和群众的创造性,因地制宜地开展老龄工作,发展老龄事业。

6.道德规范与法律约束相结合。广泛开展孝亲敬老道德教育,加强老龄法制工作,为老龄工作和老龄事业的全面发展提供动力和保证。

主要任务

(一)老年社会保障

1.加快推进养老保险制度建设。实现新型农村社会养老保险和城镇居民养老保险制度全覆盖。完善实施城镇职工基本养老保险制度,全面落实城镇职工基本养老保险省级统筹,实现基础养老金全国统筹,做好城镇职工基本养老保险关系转移接续工作。逐步推进城乡养老保障制度有效衔接,推动机关事业单位养老保险制度改革。建立随工资增长、物价上涨等因素调整退休人员基本养老金待遇的正常机制。发展企业年金和职业年金。发挥商业保险补充性作用。

2.完善基本医疗保险制度。进一步完善职工基本医疗保险、城镇居民基本医疗保险、新型农村合作医疗制度。逐步提高城镇居民医保和新农合人均筹资标准及保障水平,减轻老年人等参保人员的医疗费用负担。提高职工医保、城镇居民医保、新农合基金最高支付限额和政策范围内住院费用支付比例,全面推进门诊统筹。做好各项制度间的衔接,逐步提高统筹层次,加快实现医保关系转移接续和医疗费用异地就医结算。全面推进基本医疗费用即时结算,改革付费方式。积极发展商业健康保险,完善补充医疗保险制度。

3.加大老年社会救助力度。完善城乡最低生活保障制度,将符合条件的老年人全部纳入最低生活保障范围。根据经济社会发展水平,适时调整最低生活保障和农村五保供养标准。完善城乡医疗救助制度,着力解决贫困老年人的基本医疗保障问题。完善临时救助制度,保障因灾因病等支出性生活困难老年人的基本生活。

4.完善老年社会福利制度。积极探索中国特色社会福利的发展模式,发展适度普惠型的老年社会福利事业,研究制定政府为特殊困难老年人群购买服务的相关政策。进一步完善老年人优待办法,积极为老年人提供各种形式的照顾和优先、优待服务,逐步提高老年人的社会福利水平。有条件的地方可发放高龄老年人生活补贴和家庭经济困难的老年人养老服务补贴。

(二)老年医疗卫生保健

1.推进老年医疗卫生服务网点和队伍建设。将老年医疗卫生服务纳入各地卫生事业发展规划,加强老年病医院、护理院、老年康复医院和综合医院老年病科建设,有条件的三级综合医院应当设立老年病科。基层医疗卫生机构积极开展老年人医疗、护理、卫生保健、健康监测等服务,为老年人提供居家康复护理服务。基层医疗卫生机构应加强人员队伍建设,切实提高开展老年人卫生服务的能力。

2.开展老年疾病预防工作。基层医疗卫生机构要为辖区内65岁及以上老年人开展健康管理服务,建立健康档案。组织老年人定期进行生活方式和健康状况评估,开展体格检查,及时发现健康风险因素,促进老年疾病早发现、早诊断和早治疗。开展老年疾病防控知识的宣传,做好老年人常见病、慢性病的健康指导和综合干预。

3.发展老年保健事业。广泛开展老年健康教育,普及保健知识,增强老年人运动健身和心理健康意识。注重老年精神关怀和心理慰藉,提供疾病预防、心理健康、自我保健及伤害预防、自救等健康指导和心理健康指导服务,重点关注高龄、空巢、患病等老年人的心理健康状况。鼓励为老年人家庭成员提供专项培训和支持,充分发挥家庭成员的精神关爱和心理支持作用。老年性痴呆、抑郁等精神疾病的早期识别率达到40%。

(三)老年家庭建设

1.改善老年人居住条件。引导开发老年宜居住宅和代际亲情住宅,鼓励家庭成员与老年人共同生活或就近居住。推动和扶持老年人家庭无障碍改造。

2.完善家庭养老支持政策。完善老年人口户籍迁移管理政策,为老年人随赡养人迁徙提供条件。健全家庭养老保障和照料服务扶持政策，完善农村计划生育家庭奖励扶助制度和计划生育家庭特别扶助制度，落实城镇独生子女父母年老奖励政策，建立奖励扶助金动态调整机制。

3.弘扬孝亲敬老传统美德。强化尊老敬老道德建设，提倡亲情互助，营造温馨和谐的家庭氛围，发挥家庭养老的基础作用。努力建设老年温馨家庭，提高老年人居家养老的幸福指数。

（四）老龄服务

1.重点发展居家养老服务。建立健全县（市、区）、乡镇（街道）和社区（村）三级服务网络，城市街道和社区基本实现居家养老服务网络全覆盖；80％以上的乡镇和50％以上的农村社区建立包括老龄服务在内的社区综合服务设施和站点。加快居家养老服务信息系统建设，做好居家养老服务信息平台试点工作，并逐步扩大试点范围。培育发展居家养老服务中介组织，引导和支持社会力量开展居家养老服务。鼓励社会服务企业发挥自身优势，开发居家养老服务项目，创新服务模式。大力发展家庭服务业，并将养老服务特别是居家老年护理服务作为重点发展任务。积极拓展居家养老服务领域，实现从基本生活照料向医疗健康、辅具配置、精神慰藉、法律服务、紧急救援等方面延伸。

2.大力发展社区照料服务。把日间照料中心、托老所、星光老年之家、互助式社区养老服务中心等社区养老设施，纳入小区配套建设规划。本着就近、就便和实用的原则，开展全托、日托、临托等多种形式的老年社区照料服务。

3.统筹发展机构养老服务。按照统筹规划、合理布局的原则，加大财政投入和社会筹资力度，推进供养型、养护型、医护型养老机构建设。积极推进养老机构运营机制改革与完善，探索多元化、社会化的投资建设和管理模式。进一步完善和落实优惠政策，鼓励社会力量参与公办养老机构建设和运行管理。“十二五”期间，新增各类养老床位342万张。

4.优先发展护理康复服务。在规划、完善医疗卫生服务体系和社会养老服务体系中，加强老年护理院和康复医疗机构建设。政府重点投资兴建和鼓励社会资本兴办具有长期医疗护理、康复促进、临终关怀等功能的养老机构。根据《护理院基本标准》加强规范管理。地（市）级以上城市至少要有一所专业性养老护理机构。研究探索老年人长期护理制度，鼓励、引导商业保险公司开展长期护理保险业务。

5.切实加强养老服务行业监管。进一步完善养老机构行政管理的法律法规,建立养老机构准入、退出与监管制度,做好养老机构登记注册和日常检查、监督管理工作。寄宿制养老机构等关系老年人安全和健康的重要场所,要列入消防安全和卫生许可制度重点管理范围。

(五)老年人生活环境

1.加快老年活动场所和便利化设施建设。在城乡规划建设中,充分考虑老年人需求,加强街道、社区"老年人生活圈"配套设施建设,着力改善老年人的生活环境。通过新建和资源整合,缓解老年生活基础设施不足的矛盾。利用公园、绿地、广场等公共空间,开辟老年人运动健身场所。

2.完善涉老工程建设技术标准体系和实施监督制度。按照适应老龄化的要求,对现行老龄设施工程建设技术标准规范进行全面梳理、审定、修订和完善,在规划、设计、施工、监理、验收等各个环节加强技术标准的实施与监督,形成有效规范的约束机制。

3.加快推进无障碍设施建设。突出高龄和失能老年人居家养老服务设施、环境的无障碍改造,推行无障碍进社区、进家庭。加快对居住小区、园林绿地、道路、建筑物等与老年人日常生活密切相关的设施无障碍改造步伐,方便老年人出行和参与社会生活。研究制定《无障碍环境建设条例》,继续开展全国无障碍建设城市创建工作。

4.推动建设老年友好型城市和老年宜居社区。创新老年型社会新思维,树立老年友好环境建设和家庭发展的新理念。研究编制建设老年友好型城市、老年宜居社区指南,发挥典型示范作用。

(六)老龄产业

1.完善老龄产业政策。把老龄产业纳入经济社会发展总体规划,列入国家扶持行业目录。研究制定、落实引导和扶持老龄产业发展的信贷、投资等支持政策。鼓励社会资本投入老龄产业。引导老年人合理消费,培育壮大老年用品消费市场。

2.促进老年用品、用具和服务产品开发。重视康复辅具、电子呼救等老年特需产品的研究开发。拓展适合老年人多样化需求的特色护理、家庭服务、健身休养、文化娱乐、金融理财等服务项目。培育一批生产老年用品、用具和提供老年服务的龙头企业,打造一批老龄产业知名品牌。

3.加强老年旅游服务工作。积极开发符合老年需求、适合老年人年龄特点的旅游产品。完善旅游景区、宾馆饭店、旅游道路的老年服务设施建设。完善针对老年人旅游的导游讲解、线路安排等特色服务。规范老年人旅游服务市场秩序。

4.引导老龄产业健康发展。研究制定老年产品用品质量标准，加强老龄产业市场监督管理。发挥老龄产业行业协会和中介组织的积极作用，加强信息服务和行业自律。疏通老龄产业发展融资渠道。

（七）老年人精神文化生活

1.加强老年教育工作。创新老年教育体制机制，探索老年教育新模式，丰富教学内容。加大对老年大学（学校）建设的财政投入，积极支持社会力量参与发展老年教育，扩大各级各类老年大学办学规模。充分发挥党支部、基层自治组织和老年群众组织的作用，做好新形势下老年思想教育工作。

2.加强老年文化工作。加强农村文化设施建设，完善城市社区文化设施。鼓励创作老年题材的文艺作品，增加老年公共文化产品供给。鼓励和支持各级广播电台、电视台积极开设专栏，加大老年文化传播和老龄工作宣传力度。支持老年群众组织开展各种文化娱乐活动，丰富老年人的精神文化生活。

3.加强老年体育健身工作。在城乡建设、旧城改造和社区建设中，要安排老年体育健身活动场所。加强老年体育组织建设，积极组织老年人参加全民健身活动。经常参加体育健身的老年人达到50%以上。举办第二届全国老年人体育健身大会。

4.扩大老年人社会参与。注重开发老年人力资源，支持老年人以适当方式参与经济发展和社会公益活动。贯彻落实《中共中央办公厅国务院办公厅转发〈中央组织部、中央宣传部、中央统战部、人事部、科技部、劳动保障部、解放军总政治部、中国科协关于进一步发挥离退休专业技术人员作用的意见〉的通知》（中办发[2005]9号），健全政策措施，搭建服务平台，支持广大离退休专业技术人员更好地发挥作用。重视发挥老年人在社区服务、关心教育下一代、调解邻里纠纷和家庭矛盾、维护社会治安等方面的积极作用。不断探索"老有所为"的新形式，积极做好"银龄行动"组织工作，广泛开展老年志愿服务活动，老年志愿者数量达到老年人口的10%以上。

（八）老年社会管理

1.加强基层老龄工作机构和老年群众组织建设。各地要建立老龄工作委员会，城乡社区（村、居）要健全老龄工作机制。加强基层老年协会规范化建设，充分发挥老年人自我管理、自我教育、自我服务的积极作用。“十二五”期间，成立老年协会的城镇社区达到95％以上，农村社区（行政村）达到80％以上。

2.做好离退休人员管理服务工作。充分利用社区资源面向全体老年人开展服务，切实把为离退休老年人服务工作纳入社区服务范围。推进街道（乡镇）、社区劳动保障工作平台建设，为退休人员提供方便、快捷、高效、优质的服务。“十二五”期末，纳入社区管理服务的企业退休人员比例达到80％以上。

（九）老年人权益保障

1.加强老龄法制建设。推进老年人权益保障法制化进程，做好修订《中华人民共和国老年人权益保障法》的相关工作，开展执法检查和普法教育，提高老年人权益保障法制化水平。

2.健全老年维权机制。弘扬孝亲敬老美德，促进家庭和睦、代际和顺。加强弱势老年人社会保护工作，把高龄、孤独、空巢、失能和行为能力不健全的老年人列为社会维权服务重点对象。加强对养老机构服务质量的检查、监督，维护老年人的生活质量与生命尊严，杜绝歧视、虐待老年人现象。

3.做好老年人法律服务工作。拓展老年人维权法律援助渠道，扩大法律援助覆盖面。重点在涉及老年人医疗、保险、救助、赡养、住房、婚姻等方面，为老年人提供及时、便利、高效、优质的法律服务。加大对侵害老年人权益案件的处理力度，切实保障老年人的合法权益。

4.加强青少年尊老敬老的传统美德教育。在义务教育中，增加孝亲敬老教育内容，开展形式多样的尊老敬老社会实践活动，营造良好的校园文化环境。

（十）老龄科研

1.抓好重点科研项目。开展应对人口老龄化战略研究，制定国家老龄事业中长期发展规划。做好老年人生活状况追踪调查，开展区域性应对人口老龄化战略研究工作，为制定老龄政策提供决策依据。

2.加强老龄学科教育和专业人才培养。按照老龄事业发展规划和重点发展领域，统筹部署职业教育、高等教育学科专业设置，培养技能型、应用型、复合型人才，做好人力资源支撑，服务老龄事业发展。

3.推进信息化建设。建立老龄事业信息化协同推进机制，建立老龄信息采集、分析数据平台，健全城乡老年人生活状况跟踪监测系统。

（十一）老龄国际交流与合作

广泛开展双边、多边国际交流，增进相互了解。积极发挥我国在国际老龄领域的重要影响，深化国际合作。密切跟踪联合国大会老龄问题工作组对建构老年人权利国际保护机制的动向，积极发挥作用，引导相关进程朝有利方向发展。积极研究借鉴国外应对人口老龄化理念和经验，做好联合国人口基金第七周期老龄项目。完成《国际老龄行动计划》在中国执行情况的检查评估。

保障措施

（一）加强组织领导

各级政府要高度重视老龄问题，加强老龄工作。把发展老龄事业纳入重要议事日程，列入经济社会发展总体规划，及时解决老龄工作中的矛盾和问题。健全党政主导、老龄委协调、部门尽责、社会参与、全民关怀的大老龄工作格局。

（二）加大改革创新力度

进一步解放思想，坚持改革，在体制机制、政策制度、工作思路和发展模式等方面加大创新力度，围绕涉老社会保障制度的配套衔接、老龄事业投入机制、政府购买服务方式、老龄服务市场准入与日常监管、民办养老机构扶持政策、社区养老服务资源的综合开发利用、老龄社会组织规范化建设等比较突出的矛盾和问题，深入开展调查研究，逐步完善政策法规制度，创新体制机制。

（三）建立多元长效投入机制

各级政府要根据经济发展状况和老龄工作实际，多渠道筹资，不断加大老龄事业投入。进一步完善实施促进老龄事业发展的税收政策，政策引导与体制创新并重，调动社会资本投入老龄事业的积极性。大力发展老龄慈善事业。

（四）加强人才队伍建设

加强老龄工作队伍的思想建设、组织建设、作风建设和业务能力建设。加快养老服务业人才培养，特别是养老护理员、老龄产业管理人员的培养。

根据国家职业标准，组织开展养老护理人员职业培训和职业资格认证工作。有条件的普通高校和职业学校，在相关专业开设老年学、老年护理学、老年心理学等课程。大力发展为老服务志愿者队伍和社会工作者队伍。

（五）建立监督检查评估机制

本规划由全国老龄工作委员会负责协调、督促、检查有关部门执行，2015 年对规划的执行情况进行全面评估。

主要参考文献

中文著作

[1]王成栋:《政府责任论》,中国政法大学出版社1999年版。

[2]董炯:《国家、公民与行政法——一个国家—社会的角度》,北京大学出版社2001年版。

[3]邓正来:《市民社会理论的研究》,中国政法大学出版社2002年版。

[4]俞可平:《中国公民社会的兴起与变迁》,社会科学文献出版社2002年版。

[5]杨海坤:《宪法基本权利新论》,北京大学出版社2004年版。

[6]高新军:《实现从权力政府向责任政府的转变》,西北大学出版社2005年版。

[7]邬沧萍:《老年学概论》,中国人民大学出版社2005年版。

[8]李超:《老年维权之利剑:老年人法律保障制度研究》,上海人民出版社2007年版。

[9]张勤:《中国公民社会组织发展研究》,人民出版社2008年版。

[10]郭道晖:《社会权力与公民社会》,译林出版社2009年版。

[11]茅于轼:《民主法治:中国政府体制改革之路》,暨南大学出版社

2009 年版。

[12]孙选重:《服务型政府及其服务行政机制研究》,中国政法大学出版社 2009 年版。

[13]陈国权:《责任政府:从权力本位到责任本位》,浙江大学出版社 2009 年版。

[14]周直:《公民社会与社会创新》,南京出版社 2009 年版。

[15]肖金明:《行政管理体制法制化研究》,山东人民出版社 2010 年版。

[16]伍俊斌:《公民社会基础理论研究》,人民出版社 2010 年版。

[17]莫于川:《柔性行政方式法治化研究——从建设服务型政府的视角》,厦门大学出版社 2011 年出版

[18]韩水法:《从市民社会到公民社会——理解“市民—公民”概念的维度》,北京大学出版社 2011 年版。

[19]曾庆敏:《老年立法研究》,社会科学文献出版社 2011 年版。

[20]孙颖:《老吾老:老年法律问题研究起点批判》,法律出版社 2012 年版。

[21]曹健:《老年人权益保障法律制度比较研究》,中国政法大学出版社 2012 年版。

[22]倪娜:《老年人监护制度研究》,厦门大学出版社 2012 年版。

外国译著

[1][英]洛克:《政府论》下篇,叶启芳、瞿菊农译,商务印书馆 1993 年版。

[2][英] 哈耶克:《通往奴役之路》,王明毅译,中国社会科学出版社 1997 年版。

[3][古罗马]西塞罗:《西塞罗三论:论老年、论友谊、论责任》,徐奕春译,商务印书馆 1998 年版。

[4][英]J. C. 亚历山大:《国家与市民社会——一种社会理论的研究路径》,邓正来译,中央编译出版社 1999 年版。

[5][德]哈贝马斯:《公共领域的结果转型》,曹卫东译,学林出版社 1999 年版。

[6][英]吉登斯:《第三条道路:社会民主主义的复兴》,郑戈译,北京大

学出版社 2000 年版。

[7][美]詹姆斯·罗西瑙:《没有政府的治理》,张志新等译,江西人民出版社 2001 年版。

[8][美]莱斯特·萨拉蒙等:《全球公民社会——非营利部门的视界》,贾西津等译,社会科学文献出版社 2002 年版。

[9][美]约翰·克莱顿·托马斯:《公共决策中的公民参与:公共管理者的新技能与新策略》,孙柏瑛译,中国人民大学出版社 2005 年版。

[10][英]吉登斯:《社会学》,李康译,北京大学出版社 2009 年版。

[11][美]珍妮特·登哈特、罗伯特·登哈特:《新公共服务:服务,而不是掌舵》,方兴、丁煌译,中国人民大学出版社,2010 年版。

[12][美]理查德·博克斯:《公民治理:引领 21 世纪的美国社区》,孙柏瑛译,中国人民大学出版社 2013 年版。

中文期刊论文

[1]姜晓萍:《构建服务型政府进程中的公民参与》,载《社会科学研究》2007 年第 4 期。

[2]赫然:《政府应对人口老龄化的构想》,载《行政与法》2007 年第 11 期。

[3]李清伟:《论服务型政府的法治理念与制度构建》,载《中国法学》2008 年第 2 期。

[4]张瑾:《服务型政府与公共服务的多元供给》,载《天津师范大学学报》2008 年第 2 期。

[5]周光辉:《从管制转向服务:中国政府的管理革命》,载《吉林大学社会科学学报》2008 年第 3 期。

[6]沈毅:《人口老化过程中的政府责任》,载《浙江学刊》2008 年第 5 期。

[7]张勤:《构建政府与公民社会组织的合作互动机制》,载《新视野》2008 年第 6 期。

[8]王国忠:《老年人权益保障的福利思考》,载《大连大学学报》2008 年第 6 期。

[9]穆光宗:《应对人口老龄化挑战的中国道路》,载《中国社会科学》2009 年第 1 期。

[10]蒋传光:《公民社会与社会转型中法治秩序的构建:以公民责任意识为视角》,载《求是学刊》2009 年第 1 期。

[11]马利中:《中日韩三国人口老龄化的比较研究》,载《求是学刊》2009 年第 2 期。

[12]王名:《走向公民社会:我国社会组织发展的历史及趋势》,载《吉林大学社会科学学报》2009 年第 3 期。

[13]孙晓莉:《公共服务中的公民参与》,载《中国人民大学学报》2009 年第 4 期。

[14]郭道晖:《社会权力:法治新模式与新动力》,载《学习与探索》2009 年第 5 期。

[15]苏素琼:《构建我国老年护理保险制度》,载《福建论坛(社会科学版)》2010 年第 11 期。

[16]秦晓慧:《老年人的权益保障及相关法律问题》,载《今日南国(理论创新版)》2010 年第 2 期。

[17]仇丽:《浅议我国〈老年人权益保障法〉》,载《人权》2010 年第 5 期。

[18]应松年:《社会管理创新引论》,载《法学论坛》2010 年第 5 期。

[19]周绍斌:《论老年人的文化权利与政府责任》,载《人口与经济》2010 年第 6 期。

[20]袁露:《论我国老年人权益保护》,载《知识经济》2010 年第 19 期。

[21]贺然:《我国公民社会权利的现状、原因及其宪法保护研究》,载《求索》2011 年第 11 期。

[22]李春斌:《人口老龄化的法律应对:以老年法学的立法模式和体系构建为中心》,载《甘肃社会科学》2011 年第 2 期。

[23]李亚敏:《加拿大养老金制度的发展及其对中国的启示》,载《财经科学》2011 年第 2 期。

[24]王莉莉:《中国老年人社会参与的理论:实证与政策研究综述》,载《人口与发展》2011 年第 3 期。

[25]聂华林:《公民社会视角下的服务型政府构建:功能定位与路径选择》,载《社会科学家》2011 年第 9 期。

[26]李才、李梦萱:《我国农村老年人权益保障问题与对策》,载《当代经济》2011 年第 9 期。

[27]王健:《浅谈老年人权益保护》,载《法制与经济》2012年第1期。

[28]肖金明:《构建完善的社会照料制度》,载《浙江学刊》2012年第5期。

[29]彭华民:《中国政府社会福利责任:理论范式演变与制度转型创新》,载《天津社会科学》2012年第6期。

[30]黄宣植:《我国入住养老院老年人权益受损救济机制立法研究》,载《法制与经济(中旬)》2012年第6期。

[31]张伟、李若愚、郭晓英:《中外专家学者对我国老年人权益保障立法建言献策》,载《人权》2012年第6期。

[32]顾锦林:《中国老年人权益保障与养老服务初探》,载《改革与战略》2012年第11期。

[33]曲明:《群体性老年人权益保障法律研究》,载《辽宁行政学院学报》2012年第12期。

[34]刘文学:《老年人权益保障法修改:精神赡养得到重视》,载《中国人大》2013年第1期。

[35]李智姝:《论老年人权益保障的必要性》,载《法制与社会》2013年第1期。

[36]孟德花:《老年人权益保障视角下的人口老龄化问题研究》,载《公民与法(法学版)》2013年第7期。

[37]杨海坤:《宪法平等权与弱者权利的立法保障——以老年人权益保护立法为例》,载《法学杂志》2013年第10期。

[38]张竞芳:《关于我国老年人权益保护问题的思考》,载《公民与法(法学版)》2013年第12期。

[39]晏武侠:《浅析实现老年人"精神赡养"的法律问题研究》,载《法制与社会》2013年第16期。

后 记

人口老龄化大潮已席卷全球。除非洲和中东部分地区外，世界大多数国家和地区都不同程度地面对着人口老龄化所带来的复杂社会局势、难以估测的社会风险以及巨大的经济负担和政治压力，应对人口老龄化已经成为世界多数国家和地区必须共同面对的时代课题。中国自20世纪末进入老龄社会以来，人口老龄化进程不断加快，老龄人口规模加速增长，尤其是高龄老人、空巢老人、失能老人、失独老人数量剧增，这无疑对传统养老体制、现行人口政策、政府社会管理与公共服务能力，以及社会文化、家庭道德等提出了严峻的挑战。确立和实施积极应对人口老龄化国家战略，不断完善老年人权益保障立法，加快构建老年人权益保障法律制度体系，有效推进老龄社会及其相关风险的法律应对，无疑具有重大的现实意义和深远的战略意义。

2011年5月，受邀参加由全国人大内务司法委员会组织的老年人权益保障法修改调研、论证和起草工作，山东大学为此成立了老年人权益保障立法研究课题组，组织部分青年教师、硕士和博士研究生，以及校外青年学者参与课题研究，围绕老年法制主题开始了长达五年的连续作业。从国内外老年法制资料整理到主办老年人权益保障立法学术研讨会，从单一的老年人权利保障立法研究到社会法视野中的老年法制理论创新，从侧重于国家立法和法律制度完善和发展到老年社会政策与老年法制融通和互动，从拟定老年人权益保障法修改专家建议稿到一系列老年法制研究成果发表和出版，课题组前期在国家立法的牵领下，后期在山东大学自主创新项目和人文社科青年学者成长项目的支撑下，面向重大社会现实问题展开持续研究。尤其是在新的《中华人民共和国老年人权益保障法》颁行后，课题组在推进社会法学理论研究和学科建设的过程中，继续关注老年法制建设，保持着对老年人权益保障法律制度的后续研究，最终形成了包括老年人权益保障立法、法律制度、社会救助、社会参与以及应对老龄化对策与法制等在内的老年法制研究成果，《老年人权益保障立法研究》是“人口老龄化社会法制建设”系列研究的重要成果之一。本书的撰写分工如下：导论、第一章：肖金明；第二章：胡明、杨志超、苗雨；第三章：相焕伟、陈爱敏；第四章：王洁；第五章：冯威、相焕伟。从第一章到第五章每章的最后小结由周莹撰写。

《老年人权益保障立法研究》一书入选“十二五”国家重点图书出版规划，并得到了国家出版基金的资助。在持续多年的老年法制研究中，全国人大内务司法委员会、民政部、全国老龄办的信任和支持为老年法制研究提供了不间断的动力，我们由衷地感谢全国人大内司委内务室于建伟主任、民政部许立群司长、张时飞副司长、全国老龄办朱勇副主任等，他们是老年法制研究真正的前沿专家；衷心感谢东南大学孟鸿志教授，西南政法大学陈苇教授，浙江工业大学张学军教授，山东政法学院刘炳君教授，山东大学李芹教授、申政武教授、王丽萍教授，他们基于不同学科的独到见解扩展了老年法制研究的广度和深度；作为课题组负责人，我要感谢五年来参与课题研究的每一位学者和学生，他们付出的努力保证了老年法制研究的进展和质量，感谢曾经的和现在的课题组成员李卫华、冯威、苗雨、相焕伟、张强、龙晓杰、胡明、王洁、陈爱敏、王珂瑾、苗红培、白玉荣、赵延聪、马驰骋、王汝洋、刘宇、陈铭聪、陈一远、王永、罗鑫、李成玲、田甜、左娟娟、王强、韩雨雷、董康伟、张允春、刘蕾、姚澍峥等，他们曾经或正在山东大学法学院、政治学与公共管理学院攻读硕士或博士学位，一直保持着令人满意的学习、工作和生活状态，他们的人生态度、处世风格以及常年保持的相互提携、彼此关照的风气尤其令人鼓